GROSSES HANDBUCH

DEUTSCH

KORRESPONDENZ

Compact Verlag

Text: Wolfgang W. Menzel, Michael Kuhn
Chefredaktion: Evelyn Boos
Redaktion: Iris Glahn
Produktion: Wolfram Friedrich
Umschlaggestaltung: Inga Koch

ISBN 3-8174-7475-X
7174751

Besuchen Sie uns im Internet: www.compactverlag.de

Vorwort

Korrespondenz gehört zu den notwendigen Tätigkeiten des alltäglichen Lebens. Während das Briefeschreiben mit Freunden und Verwandten mehr und mehr in den Hintergrund tritt, hat sich der private Schriftverkehr mit Behörden, Institutionen und Verbänden ebenso ausgeweitet wie der Bereich der Geschäftskorrespondenz. Moderne Kommunikationstechnologien wie der Personal Computer und das Internet haben zusätzlich zu einem Anstieg der schriftlichen Kommunikation geführt.

Briefe haben das Ziel, eine bestimmte Wirkung zu erreichen – egal, ob es sich um einen persönlichen Brief oder um Geschäfts- oder Privatkorrespondenz handelt. Daher müssen bestimmte Richtlinien eingehalten werden. Erfolg hat ein Brief nur dann, wenn er angemessen, korrekt und „stilvoll" ist.

Das Handbuch Korrespondenz enthält praxisnahe Musterbriefe aus allen Lebensbereichen, die Ihnen Anregungen für das eigene Schreiben bieten. Ob in der Freizeit, der Ausbildung oder im Beruf – das Handbuch Korrespondenz hilft Ihnen in jeder Situation die angemessene Form und den „richtigen" Stil zu finden.

Hinweise für den Leser

Damit Sie sich schnell zurechtfinden können, haben wir für Sie ein ausführliches Inhaltsverzeichnis erstellt. Benutzen Sie bitte das umfangreiche Register am Ende des Buches, wenn Sie nach einem Stichwort oder einer ganz bestimmten Briefsorte suchen.

Dieser Band richtet sich konsequent nach der neuen Rechtschreibung. Die gelegentlich aus der Literatur zitierten Beispiele sind ebenfalls der neuen Rechtschreibung angeglichen. In der Einleitung zur Geschäftskorrespondenz und in dem Kapitel „Der Brief“ wird auf die wichtigsten Neuerungen speziell für das Briefeschreiben näher eingegangen.

Die von uns verwendeten Personen- und Firmennamen, ebenso die meisten Postleitzahlen, Ortsnamen, Telefon- und Faxnummern sowie Internet- und E-Mail-Adressen, sind frei erfunden. Eventuell auftretende Ähnlichkeiten mit lebenden Personen oder tatsächlich existierenden Unternehmen sind zufällig und nicht beabsichtigt.

Bitte beachten Sie: Wenn wir beispielsweise „der Empfänger“ schreiben, dann meinen wir damit „der Empfänger/die Empfängerin“. Das bedeutet, dass Personenbezeichnungen und Berufsangaben geschlechtsneutral gemeint sind, auch wenn sie nur in der maskulinen Form gebraucht werden.

In diesem Handbuch finden Sie Ratschläge und Hinweise zur korrekten und guten Formulierung von Briefen. Das heißt, Sie halten einen Sprachratgeber in Ihren Händen. Bei Briefen mit rechtlichen Konsequenzen (Verträge, Testamente usw.) sollten Sie in jedem Fall noch einen Rechtsratgeber zurate ziehen, denn: **Dieses Buch ist kein Rechtsratgeber!**

Mit aller Sorgfalt haben sich die Verfasser um sachliche Richtigkeit bemüht, dennoch sind Fehler nie ganz auszuschließen. Wir weisen deshalb ausdrücklich darauf hin, dass weder eine Garantie noch die juristische Verantwortung oder irgendeine Haftung für Folgen, die auf fehlerhafte Angaben zurückgehen, übernommen werden kann.

DER BRIEF

Warum Briefe schreiben?

Das altbekannte Sprichwort, dass der häufigste Brief der nicht geschriebene ist, gilt in der heutigen Zeit mehr denn je. Woran liegt das eigentlich? Zum größten Teil sicher an mangelnder Übung. Wer sich nie freiwillig die Mühe macht einen Brief zu schreiben, wer immer nur die notwendigste Korrespondenz führt, dem fehlt es an entsprechender Erfahrung und vielleicht auch an Selbstvertrauen. Und vielen Leuten kommen Zweifel, wenn sie doch einmal einen Brief schreiben wollen (oder müssen). Dann sitzen sie vor einem leeren Blatt Papier und wissen plötzlich nicht mehr, was sie eigentlich schreiben wollten, oder wie sie es schreiben sollen. Sie haben Angst davor, Fehler zu machen und sich womöglich zu blamieren.

Diese Zweifel fangen häufig schon bei der Anrede an. Wie muss ich wen ansprechen? Auf welche Formalien muss ich unbedingt achten? Wenn sprachliche Unsicherheiten hinzukommen – Wie schreibt man dieses Wort richtig? Wie formuliert man das am treffendsten? – dann werden Papier und Stift häufig wieder beiseite geräumt. Und man greift stattdessen zum Telefon. Warum die Mühsal des Schreibens auf sich nehmen, wenn man miteinander sprechen kann? In unserer schnelllebigen Zeit scheint das doch ohnehin die angemessenere Kommunikationsform zu sein.

Warum also überhaupt noch Briefe schreiben?

- Weil es Briefe gibt, die man schreiben muss!

Denken Sie zum Beispiel an Bewerbungsschreiben oder an Gratulationen, Einladungen, Danksagungen und auch Kondolenzbriefe. Denken Sie an Mahnungen, an Widersprüche, an Reklamationen, an Rechnungen ...

- Weil ein Brief andere Qualitäten hat als ein Telefonat!

Ein Telefonat ist spontaner als ein Brief. Aber wenn Sie einen Brief schreiben, können Sie genau überlegen, was Sie mitteilen wollen und wie Sie es mitteilen wollen. In einem Brief haben Sie viel größere Kontrolle über die getroffenen Aussagen und können viel präziser werden als bei einem Telefonat. Sie können mehrere Versuche machen und an den Formulierungen feilen, bis sie wirklich optimal sind. Ein Brief ist auch verbindlicher als ein Telefonat – und beständiger. Einen Brief kann man immer wieder lesen, man kann ihn aufbewahren, abheften, archivieren, man „hat etwas in der Hand“, auf das man sich berufen kann.

Niemand kommt darum herum, Briefe zu schreiben und Korrespondenz zu führen. Und Briefe zu verfassen lernt man, wie alles, am besten dadurch, dass man es tut. Wenn Sie ein paar grundsätzliche Dinge dabei berücksichtigen, ist es auch gar nicht so schwer.

Was ist eigentlich ein Brief?

Ein Brief besteht aus einem oder mehreren Blatt Papier, die mit einem Umschlag umgeben werden, den der Absender verschließt. Dieser Umschlag wird über den Postweg einem Empfänger zugestellt. Der Empfänger ist als Einziger berechtigt, den Umschlag zu öffnen, die Papiere zu entnehmen und zu lesen.

Diese Definition ist ein wenig altmodisch, weil sie die neueren Formen der schriftlichen Kommunikation nicht beachtet. Was ist mit Briefen, die mit dem Faxgerät verschickt werden? Was ist mit E-Mail-Briefen, also Briefen, die Sie mit dem Personalcomputer verschicken?

Ein wichtiger Unterschied liegt im Briefgeheimnis. Während bei der normalen Briefpost das Briefgeheimnis ein gesetzlich geschütztes Gut ist, also niemand, nicht einmal Ihre Ehefrau oder Ihr Ehemann, Ihr Vater oder Ihre Mutter, Briefe lesen dürfen, die an Sie adressiert sind (sie dürfen sie nicht einmal öffnen), kann man das Briefgeheimnis zum Beispiel bei einem hereinkommenden Fax gar nicht in dieser Form wahren. Und zwar deshalb nicht, weil ein Fax keinen verschlossenen Umschlag hat. Es liegt als offenes Blatt Papier im Auswurf des Faxgerätes. Und jeder, der vorbeikommt, kann es lesen.

In diesem Buch geht es nicht allein um das Briefeschreiben, sondern um das ganze Spektrum moderner Korrespondenz. Unter moderner Korrespondenz verstehen wir **alle** schriftlichen Mitteilungen, die Sie an einen oder mehrere Empfänger richten.

Der Brief ist dabei nur eine, wenn auch die wichtigste, Form. Es gibt aber noch eine Reihe anderer:

- die Postkarte
- das Telefax
- der E-Mail-Brief
- die Zeitungsanzeige

usw.

Es gibt eine Gemeinsamkeit zwischen allen Korrespondenzformen:

Korrespondenz ist die Kommunikation mit einem abwesenden Empfänger.

Wir werden in diesem Buch alle Korrespondenzformen mit ihren Besonderheiten behandeln. Aus Gründen der Einfachheit (und weil es die wichtigste Form ist) sprechen wir in der Folge aber wieder vor allem vom „Brief“.

Die Briefgattungen

Brief ist nicht gleich Brief. Wenn sich alle Briefe glichen wie ein Ei dem anderen, hätten Sie jetzt nicht ein so dickes Buch zum Thema Korrespondenz in der Hand.

Haben Sie schon einmal überlegt, wie viele unterschiedliche Gelegenheiten es gibt Briefe zu schreiben? Sie werden überrascht sein, wie viele Ihnen bei ein wenig Überlegung einfallen:

- der Brief an das Finanzamt
- die Einladung an Freunde
- die Bewerbung auf eine Stelle
- die Abgabe eines Angebotes

usw.

Keiner dieser Briefe gleicht dem anderen. Es gibt für jeden andere Vorschriften, andere Regeln und Konventionen, die Sie beim Schreiben beachten sollten.

Das ist aber auch kein Wunder. Denn jeder dieser Briefe ist an einen **anderen Adressaten** gerichtet. Und auch Ihre eigene Position ist jeweils eine andere.

Im **Gespräch** machen Sie diese Unterschiede, ohne darüber nachzudenken. Sie stellen sich auf die Redesituation ein, je nachdem, ob Sie sich in der Familie, mit Freund(inn)en, mit Geschäftspartnern, mit Behördenvertretern, mit Untergebenen oder mit Ihrem Chef unterhalten. Sie richten sich in dem, was und wie Sie es sagen, nach Ihrem Gegenüber.

Genauso sollten Sie sich, wenn Sie einen Brief schreiben, auf den Empfänger einstellen.

Die erste Grundregel lautet:
Schreiben Sie empfängerorientiert!

Es macht aber auch einen Unterschied, in welcher Rolle Sie sich jeweils befinden, wenn Sie einen Brief verfassen. Sie können an denselben Empfänger als Geschäftspartner einen sachlich-höflichen Geschäftsbrief schreiben und von Freund zu Freund eine – ganz anders formulierte – Einladung zum gemeinsamen privaten Weihnachtsessen.

Jeder Mensch ist Privatmensch. Viele haben aber außerdem wichtige gesellschaftliche oder geschäftliche Funktionen inne, das heißt, jeder Mensch kann mehrere Rollen einnehmen.

Sie müssen also immer beachten, in welcher Rolle Sie selbst schreiben und wer der Empfänger Ihrer Briefe ist. Die unterschiedlichsten Grade von Höflichkeit, von Distanz oder Nähe sind dabei zu berücksichtigen.

Wir haben in diesem Handbuch das gesamte Spektrum der Korrespondenz danach eingeteilt, in welcher Rolle sich der Absender befindet und wer der Empfänger ist.

Es ergeben sich dabei drei große Blöcke:

- der persönliche Brief
- die Privatkorrespondenz
- die Geschäftskorrespondenz

In jedem Teil informieren wir Sie über:

- die formalen Anforderungen, die Ihre Briefe erfüllen sollten;
- den angemessenen Stil.
- Außerdem legen wir Ihnen Musterbriefe für die verschiedensten Anlässe vor, die Ihnen als Vorbild für eigene Briefe dienen können.

Der persönliche Brief

Den persönlichen Brief schreiben Sie als Privatperson. Und der Empfänger dieses Briefes ist ebenfalls eine Privatperson. Dieser Personenkreis umfasst

- Familienmitglieder
- Freunde
- Verwandte
- Bekannte
- Nachbarn
- Vereinskollegen

usw.

Der persönliche Brief ist also ein Brief von privat an privat. Für diese Art von Briefen gibt es viele Beispiele:

- Einladungen (Hochzeit; Taufe; Geburtstag usw.)
- Glückwünsche
- Danksagungen
- Urlaubspostkarten
- Liebesbriefe

usw.

Man kann die persönlichen Briefe noch einmal unterteilen in **reine Privatbriefe** und in **Briefe zu besonderen Anlässen im privaten Bereich.**

Der reine Privatbrief wird meist ohne besonderen Anlass geschrieben. Es ist ein Brief zwischen engen Freunden oder Liebes- (bzw. Ehe-)partnern. Auf diese Briefe, für die es nahezu keine Vorschriften oder Konventionen gibt, gehen wir in dem Kapitel „Der reine Privatbrief" ein.

Häufiger werden Sie Briefe zu besonderen Anlässen im privaten Bereich schreiben. Das sind Briefe, mit denen Sie gesellschaftlichen Konventionen und Erwartungen entsprechen. Es sind Briefe an Jubilare, frisch Verheiratete oder Hinterbliebene, die Sie persönlich kennen und denen Sie als Privatperson Ihre Glückwünsche oder Ihr Beileid aussprechen. Dazu gehören Einladungsbriefe zu Feiern, Danksagungen oder Anzeigen, mit denen Sie als Privatperson ein bestimmtes Ereignis bekannt machen.

Für all diese Briefe gibt es Konventionen, an die Sie sich halten sollten. Wir werden auf diese Briefe im Kapitel „Briefe zu besonderen Anlässen im privaten Bereich" eingehen.

Der entscheidende Unterschied zur Privat- und Geschäftskorrespondenz besteht darin, dass es beim persönlichen Brief zwischen Schreiber und Empfänger **eine persönliche Beziehung** gibt oder dass diese angestrebt wird.

Die Privatkorrespondenz

Sie führen Privatkorrespondenz, wenn Sie als Privatperson Briefe an Ämter, Behörden, Unternehmen oder auch die allgemeine Öffentlichkeit schicken.

Unter Privatkorrespondenz fallen also:

- Briefe an Ämter
- Briefe an Banken oder Versicherungen
- Briefe an Firmen
- Bewerbungsbriefe
- Leserbriefe an Zeitungen
- offene Briefe

Sie (als Schreiber) kennen den Empfänger nicht persönlich oder schreiben ihm, falls Sie ihn zufällig doch kennen, nicht in seiner Eigenschaft als Ihr Bekannter, sondern in seiner Rolle als, sagen wir, Sachbearbeiter im Finanzamt (oder Angestellter einer Bank usw.).

Wir unterteilen die Privatkorrespondenz dabei noch einmal in **unpersönliche private Briefe** und **geschäftliche Briefe im privaten Bereich.**

Der Unterschied besteht darin, dass die geschäftlichen Briefe im privaten Bereich ein konkretes Ziel bei einem konkreten Adressaten verfolgen (auch wenn der zuständige Sachbearbeiter persönlich nicht bekannt ist), während der offene Brief und der Leserbrief sich an eine diffuse, meist unbekannte Empfängerschicht richtet.

Auf die unpersönlichen privaten Briefe gehen wir im Kapitel „Rundbrief, Leserbrief, offener Brief“ ein, mit den geschäftlichen Briefen im privaten Bereich beschäftigen wir uns im Kapitel „Geschäftliche Briefe im privaten Bereich“.

Die Geschäftskorrespondenz

Geschäftskorrespondenz führen Sie, wenn Sie in Ihrer Rolle als Geschäftsmann oder -frau Briefe schreiben. Dazu gehören natürlich die eigentlichen Geschäftsbriefe wie:

- Anfragen

- Reklamationen

- Werbebriefe

usw.

Dazu gehören aber auch Briefe, die Sie zur Anstellung oder Kündigung von Mitarbeitern schreiben. Darunter fallen auch Glückwunsch- oder Beileidsschreiben, die Sie in Ihrer Eigenschaft als Unternehmer verfassen. Wenn Sie also beispielsweise einem Mitarbeiter zur Hochzeit gratulieren oder Ihre Belegschaft mit einem Weihnachtsgruß in die Ferien schicken, schreiben Sie einen Brief, der zur Geschäftskorrespondenz zählt.

Auf all diese Briefsorten gehen wir im Kapitel „Geschäftskorrespondenz" ein.

Die modernen Korrespondenzformen

Ein besonderes Kapitel widmen wir den modernen Kommunikations- und Korrespondenzformen. Das Fax oder der E-Mail-Brief am Computer sind nicht einfach Briefe, die zufällig in einem anderen Medium geschrieben und verschickt werden. Es sind selbstständige Korrespondenzformen, für die sich eigenständige Konventionen herausgebildet haben.

Wann und wie kann man die neuen Korrespondenzformen benutzen? Für welche Zwecke sind sie geeignet, für welche nicht?

Auf diese Fragen gibt das Kapitel „Moderne Kommunikationstechnologien" Antwort.

Formvorschriften – das Äußere eines Briefes

Einleitung

Die Voraussetzung für Erfolg in allen Lebenslagen ist die Beherrschung und korrekte Anwendung einiger wichtiger Grundregeln. So ist es auch bei der Korrespondenz. Wenn Sie mit einem Brief Erfolg haben wollen, sollten Sie einige grundlegende Dinge beachten. Das fängt bei der Wahl des Briefpapiers oder des Briefumschlags an und hört bei Fragen des guten Stils auf.

Entscheidend für den Erfolg eines Briefes ist der Eindruck, den er auf den Empfänger macht. Und Sie können sehr viel dafür tun, dass der Brief genau den Eindruck macht, den Sie beabsichtigen.

Das Schreiben eines Briefes besteht im Wesentlichen in der Abfassung des Textes, den der Empfänger lesen soll. Und natürlich ist der Text das Wichtigste eines Briefes. Er ist aber nicht alles. Denken Sie daran, dass das Erste, was der Empfänger von Ihrem Brief zu sehen bekommt, der **Umschlag** ist.

Der Umschlag und seine Gestaltung sind der erste Anhaltspunkt für den Empfänger, sich ein Bild von Ihnen zu machen. Und das sollten Sie nicht unterschätzen. Haben Sie einen weißen Briefumschlag oder einen grauen aus Recyclingpapier benutzt? Haben Sie mit einer schönen Sondermarke oder einer Automatenmarke frankiert? Haben Sie Absender- und Empfängeradresse per Hand, mit der Maschine oder mit gedruckten Etiketten angebracht? Sind diese Angaben korrekt und sitzen sie an den richtigen Stellen? Wenn Sie per Hand geschrieben haben: Ist Ihre Handschrift leserlich oder wirkt sie wie hingeschmiert?

Sie sehen: Man kann schon bei der Umschlaggestaltung viel für einen guten Eindruck tun. Sorgfalt bei der Umschlaggestaltung ist in jedem Fall angebracht.

Wenn der Empfänger den Umschlag geöffnet und das Blatt (oder die Blätter) Ihres Briefes herausgezogen hat, ist sein zweiter Eindruck immer noch nicht Ihr Text, sondern die **optische Gestaltung** Ihrer Briefseiten.

Auf welchem Papier ist der Brief geschrieben? Ist es weißes Büttenpapier oder graues Recyclingpapier? Ist der Brief hand- oder maschinengeschrieben? Wie viel steht auf einer Seite? Machen Sie Absätze? Wie groß sind Ihre Seitenränder?

Wenn Sie per Hand schreiben: Sind Ihre Zeilen gerade, Ihre Buchstaben einigermaßen gleich groß? Ist Ihre Handschrift leserlich?

Bevor der Empfänger auch nur eine Zeile Ihres Briefes liest, hat er also schon zwei Gelegenheiten gehabt, sich ein Bild von Ihnen zu machen – und auch von der Wichtigkeit, die Sie selbst dem Brief beimessen, den Sie geschrieben haben. Denn: Wem ein Anliegen wichtig ist, der tut **alles,** es auch angemessen an den Mann oder die Frau zu bringen. Das jedenfalls glauben viele. Und Sie sollten immer davon ausgehen, dass auch der Empfänger Ihres Briefes dieser Meinung ist.

Es kann zum Beispiel schon der Grund für die Ablehnung einer Bewerbung sein, dass sie in einem schludrigen Briefumschlag beim Empfänger ankommt. Sie müssen dann sehr viel zu bieten haben, um diesen ersten Eindruck zu verwischen.

Verwenden Sie also Sorgfalt auf die äußere Gestaltung Ihrer Briefe! Denken Sie immer daran, dass der Brief auf den Empfänger angenehm wirken soll. Auf den folgenden Seiten wollen wir Ihnen ein paar Hinweise dafür geben.

Der Briefumschlag

Es gibt Briefumschläge verschiedener Größe (DIN C6, C5, B4 usw.) und verschiedener Art (Luftpostumschläge; Fensterumschläge; gepolsterte Umschläge; Umschläge mit verstärktem Kartonboden usw.). Und es gibt neben den standardisierten Umschlägen aus einfachem weißen, grauen oder braunen Papier kreativ gestaltete Umschläge aus den verschiedensten Papiersorten, in vielen Farben und/oder mit aufgedruckten Bildmotiven.

Die wichtigsten Briefumschlagsformate sind:

DIN C6: der Standardbriefumschlag (114 x 162 mm)
DIN DL: der „breite“ Standardumschlag (110 x 220 mm); Standard für Fensterbriefe.

DIN C5: 162 x 229 mm
DIN C4: 229 x 324 mm
DIN B4: 250 x 353 mm

Welchen Umschlag Sie für Ihre Briefe wählen, hängt davon ab, was Sie verschicken wollen.

Die Regel lautet: **Wählen Sie einen passenden Umschlag.**

Das heißt, wählen Sie einen Umschlag, der von der Größe her passt, aber auch dem Anlass entspricht. Wenn Sie also einen langen Brief geschrieben haben, der vielleicht acht DIN-A4-Seiten umfasst, sollten Sie überlegen, ob Sie ihn wirklich so falten und drücken, dass er in einen Standardumschlag passt (DIN C6 oder DL), oder ob Sie nicht doch lieber einen größeren DIN-C5-Umschlag benutzen.

Umgekehrt macht es keinen Sinn, für ein einziges Blatt Papier einen DIN-C4-Umschlag zu benutzen – es sei denn das Blatt darf auf keinen Fall geknickt werden. Dann sollten Sie aber einen Umschlag mit Kartonboden verwenden, der verhindert, dass der Brief auf dem Postweg geknickt wird.

Denken Sie auch daran, dass Sie bei Luftpostbriefen die internationalen blauen Luftpostumschläge benutzen oder auf einen Standardumschlag ein spezielles Luftpostzeichen aufkleben müssen.

Verwenden Sie, wenn Sie Büchersendungen oder Drucksachen verschicken, unverschlossene Umschläge, die von der Post problemlos geöffnet werden können. Es gibt dafür spezielle Umschläge mit Metallnieten.

Denken Sie immer daran, dass es für jeden Brief den passenden und geeigneten Umschlag gibt!

Es gibt zwei Umschlagtypen, die verschieden gestaltet werden:

- den Fensterumschlag
- den normalen Umschlag

Der **Fensterumschlag** hat in der linken unteren Hälfte ein durchsichtiges Fenster für die Empfängeradresse. Fensterumschläge werden vor allem in der reinen Geschäftskorrespondenz, in der Korrespondenz von Ämtern und Behörden mit den Bürgern und in der Korrespondenz von Unternehmen mit Kunden verwendet. Bei all diesen Schreiben steht die vollständige Empfängeradresse auf der ersten Seite des **Briefes.** Damit sie auf dem Briefumschlag nicht wiederholt werden muss (was zusätzliche Arbeit und Kosten verursacht), ist das Fenster im Umschlag. Die Briefe werden so geknickt, dass die Empfängeranschrift, die auf der ersten Seite steht, durch das Fenster zu sehen ist.

Geschäftsbriefe werden nach der DIN-Norm 5008 gestaltet. Genaueres dazu finden Sie in der Einleitung zum Kapitel „Geschäftskorrespondenz".

Bei der Verwendung von Fensterumschlägen müssen Sie darauf achten, dass die Empfängeradresse **vollständig** im Fenster zu sehen ist. Wenn Sie den Brief schlecht knicken und die Empfängeradresse verrutscht, ist sie unter Umständen nicht mehr zu lesen.

Für die Gestaltung **von normalen Briefumschlägen** gibt es so genannte „Zonen". Zonen heißt einfach, dass gewisse Bereiche auf der Vorderseite des Umschlags von der Post für bestimmte Angaben vorgesehen sind.

Die **Briefmarken** (oder andere Frankierungszeichen) gehören nach rechts oben in die Ecke. Wenn Sie mehrere Marken verwenden, sollten Sie sie direkt nebeneinander kleben.

Die **Absenderadresse** sollte links oben in der Ecke stehen und nicht mehr auf der Rückseite, wie man das früher gemacht hat.

Die **Empfängeradresse** sollte, etwas nach links eingerückt, auf der rechten Seite des Umschlags stehen. Sie sollte genügend Abstand zu den Briefmarken haben und etwa zwei Zentimeter vor dem unteren Umschlagsende aufhören.

Eventuelle **Ergänzungen** wie „Büchersendung", „Eilsendung" oder andere wie „Nachnahme", „Einschreiben" usw. sollte man – mit etwas Abstand – über die Empfängeradresse schreiben. Das ist für die Post einfacher, da so mit einem Blick zu erkennen ist, was bei Ihrem Brief speziell beachtet werden muss.

Diese Zonen sind von der Post festgelegt worden, weil sie den Brieftransport durch Automatisierung beschleunigen will. Dafür ist es notwendig, die wichtigen Angaben auf allen Briefen immer an den gleichen Stellen zu haben.

Allerdings wird Ihnen die Post Ihre Briefe nicht zurückschicken, wenn Sie die Briefmarken auf eine andere Stelle kleben, die Absenderadresse auf die Rückseite schreiben oder gar die Empfängeradresse an anderer Stelle des Briefes unterbringen.

Für den reinen Versand ist nur wichtig, dass die Empfängeradresse überhaupt auf dem Umschlag zu finden ist und dass Sie richtig frankiert haben. Wenn Sie Ihren Briefumschlag allerdings unkonventionell gestalten, könnte es sein, dass der Brief ein wenig länger braucht, weil er nicht per Automat bearbeitet werden kann.

Bei Briefen an Ämter, Firmen oder gar bei Geschäftsbriefen oder Bewerbungen sollten Sie jedenfalls die herkömmliche Umschlaggestaltung vorziehen. Ansonsten wird sich der Empfänger möglicherweise wundern, warum Sie sich nicht die kleine Mühe gemacht haben, den Briefumschlag richtig zu beschriften. Deshalb: Wenn Sie mit Ihren Briefen einen guten Eindruck machen wollen, sollten Sie sich an die Vorschriften halten.

Beim Versand ins außereuropäische Ausland wird empfohlen alle Briefsendungen mit dem Vermerk „LUFTPOST – PAR AVION – PRIORITAIRE“ zu versehen. Grund ist ein internationales Abkommen über die Beförderung von Vorrang- oder Luftpostsendungen. Briefe, die nicht entsprechend gekennzeichnet sind, laufen Gefahr, dass sie im Bestimmungsland nicht mit Vorrang bearbeitet und ausgeliefert werden. Der Vermerk auf den Sendungen kann hand- oder maschinenschriftlich, muss aber in jedem Fall in GROSSBUCHSTABEN erfolgen. Bequemer ist die Verwendung spezieller blauer Aufkleber, die es in jeder Postfiliale gibt.

Dies gilt auch für Auslandsbriefe in benachbarte Länder wie Frankreich, die Schweiz oder Dänemark, selbst wenn die Beförderung nicht per Luftpost erfolgt.

Weiterhin wird empfohlen beim Versand ins Ausland keine Länderkürzel, sondern den vollständigen Ländernamen auf dem Brief zu vermerken.

Die Empfängeradresse

Die wichtigsten Richtlinien der Post betreffen die Gestaltung der Empfängeradresse auf dem Umschlag. (Diese Richtlinien gelten übrigens auch für Postkarten.) Denn damit ein Brief schnell zum richtigen Empfänger befördert werden kann, benötigt die Post eine **korrekt** und **lesbar** geschriebene Adresse.

Grundsätzlich wird jede Adresse postalisch richtig in folgender Form geschrieben:

(Genauere Angaben, Titel usw.)
Name des Empfängers
Straßenname (oder Postfach)
Leerzeile!
Postleitzahl Ortsname

Herrn Oberstudienrat Peter Peuckert Karlsruher Str. 34 56432 Oberndorf

oder:

Paterna Verlag Postfach 12 31 23 78654 Nümmeln

Ob Sie die Bezeichnung „Frau“ oder „Herrn“ in eine eigene Zeile über den Namen oder mit dem Namen in eine Zeile schreiben, bleibt Ihnen überlassen. Beides ist gängig. Doch schöner ist es, wenn Sie es auf zwei Zeilen verteilen.

Wenn Sie „Herrn“ oder „Frau“ mit einem Titel ergänzen (Dr., Professor, Oberstudienrat usw.), **ist es grundsätzlich üblich** zwei Zeilen zu verwenden:

Sie können also schreiben:

Herrn Martin Veldecke

oder:

Herrn
Martin Veldecke

Aber Sie sollten schreiben:

Herrn
Dr. Martin Veldecke

Im Übrigen gelten folgende Richtlinien:

- Schreiben Sie die Adresse immer linksbündig. D. h., tun Sie so, als ob an der linken Seite der Adresse der Blattrand wäre. Und jede neue Zeile beginnen Sie wieder an diesem Blattrand.

- Vergessen Sie auf keinen Fall die Postleitzahl!

- Wenn Sie sich über die Postleitzahl im Unklaren sind, schauen Sie in dem Verzeichnis „Das Postleitzahlenbuch“ nach, das die Post an alle Haushalte verteilt hat. Sie können die Postleitzahl aber auch über den Onlineservice der Post abfragen.

- Schreiben Sie Postleitzahl und Ortsname **immer** in eine Zeile.

Also:

79107 Freiburg

Und nicht:

79107
Freiburg

- Schreiben Sie Postleitzahl und Ortsname immer in die **letzte** Zeile. Fügen Sie also nicht noch irgendwelche Zusatzangaben hinzu. Telefonnummern, Faxnummern oder Ähnliches haben mit der Empfängeradresse eines Briefes nichts zu tun!

  Wenn Sie in die letzte Zeile einer Empfängeradresse eine Telefonnummer setzen, und die Adresse des Briefes wird in einer modernen Sortieranlage automatisch gelesen, interpretiert die Maschine den Anfang der letzten Zeile als Postleitzahl. Die Folge ist eine Fehlleitung oder die Korrektur der Postleitzahl per Hand durch einen Postmitarbeiter – und das führt zu einer längeren Laufzeit des Briefes.

- Unterstreichen Sie Postleitzahl und Ortsnamen nicht!

- Damit ein Automat die Postleitzahl lesen kann, muss sie **ohne Zwischenräume** geschrieben sein, also „12345 Haveln“ und **nicht** „12 34 5 Haveln“.

- Bei Briefsendungen **ins Ausland** können Sie den vollständigen Ländernamen vermerken oder aber das internationale (Auto)kennzeichen vor die Postleitzahl setzen. Also:

F – 1000 Paris (F steht für Frankreich)
CH – 3000 Bern (CH steht für die Schweiz)
usw.

- Bei Briefsendungen **innerhalb Deutschlands** sollten Sie vor die Empfängeradresse aber **kein D** (für Deutschland) setzen. Also **nicht** „D – 10115 Berlin“, sondern „10115 Berlin“

- Auch die Buchstaben W (für Westdeutschland) und O (für Ostdeutschland) sind nach der Einführung der neuen Postleitzahlen überflüssig. Sie sollten sie deshalb nicht mehr verwenden.

- Wenn Sie von jemandem sowohl eine Straßen- wie eine Postfachadresse haben, sollten Sie an die Postfachadresse schreiben. Der

Brief an die Straßenadresse kommt zwar auch an den richtigen Empfänger, aber die Frage ist, ob ihm das recht ist. Sie sollten bedenken: Wenn jemand schon ein Postfach eingerichtet hat, dann doch deshalb, weil er seine Post dorthin geliefert haben will!

Wenn Sie diese Regeln befolgen und außerdem einigermaßen leserlich schreiben, machen Sie schon alles Wichtige richtig. Die Post hat allerdings noch einige weitere Richtlinien, die Sie befolgen sollten, wenn Sie sichergehen wollen, dass ihre Empfängeradresse **maschinenlesbar** ist – und deshalb reibungslos transportiert wird.

- Die Höhe Ihrer Schrift sollte zwischen 2,5 und 4,7 mm liegen.

- Neben der üblichen Schreibweise mit Groß- und Kleinbuchstaben können Sie die Adresse auch nur mit Groß- oder nur mit Kleinbuchstaben schreiben. Sie sollten sich aber gut überlegen, warum Sie das tun wollen. Warum ohne Grund von der Konvention abweichen?

- In der Adresse im Anschriftenfeld dürfen Sie keine Firmenlogos verwenden.

- Innerhalb einer Zeile sollten Sie jeweils nur eine Schriftart, Schriftgröße und Schriftstärke benutzen. (Das betrifft vor allem Adressen, die Sie mit der Maschine schreiben.)

- Achten Sie darauf, dass es zwischen allen Zeichen einer Zeile einen durchgehenden Zwischenraum von 0,3 mm gibt.

- Zwischen Postleitzahl und Ortsname sollte ein Zwischenraum von 3–5 mm sein (auch zwischen Straßenname und Hausnummer).

- Unterstreichen Sie deshalb nichts! Dabei gehen nämlich die Zwischenräume verloren.

- Der Abstand zwischen vorletzter (Straßenname oder Postfach) und letzter Zeile (Postleitzahl und Ort) darf höchstens 10 mm betragen.

Sie können die Empfängeradresse mit der Hand, mit der Schreibmaschine oder per Etikettendruck auf dem Umschlag anbringen. Verwenden Sie die Maschinenschrift im geschäftlichen Bereich und in der Privatkorrespondenz.

Bemühen Sie sich um eine leserliche Schrift!

Der Empfänger des Briefes mag mit Ihrer Handschrift vertraut sein, die Briefsortiermaschine und der Briefträger sind es nicht!

Die Absenderadresse

Sie müssen auf einem Brief keine Absenderadresse angeben, es ist aber sinnvoll. Falls nämlich der Empfänger des Briefes unbekannt verzogen ist bzw. die Annahme des Briefes verweigert oder falls Sie zufällig eine falsche Adresse angegeben haben, kann der Brief an Sie zurückgeschickt werden, wenn Sie eine Absenderadresse angegeben haben.

Außerdem erfährt der Empfänger schon bei einem Blick auf den Umschlag, von wem der Brief stammt.

Falls Sie Ihre Adresse nicht noch einmal auf der ersten Seite des Briefes angeben, ist die Absenderadresse auf dem Umschlag besonders wichtig für ein eventuelles Antwortschreiben.

Die Angabe der Absenderadresse ist also nicht zwingend vorgeschrieben, aber empfehlenswert.

Es gibt zwei Möglichkeiten:

- als erste Zeile auf einem Adressaufkleber
- in der linken oberen Ecke des Umschlags

Wenn Sie Ihre Adresse per Hand oder Schreibmaschine in die linke obere Ecke des Umschlags schreiben, gelten die gleichen Richtlinien wie für die Empfängeradresse. Sie können sie aber etwas freier auslegen. Die Leerzeile zwischen der vorletzten und der letzten Zeile kann wegfallen. Sie können durchaus Telefon- und Telefaxnummern hinzufügen usw. Es ist nicht nötig, einen Zusatz wie „Abs.:“ (für Absender) hinzuzufügen. Das versteht sich von selbst, wenn Sie die Adresse links oben in die Ecke setzen.

Es gilt auch hier:

Schreiben Sie lesbar und in angenehmer Größe!

Adressaufkleber finden vor allem in der Geschäftskorrespondenz Verwendung. Es gibt aber inzwischen auch Privatleute, die sie benutzen.

Ein Adressaufkleber ist wie ein gedrucktes Fenster eines Fensterumschlags. Die Absenderadresse befindet sich in der ersten Zeile, deutlich durch **Kleindruck** von der Empfängeradresse abgehoben. Die Angaben stehen dort nicht unter-, sondern **nebeneinander.** Unterhalb der Absenderadresse folgt die Empfängeradresse:

Dr. Karin Schmidt Herbolzweg 56 89745 Boden (Kleindruck)

Herrn (normale Buchstabengröße)
Peter Peuckert
Hohenheimweg 23

78543 Schweubern

Freimachung

Die Post erhebt für den Transport der Briefe Gebühren – das Briefporto. Es gibt zwei Möglichkeiten, die Bezahlung des Briefportos auf dem Brief anzuzeigen:

- mit Briefmarken
- mit einem Freistempel

Auf Behörden- und Geschäftsbriefen findet man gewöhnlich keine Briefmarken. Dort benutzt man einen so genannten Freistempler. Sie werden diese Briefe kennen: Statt einer Briefmarke gibt es ein aufgedrucktes Frankierzeichen. Den Freistempler verwenden Großkunden der Post, bei deren umfangreicher Korrespondenz es lästig und zeitaufwendig wäre, auf jeden Brief Briefmarken zu kleben. Das Frankieren mit dem Freistempler geht schneller.

Für die persönlichen Briefe und die Privatkorrespondenz verwendet man aber gewöhnlich Briefmarken. Es gibt drei Sorten:

- die Automatenmarken
- die Standardmarken
- die Sondermarken

Automatenmarken sind ziemlich hässlich. Sie sind breit, enthalten ein Standardmotiv und einen aufgedruckten Wert. Wenn Sie es sehr eilig haben und die Schlange in der Post zu lang ist, dann können Sie diese Marken aus dem Automaten ziehen. Verwenden sollten Sie sie aber nur, wenn Sie sich sicher sind, dass der Empfänger keinen Wert auf das Äußere Ihres Briefes legt, also beispielsweise bei Briefen an Behörden.

Die **Standardmarken** sind die, die man Ihnen auf der Post verkauft, wenn Sie nicht ausdrücklich Sondermarken verlangen. Sie sind schlicht mit einfachen Motiven. Für jeden normalen Brief reichen sie vollständig aus. Wenn Sie die Standardmarken benutzen, machen Sie sicher nichts falsch. Auch die Standardmarken kann man am Automaten bekommen, allerdings nicht einzeln, sondern in Form von Briefmarkenheftchen.

Wenn Sie Eindruck machen wollen oder wenn Sie dem Empfänger eine Freude machen wollen, dann verwenden Sie **Sondermarken.** Sondermarken sind besonders schön gestaltete Briefmarken, die zu bestimmten Anlässen herausgegeben werden. Man unterscheidet zwischen Sondermarken mit und ohne Zuschlag. Sondermarken mit Zuschlag sind teurer. Der Zuschlag ist meist eine Spende zugunsten einer bestimmten Stiftung oder Hilfsorganisation. Die Sondermarken ohne Zuschlag kosten genauso viel wie die Standardmarken. Nach den Sondermarken müssen Sie am Postschalter allerdings fragen. Bei Briefen zu besonderen Anlässen ist es angebracht, Sondermarken zu verwenden. Ebenso bei Briefen an Freunde. Die Verwendung einer Sondermarke zeigt dem Empfänger, dass Sie sich Mühe gemacht haben den Brief schön zu gestalten. Und denken Sie immer daran, dass es in nahezu jeder Familie einen Briefmarkensammler gibt, der sich über Sondermarken freut!

Sie können Briefe auch unfrankiert (oder zu niedrig frankiert) in den Briefkasten werfen. Auch solche Briefe werden von der Post zum Empfänger transportiert. Der Empfänger muss dann aber erhöhtes Nachporto zahlen oder kann die Annahme verweigern. Dann geht der Brief an Sie zurück – und Sie müssen selber das erhöhte Nachporto zahlen.

Unfrankiert sollten Sie Briefe nur im Ausnahmefall schicken, zum Beispiel wenn es sich um wirklich eilige Sachen handelt, von denen Sie wissen, dass der Empfänger sie schnell braucht. Wenn Sie in einem solchen Fall keine Briefmarke zur Hand haben, das Postamt bereits geschlossen ist und der Briefmarkenautomat leer ist, wird es Ihnen der Empfänger nicht verübeln, wenn Sie den Brief unfrankiert in den Briefkasten werfen.

Ansonsten gilt: Frankieren Sie Ihre Briefe ausreichend!

Das Briefpapier

Was bekommt der Empfänger in die Hand, wenn er Ihren Brief öffnet? Ein oder mehrere Blatt Papier.

Wie beim Briefumschlag sollten Sie auf die Wahl des Papiers Sorgfalt verwenden. Man kann kaum glauben, wie viele unterschiedliche Papiervarianten es gibt: liniertes, kariertes oder leeres Papier, es gibt Papier in den verschiedensten Farben und Qualitäten: Graues Recyclingpapier können Sie ebenso verwenden wie Bütten oder gar Pergament. Besonders anspruchsvolle Briefschreiber können sich sogar Ihr eigenes Briefpapier entwerfen.

Die Papierqualität wird dadurch bestimmt, wie schwer ein Blatt Papier ist. Die Maßeinheit ist g/m^2 (Gramm pro Quadratmeter). Diese Maßeinheit gibt an, wie viel Gramm eine Papiersorte wiegt, wenn man eine Fläche von einem Quadratmeter davon auf die Waage legt. Je schwerer ein Papier, desto dicker ist es und desto angenehmer ist das Gefühl in der Hand. Je schwerer eine Papiersorte ist, desto teurer ist sie aber auch.

Es gibt drei Standardqualitäten:

- 60 g/m^2
- 80 g/m^2
- 100 g/m^2

Das Standardqualitätspapier für alle Gelegenheiten ist das 80-g/m^2-Papier. Wenn Sie weißes Papier dieser Qualität benutzen, machen Sie eigentlich nie etwas falsch – heben sich allerdings auch nicht von anderen ab.

Wenn Sie Eindruck machen wollen, benutzen Sie das schwerere 100-g/m^2-Papier. Den Unterschied merkt der Empfänger sowohl beim Anschauen, durch dieses Papier kann man nicht hindurchsehen, als auch beim Anfassen, es liegt schwerer in der Hand und knickt nicht von allein um.

60-g/m^2-Papier sollten Sie ausschließlich für Luftpostbriefe verwenden. Für diesen Zweck ist es eigentlich geschaffen worden. Die Höhe des Portos wird zwar immer vom Gewicht des Briefes bestimmt, aber nur bei der Luftpost macht es wirklich einen Unterschied, ob Sie leichtes oder schweres Papier verwenden. Deshalb nimmt man es auch niemandem übel, wenn er Luftpostbriefe auf leichtem (und billigem) Papier schreibt.

Bei allen anderen Briefsorten sollten Sie mindestens auf das Standardpapier zurückgreifen oder sich für eine edlere Papiersorte entscheiden.

Die Regel lautet auch in diesen Fällen: **Wählen Sie das passende Papier aus.**

Bei einem Brief an Freunde können Sie alles nehmen. Bei einer Bewerbung hingegen sollten Sie „gutes" weißes Papier verwenden, vielleicht mit einem Wasserzeichen. Bei Briefen an Personen, von denen Sie eine Gefälligkeit erwarten, sollten Sie immer **gutes** Papier nehmen.

Die Aufteilung der Briefseite

Wenn der Empfänger den Brief aufgeschlagen vor sich hat, soll sein Eindruck **angenehm** sein.

Für die Geschäftskorrespondenz gibt es klare Vorschriften über die Gestaltung einer Briefseite. Diese Vorschriften werden in der Einleitung des Kapitels „Geschäftskorrespondenz" ausführlich dargestellt. Bei der Korrespondenz mit Behörden sollten Sie sich weit gehend an die Vorschriften für die Geschäftskorrespondenz halten, um unnötige Nachfragen der Ämter zu vermeiden.

Für private Korrespondenz, sowohl zu besonderen Anlässen als auch beim reinen Privatbrief, gelten folgende Grundsätze:

- Die Seite soll gut aufgeteilt sein!

Dazu gehören Ränder! Also lassen Sie rechts und links, oben und unten einige Zentimeter unbeschrifteten Raum. Fangen Sie nicht am linken Blattrand an und füllen jeden Millimeter bis zum rechten Blattrand.

- Schreiben Sie gerade!

Wenn Sie leeres Papier verwenden, legen Sie bei einem handschriftlichen Brief ein liniertes Blatt unter, wenn Sie die Schreibmaschine benutzen, achten Sie darauf, dass das Papier gerade eingespannt ist.

- Achten Sie bei handgeschriebenen Briefen darauf, dass Ihre Schrift einigermaßen gleichmäßig bleibt!

Fangen Sie also nicht mit großen Buchstaben und weiten Schwüngen an, um dann nachher mit winzigen gequetschten Buchstaben zu enden.

- Verwenden Sie bei handschriftlichen Briefen Sorgfalt auf das Schreiben!

Schreiben Sie langsam, dann werden Ihre Buchstaben und jedes Wort lesbar sein.

Jeder Brief sollte fünf Bestandteile enthalten:

- die Angabe von Ort und Datum
- die Anrede
- den eigentlichen Text
- die Schlussformel
- die Unterschrift

Sie können (auch als Privatperson) einen Briefkopf für sich entwerfen, der auf dem ersten Blatt jedes Ihrer Briefe erscheint. Da ein Briefkopf aber vor allem in der Geschäftskorrespondenz üblich ist, finden Sie Genaueres über die Verwendung und den Entwurf von Briefköpfen (und Firmenlogos) in der Einleitung des Kapitels „Geschäftskorrespondenz“. Wenn Sie einen Briefkopf verwenden, wird er immer ganz oben auf dem ersten Blatt des Briefes gedruckt. Erst darunter folgt die Angabe von Ort und Datum.

Abfassungsort und Datum sollten Sie immer angeben.
Üblich ist die Form: „Freiburg, 12. Oktober 2004“ . Die Angabe von Ort und Datum gehört rechts oben über den Brieftext.

Welche **Anrede** Sie wählen, hängt davon ab, an wen Sie schreiben. Verwenden Sie:

- „Sehr geehrte Damen und Herren“, wenn Sie die Empfänger nicht kennen.
- „Sehr geehrte Frau/geehrter Herr (Name)“, wenn Sie den Empfänger namentlich kennen, aber in keinem engen Verhältnis zu ihm stehen.
- „Liebe/r (Vor- und/oder Zuname)“, wenn Sie den Empfänger besser kennen.

Wenn Sie an gute Freunde schreiben, steht Ihnen eine ganze Welt möglicher Anreden offen: „Mein/e Liebe/r ...“, „Hallo ...“, „Hey ...“ Erlaubt ist hier, was gefällt.

Die Anrede schließen Sie entweder mit einem Komma oder einem Ausrufezeichen. Wenn Sie ein Komma verwenden, müssen Sie das erste Wort der folgenden Zeile **klein** schreiben (außer es ist ein Substantiv), weil es einen begonnenen Satz fortsetzt. Wenn Sie das Ausrufezeichen verwenden, beginnen Sie in der nächsten Zeile einen neuen Satz. Dann müssen Sie das erste Wort **groß** schreiben.

Wenn Sie mehr zu Anredeformen wissen wollen, schlagen Sie im Anhang nach. Dort sind Anreden von Personen mit Titeln (Adelstitel, akademische Titel) und internationale Anreden zusammengestellt.

Wie Sie den **Brieftext** gestalten ist natürlich Ihre Sache. Es ist aber vom optischen Eindruck her gut, wenn Sie dem Leser Ruhepunkte anbieten. Also schreiben Sie nicht ohne Punkt und Komma, sondern machen Sie Absätze. Schreiben Sie nicht zu eng. Lassen Sie den Wörtern Platz. Lassen Sie auch den Zeilen Platz. Ein wenig Abstand zwischen den Zeilen erhöht deutlich das Lesevergnügen.

Auf einer wohlgestalteten Seite steht nicht zu viel!

Der Leser sollte nicht den Eindruck bekommen, dass Sie zu geizig sind, für ihn ein zweites Blatt Papier zu verwenden.

Aus Gründen der Höflichkeit beschreibt man immer nur eine Seite des Briefpapiers. Wenn Ihr Brief zu lang wird, und Sie eine zweite oder dritte Seite schreiben wollen, nehmen Sie für jede Seite ein **neues** Blatt Papier!

Grußformel und Unterschrift

Man schließt einen Brief nicht einfach mit einer Unterschrift, sondern verabschiedet sich in einem letzten Satz mit einem Gruß oder Wunsch von seinem Leser. Diese Schlussformel wird etwas abgesetzt unter den Text geschrieben. Die Standardschlussformeln lauten:

- „Mit freundlichen Grüßen"
- „Mir freundlichem Gruß"

Diese Schlussformeln verwendet man bei unbekannten Empfängern oder bei Empfängern, zu denen man ein distanziertes Verhältnis hat.

Wenn man den Empfänger gut kennt, sind z. B. folgende Schlussformeln üblich:

- „Alles Gute"
- „Bis bald"

„Alles Liebe" verwendet man bei sehr engen Freunden und Menschen, die man liebt.

Sie sollten jeden Brief unterschreiben!

Bei Freunden und Bekannten reicht es, wenn Sie mit Ihrem Vornamen unterschreiben, sonst verwenden Sie Ihren vollen Namen. Sie können direkt unter der Schlussformel unterschreiben, oder Sie fügen noch ein:

- „Ihr/e"
- „euer/eure"
- „dein/e"

Durch diese Hinzufügung wird der Briefschluss höflicher.

Die Unterschrift ist **immer** handschriftlich, unabhängig davon, ob der Brief von Hand oder mit der Maschine geschrieben worden ist.

Hand- oder maschinengeschrieben?

Immer größere Teile der Korrespondenz werden mit der Schreibmaschine oder dem Computer geschrieben. Ein wichtiger Grund dafür ist, dass man diese Briefe mit Sicherheit gut lesen kann. Und wenn es um sachliche Probleme geht, ist diese Lesbarkeit das Wichtigste.

Wenn Sie Geschäftsbriefe schreiben oder Briefe an Behörden, sollten Sie deshalb die Schreibmaschine oder den Computer benutzen.

Im privaten Bereich, das gilt für die Briefe zu besonderen Anlässen ebenso wie für die reinen Privatbriefe, sollten Sie per Hand schreiben. Denn der handschriftliche Brief gilt immer noch als der persönlichste Brief. Jedes Brautpaar, jedes Elternpaar, jeder Hinterbliebene wird es als unangenehm empfinden, wenn in einem Glückwunsch- oder Beileidsbrief nicht wenigstens einige handgeschriebene Zeilen stehen. Jeder Mensch hat eine eigene Handschrift. Handschriftliche Zeilen sind somit das Persönlichste, was Sie einem Empfänger geben können!

Im privaten Bereich sind maschinengeschriebene Briefe nur dann angemessen, wenn Sie sie als Rundbrief an mehrere Empfänger schicken wollen. Ein kopierter Brief in Maschinenschrift ist schöner als ein kopierter handschriftlicher.

Kleine Stilkunde

Die Grundfunktionen des Briefes

Wenden wir uns nun dem Inhalt zu, dem Textteil Ihres Briefes. Was sollte man grundsätzlich beim Schreiben eines Briefes berücksichtigen?

Denken Sie immer an den Empfänger!

Denn Korrespondenz ist das Gespräch mit einem abwesenden Partner. Jeder Brief ist Teil eines Dialoges, ist also sprachliche Äußerung. Er unterliegt damit genau denselben Forderungen wie Gesprächsäußerungen.

Warum das so ist, lässt sich am einfachsten erläutern, wenn man sich überlegt, welche Funktionen die Sprache hat. Der Sprachwissenschaftler Karl Bühler hat ein einfaches Modell der sprachlichen Kommunikation entwickelt. Er unterscheidet drei Funktionen des Sprechens. Es sind:

- Darstellung
- Ausdruck
- Appell

Darstellung meint, dass Sie mit einer sprachlichen Äußerung etwas über die Welt mitteilen.

Jede Ihrer sprachlichen Äußerungen ist aber immer auch **Ausdruck** Ihrer Befindlichkeit!

Und Sie können mit Worten an Ihr Gegenüber **appell**ieren, etwas für Sie zu tun. Sie können ihn ansprechen, ob er Ihnen bei etwas Bestimmtem hilft, ihn um etwas bitten oder ihn z. B. auffordern, dass er eine Rechnung bezahlt.

Diese drei Grundfunktionen der Sprache finden sich auch beim Brief. Der Brief hat, etwas anders ausgedrückt, die Funktionen:

- der Informationsübermittlung
- der Selbst-Äußerung (des Ausdrucks)
- des Appellierens

Diese Funktionen sind die kommunikativen Möglichkeiten, die in **jedem** Brief stecken. Es wäre zwar (theoretisch) möglich, Briefe zu schreiben, in denen jeweils nur eine der Funktionen erfüllt wird, in denen also nur Informationen übermittelt werden oder in denen nur appelliert wird, aber das kommt beim Briefeschreiben normalerweise nicht vor. Vielmehr sind meist alle Funktionen gleichzeitig und miteinander vermischt in jedem Brief vorhanden.

Da aber jeder Brief einen **Zweck** hat, es also einen bestimmten Grund dafür gibt, warum er geschrieben wird, kann man meistens eine Funktion als die Hauptfunktion bestimmen.

Die Funktion der Informationsübermittlung

Ein Brief kann Träger von Mitteilungen jeder Art sein. Die Art der Informationen, die Sie durch ihn vermitteln können, sind nicht beschränkt.

Es können zum Beispiel sein:

- sachliche Informationen
- geschäftliche Informationen
- politische Informationen
- offiziell-amtliche Informationen
- wissenschaftliche Informationen

Sachliche Briefe, die sich (weit gehend) auf die Informationsübermittlung konzentrieren (wie z. B. Geschäftsbriefe), lassen sich relativ einfach standardisieren.

Weil der Brief so gut zur Informationsübertragung geeignet ist, war er übrigens auch die Keimzelle von Zeitung und Zeitschrift. Der Nachrichten-Brief hat seinen Ursprung in Privatbriefen, die reisende Kaufleute und Diplomaten an ihre Auftraggeber zurück in die Heimat schickten, um Informationen weiterzugeben. Diese Briefe wurden dann durch Vorlesen und Weitergeben einem größeren Interessentenkreis zugänglich gemacht und in späteren Zeiten dann auch abgedruckt.

Die appellative Funktion

Wenn in einem Brief jemand etwas von Ihnen verlangt, wenn jemand etwas anordnet oder Sie um etwas bittet, dann hat das Schreiben appellative Funktion.

Die appellative Funktion ist also immer dann vorhanden, wenn ein Schreiber seinem Briefpartner im Sinne seiner eigenen Vorstellungen und Absichten Anweisungen erteilt oder ihn zu beeinflussen sucht, indem er wünscht, bittet, um etwas ersucht, verlangt, fordert, erwartet oder auch droht.

Man kann dabei verschiedene Stufen unterscheiden, die davon abhängig sind, in welchem Verhältnis der Empfänger zum Schreiber des Briefes steht:

Wenn der Empfänger dem Schreiber untergeordnet ist, dann ist ein appellativer Brief:

- eine Weisung (amtlich)
- eine Anordnung (amtlich)
- eine Verfügung (amtlich)
- ein Hirtenbrief (kirchlich)
- ein Rundbrief (an Mitglieder einer Gruppe, zum Beispiel einer Partei)

usw.

Wenn Empfänger und Schreiber gleichgeordnet sind, dann ist ein appellativer Brief:

- ein Werbebrief
- ein Beschwerdebrief
- ein Mahnbrief
- ein Bittbrief

usw.

Besondere Briefe mit Appellcharakter sind:

- der Leserbrief
- der offene Brief

Jeder Brief, in dem dem Empfänger gesagt wird „Lerne dies, tu das ...“, ist ein appellativer Brief.

Die Ausdrucksfunktion

Briefe, in denen Sie als Schreibender (Ihr „Ich", Ihre Gefühle, Ihre Meinungen, Ihre Ansichten) im Zentrum stehen, werden von der Ausdrucksfunktion beherrscht. Es sind Briefe, die der Selbstdarstellung, der Selbstbetrachtung und der Selbstdeutung dienen.

Es spiegelt sich zwar in **jedem** Brief Ihre Individualität. Immer drückt sich Ihre Persönlichkeit aus, aber erst wenn Sie sich und Ihre Persönlichkeit zum Thema des Briefes machen, herrscht die Ausdrucksfunktion vor. Dahinter steht die Vorstellung vom Brief als dem unmittelbaren Ausdruck des lebendigen Daseins des Schreibers: der Brief als Spiegel und Abbild der Seele. Der deutsche Dramatiker Friedrich Hebbel nannte die Briefe „Schattenrisse der Seele" (1841).

Briefe mit vorherrschender Ausdrucksfunktion sind:

- Bekenntnisbriefe
- Freundschaftsbriefe
- Liebesbriefe

Eine weitere Briefsorte, in der die Ausdrucksfunktion vorherrscht, in der aber nicht (wie beim Liebesbrief) das Ich des Schreibers das Thema ist, sind die betont subjektiven Briefe über die Welt und wie man sie erlebt.

Wenn Sie also einem Freund von einem Ausflug schreiben und dabei nicht einfach nur die Äußerlichkeiten darstellen, sondern diese Äußerlichkeiten ganz betont aus Ihrer Perspektive schildern, so ist auch das ein Brief mit vorherrschender Ausdrucksfunktion.

Es gibt kein Thema, über das Sie sich nicht ganz persönlich äußern können:

- Politik
- Soziales
- Moral
- Wissenschaft
- Literatur
- Kunst
- Technik
- Medizin
- Recht

Entscheidend ist nur Ihr subjektiver Blick auf die Themen und Ihre subjektive Wertung.

Wenn Sie die drei Grundfunktionen jedes Briefes im Blick behalten und sich jedes Mal, wenn Sie einen Brief schreiben wollen, fragen, an wen schreibe ich und was will ich erreichen, haben Sie einen ersten Anhaltspunkt, **wie** Sie formulieren sollten:

- darstellend informativ
- gefühlsbetont
- appellierend

Stilregeln

Sie wollen einen Brief schreiben. Sie haben sich Gedanken über das gemacht, was Sie schreiben wollen und was Sie damit erreichen wollen. Sie haben sich sorgfältig überlegt, welches Papier Sie verwenden, ob Sie mit Maschine oder per Hand schreiben, Sie haben einen passenden Umschlag mit passender Marke gewählt. Sie müssen jetzt also nur noch schreiben ... und stehen immer noch vor dem gleichen Problem wie am Anfang. Sie fragen: Kann man nicht ein paar konkretere Hilfestellungen und Anweisungen bekommen, die man beim Schreiben direkt verwenden kann?

Gibt es konkrete Regeln für einen **guten** Brief?

Natürlich sind Regeln für einen **korrekten** Brief vorhanden, die man beachten sollte, wenn man mit seinen Briefen Erfolg haben will. Ein korrekter Brief ist aber noch keineswegs ein guter Brief. Anders gesagt: Ein formal korrekter Brief kann in anderer Hinsicht grauslich schlecht sein – und damit seine Erfolgsaussichten schmälern.

Die Antwort auf die Frage lautet deshalb: Regeln für einen **guten** Brief lassen sich leider nicht geben. Aber ein paar **Faustregeln** sollten Sie beachten, die erfahrungsgemäß zu besseren Briefen führen.

Achten Sie beim Schreiben jedes Briefes auf drei Dinge:

- Logik der Gedanken
- sprachliche Korrektheit
- angemessenen Stil

Die Logik der Gedanken

Überlegen Sie sich, bevor Sie den Brief beginnen, genau, was Sie eigentlich schreiben wollen. Bringen Sie das, was Sie mitteilen wollen, in eine klare und nachvollziehbare Ordnung. Einen langen, weitschweifigen Brief **kann** man schreiben, wenn man einem guten Freund nur mitteilen will, woran man gerade denkt, aber nicht, wenn man mit einem Brief Informationen weitergeben oder eine bestimmte Reaktion erreichen will.

Die erste Anforderung an einen guten Brief lautet deshalb:

Klarheit der Gedanken!

Schreiben Sie erst, wenn Sie sich über Ihr Thema klar sind, wenn Ihnen alle wichtigen Punkte (Argumente), die Sie ansprechen wollen, deutlich vor Augen stehen, wenn Sie diese Punkte gewichtet und in eine logische, argumentativ nachvollziehbare Ordnung gebracht haben. Erst dann sollten Sie schreiben – und diese Ordnung Ihrer Gedanken in den Brief übertragen. Warum etwas komplizierter darstellen als nötig? Aus einem klaren Konzept folgt ein klarer Brief.

Ein Tipp: Schreiben Sie nicht einfach drauflos, sondern notieren Sie sich erst auf einem Zettel die wichtigen Punkte und Stichworte. Überlegen Sie sich vorher, was genau Sie schreiben wollen! Verfahren Sie wie bei einem wichtigen Telefongespräch, bei dem Sie sich auch erst eine Liste mit Punkten machen, die Sie auf keinen Fall vergessen dürfen! Stellen Sie sich einfach folgende Fragen:

Was will ich?
Was ist mein Hauptthema?
Welche Punkte will ich ansprechen?
Welche dieser Punkte sind so wichtig, dass ich sie auf keinen Fall vergessen darf?
Was sind die wichtigen und was die weniger wichtigen Punkte?

In welcher Reihenfolge muss ich sie anbringen, damit sie die bestmögliche Wirkung erzielen?

Sprachliche Korrektheit

Bemühen Sie sich um eine fehlerfreie Rechtschreibung.

Nur: Die deutsche Rechtschreibung ist auch nach der Reform noch schwierig. Gleiches gilt für die deutsche Grammatik. Und es gibt niemanden (wirklich niemanden), der von sich behaupten könnte, alles zu beherrschen. Lassen Sie sich deshalb von sprachlichen Unsicherheiten nicht abhalten. Manchmal ist es besser, fehlerhaft zu schreiben, als in dem Versuch, jeden Fehler zu vermeiden, den Ausdruck aus einem Brief zu vertreiben. In einem persönlichen Brief wirkt es viel eigenartiger, korrekte, aber gestelzte Sätze zu lesen, als spontane und ausdrucksstarke mit dem einen oder anderen Fehler. Gerade in einem persönlichen Brief kommt es darauf an, dass der Leser Ihre Stimme „hört". Versuchen Sie deshalb nicht besonders anspruchsvoll zu schreiben, sondern schreiben Sie natürlich. Ihr Briefpartner kennt Sie ja in der Regel, er weiß um Ihre Stärken und Schwächen und wird sich vermutlich über einen Fehler nicht aufregen. Ihn interessiert in erster Linie, **was** Sie ihm mitzuteilen haben.

Es gibt natürlich Briefarten, bei denen man jeden Fehler tunlichst vermeiden sollte: so z. B. Bewerbungen.

> Ein Tipp: Schreiben Sie erst einen vorläufigen Entwurf und lassen Sie ihn ein oder zwei Tage liegen. Dann lesen Sie ihn noch einmal. Die meisten Fehler werden Ihnen dabei auffallen. Sie können sie korrigieren und danach die Reinschrift des Briefes anfertigen, die Sie abschicken. Sie können natürlich auch einen Bekannten den Entwurf gegenlesen lassen. Das ist meistens noch besser und empfiehlt sich besonders bei sehr wichtigen Briefen. Lesen Sie grundsätzlich jeden Brief nach dem Schreiben noch einmal durch.

Guter Stil

Zur klaren Gedankenführung und korrekten Sprache sollte ein guter Stil kommen.

Guter Stil heißt zunächst **verständlicher Stil!**

Viele Leute neigen dazu, in Briefen viel komplizierter und schwieriger zu schreiben, als sie sprechen. Wenn Sie einen Brief erhalten, bei dem Sie einen komplizierten Satz nicht verstehen, machen Sie die Probe und fragen Sie telefonisch beim Absender nach. In vielen Fällen wird Ihnen der Absender kurz, klar und einfach erklären können, was er eigentlich mit seinem komplizierten Satz sagen wollte.

Guter Stil ist **einfach, dabei aber auch lebendig.**

Guter Stil ist **ausdrucksstark und konkret.**

Schreiben Sie so einfach und lebendig wie möglich!

Schreiben Sie so ausdrucksstark und konkret wie möglich!

Was heißt das? Es bedeutet, dass Sie sich nicht mit der einfachen, platten Aufzählung von Begebenheiten zufrieden geben sollten. Was ist Besonderes daran, wenn Sie in einem Brief aus dem Urlaub Sätze wie die folgenden schreiben:

„Das Wetter ist gut, es hat nur einmal in den letzten drei Tagen geregnet. Und die Berge sind wirklich beeindruckend und gewaltig."

Ein solcher Brief ist ausdrucksschwach, weil er nur eine nichtssagende Plattheit an die nächste reiht. Schreiben Sie lieber, was Sie erlebt haben, und schildern Sie es so konkret wie möglich, zum Beispiel:

„Vorgestern haben wir uns das erste Mal alleine auf eine Bergwanderung getraut. Keine Angst, es war eine dieser leichten Touren. Man braucht dafür nur ein paar gute Bergschuhe. Aber weißt du, was uns da passiert ist? Wir waren etwa seit zwei Stunden unterwegs, mitten im Nichts, links eine steile Felswand – da wird dir schon schwindelig, wenn du hochguckst –, rechts eine ziemlich steil abfallende Wiese, der Weg vielleicht einen Meter

breit. Grobe Geröllkiesel. Ich war bei jedem Schritt froh um mein neues Paar Bergstiefel.
Aber plötzlich sind wir überholt worden! Überholt von zwei jungen Frauen in leichten Sommerkleidern und Sandalen ... Ich hätte auf diesem Weg in Sandalen keinen Meter zurücklegen können. Und außerdem war es da oben ganz schön kalt. Man kann hier nicht nur den Schnee auf den Bergspitzen sehen, man muss tatsächlich gelegentlich durch ein Schneefeld stapfen. Ich hatte trotz meiner schönen neuen Schuhe längst nasse Füße. Und dann kommen diese beiden Mädchen in ihren ärmellosen, knallorangen Baumwollkleidchen und rauschen im D-Zug-Tempo an uns vorbei! Das sind Momente, in denen man sich plötzlich steinalt vorkommt.

Aber das ist noch nicht alles. Wir sind den beiden nämlich noch mal begegnet. Etwa eine Stunde später fing es an zu regnen. Zum ersten Mal seit wir hier sind. Manfred und ich waren natürlich auf alles vorbereitet. Die beiden Mädchen hatten sich aber wohl auf das gute Wetter verlassen ... jedenfalls sahen wir sie unter einen Felsvorsprung gequetscht, in dem verzweifelten Versuch nicht nass zu werden. Sie sahen ziemlich kläglich aus. Ich habe sie strahlend angelacht, als wir vorbeimarschiert sind. Ich bin boshaft, nicht? Naja. Es regnete nicht allzu lang. Als wir zurückgingen, haben wir die beiden jedenfalls nicht mehr gesehen.“

Für die Geschäftskorrespondenz gilt dagegen die Stilforderung nach Einfachheit und Klarheit. Sie sollten also möglichst verständlich schreiben. Um das zu erreichen, beachten Sie folgende **Faustregeln.**

- Variation: Bringen Sie Abwechslung in Ihre Sprache.
- Verbalisierung: Verwenden Sie möglichst viele Verben (Tätigkeitswörter) und möglichst wenig Substantive (Hauptwörter).
- Wir-Stil: Sie führen mit dem Empfänger ein Gespräch. Sehen Sie deshalb sich und den Empfänger des Briefes als Gemeinschaft. Der Empfänger ist nicht Ihr Gegner. Das sollte in einer freundlich-höflichen Sprache zum Ausdruck kommen.
- Vermeiden Sie überflüssige Wörter.
- Vermeiden Sie den verstaubten Kanzleistil.
- Vorsicht bei der Verwendung von Fremdwörtern und Neuwörtern (Neologismen).
- Setzen Sie Humor und Ironie nur vorsichtig ein.

Variation

Die Forderung nach Einfachheit heißt nicht, dass Sie nur noch kurze Drei-Wort-Sätze aneinander reihen sollten. Es gilt abzuwechseln. Mal einfache Sätze, mal Sätze mit komplizierterem Satzbau. Der Empfänger sollte sich weder bei ewig gleichen kurzen Sätzen langweilen, noch bei der Suche nach dem Hauptverb die Lust am Lesen verlieren.

Verbalisierung

Das Deutsche neigt zu Nominalisierungen, also dazu, aus Verben Substantive zu machen. Der hölzerne Nominalstil ist die Folge:

„Die Entgegennahme Ihres Antrages kann am 13. erfolgen."

Besser wäre hier:

„Wir können Ihren Antrag am 13. entgegennehmen."

Wie Sie sehen, erscheint bei der Verbalisierung die Person des Schreibenden wieder im Text. Nominalisierungen dienen dazu, das schreibende Individuum aus dem Text zu löschen. Bekennen Sie sich als Schreiber! Lassen Sie Ihr „Ich" nicht durch die sprachliche Formulierung verschwinden.

Wir-Stil

Der Wir-Stil steht im Gegensatz zum Du-Stil. Er meint eine zurückhaltende und höfliche Zugehensweise auf den Empfänger.

„Du kommst dann übermorgen zu mir" ist unhöflich.

Besser:

„Ich denke, wir sollten uns dann übermorgen bei mir treffen. Was meinst du?"

Niemand mag es, herablassend behandelt zu werden. Ihr Gesprächspartner würde sich wahrscheinlich von Ihnen abwenden, wenn Sie so mit ihm sprächen. Schreiben Sie daher immer höflich und positiv.

Vermeiden überflüssiger Wörter

Sie glauben gar nicht, wie viele überflüssige Wörter in Briefen stehen, die das Lesen erheblich erschweren. Nehmen Sie zum Beispiel den Satz:

„Wir werden uns nun also dann doch am Sonntag sehen."

Es reicht doch zu schreiben:

„Wir werden uns also doch am Sonntag sehen."

Vielleicht käme man sogar mit der ganz kurzen Fassung aus:

„Wir werden uns am Sonntag sehen."

Entschlacken Sie Ihre Briefe, so weit es geht. Jedes überflüssige Wort, ja, jede überflüssige Silbe schadet der Verständlichkeit.

Schreiben Sie:

anstelle von Hilfeleistung – Hilfe
anstelle von Verzichtleistung – Verzicht
anstelle von Rücksichtnahme – Rücksicht
anstelle von Kenntnisnahme – Kenntnis
anstelle von Antragstellung – Antrag
anstelle von Empfangnahme – Empfang
anstelle von Zahlungsbeträge – Beträge
anstelle von Restbetrag – Rest

anstelle von in Wegfall kommen – wegfallen
anstelle von in Wegfall bringen – einstellen
anstelle von Bezug nehmen – sich beziehen
anstelle von Folge leisten – folgen
anstelle von in Einklang stehen – übereinstimmen
anstelle von in Abrede stellen – leugnen
anstelle von Sorge tragen – sorgen
anstelle von eine Feststellung treffen – feststellen
anstelle von Kenntnis geben – mitteilen
anstelle von Mitteilung machen – mitteilen
anstelle von in Erwägung ziehen – erwägen
anstelle von unter Mitnahme – mit.

Goethes schwarze Liste

Johann Wolfgang von Goethe hat 1817 in seiner Zeitschrift „Über Kunst und Altertum“ eine Liste von Füllwörtern und überflüssigen Redensarten veröffentlicht. Diese Liste trug die Überschrift: „Redensarten, welche der Schriftsteller vermeidet, sie jedoch dem Leser beliebig einzuschalten überlässt.“

Zu den überflüssigen Redensarten zählt Goethe Ausdrücke wie:

Ich glaube
Ich möchte sagen
Man könnte sagen
Ohne Umschweife gesagt
Aufrichtig gesprochen

Wie man sich leicht vorstellen kann, würden auch die folgenden Füllwörter dazuzählen:

aber
beinahe
damals
denn
doch
einigermaßen
fast
geradezu
gewissermaßen
irgend
kaum
ohne Zweifel
sonst
ungefähr
unmaßgeblich
vielleicht
wahrscheinlich
wenigstens
zugegeben

Diese Wörter sind häufig tatsächlich überflüssig und können, ohne den Sinn eines Satzes zu verändern oder sein Verständnis zu erschweren, gestrichen werden. Mit der Weglassprobe können Sie leicht herausfinden, ob ein bestimmtes Wort ein Füllwort oder ein notwendiges Wort ist.

Heute ist es **einigermaßen** kalt draußen. Es wäre **ohne Zweifel** besser, **wenigstens** bis **ungefähr** zum Abend zu warten, um **vielleicht irgendwohin** in die Stadt zu gehen.

Vermeiden des Kanzleistils

Man spricht statt von Kanzleistil auch von Papierstil oder Ärmelschonerdeutsch. Der Kanzleistil ist historisch gewachsen. Er ist eine Art ritualisierter Geschäftssprache. Seit etwa 30 Jahren wird er – auch in der Geschäftswelt – als Verständnis hemmend und deshalb mangelhaft angesehen. Er besteht vor allem aus einer Reihe zutiefst veralteter Ausdrücke, die Sie vermeiden sollten.

Schreiben Sie also:

„nach den Akten, die wir Ihnen übersandt haben" – anstelle von „ausweislich der bereits übersandten Akten"
„auf Ihr Schreiben" – anstelle von „in Beantwortung auf Ihr Schreiben"
„nach dem Gutachten" – anstelle von „aufgrund des Gutachtens"
„wenn" – anstelle von „in Anbetracht dessen, dass"
„da" – anstelle von „unter Berücksichtigung des Umstandes, dass"

Vermeiden Sie folgende Wörter und ihre Abkürzungen:

als
alsdann
antwortlich
baldgefällig, baldgefl.
baldmöglichst, baldmögl.
beifolgend
bekanntgeben
bestens
betreffs
bezüglich
Bezugnahme

dartun
derselbe
des Monats, d. M.
diesbezüglich
dieserhalb
des Jahres, d. J.
einiggehen
entgegenkommenderweise
gleichsam, gleichwohl
in der Anlage
Inangriffnahme
Inaugenscheinnahme
konform gehen
kulanterweise
minimalste
mittels, mittelst
oben erwähnte, oben genannte, o. g.
optimalste
Rückantwort
Rückvergütung
seinerseits
seitens
u. E., unseres Erachtens
Unterzeichnete(r)
vermittels(t)
vorerwähnte
vorgenannte, v. g.
Zurverfügungstellung

Vermeiden Sie auch Floskeln wie:

Anliegend (beigefügt) sende ich Ihnen ...
Ich darf Ihnen mitteilen ...
Ich bestätige hiermit (hierdurch) ...
Ich bitte höflichst
der Betrag in Höhe von ... €
Ich möchte Ihnen mitteilen ...
Unter Bezugnahme auf Ihr Schreiben vom ... teile ich Ihnen mit ...
In Beantwortung Ihres Anrufs vom ...
In der Hoffnung, Ihnen mit diesen Angaben gedient zu haben, verbleibe ich ...
Ihren weiteren Nachrichten mit Interesse entgegensehend, empfehle

ich mich Ihnen ...
der Ordnung halber ...
zu Ihrer Kenntnisnahme ...
zu Ihrer Unterrichtung ...
zu unserer Entlastung ...
in Anrechnung bringen ...
zum Versand bringen ...
in Rechnung stellen ...
in Vorlage treten ...
in Vorschlag bringen ...

Immer noch beliebte Füllwörter sind auch:

angesichts
anheimstellen
anlässlich
entsprechend
gegebenenfalls (ggf.)
hinsichtlich
übrigens
gewiss
ablehnen
zurückweisen
bringen
durchführen
vornehmen
erfolgen

Vorsicht bei der Verwendung von Fremdwörtern und Neuwörtern (Neologismen)

In wissenschaftlichen Texten gibt es viele Fach- und Fremdwörter. Wenn Sie mit jemandem über ein bestimmtes Thema korrespondieren, in dem Sie sich beide auskennen, werden Sie ganz selbstverständlich in Ihren Briefen die Fachausdrücke, fremdsprachlich oder deutsch, verwenden.

In allen anderen Fällen sollten Sie sehr zurückhaltend in der Verwendung von Fachwörtern, Fremdwörtern und eigenständigen Neubildungen sein. Wenn die Gefahr besteht, dass der Empfänger Sie vielleicht nicht versteht, sollten Sie auf diese Wörter verzichten. Es gibt fast immer die Möglichkeit deutsche Entsprechungen oder Umschreibungen zu verwenden. Denken Sie auch hier stets an den Empfänger! Er mag Sie für einen großen Gelehrten halten, wenn er Sie nicht versteht, aber ist es das, was Sie wollen?

Vorsicht bei der Verwendung von Humor und Ironie

Es ist etwas Wunderbares, wenn Sie mit jemandem so auf einer Wellenlänge sind, dass er Ihren Humor versteht – und Sie seinen. Leider kommt das eher selten vor. Und es gibt kaum etwas Schlimmeres, jedenfalls kaum etwas Peinlicheres, als wenn Sie in einem Brief witzig sein wollten und Ihr Briefpartner das nicht verstanden und alles ganz ernst genommen hat.

Das heißt jetzt nicht, dass Sie immer trocken und langweilig schreiben sollen. Aber stellen Sie sicher, wenn Sie humoristische Passagen in Ihre Briefe einfügen, dass Sie nicht missverstanden werden können.

Je feinsinniger Sie einen Witz verstecken, desto größer ist die Gefahr, dass er nicht verstanden wird. Das gilt besonders für die Ironie.

Der feine Spott einer ironischen Aussage versteckt sich unter einer ernsten Oberfläche. Die Gefahr eines Missverständnisses ist dabei recht groß.

Sie schreiben zum Beispiel: „Und unser erfolgreicher Großbauer Erwin hatte mal wieder seinen üblichen Ernteerfolg."

Und meinen damit: „In Erwins Schrebergarten ist auch in diesem Jahr wieder nichts gewachsen."

Wenn Sie an Briefpartner schreiben, die Sie nicht sehr gut kennen, verzichten Sie deshalb auf Ironie, um Missverständnisse auszuschließen.

Der Brief als Visitenkarte

Jeder Brief ist Ihre Visitenkarte!

Daran sollten Sie immer denken. Der Empfänger hält etwas von Ihnen in den Händen, das sein Bild von Ihnen beeinflusst. Und wenn Sie an jemanden schreiben, der Sie nicht kennt, wird seine Vorstellung von Ihnen ganz von dem Brief geprägt.

Deshalb ist es bei manchen Briefen so wichtig, auf die sprachliche und formale Korrektheit zu achten. Wenn Sie eine Bewerbung mit einer schmierenden Schreibmaschine auf Recyclingpapier schreiben und dabei noch ein paar dicke Rechtschreibfehler einbauen, wird der Empfänger den Eindruck bekommen, dass Sie weder geeignet noch eigentlich interessiert sind. Und das zu Recht. Denn er hat ja nichts anderes als Ihr Schreiben um über Sie zu urteilen.

Angemessene Korrektheit ist die Grundlage für einen guten Brief. Der Empfänger des Briefes soll Sie nicht für schlechter informiert halten, als Sie sind. Aber jeder Brief wird erst dadurch gut, dass er dem Empfänger Ihre **Individualität** vermittelt, und zwar so, wie Sie sie vermitteln wollen. Sie müssen über das Bild nachdenken, das Sie dem Empfänger von sich geben wollen. Welchen Sinn macht es, einen Brief zu formulieren, in dem Sie als Person völlig verschwinden? Das hat nur den Effekt, dass man Ihnen mangelndes Selbstwertgefühl vorwerfen wird. Der oder die traut sich ja gar nicht aus der Deckung, wird der Empfänger sagen.

Denken Sie wieder an das Gespräch. Wenn es überhaupt ein Gespräch sein soll, dann geben Sie mit jeder Ihrer Äußerungen etwas von sich preis, bringen Ihre Persönlichkeit ein. Sonst sind Sie wie ein Politiker, der in einer Wahlkampfveranstaltung nur vorgestanzte Sätze von sich gibt. Das sollte Ihnen nicht genügen. Deshalb kann ein Stilratgeber niemals umfassend sein. Sie müssen letztlich Ihren eigenen Stil finden.

Aber das Stilideal ist:

- Schreiben Sie, wie Sie reden würden – nur ein bißchen verbessert.
- Schreiben Sie einfach, gut geordnet, kurz, prägnant und variabel!
- Schreiben Sie natürlich und nicht gekünstelt.

Kurzer Überblick über die Geschichte des Briefeschreibens

An sich ist der Brief uralt. Der älteste erhaltene Privatbrief ist ein vor über 4000 Jahren in Babylon geschriebener Liebesbrief. Im Zweistromland, auch in Ägypten und später im antiken Griechenland sowie in Rom beherrschten nur wenige Menschen die Kunst des Schreibens und des Lesens. Die Materialien wie Papyrus, Pergament und Papier waren häufig extrem wertvoll und teuer. Regelmäßige Postdienste zur Briefbeförderung gab es nicht.

Aber schon bei den Griechen wurden Übungen zum Briefstil (als Teil der Rhetorik) abgehalten und die Römer, zumindest diejenigen, die gebildet genug waren und es sich leisten konnten, waren begeisterte Briefeschreiber. Wer jemals Latein gelernt hat, wird als gutes Beispiel die Briefe Ciceros kennen.

Aus der Antike stammt daher auch eine erste Definition dessen, was ein Brief sei: „sermo absentis ad absentem", der Brief als das Gespräch zwischen räumlich Getrennten.

Und schon Aristoteles forderte, dass man sich in einem Brief klar, schlicht und kurz ausdrücken solle.

Die Geschichte des modernen Briefes beginnt erst im Mittelalter. Damals war das Briefeschreiben allerdings sehr wenig verbreitet. Denn so selbstverständlich, wie es uns heute scheint, ist es nicht, dass jemand an einen anderen einen Brief schreiben kann, dieser zum anderen befördert wird, und der Empfänger ihn dann auch noch lesen kann. Im Mittelalter konnten, nicht anders als in der Antike, nur sehr wenige hoch gebildete Menschen lesen, und so etwas wie eine Post gab es nicht.

Korrespondenz bedeutete damals vor allem Verwaltungskorrespondenz. Es waren juristische Schriftstücke, die quer durch das „Heilige Römische Reich Deutscher Nation" geschickt wurden, um die Verwaltung des Riesenreiches zu steuern. Hierfür wurden spezielle Boten mit den Schriftstücken, meist kurze, lateinisch abgefasste Verwaltungstexte, von den Machtzentren aus zu den Verwaltungsbehörden in den Provinzen des Landes geschickt.

Daneben gab es die Korrespondenz zwischen den Klöstern, in denen viele Theologen und Gelehrte lebten. Dort wurde Lesen und Schreiben gelehrt. Aus den Klosterschulen sind später die Universitäten hervorgegangen. Zwischen den Klöstern gingen ebenfalls Boten hin und her. Das bedeutete zu dieser Zeit, dass ein Mönch, der einen Brief geschrieben hatte, wartete, bis entweder ein Mitbruder oder ein Durchreisender bereit war, diesen Brief mitzunehmen. Auf diese Weise konnte es Wochen und Monate dauern, bis ein solcher Brief seinen Empfänger erreichte.

Die Verwaltungskorrespondenz und die gelehrte, klösterliche Korrespondenz waren in Europa der Ausgangspunkt für die Entwicklung der schriftlichen Kommunikation.

So etwas wie persönliche Briefe gab es zu diesen Zeiten nur als ganz seltene Ausnahme. Der überwiegende Teil der Bevölkerung konnte weder lesen noch schreiben. Daher sind schriftliche Dokumente aus dem Lebensalltag der Menschen dieser geschichtlichen Epoche etwas höchst Seltenes.

Mit der Gründung der Universitäten ab dem 12. Jahrhundert kam eine zweite Form der gelehrten Korrespondenz auf. Neben die Kloster- und Verwaltungskorrespondenz trat nun auch noch die Korrespondenz zwischen den Universitäten. Außer Königen konnten damals also nur Priester und Gelehrte ihre Wünsche und Gedanken weit entfernten Menschen mitteilen.

Kirchen (Klöster) und Universitäten waren auch die ersten, die sich um eine regelmäßige Briefbeförderung kümmerten und einen Botendienst für entfernte Orte einrichteten.

Eine ganz neue Form der Korrespondenz eröffnete Martin Luther mit seinen „Sendschreiben". Er „erfand" damit gewissermaßen den „offenen Brief". Gedanken, die für einen breiteren Empfängerkreis bestimmt waren, wurden in kurzen, wenige Blatt langen Drucken allgemein verbreitet. Zwar war es bereits durchaus üblich Briefe – gelehrte Briefe – im Kloster oder an der Universität zirkulieren zu lassen, aber Luthers Sendschreiben waren **öffentliche** Briefe, die an ein breites Publikum gerichtet waren.

> Dem ehrbaren und weisen Kaspar Müller, Kanzler zu Mansfeld, meinem guten Freund: Gnade und Friede in Christus!
>
> Ehrbarer und Weiser! Auf Eure Zuschrift habe ich müssen gedruckt antworten, weil es so viel Klagen und Fragen über mein Büchlein gibt, das „Gegen die aufrührerischen Bauern" veröffentlicht wurde, es sei unchristlich und zu hart.
>
> (aus: Martin Luther „Sendbrief von dem harten Büchlein wider die Bauern", 1525)

Am Anfang unserer Briefkultur stehen gelehrte Briefe, Verwaltungsbriefe und offene Briefe an die Allgemeinheit, also das, was wir bis heute im engeren Sinne als Korrespondenz bezeichnen.

Hinzu kamen – ebenfalls schon früh – Bitt- und Sendschreiben an Fürsten und Mächtige. Diese Privatkorrespondenz erledigten die Menschen gewöhnlich nicht persönlich. Es gab den Schreiber, einen wohl geachteten, hoch gebildeten Mann in jener Zeit, der für die Schreibunkundigen gegen Entgelt diese Schreiben aufsetzte.

In der frühen Neuzeit entdeckten einige Kleinfürsten die Briefbeförderung als Einnahmequelle. Sie richteten hoheitliche Botendienste ein, deren sich jedermann gegen Bezahlung bedienen konnte. Boten verkehrten nun nicht mehr zufällig und mussten auch nicht mehr allein riesige Entfernungen zurücklegen, sondern berittene Boten wurden als ständige Einrichtung gestellt. Damit war die Grundlage für eine schnellere Korrespondenz geschaffen.

In Frankreich wurden zum Beispiel im 17. Jahrhundert 900 Briefstafetten eingerichtet.

Während der persönliche Brief bis in die frühe Neuzeit – und darüber hinaus – völlig informell war und eine geringe Nebenrolle spielte, wuchsen der Umfang der Gelehrten- und der Verwaltungskorrespondenz in der Folgezeit ständig und gewaltig an.

Formal waren die Briefe in dieser Zeit stark normiert. Weniger in ihrer äußeren Form, als was die korrekten Höflichkeitsformen betraf. Der wichtigste Teil eines Briefes war bis ins 18. Jahrhundert hinein die so genannte Titulatur. Ehe man schrieb, musste man sich darüber im Klaren sein, an wen man sich wandte und in welchem Verhältnis man zu dem Adressaten stand. Die Anrede musste auf jeden Fall korrekt sein. Für uns heute klingen diese Anreden gestelzt, ja geradezu kurios, doch für die Briefeschreiber dieser Epoche waren sie eine Selbstverständlichkeit.

> Edler und wohlgeborener Herr. Euer Gnaden sei mein ganzer williger unverdrossener Dienst mit ungespartem Fleiß allezeit voran. Gnädiger Herr. E. G. (= Euer Gnaden) gebe ich hiermit in Untertänigkeit zu erkennen ...
>
> (16. Jahrhundert)

Im Brieftext wurde eine stark formelhafte, aus Musterbüchern („Briefstellern") entnommene Sprache benutzt.

Der persönliche Brief, wie wir ihn kennen, entwickelte sich erst im 18. Jahrhundert zu einer wichtigen Briefgattung. Die Alphabetisierungsrate war stark gestiegen und viele gebildete Bürger entdeckten das Bedürfnis sich schriftlich miteinander auszutauschen. Der private Brief erlangte zunehmende Bedeutung.

Ein neues Stilideal begann sich durchzusetzen. Christian Fürchtegott Gellert (1715–1769) ist der wichtigste Brieftheoretiker seiner Zeit, dessen Ausführungen lange nachwirkten.

> So viel ist gewiss, dass wir mit einem Brief mit einem anderen reden, und dass dasjenige, was ich auf einem Blatt schreibe, nichts anderes ist, als was ich ihm mündlich sagen würde, wenn ich könnte oder wollte.
>
> (aus: Christian Fürchtegott Gellert „Gedanken von einem deutschen Briefe", 1742)

Ein Brief soll eben nicht einem armseligen Zimmer gleichen, das an allen Wänden leer ist; aber er muss auch kein prahlendes Putzzimmer sein, darinnen man eine Menge von Kostbarkeiten zur Schau ausgesetzt, die vielleicht an zehn andere Orte gehören, und welche die Aufmerksamkeit ermüden, anstatt, dass sie dieselbe bequem sättigen sollten. Gesuchte Gedanken, spitzfindige Einfälle, denen man die Mühe ansieht, die sie den Verfasser gekostet haben, oder die Freude, die er nach ihrer Geburt empfunden, missfallen ebenso sehr, als ungekünstelte und doch feine Gedanken in Briefen gefallen.

(aus: Christian Fürchtegott Gellert „Von dem guten Geschmacke in Briefen", 1751)

Gellert fordert, dass man schreibt wie man sprechen würde. Allerdings nicht ganz. Man soll seine Sprache im Brief stilistisch aufbessern. Natürlichkeit, Klarheit, Einfachheit und individueller Stil sind die Forderungen.

Diesen Regeln folgten die Briefeschreiber zweier Jahrhunderte.

Das 18. und das 19. Jahrhundert gelten als das Zeitalter des Briefes in Deutschland. Man muss aber wohl eher sagen: Es ist das Zeitalter des persönlichen Briefes und der Gelehrtenkorrespondenz.

Neue, technische Entwicklungen und ihre massenhafte Verbreitung beeinflussten die Briefkultur in der Folgezeit am nachhaltigsten. Zum Ende des 19. Jahrhunderts war es das Telegramm, vor 30 Jahren das Telefon, heute ist es der Computer.

All das sind schnellere, direktere Wege, sich von privat zu privat zu verständigen. Sie haben den persönlichen Brief wieder in eine Nische zurückgedrängt.

Die Zeit für persönliche Briefe ist immer dann gekommen, wenn die schnelleren Kommunikationsformen nicht funktionieren oder wenn man Dinge schreiben will, die man so nicht sagen kann. Deshalb wird die Zeit des Liebesbriefes wohl nie vorüber gehen.

Verwaltungs- und Geschäftskorrespondenz haben sich zwar in ihrer äußeren Form verändert, aber im Wesentlichen immer den gleichen großen Stellenwert in der Korrespondenz der Jahrhunderte eingenommen. Sie sind notwendige Funktionsliteratur.

Die Textgattung des Gelehrtenbriefes ist dagegen fast völlig verschwunden. Sie ist mehr und mehr durch die Publikation von Aufsätzen und Büchern ersetzt worden.

Zur Geschichte des Wortes „Brief“

Das Wort „Brief“ hat eine lange Geschichte. Es ist ein Lehnwort aus dem Lateinischen. „Brief“ liegt das vulgärlateinische „brevis (libellus)“ zugrunde, entlehnt in althochdeutscher Zeit (ca. im 8. Jahrhundert). Damals bedeutete das Wort noch nicht das, was wir heute darunter verstehen, sondern „kurzes Schreiben, Schriftstück, Urkunde“. Die gleiche Bedeutung hat das mittelhochdeutsche Wort „brief“.

Auch unsere heutigen Wörter „Korrespondenz“ und „korrespondieren“ sind Lehnwörter aus dem Mittellateinischen: „correspondentia“ bedeutete „(geschäftliche) Verbindung“ und „correspondere“ bedeutete „übereinstimmen; in geschäftlicher Verbindung stehen“.

Die nordischen Sprachen (Schwedisch, Dänisch usw.) haben das Wort „breve“ von dem lateinischen „breve (scriptum)“ übernommen und bewahrt. Dieses „breve“ ist dann im 15. Jahrhundert als Fremdwort „breve“ in der Bedeutung „päpstlicher Erlass“ aus dem Nordischen ins Deutsche gelangt.

„Brief“ meinte also anfangs alles Geschriebene. Die Bedeutung engte sich dann auf „schriftliche Nachricht“ ein. Dies blieb die Hauptbedeutung von „Brief“ bis ins Frühneuhochdeutsche (16./17. Jahrhundert).

Daneben erweiterte das neue Fremdwort „breve“, auch in der deutschen Form „Brief“, seine Bedeutung. Es wurde vor allem im juristischen Bereich viel verwendet. Rechtlich Abzusicherndes wurde generell in „Briefen“ fixiert. Die Urkunde, die einen juristischen Vorgang schriftlich bestätigte, wurde jetzt „Brief“ genannt. Mit einem „Brief“ wurde ein abgeschlossener Kauf dokumentiert, ein Pfand oder die Anerkenntnis einer Schuldsumme ausgestellt.

Das Grimm'sche Wörterbuch (1860) verzeichnet folgende weitere alte Bedeutungen:

- der Brief als bemaltes Pergament oder Papier (im Mittelalter)
- Briefe als „Schriften“ (etwa seit dem Mittelalter, dann besonders in der Lutherzeit)
- Brief in der Bedeutung von „zusammengelegtes Papier“, „Makulatur“, „kleines Paket“, „Tüte“ (so gelegentlich im 17., 18. und 19. Jahrhundert)
- Brief als börsensprachliche Bezeichnung für „angebotenes Papier“ – im Gegensatz zum Geld, dem „verkauften Papier“

Als besonders beständig hat sich die Ausgangsbedeutung von „Brief“ erwiesen, wie sie praktisch seit dem frühen Mittelalter fest lag, nämlich die Bedeutung „schriftliche Nachricht, Zuschrift“. Sie bestimmt bis heute in erster Linie unser Verständnis von „Brief“. Demgegenüber ist die Jahrhunderte hindurch so wesentliche Bedeutungsvariante „Brief“ als Bezeichnung für Urkunden verschiedenster Art stark verblasst.

DER REINE PRIVATBRIEF

Der innere Anlass eines Privatbriefes: Die Abwesenheit eines Vertrauten

„Es ist ein großes Glück, wenn man korrespondiert." (Johann Wolfgang von Goethe).

Johann Wolfgang von Goethe war nicht nur ein großer Schriftsteller, er war auch ein eifriger Briefeschreiber. Allein sein (veröffentlichter) Briefwechsel mit Karl Friedrich Zelter aus den Jahren 1799–1832 ist drei dicke Bände stark. 871 Briefe wechselten die beiden in 33 Jahren. Von Martin Luther sind über 2500 Briefe erhalten. Liselotte von der Pfalz (1652–1722) schrieb manchmal mehr als ein Dutzend Briefe an einem Tag. Von dieser „professionellen" Briefeschreiberin sind gar über 5000 Briefe erhalten.

Wem schrieben diese Leute? Was schrieben sie? Nur mit Geburtstagsgrüßen, Kondolenzschreiben oder Mahnbriefen kann man eine so gewaltige Korrespondenz nicht erklären.

Die Antwort ist einfach: Sie schrieben auch ohne besonderen Anlass. Sie schrieben um mit ihren Freunden und Verwandten im Gespräch zu bleiben. Sie schrieben neben geschäftlichen und halb öffentlichen, von der Gesellschaft zu bestimmten Anlässen geforderten Briefen, auch **rein private Briefe.**

Wenn man Sie fragt, was für einen Brief Sie zuletzt geschrieben haben, wird Ihre Antwort wahrscheinlich lauten:

„Ich musste einen wichtigen Brief an das Finanzamt schreiben."

oder:

„Ich habe Einladungen zu meinem Geburtstag verschickt."

oder:

„Meine Nachbarin hat geheiratet, ihr habe ich einen Glückwunschbrief geschickt."

oder:

„Ich habe meiner Großmutter zum Geburtstag gratuliert.“

Sie haben – sehr wahrscheinlich – einen Brief (oder eine Karte) geschrieben, für die es einen speziellen Anlass gegeben hat. Sie haben einen – notwendigen – Brief an ein Amt geschrieben, vielleicht Geschäftskorrespondenz erledigt oder ein anderes wichtiges Ereignis (wie eine Hochzeit oder einen Geburtstag) zum Anlass genommen, einen Brief zu schreiben.

Wann haben Sie aber das letzte Mal ohne speziellen äußeren Anlass an einen Freund oder eine Freundin geschrieben? Also nicht zu Weihnachten, Ostern, dem Neuen Jahr, nicht zur Hochzeit, Taufe oder Geburtstag, sondern einfach so?

Die meisten Menschen werden lange überlegen müssen. Warum sollte man Briefe ohne besonderen Anlass schreiben? Und wem sollte man sie überhaupt schreiben?

Jeder Brief hat einen Anlass. Auch der reine Privatbrief. Der reine Privatbrief hat einen inneren Anlass: das Bedürfnis sich einem ganz bestimmten Menschen mitzuteilen, sich mit ihm auszutauschen.

Diese ganz bestimmten Menschen sind vor allem Personen, denen Sie sich durch Freundschaft oder Liebe eng verbunden fühlen, also

- Familienangehörige
- Freunde/Freundinnen
- Geliebte

Warum sollte man Freunden, Freundinnen oder Geliebten aber Briefe schreiben? Wenn der- oder diejenige im Haus nebenan oder in derselben Stadt wohnt, dann besuchen Sie sich sowieso häufig und sprechen miteinander oder telefonieren. Ein Problem ergibt sich erst, wenn eine räumliche Trennung eintritt. Also dann, wenn Sie beispielsweise aus beruflichen Gründen in eine andere Stadt ziehen mussten.

Aber selbst dann werden Sie normalerweise, um den Kontakt aufrecht zu erhalten, um die Freundschaft zu pflegen, häufiger zum Telefon greifen, als sich die Mühe des Briefeschreibens zu machen – außer vielleicht zu besonderen Anlässen.

Der reine Privatbrief – heute noch zeitgemäß?

Der innere Anlass für den reinen Privatbrief ist also die Abwesenheit eines vertrauten Menschen, dem man sich mitteilen möchte. Aber was ist Korrespondenz schließlich anderes, als das – notgedrungen schriftlich geführte – Gespräch mit Abwesenden?

Zwischen Freunden – und noch viel stärker zwischen Liebenden – geht es zudem nicht nur darum, sich über äußere Angelegenheiten zu verständigen. Man will sich ihnen persönlicher mitteilen, will über seine Sorgen, Ängste, Gefühle, Wünsche, Sehnsüchte und Probleme schreiben.

Der persönliche Brief ist deshalb vor allem **Ausdrucksbrief.** Nur wenn Sie jemals einen solchen Brief geschrieben haben, werden Sie wissen, wie schwer es ist, sich angemessen selber auszudrücken. Sie werden einen langen Brief geschrieben haben, und wenn Sie ihn dann überlesen, wird er Ihnen oft fremd und manchmal sogar zum Teil missraten vorkommen. Und wenn Sie einen solchen Brief nach Jahren noch einmal in die Hand nehmen, kann es Ihnen passieren, dass Sie sich verwundert fragen, ob tatsächlich Sie das waren, der diesen Brief geschrieben hat.

Franz Kafka hat das – in einem Brief! – in unnachahmlicher Schärfe formuliert:

> Es ist ja ein Verkehr mit Gespenstern, und zwar nicht nur mit dem Gespenst des Adressaten, sondern auch mit dem eigenen Gespenst.
>
> (Franz Kafka an Milena, März 1922)

Und eine ganz ähnliche Beschreibung gibt die Dichterin Karoline von Günderode in einem düster gestimmten Schreiben an Clemens Brentano:

> Auch die wahrsten Briefe sind (...) nur Leichen, sie bezeichnen ein ihnen einwohnend gewesenes Leben und ob sie gleich dem Lebendigen ähnlich sehen, so ist doch der Moment ihres Lebens schon dahin: deswegen kömmt es mir aber vor (wenn ich lese, was ich vor einiger Zeit geschrieben habe) als sähe ich mich im Sarg liegen und meine beiden Ichs starren sich ganz verwundert an.
>
> (Karoline von Günderode an Clemens Brentano; 1803)

Die große Zeit der Briefkultur in Deutschland und Europa, das 18. und das 19. Jahrhundert, waren Jahrhunderte ohne Telefon. Man konnte sich mit abwesenden Freunden ausschließlich durch Briefe austauschen. Die heute im Rückblick so hoch geschätzte Korrespondenzkultur dieser Zeit war Ausdruck von Notwendigkeit. Es ging damals eben nicht anders, wenn man den engen Kontakt zu seinen Freunden nicht verlieren wollte.

Wer heute am Tag zehn- oder zwölfmal zum Telefon greift, um sich mit dem einen oder anderen Freund zu unterhalten, hätte vor hundert Jahren zehn oder zwölf Briefe schreiben müssen – und hätte es wohl auch getan.

Obwohl im privaten Bereich dem persönlichen Gespräch oft der Vorzug vor dem Brief zu geben ist, bleibt es auch heute sinnvoll, reine Privatbriefe zu schreiben.

Und zwar aus vier Gründen.

Der erste ist simpel: Briefeschreiben ist wesentlich billiger als telefonieren. Gerade wenn Sie weit weg von Ihren Freunden wohnen, vielleicht sogar auf einem anderen Kontinent, macht sich der Kostenunterschied deutlich bemerkbar.

Zweitens gibt es Themen, über die zu reden schwer fällt. Das ist gerade in komplizierten menschlichen Beziehungen der Fall. Liebesbriefe werden wohl deshalb nie ganz aus der Mode kommen, weil es einfacher ist, Liebe zunächst in einem Brief zu formulieren, als sie dem- oder derjenigen ins Gesicht zu sagen. Außerdem lässt man seinem Gegenüber mehr Zeit, auf unser Anliegen zu reagieren.

Drittens ist man sich manchmal selber nicht ganz darüber im Klaren, was man eigentlich mitteilen möchte. Alles erscheint unklar, verworren, unscharf wie im Nebel. Es ist dann eine bewährte Methode, das, was einen beschäftigt, niederzuschreiben. Dabei klären sich die Gedanken, weil man sie in klare Sätze zwingen muss. Was dabei herauskommt, ist vielleicht furchtbar – stilistisch wie inhaltlich. Aber: Man muss einen Brief schließlich nicht abschicken. Ein einmal gesagtes Wort kann man nicht mehr zurücknehmen, auch wenn man es später bedauert. Das gilt natürlich auch für einen Brief, wenn er erst abgeschickt ist. Aber: Einen Brief kann man, wenn er zu schrecklich geworden ist, wegwerfen und möglicherweise einen neuen, besseren Brief schreiben. Wer Briefe schreibt, hat Zeit zu überlegen.

Viertens sollten Sie daran denken, dass auch die **Form** einer Mitteilung Teil des Ausdrucks ist. Sie können jemandem am Telefon sagen, dass Sie verliebt sind (in einen Dritten) und deshalb bester Laune. Er oder sie wird das verstehen. Sie können ihm oder ihr aber auch einen Brief mit goldfarbener Tinte geschrieben, verziert mit allerlei Bilderchen und Gedichten usw. schicken. Dann **zeigt** sich Ihre gute Laune, Ihre Verliebtheit auch optisch, teilt sich also noch einem weiteren Sinn Ihres „Gesprächspartners“ mit.

Der reine Privatbrief an einen vertrauten Menschen ist also keineswegs veraltet. Er nimmt nur heute einen anderen Stellenwert als früher ein. Er hat seine kleine Nische gefunden, in der er aber noch immer wunderbar blüht.

Eine Nische für den reinen Privatbrief ist dabei zu verschwinden: die **Brieffreundschaft.** Bis vor wenigen Jahren war es, vor allem unter Mädchen, üblich, Brieffreundschaften in der ganzen Welt zu suchen und zu pflegen. Das hatte (und hat) etwas mit der Freude an Fremdsprachen zu tun. Sich auf Englisch oder Französisch mit jemandem (brieflich) zu verständigen, etwas über das Leben in einem anderen Land und einer anderen Kultur zu erfahren, ist der ganz besondere Reiz der Brieffreundschaft. Diese Funktion wird immer mehr von der Kommunikation mit Hilfe des Computers übernommen. Mädchen wie Jungen suchen sich immer häufiger ihre Kommunikationspartner im Internet, und schreiben sich via E-Mail. Das geht schneller und macht Jugendlichen auch mehr Spaß.

Die Form des reinen Privatbriefes

Der reine Privatbrief ist ein Brief zwischen vertrauten Personen, zwischen Menschen, die sich kennen und mögen. Er kennt deshalb keine offiziellen oder halb offiziellen Formvorschriften. Sie können ihn gestalten, wie Sie wollen.

Das hervorstechendste Merkmal des reinen Privatbriefes ist seine Länge. Während Briefe zu besonderen Anlässen, Briefe an Ämter und Institutionen und Geschäftsbriefe gewöhnlich kurz ausfallen, sind reine Privatbriefe häufig ausufernd lang.

Im Normalfall schreibt man einen Privatbrief per Hand, weil das die persönlichste Form ist. Sie können aber auch die Schreibmaschine benutzen oder Briefkunstwerke am Computer erstellen. Das Einzige, was Sie beachten müssen, ist das Stilgefühl des Empfängers. Wenn Sie wissen, dass der Empfänger sich beleidigt fühlt, wenn ein Brief an ihn nicht handgeschrieben ist, werden Sie ihm per Hand schreiben.

Ob Sie auf weißem Papier oder auf der Rückseite von alten Kopien schreiben, ob auf Bierdeckeln, Servietten oder was Ihnen sonst noch alles einfällt, bleibt ganz Ihnen überlassen. Sie können von links nach rechts oder von rechts nach links, von oben nach unten, in Spiralen usw. schreiben. Der reine Privatbrief ist Ausdruck Ihrer Persönlichkeit – er kann auch Spielwiese Ihrer Phantasie sein.

Gegen korrektes Deutsch wird auch im reinen Privatbrief niemand etwas einzuwenden haben. Aber sprachliche Korrektheit spielt hier nur eine untergeordnete Rolle. Viel wichtiger ist lebendiger Ausdruck. Wenn Sie Sätze abbrechen, Ihnen hie und da ein Rechtschreibfehler unterlaufen ist –, all das macht gar nichts, wenn es Ihnen gelingt, das auszudrücken, was Sie ausdrücken wollen. Aus Gründen der Korrektheit sollte Ihren Briefen nie der persönliche Ausdruck verloren gehen! Frei nach Voltaire: „Jede Art zu schreiben ist erlaubt, nur nicht die langweilige."

Es gilt im Allgemeinen als unhöflich, in einem Brief mit Durchstreichungen oder Tipp-Ex zu korrigieren. Schreiben Sie ihn lieber ganz neu, heißt die allgemeine Regel. Auch das trifft auf den rein privaten Brief nicht unbedingt zu. Es kommt auf den Empfänger an und darauf, was Sie ihm zumuten können und wollen.

Das kleine „du" – die Anrede nach der neuen Rechtschreibung

Eine Rechtschreibregel ist auch in den reinen Privatbriefen bislang fast immer beachtet worden, und zwar diejenige, die besagt, dass man bei direkter Anrede das Anredepronomen „Du" (oder im Plural: „Ihr") groß schreiben muss.

Also: „Wenn Du mir dabei helfen könntest, wäre ich Dir ausgesprochen dankbar."
Oder: „Habe ich Euch recht verstanden? Ihr kommt also wirklich am Samstag?"

Das hat sich mit der neuen Rechtschreibung geändert!

> Die Anredepronomen „du" und „ihr", „dich" und „euch", „dir" und „euer" werden in Briefen jetzt – korrekt – **klein**geschrieben!

Das hat seinen guten Grund. Durch die Großschreibung erweisen Sie dem Angesprochenen höflichen Respekt. Nur, mit wem sind Sie denn „per du"? Doch nur mit vertrauten Personen, mit Personen, bei denen Sie normalerweise im Umgang nicht so sehr auf formelle Höflichkeit achten. Warum also dann im Brief?

Wenn Sie in einem Brief höflich sein wollen, dann verwenden Sie die Höflichkeitsanrede „Sie". Das „Sie" und seine Ableitungen („Ihr", „Ihre" usw.) werden auch nach der neuen Rechtschreibung weiterhin großgeschrieben!

Übrigens wird nicht nur das Anrede-„du" jetzt klein geschrieben, sondern auch das „dein" in der Schlussformel unter einem Brief. Sie schreiben also jetzt:

Es grüßt dich

dein/e"

Freundschafts- und Liebesbriefe

Wenden wir uns nun den beiden Nischen zu, in denen der reine Privatbrief noch üblich ist:

- dem Brief zwischen Freunden
- dem Liebesbrief

Hilfestellung für einen privaten Brief, in dem sich Ihre Persönlichkeit ausdrückt, können wir natürlich nicht geben. Deshalb werden wir Ihnen hier keine Musterbriefe vorlegen. Unsere Beispiele aus der Vergangenheit, Briefe von und an bekannte Persönlichkeiten vergangener Jahrhunderte, mögen aber einen Eindruck von der hohen Briefkultur dieser Zeiten geben und regen Sie vielleicht dazu an, selbst einmal zur Feder zu greifen. Hinzugefügt werden einige wenige moderne Beispiele.

Der Brief zwischen Freunden

Wer sind eigentlich Freunde? Das müssen Sie natürlich selbst entscheiden. Man könnte den reinen Privatbrief auch als Familiensache betrachten. Wo ist man privater als in der Familie? Und doch ist auch der Familienbrief eine eher seltene Angelegenheit. Das merkt man, wenn ein Familienmitglied für ein paar Wochen in den Urlaub fährt. Schreibt es dann der Familie lange und ausführliche Briefe? Gewöhnlich wohl nicht. Es wird eher eine Postkarte wie die folgende ankommen:

Hallo Mama! Hallo Papa!

Das Wetter hier ist toll. Die Berge sind grandios. Und der Schnee ist wunderbar. Jeden Tag stehe ich 8 Stunden auf Skiern. Bald kann ich es! Mir geht's also soweit gut.

Bis bald

Susanne

Das Wichtigste an einer solchen Postkarte ist das Motiv auf der Vorderseite, und dass man der Familie, die das erwartet, ein Lebenszeichen gegeben hat.

Wenn dieselbe Person an einen vertrauten Menschen schreibt, wird sich das ganz anders lesen.

Liebe Marion,

wenn du wüsstest ... Du hast mich so beneidet, dass ich noch einen Platz in der Reisegruppe nach Gstaad gefunden habe. Endlich lernst du richtig Skifahren und so. Alles ganz richtig. Das Wetter ist Klasse, die Landschaft grandios und der Schnee perfekt und ich falle inzwischen nicht schon bei jedem zweiten Meter bergab um. So weit so gut. Aber wenn du wüsstest ...
Also, da ist erst mal die Unterkunft. Ich hatte gedacht, ich bekäme hier ein schönes Einzelzimmer ... bei dem Preis, aber Pustekuchen: Vier-Bett-Zimmer in einer Holzhütte mitten im Nichts. Ich hause jetzt hier mit drei weiteren jungen Frauen in einem Zimmer: eine schnarcht, eine liegt die halbe Nacht wach und liest und die dritte steht morgens früh um fünf auf.
Aber das sind ja alles nur Kleinigkeiten. Das eigentlich Schlimme ist dieser Bernhard. Du fragst dich, wer Bernhard ist? Also das ist einer dieser Möchtegernskiläufer aus der Männerabteilung. Weißt du, so etwa 1,60 klein, ziemlich pummelig, um die 25, aber schon fast keine Haare mehr auf dem Kopf. Dabei grinst er den ganzen Tag ununterbrochen und hat ausgerechnet mich als Opfer seiner Grinsorgien auserwählt. Ich hätte deinen Ratschlag befolgen und einen Ring aus dem Automaten ziehen sollen. Dann hätte es wenigstens nicht so ausgesehen, als wäre ich noch frei. Ich hatte schon gehofft, hier vielleicht mal einen brauchbaren Mann zu finden. Aber nur Langweiler. In Sachen Liebesleben ist dieser Urlaub wirklich ein Fiasko. Und immer dieser Bernhard ... Direkt lästig, sag' ich dir. Naja. Ich habe ja noch vier Wochen vor mir – ich hoffe, danach habe ich dann wenigstens Skilaufen gelernt!

Demnächst mehr von diesem grandiosen Erlebnis,
dein Schwesterchen

Susanne

Reine Privatbriefe können ungebändigt, sprunghaft, voller Einfälle und Seitenwege sein. Ihre Schilderungen sind meist lebhaft und ausdrucksstark. Es liegt eine vertrauensvolle Stimmung in ihnen.

Für einige Zeit voneinander getrennte Eheleute können einen freundschaftlich-neckischen Briefwechsel aufnehmen. Martin Luther war sehr einfallsreich in den Briefen an seine Frau:

> Meiner herzlieben Käthe, Doktorin Lutherin usw., Frau auf dem neuen Saumarkt zu Händen.
> Gnad und Friede! Liebe Jungfrau Käthe, gnädige Frau von Zülsdorf (und wie Euer Gnaden mehr heißt)! Ich füge Euch und Euer Gnaden untertäniglich zu wissen, dass mir's hier gut geht. Ich fresse wie ein Böhme und saufe wie ein Deutscher; das sei Gott gedankt, Amen.
>
> (Martin Luther an seine Frau, Weimar, 2. Juli 1540)

Brieffreundschaften waren und sind zwischen den Geschlechtern in allen Varianten möglich. Die stilistische Bandbreite in solchen Freundschaftsbriefen reicht vom ruhigen Ton langer Bekanntschaft bis zum wilden, ungebändigten Ton jugendlicher Freunde.

> Von Ihnen, teuerster Freund, wieder einmal einige Worte zu sehen, war mir höchst erquicklich. Ich denke tausendmal an Sie und bedaure, dass diese verworrene Zeit uns noch mehr als sonst voneinander trennt. Selbst zum Schreiben fühlt man wenig Lust. Man entwöhnt sich des Korrespondierens, wie man sich in Staaten, wo scharfe Zensur ist, das Lesen abgewöhnt.
> Eberwein preise ich glücklich, ja ich beneide ihn, dass er in Ihrer Nähe wohnen und von Ihnen Aufklärung über Leben und Kunst gewinnen kann. Da unsere Oper diesen Sommer nicht nach Lauchstädt geht, so ist er wohl entbehrlich, und er mag nur so lange ausbleiben, bis er wieder berufen wird. Ein kleines Gedicht lege ich bei. Vielleicht mögen Sie es selbst mit der nötigen musikalischen Deklamation begleiten: vielleicht geben Sie es Eberweinen zum

Versuch auf. Ich bin dazu veranlasst worden durch gute Menschen aus jener Gegend, die in einer alles verschlingenden Zeit das Andenken einer reinen Menschenhandlung erhalten wünschten.
Da es noch nicht rätlich war nach Karlsbad zu gehen, so befind' ich mich in Jena, wo ich einen Roman fertig zu schreiben suche, den ich vorm Jahre in den böhmischen Gebirgen konzipiert und angefangen hatte. Wahrscheinlich kann ich ihn noch in diesem Jahre herausgeben, und ich eile um so mehr damit, weil es ein Mittel ist, mich mit meinen auswärtigen Freunden wieder einmal vollständig zu unterhalten. Ich hoffe, Sie sollen meine alte Art und Weise darin finden. Ich habe viel hineingelegt, manches hinein versteckt. Möge auch Ihnen dieses offenbare Geheimnis zur Freude gereichen.

(Johann Wolfgang von Goethe an Friedrich Zelter, Jena, 1. Juni 1809)

Den folgenden Brief hätte eben zitierter Goethe wahrscheinlich nur ungern gelesen, äußert sich die Schreiberin darin doch recht abfällig über eines seiner Werke.

Liebe Ralle, ich kann heute einen großen Brief schreiben, Zeit und Gelegenheit sind da; womit aber soll ich anfangen? Wie geht es Ihnen? Doch besser? Ich habe seit vier Wochen keine Silbe von Ihnen bekommen. Ich bin noch immer hier, der Ort ist göttlich, die ganze Gegend rundum göttlich; alles gefällt mir und entzückt mich; nur die Menschen sind infam, dumm, kleinlich, erbärmlich, kurz unausstehlich, sie sind nicht für diese Schönheiten gemacht; auch ist mir dies ein Greuel, so allein zu sein. Wenn wir beisammen wären, liebe Ralle, wie würde uns dann diese Natur hier vorkommen!
Ralle, welche Pläne haben Sie? Sind Sie immer noch krank? Haben Sie keine Lust und Möglichkeit hierher zu kommen? Mit mir, Ralle, kann es Ihnen nicht ganz schlecht gehen; erinnern Sie sich unsrer Gespräche auf der Terrasse zu Charlottenburg, wie so ganz anders war es da! Wo liegt unsere Königin begraben? Ich möchte den Platz wissen. Gott, wie geht es in der Welt! Warum mich nicht? – Ich könnte sterben, ohne dass ein Hahn darnach kräht. –
Wie geht es Ihrem Bruder Moritz? Höre ich gar nichts mehr von ihm? Hat er sich ganz von mir losgerissen? Soll unser projektiertes

Wirtshaus für uns beide nicht mehr blühen? – Wieder hab' ich jemand gesprochen, der Christel Eigensatz kennt in Venedig, sie ist noch immer reizend, glücklich als Gastwirtin –, Pedrillo heißt ihr Mann –; wollen wir zu ihr, Ralle? Wir brauchen dort nicht viel Geld; das Meer ist dort schön. – Ich lese einen Roman von Goethe, der mir gar nicht gefällt, – weitläufig, ennuyant, keine Liebe, nichts als Tugend, Entsagen auf alles. Eine einzige gute Seite ist im ganzen Buch; es kommt mir vor wie ein dummes Stammbuch, wo viele hineinschreiben –, der Roman heißt: „Die Wahlverwandtschaften"...
Ralle, wo sind Sie diesen Herbst? Die Weinlese ist höchst lieblich, wenn Sie doch hier wären! In den Weinbergen ist es jetzt so angenehm, und das Götterwetter dazu! Auf lebt alles, was Gefühl hat, in diesem Wetter. Ralle, Ralle, ein Verbrechen ist unsere Entfernung.

(Pauline Wiesel an Rahel Varnhagen, Bern, den 22. September 1810)

Doch selbst Schriftsteller haben hin und wieder ihr Ungenügen am schriftlichen Wort geäußert und hätten sich mit dem Briefpartner wie im nächsten Beispiel Georg Christoph Lichtenberg lieber persönlich getroffen.

Hochedelgeborene, hochzuehrende Mamsell!

Vergangene Nacht in der Stunde, wo außer Gespenstern nur Reisende, Kranke und Verliebte allein noch wachen, bin ich von Hamburg hier gesund angelangt. Ich fuhr um drei Uhr von Hamburg auf einem zweimastigen Schiff ab, unsere Fahrt wurde durch die Jahreszeit, den ganz eignen Reiz der Gegend und das schöne Wetter eine der herrlichsten Wasserfahrten die sich nur gedenken lassen. Um halb 8 des Abends lagen wir schon Stade gegenüber, allein wir konnten wegen der Ebbe nicht einlaufen, und um wieder einigen Anlauf des Wassers zu haben, warteten wir die Gespenster-Stunde herbei. In Hamburg habe ich mich fünftehalb Tage aufgehalten. Was ich da gesehen und für Vergnügen genossen habe, lässt sich besser erzählen als schreiben. Alles Vergnügen, was die größte Mannigfaltigkeit schöner Gegenstände, als die schönsten Gärten in voller Blüte, die unabsehbare Menge von Schiffen aller Nationen, gute Gesellschaft, guter Wein und eine gute Tafel gewähren kann, habe ich diese wenigen Tage, die ich, einige andere ausgenommen, unter die schönsten meines Lebens rechne, genossen. Mehr kann ich jetzt nicht sagen, vielleicht wird eine weitere Ausführung der Gegenstand künftger Briefe oder gar, welches der Himmel geben wolle, künftiger Unterredungen mit Ihnen, werteste Freundin.

(Georg Christoph Lichtenberg an Marie Tietermann; Stade, den 19. Mai 1773)

Liebesbriefe

Liebesbriefe sind die intimsten Schriftstücke. Wer sie schreibt, entblößt sein Gefühlsleben vor dem Empfänger – und fühlt sich keineswegs immer wohl dabei. Wer sie empfängt, freut sich an ihnen, bewahrt sie auf und liest sie immer wieder.

Im Liebesbrief gibt es meist gar keine Informationen mehr. Sie sind reiner Gefühlsausdruck, höchstens verbunden mit dem Appell wiedergeliebt zu werden.

Zwar drängt es jeden liebenden Menschen dazu, seinen eigenen Ausdruck für sein Gefühl zu finden, aber manchmal ist besonders der Anfang schwer. In diesem Fall kann es nicht schaden, den Brief mit einem Beispiel aus der Literatur zu beginnen. Es gibt wunderbare stimmungsvolle (Liebes)lyrik aus allen Jahrhunderten. Schmücken Sie Ihren Brief mit einem passenden Gedicht, und Sie werden sehen, es wird Ihnen danach leichter fallen, Ihre Gefühle in eigenen Worten auszudrücken.

O Mädchen, Mädchen,
Wie lieb' ich dich!
Wie blickt dein Auge!
Wie liebst du mich!

So liebt die Lerche
Gesang und Luft,
Und Morgenblumen
Den Himmelsduft,

Wie ich dich liebe
Mit warmem Blut,
Die du mir Jugend
Und Freud' und Mut

Zu neuen Liedern
Und Tänzen gibst
Sei ewig glücklich,
Wie du mich liebst!

(Johann Wolfgang von Goethe)

Ganz ohne lyrische Hilfen geht es in unseren Beispielen für Liebesbriefe zu, die von und an Prominente der letzten Jahrhunderte geschrieben wurden. Hier haben sich die Verfasser beim Ausdruck ihrer Gefühle ganz auf sich selbst verlassen – und dabei ihre ganz besondere Form gefunden.

Achim von Arnim spielt in dem folgenden Briefbeispiel an Bettina Brentano mit den Initialen der Namen und gibt ihnen einen neuen, romantischen Sinn.

So oft ich deiner denke, gehn mir tausend Herzen auf und tausend Stimmen reden aus mir, und wo ich etwas Liebes höre, denke ich dein, so sei dir denn ich deinem Namen B. B., liebe Bettina Brentano, liebe Beans Beor [„beglückend werde ich beglückt"], tausendfach Glück gewünscht von deinem Amans Amor [„liebend werde ich geliebt"], dass du gewisslich zu uns kommst; vielleicht kann ich dir viel Glück wünschen und wenig geben, aber was ich habe ist dein.

(Achim von Arnim an Bettina Brentano, undatiert [1811?])

Henriette Vogel reiht in ihrem Liebesbrief an Heinrich von Kleist eine ganze Druckseite lang einen Kosenamen an den anderen.

Mein Heinrich, mein Süßtönender, mein Hyazinthenbeet, mein Wonnemeer, mein Morgen- und Abendrot, meine Äolsharfe, mein Tau, mein Friedensbogen, mein Schoßkindchen, mein liebstes Herz, meine Freude im Leid, meine Wiedergeburt, meine Freiheit, meine Fessel, mein Sabbath, mein Goldkelch, meine Luft, meine Wärme, mein Gedanke, mein teurer Sünder, mein Gewünschtes hier und jenseit, mein Augentrost, meine süßeste Sorge, meine schönste Tugend, mein Stolz, mein Beschützer, mein Gewissen, mein Wald, meine Herrlichkeit, mein Schwert und Helm, meine Großmut, meine rechte Hand, mein Paradies, meine Träne, meine Himmelsleiter, mein Johannes, mein Tasso, mein Ritter, mein Graf Wetter, mein zarter Page, mein Erzdichter, mein Kristall, mein Lebensquell, meine Rast, meine Trauerweide, mein Herr Schutz und Schirm, mein Hoffen und Harren, meine Träume, mein liebstes Sternbild, mein Schmeichelkätzchen, meine sichre Burg, mein Glück, mein Tod, mein Herzensnärrchen, meine Einsamkeit, mein Schiff, mein schönes Tal, meine Belohnung, mein Werther, meine Lethe, meine Wiege, mein Weihrauch und Myrrhen, meine Stimme, mein Richter, mein Heiliger, mein lieblicher Träumer, meine Sehnsucht, meine Seele, meine Nerven, mein goldner Spiegel, mein Rubin, meine Syringsflöte, meine Dornenkrone, meine tausend Wunderwerke, mein Lehrer und mein Schüler, wie über alles Gedachte und zu Erdenkende lieb' ich dich.

Meine Seele sollst du haben.

Henriette

Mein Schatten am Mittag, mein Quell in der Wüste, meine geliebte Mutter, meine Religion, meine innere Musik, mein armer kranker Heinrich, mein zartes weißes Lämmchen, meine Himmelspforte. H.

(Henriette Vogel an Heinrich von Kleist, Berlin, November 1811)

Jenny von Westphalen übernimmt in sanfter (vielleicht humoristischer) Aneignung die Sprache von Karl Marx und drückt damit ihre Nähe zu ihm aus.

> Obgleich bei der letzten Konferenz der beiden Großmächte über einen gewissen Punkt nichts stipuliert (= vereinbart) worden, auch kein Vertrag über die Pflicht der Korrespondenzeröffnung geschlossen war, folglich kein äußeres Zwangsmittel existiert, so fühlt sich doch das kleine Schreiberchen mit seinen schönen Locken im Innersten gedrungen, den Reigen zu eröffnen, und zwar mit den Empfindungen der tiefsten, innigsten Liebe und Dankbarkeit gegen dich, mein lieb, gut, einzig Herzensmännchen. Ich mein', du wärst noch nie lieber und süßer und herziger gewesen, und doch war ich jedes Mal entzückt, als du schiedest und hätte dich immer wieder zurück haben mögen, um dir noch einmal zu sagen, wie lieb, wie ganz lieb ich dich hab'. Aber das letzte Mal ist doch dein Siegesabgang; ich weiß gar nicht, wie lieb du mir warst im tiefsten Herzen, als ich dich nicht mehr leiblich sah und nur dein einzig treu Bild mir so lebendig vor der Seele stand in all seiner Engelsmilde und Güte, Liebeshoheit und Geistesglanz. Wärst du doch jetzt hier, mein lieb Karlchen; wieviel Empfänglichkeit für Glück würdest du in deinem Wackerchen, deinem Vifchen antreffen, und solltest du mit noch so schlechter Tendenz, noch so böswilligen Absichten herausrücken; ich würde doch keine reaktionären Maßregeln ergreifen; ich würde geduldig mein Haupt hinlegen, dem bösen Buben es preisgebend.
>
> (Auszug aus: Jenny von Westphalen an Karl Marx; Kreuznach im März 1843)

Zurückweisung eines Liebesbriefs

Liebesbriefe zwischen Liebenden markieren oft entscheidende Situationen im Leben von beiden. Was aber tun, wenn Sie von jemandem einen Liebesbrief erhalten, den Sie nun leider nicht wiederlieben? Wie formuliert man eine Zurückweisung?

Niemand kann für einen solchen Fall einen eindeutigen Rat erteilen, aber prinzipiell gibt es zwei Möglichkeiten:

- die unmissverständliche Zurückweisung;
- den Versuch, die Zurückweisung sanft und freundschaftlich auszusprechen.

Welches für Sie der bessere Weg ist, müssen Sie selbst von Fall zu Fall entscheiden. Der zweite Weg ist zwar höflicher, aber jedenfalls auch heikel und kann zu Missverständnissen führen. Manchmal ist es einfacher, wenn auch schmerzlicher, einen deutlichen Schnitt zu machen, als sich über längere Zeit mit Hoffnungen und Enttäuschungen herumzuschlagen.

Vielleicht nehmen Sie sich folgenden Brief zum Beispiel, den Ludwig Börne sicherlich nicht gerne gelesen hat:

> Es ist völlig wider unsere Abrede, dass ich dergleichen Worte von Ihnen annehme, Louis, deshalb schicke ich sie Ihnen zurück. Ich wollte, dass strenger Ernst immer der herrschende Ausdruck in meinem ganzen Wesen gegen Sie gewesen wäre, vielleicht hätte ich dann anders auf Sie gewirkt und glücklicher, oder Sie hätten es wenigstens nicht zu sagen gewagt, wie ich auf Sie gewirkt habe.
> Ich wiederhole, was ich erst gesagt, Sie allein können sich froh machen; ich kann nichts dazu tun.
>
> (Henriette Herz an Ludwig Börne; ohne Ort und Datum, 1803?)

Heute würde man das allerdings wohl eher so formulieren:

Lahnstein, 16. Januar 2004

Lieber Benny,

ich nehme an – ich hoffe –, du hast schon meinem langen Schweigen entnommen, dass ich über deine Weihnachtsüberraschung nicht ganz so glücklich war, wie du dir das wohl vorgestellt hast.

Wie hast du dir das überhaupt gedacht? Kurz vor Weihnachten haben wir doch noch zusammengesessen, gespielt, Wein getrunken und miteinander geredet – und dann kommt zwei Tage später plötzlich dieser Brief. Ich wusste, ich weiß bis jetzt so recht nichts damit anzufangen.

Du liebst mich also. Leider liebe ich dich nicht. Tut mir Leid. Bitte glaube mir: Es tut mir wirklich Leid. Denn – ich mag dich Benny. Ich rede gern mit dir, unternehme gern etwas mit dir. Und ich befürchte nun, dass unsere Freundschaft jetzt irgendwie ... beschädigt ist. Wie sollen wir miteinander umgehen, wenn wir uns in der näheren Zukunft wieder treffen?

Es wäre mir wirklich lieber gewesen, du hättest mir diesen Brief nicht geschrieben. Wir hätten uns viele Komplikationen erspart. Aber ich verstehe, dass du es tun musstest.

Ich hoffe, unsere Freundschaft überlebt diese Krise. Nimm's bitte nicht so schwer.

Alles Gute

Beate

BRIEFE ZU BESONDEREN ANLÄSSEN IM PRIVATEN BEREICH

Es gibt spezielle Anlässe, zu denen es üblich ist, Briefe oder wenigstens Postkarten zu schreiben. Dazu gehören die jährlich wiederkehrenden Grüße zu Weihnachten und zum Jahreswechsel, dazu gehören Geburtstage (besonders runde), aber auch einmalige Feierlichkeiten wie Hochzeiten, Geburten, Erstkommunion, Konfirmation, bestandene Prüfungen, Jubiläen oder auch Todesfälle.

Wirklich guten Freunden oder engen Verwandten können Sie auch zu diesen Anlässen ganz unformelle reine Privatbriefe schreiben. Aber selbst gute Freunde scheuen sich gewöhnlich beispielsweise bei einem Todesfall „frei von der Leber weg“ zu schreiben und greifen auf eher unpersönliche Floskeln zurück. Es haben sich gewisse Konventionen herausgebildet, „wie man so was schreibt“.

Hinzu kommt, dass man zu besonderen Anlässen auch an Personen schreibt, die nicht zu den ganz engen Freunden und Verwandten zählen. Wenn der Nachbar seinen 60. Geburtstag feiert, eine entfernte Cousine heiratet, der Sohn eines Bekannten das Abitur besteht, werden Sie jedes Mal wenigstens mit ein paar Zeilen reagieren wollen und sich wahrscheinlich fragen, wie und was Sie schreiben sollen.

Besondere Anlässe sind häufig auch Anlässe zum Feiern. Und wenn eine Feier veranstaltet werden soll, beispielsweise zur Hochzeit, zur Silberhochzeit, zur Taufe oder auch nur zum Geburtstag, dann müssen Sie Einladungen verschicken. Sie müssen überlegen, wen Sie einladen, wie groß der Kreis der Eingeladenen werden soll. Dann stellt sich die Frage, wie Sie eine solche Einladung formulieren. Wenn Sie beispielsweise Ihren Chef zur Hochzeit einladen, werden Sie die Einladung anders formulieren als eine Einladung an Ihre Verwandten.

Bei den Briefen zu besonderen Anlässen kommt es zu einer Art ritualisiertem Briefwechsel.

- Da Feiern meist größer geplant werden, erwartet man von den Eingeladenen eine **Bestätigung,** ob sie kommen oder nicht.

- Man bedankt sich hinterher bei allen. **(Danksagung)**

Eine zweite, etwas andere Form des Briefes zu besonderen Anlässen im privaten Bereich sind die Briefe zu Krisen und Unglücksfällen. Hier ist die Grenze zum reinen Privatbrief fließend. Wie schreibt man einem Menschen, der gerade einen schweren Unfall hatte? Wie einer Frau, die von ihrem Mann verlassen worden ist?

Die Briefe zu besonderen Anlässen im privaten Bereich sind neben den Urlaubskarten der eigentliche Markt für die Postkarten- und Kunstpostkartenindustrie. Zu nahezu jedem Anlass gibt es schöne oder auch weniger geschmackvolle vorformulierte Karten oder Einlegebriefe, auf denen man nur noch eine Unterschrift, einen Gruß und ein paar Zeilen hinzufügen muss.

Da es keine allzu große Kunst ist, eine solche Karte auszufüllen, werden wir uns auf die „echten“ Briefe konzentrieren.

Briefe zu Weihnachten und zum Jahreswechsel

Die Post hat nur selten so viel zu tun wie in der Weihnachtszeit. Da werden hunderttausende Pakete mit Weihnachtsgeschenken verschickt. Die Weihnachtszeit und der Jahreswechsel sind die Gelegenheit für das jährliche Lebenszeichen, das man an all die Bekannten und Verwandten verschickt, die man den Rest des Jahres über vernachlässigt hat.

Meist fällt dieses Lebenszeichen allerdings sehr kurz aus. Wer kennt sie nicht, die Postkarten, von denen man vielleicht ein ganzes Dutzend bekommt, und auf denen mehr oder weniger das Gleiche steht:

> Hallo Peter,
>
> ich wünsche dir frohe Weihnachten und einen guten Rutsch ins neue Jahr!
> Mir geht's gut. Und wie geht's dir? Lass mal was von dir hören.
>
> Gruß
> ...

Möglichweise ist noch der eine oder andere kurze Satz eingefügt:

> Lieber Peter,
>
> der Schnee liegt hoch und der Weihnachtsstress ist wie immer gewaltig. Aber uns geht's trotzdem gut.
> Wir wünschen dir frohe Weihnachten und einen guten Rutsch ins neue Jahr!

Diese Postkartengrüße erfüllen ihren Zweck als Lebenszeichen und geben dem Empfänger das Gefühl, dass Sie an ihn denken. Sie sind eine höfliche Geste.

Wenn Sie z. B. an einen Vorgesetzten oder Geschäftspartner schreiben, sind sie die richtige Korrespondenzform:

> Sehr geehrter Herr Stanitz,
>
> ein frohes Weihnachtsfest und einen guten Rutsch ins neue Jahr wünscht Ihnen
>
> Ihr
>
> Herbert Massling

Wenn Sie allerdings an engere Bekannte schreiben, nehmen Sie sich ruhig die Zeit für einen richtigen Brief. Er muss nicht lange sein. Aber die Weihnachtszeit ist schließlich die Zeit der Besinnung. Fügen Sie Ihren Weihnachts- und Neujahrsgrüßen einfach ein paar persönliche Zeilen bei.

Sie können auch hier, wenn Sie an gute Freunde schreiben, Ihrer Fantasie freien Lauf lassen. Georg Christoph Lichtenberg entwarf zum Beispiel skurrile, humoristische Neujahrsgedichte:

An Herrn...
In dein Betragen Welt,
In deinen Beutel Geld,
Witz unter deinen Hut,
Feuer in dein Blut,
Ist der Wunsch nicht gut?

An Herrn...
Was singst du stets von Mädchen und von Wein,
Komm schlage heut ein neues Leben ein;
Geh mit dem Jahr aus deiner Zelle,
Und halt dich künftig an die Quelle.

(Georg Christoph Lichtenberg. Aus einem Brief an Anton Matthias Sprickmann, Dezember 1772)

Machen Sie einmal die folgende Probe: Schreiben Sie Ihren Weihnachtsgruß und fragen sich dann, an wie viele Leute Sie ihn schicken könnten. Wenn Sie eine Karte an Tante Anna geschrieben haben, sie aber ebenso gut an Onkel Friedrich, Ihren alten Bekannten Peter oder Ihre Großmutter schicken könnten, dann heißt das, dass Sie beim Schreiben gar nicht an den speziellen Empfänger gedacht haben.

Ein Tipp: Nehmen Sie sich auch bei Postkarten die Zeit, wenigstens einen persönlichen Satz einzufügen.

Liebe Tante Anna,

frohe Weihnachten und einen guten Rutsch ins neue Jahr!
Mir geht es gut. Ich hoffe dir auch. Was macht deine Backkunst?
Kann ich bald wieder mit einem kleinen Paket deiner Haselnussplätzchen rechnen?
Alles Gute fürs neue Jahr!

Deine Petra

Am schönsten für den Empfänger ist es aber, wenn Sie sich die Zeit für einen richtigen Brief nehmen. Hier zwei Beispiele:

> Peenemünde, 22. Dezember 2004
>
> Sehr geehrter Herr Bauers,
>
> zum Weihnachtsfest meine besten Grüße und Wünsche.
>
> Ich hoffe, dass Sie trotz der vorweihnachtlichen Hektik, unter der wir ja alle wie jedes Jahr leiden, auch die Freuden der vorweihnachtlichen Zeit genießen und ein paar stille Stunden für sich und Ihre Familie abzweigen können.
>
> Für das neue Jahr wünsche ich Ihnen und Ihrer Familie eine schöne Zeit, viel Erfolg, viel Spaß, vor allem aber Zufriedenheit und Gesundheit.
>
> Weihnachtliche Grüße sendet Ihnen
>
> Ihr
>
> Peter Mansfeld

> Mörbing, 22. Dezember 2004
>
> Liebe Bea,
>
> Weihnachten steht schon wieder vor der Tür. Die Stadt ist mit Lichtern und Tannenbäumen geschmückt. Die Stimmung ist wie immer so kurz vor Weihnachten gleichzeitig friedlich und hektisch.
>
> Am Wochenende bin ich mit der ganzen Familie über den Weihnachtsmarkt geschlendert. Wir haben heiße Waffeln und

Maroni gegessen, ich habe Glühwein getrunken. Und in dieser eigenartigen Stimmung aus weihnachtlicher Vorfreude und dem dunklen, diesigen Spätherbstwetter habe ich mich verblüfft gefragt, wo die Zeit geblieben ist. Liegt das letzte Weihnachtsfest schon so lang zurück? Ist tatsächlich schon wieder ein ganzes Jahr vergangen?

Das Leben ist so hektisch, es rauscht geradezu an einem vorbei. Auch wir haben ja in den letzten Monaten immer nur kurz miteinander telefoniert und dabei kaum ein ruhiges persönliches Wort gesprochen. Aber da auf dem Weihnachtsmarkt, mitten im Trubel, traf mich wieder einer dieser Augenblicke, in denen die Zeit stehen zu bleiben scheint. Plötzlich war ich ganz ruhig, sah nur noch die Freude meiner Kinder und hatte Lust darauf, dir einen Brief zu schreiben.

Ich muss immer daran denken, dass wir Weihnachten die Geburt eines Kindes feiern. Wir feiern also die Erneuerung, wir feiern den Wandel. All das liegt ja in jedem Neugeborenen. Und doch gibt uns dieses Fest jedes Jahr wieder eine Zeit der Ruhe, Besinnung im Taumel der Zeit.

Ich wünsche dir, meine liebe Bea, zu Weihnachten ein wenig Ruhe und viel Freude. Komm auch gut ins Neue Jahr!

Deine Karin

Briefe zum Geburtstag

Wie Weihnachten, Neujahr und Ostern ist auch der Geburtstag ein jährlich wiederkehrendes Fest. Und ähnlich wie zu Weihnachten hat sich auch für diesen Anlass eine Postkartenkultur herausgebildet. Man sieht in seinem Adressbuch nach, stellt fest, dass ein alter Freund oder eine Bekannte Geburtstag hat, und geht zum nächsten Kaufhaus, um eine der vielen angebotenen Geburtstagskarten zu kaufen. Dann schreibt man zwei, drei Sätze auf die Karte und der Geburtstagsgruß ist fertig.

> Liebe Verena,
>
> herzlichen Glückwunsch zu deinem 22. Geburtstag!
> Was treibst du denn so? Ich habe schon lange nichts mehr von dir gehört. Naja. Wahrscheinlich wirst du groß feiern und hast mich nicht eingeladen!
> Wir sehen uns, wenn ich mal wieder in Berlin bin.
> Bis dahin alles Liebe
>
> Hartmut

Die größte Kunst ist dabei die Auswahl des Postkartenmotivs. Es gibt alles: von total verrückt über lustig oder romantisch bis äußerst seriös. Machen Sie sich die Mühe und überlegen Sie, welche Art von Geburtstagskarte zu wem passt.

Geburtstagseinladungen

Es gibt Geburtstage, die sich aus dem jährlichen Einerlei herausheben. Das sind die runden Geburtstage wie der 30., 40., 50., 60., 65., 70., 75., 80., 90., 100. und da ist der 18. Geburtstag, an dem Jugendliche offiziell erwachsen werden.

Es gibt zwar Leute, die jedes Jahr zu einer Geburtstagsfeier einladen, es sind aber diese herausgehobenen Geburtstage, die normalerweise besonders, häufig auch ganz groß gefeiert werden.

Es gibt drei Möglichkeiten zu einem solchen Fest einzuladen:

- eine kurze Einladungskarte
- eine zwanglose briefliche Einladung
- ein förmlicher Brief

Die Einladung wird, wenn man mehr als nur eine Handvoll davon verschickt, normalerweise mit der Maschine geschrieben, dann in der entsprechenden Stückzahl kopiert und als privater Rundbrief verschickt. Nur der Name des Empfängers und die Unterschrift werden später handschriftlich eingefügt.

Wenn Sie eine größere Feier planen, müssen Sie wenigstens ungefähr wissen, wie viele Gäste kommen. Deshalb sollten Sie die Einladung frühzeitig verschicken und um Antwort bitten, ob der oder die Eingeladene kommen wird. Häufig wird diese Bitte um Rückantwort nicht ausgeschrieben, sondern nur die Buchstabenkombination:

u. A. w. g. (= um Antwort wird gebeten)

unter den Brief gesetzt.

Denken Sie daran, wenn Sie nicht zu Hause feiern, in der Einladung den Ort genau anzugeben, wo das Fest stattfinden wird, vielleicht sogar mit einem Lageplan.

Bonn, 5. Juli 2004

Liebe Verwandte und Freunde!

Ich habe am 10. Juli tatsächlich schon wieder Geburtstag. Ich kann zwar schon nicht mehr zählen, der Wievielte es ist, aber ich möchte ihn trotzdem mit euch feiern.

Kommt gegen Abend bei mir zu Hause vorbei und bringt einfach gute Laune mit!

Euer Harry

Gute Freunde lädt man durch ein humorvolles, privates Schreiben ein, dem man anmerkt, dass es nur diesem einen Adressaten gilt.

Dortmund, 25. Mai 2004

Hallo Freunde!

Biblisch ist das Alter zwar noch nicht, das ich am 23.6. erreiche, aber viel fehlt nicht mehr!

Gott sei Dank wird man nur einmal im Leben 30 und das muss gefeiert werden.

Für Getränke ist garantiert ausreichend gesorgt. Der Grill steht jetzt schon unter Feuer. Und unsere Feierabendband „Die Hungrigen" wird uns kräftig einheizen.

Fehlt nur noch, dass ihr kommt und viel Zeit und gute Laune mitbringt. Wenn ihr kommen könnt, ruft vorher mal kurz an, damit ich weiß, mit wie vielen Leuten ich rechnen kann.

Eine Wegbeschreibung, wie ihr zu dem Häuschen findet, liegt bei.

Also, ich erwarte euch!

Bernd

Weniger gute Bekannte sollte man hingegen mit einem kurzen, sachlichen Brief einladen.

Freihafen, 1. Februar 2004

Sehr geehrter Herr Hussmann!

Am 29. Februar feiere ich meinen 50. Geburtstag.

Zu diesem Fest möchte ich Sie und Ihre Gattin ganz herzlich einladen.

Es würde meine Frau und mich sehr freuen, wenn wir Sie bei uns in der Albertstraße 12, 2. Stock begrüßen könnten. Ab 19 Uhr soll die Feier beginnen.

Bitte geben Sie uns kurz Nachricht, ob es Ihnen möglich ist zu kommen.

Es grüßt Sie freundlich

Ihr

Herbert Brommelt

Glückwunschschreiben

Glückwunschschreiben werden gewöhnlich zu besonderen Geburtstagen verschickt. Wie oben schon gesagt sind das vor allem die runden Geburtstage, aber auch Geburtstage, die mit einem bestimmten wichtigen Ereignis verknüpft sind. Da ist beispielsweise der 18. Geburtstag oder der 65., aber man kann auch Kindern, die sechs Jahre alt werden, zum baldigen Eintritt in die Grundschule gratulieren, oder Kindern, die zehn Jahre alt werden, zum Übertritt in eine weiterführende Schule.

Die Geburtstage, zu denen man besonders gratuliert, sind Wende- und Aussichtspunkte. Sie geben Anlass zum Rückblick auf das Vergangene und Ausblick auf das Kommende. Und so sollten Sie die entsprechenden Briefe auch gestalten.

Gratulationsbriefe schreibt man gewöhnlich per Hand.

Wenn Sie allerdings als Gruppe (Nachbarn, Vereinskollegen, Arbeitskollegen, Sportmannschaft) gratulieren, dann sollten Sie mit der Maschine schreiben und jeden aus der Gruppe handschriftlich unterschreiben lassen.

Ein nur noch selten geübter Spezialfall sind Briefe zum ersten Geburtstag an ein Baby. Wenn Sie Ihrer Freude über ein Kind und seinen Geburtstag Ausdruck verleihen wollen, müssen Sie also keineswegs warten, bis es lesen kann. Schreiben Sie ihm ruhig. Irgendwann wird es den Brief lesen können und sich sicher darüber freuen.

Öttning, 15. April 2004

Mein lieber Karsten,

du hast nun die unendliche, ereignisreiche Strecke deines ersten Lebensjahres hinter dich gebracht. Du hast dabei so unglaublich viel Neues gesehen und neugierig in dich aufgenommen. Du hast sogar schon begonnen, dir auf deinen zwei Beinen die Welt zu erlaufen.

Es ist für dich schon eine Ewigkeit her, dass ich dich auf den Armen hielt. Und auch mir kommt es vor, als sei es schon sehr lang her, dass ich dich über das Taufbecken gehalten habe.

Du kannst diesen Brief noch nicht lesen, aber deine Eltern werden ihn für dich aufheben und irgendwann wirst du ihn lesen können und dann wird er dich hoffentlich erfreuen. Ich wünsche dir, dass du immer so fidel bleibst wie jetzt und dass deine Fröhlichkeit auch weiterhin die ganze Umgebung ansteckt.

Herzliche Glückwünsche zu deinem ersten Geburtstag und alles Liebe wünscht dir

dein Onkel Markus

Bergdorf, 3. Januar 2004

Lieber Christian,

heute feierst du schon deinen dritten Geburtstag. Und alle sind da. Deine Eltern, deine Schwester, deine Omas und Opas, deine Onkel und Tanten.

Ich wäre auch gern da, aber leider kann ich heute nicht zu euch kommen. Du hast den dicken Gips um meinen Fuß ja gesehen, als du mich das letzte Mal besucht hast. Was du darauf gemalt hast, schaue ich mir immer noch voller Freude an.

Wenn dir deine Mutter diesen Brief vorliest, kannst du sicher sein, dass ich an dich denke.

Zu deinem Geburtstag wünsche ich dir jedenfalls alles Gute. Viel Spaß beim Auspacken der Geschenke.

Bis bald

deine Tante Hannelore

Während Briefe an kleine Kinder natürlich immer auch an deren Eltern „mitadressiert“ werden müssen, können Sie ältere Kinder durchaus direkt ansprechen.

Lüneburg, 23. März 2004

Liebe Anna,

du wirst morgen 10 Jahre alt.

Ich freue mich mit dir und käme gerne zu euch zu Besuch. Leider kann ich nicht kommen, um mit dir zu feiern. Darum dieser kleine Brief.

Ein zehnter Geburtstag hat so etwas Bedeutungsvolles. Ein ganz neuer Lebensabschnitt beginnt für dich. Du wirst in ein paar Wochen auf eine neue Schule gehen, neue Kameraden und Freundinnen kennen lernen. Du gehst aufs Gymnasium. Ich bin stolz auf dich, kluges Kind!

Ich wünsche dir, dass dieser neue Abschnitt deines Lebens genauso schön, glücklich und erfolgreich verläuft wie der letzte.

Herzliche Glückwünsche zum Geburtstag von

deinem

Onkel Heinz

Peenemünde, 17. Oktober 2004

Liebe Beate!

Morgen wirst du 18 Jahre alt. Ich weiß, wie du diesem Geburtstag entgegengefiebert hast.

Jetzt kannst du endlich all die Dinge tun, die dir in den letzten Jahren so wichtig erschienen, als du sie noch nicht tun durftest. Du kannst endlich wählen gehen. Du kannst Auto fahren.

Den Führerschein hast du ja schon gemacht. Du kannst jetzt selbst entscheiden, was du mit deinem Leben machen willst.

Und du wirst feststellen, dass mit den größeren Freiheiten auch größere Pflichten verbunden sind. Du wirst nie mehr sagen können, dass alles anders werden wird, wenn du erst mal mitmischen darfst. Jetzt darfst du. Und ich bin gespannt darauf, was du tun wirst.

Ich gratuliere dir zu deinem Geburtstag und wünsche dir eine lange, glückliche Zukunft. Bleib gesund, genieß das Leben und feiere einen wunderbaren großen Geburtstag.

Ich grüße dich von Herzen

dein Jürgen Großmann

In einem Brief zum 18. Geburtstag wird man auf die Rechte und Pflichten eines Erwachsenen eingehen, in einem Brief zum 20. Geburtstag vielleicht mehr auf die Freiheiten und die Möglichkeiten der Jugend.

Iseltwald, 6. September 2004

Liebe Annette,

in meinem Kalender ist der 8. September rot umkringelt und dein Name steht daneben. Du hast also Geburtstag, und wenn mich mein Gedächtnis nicht im Stich lässt, ist es dein zwanzigster.

Ich sehe dich ja leider nur zweimal im Jahr, wenn du mit der Familie den weiten Weg hierher findest. Das hat aber den Vorteil, dass ich deine Entwicklung so deutlich sehen kann wie niemand sonst.

Du warst vor ein paar Jahren eine ganz schön zickige Göre. Und jetzt bist du eine selbstbewusste junge Frau, mit eigenem Beruf, auf eigenen Füßen stehend. Und du bist so hübsch geworden. Ich bin wirklich stolz darauf deine Oma zu sein.

Ich gratuliere dir ganz herzlich zu deinem Geburtstag!

Dein Vater sagte mir, dass du eine ganz große Feier mit vielen Freunden machen willst. Das ist richtig. Genieße deine Jugend. Feiere schön Geburtstag!

Grüße auch deine Eltern von mir.

Ich hoffe, es dauert nicht mehr allzu lang, bis du mich wieder besuchen kommst. Dann gibt es auch noch ein kleines Geburtstagsgeschenk von mir.

Alles Liebe,

deine Oma

In einem Brief zum 30. Geburtstag wird das endgültige Ende der Jugend angesprochen, gleichzeitig Ausschau gehalten auf das, was man noch alles, auf der Höhe der Schaffenskraft, erreichen will.

Darmstadt, 8. August 2004

Liebe Barbara,

die Zeiten sind noch gar nicht so lange her, dass wir alle Dreißigjährigen als Greise angesehen haben, alte Leutchen, die schon mitten im Verkalkungsprozess stehen.

Nun darf ich dir zu deinem 30. Geburtstag gratulieren. Willkommen im Klub. Da ich dem Klub nun schon seit drei Jahren angehöre, kann ich dir versichern, dass es hier gar nicht so schlecht ist.

Das Einzige, was einen hier immer wieder erschreckt, ist das Bewusstsein, wie schnell die Zeit doch vergeht. Sonst ist das Leben jenseits der dreißig wunderbar. Blick mal herunter auf diese kleinen Kinder, diese Zwanziger, wie unreif die doch sind. Die haben doch keine Ahnung vom Leben.

Freu dich auf die nächsten Jahre! Die nächsten Jahre sind immer die besten!

In alter Verbundenheit

deine Freundin

Saskia

In einem Brief zum 50. Geburtstag wird man die erworbene Lebenserfahrung des Geburtstagskindes ansprechen – und noch viel Zeit in der Zukunft wünschen.

Jünteln, 23. März 2004

Liebe Elisabeth,

ich kann es kaum glauben, wenn ich dich so ansehe, dass du schon 50 Jahre alt wirst. Aber da du mir deinen Ausweis gezeigt hast, muss ich es wohl glauben. Du hast dich wirklich gut gehalten. Und dass du immer noch so frisch, fit und gesund aussiehst wie eh und je, ist fast der größere Grund zu gratulieren und zu feiern.

Ich wünsche dir von ganzem Herzen, dass du auch in den nächsten Jahren gesund bleibst und den Spaß am Leben nicht verlierst. Ich freue mich, dass du mich zu deiner Geburtstagsfeier eingeladen hast. Ich komme gern.

Es grüßt dich ganz herzlich

deine Ottilie

Bei allen späteren Geburtstagen wird man vor allem auf die Vergangenheit eingehen. Und immer werden die Glückwünsche mit der Hoffnung auf noch möglichst viele gesunde Jahre verbunden sein.

Karlsberg, 9. September 2004

Lieber Walter,

heute hast du es endlich geschafft. Dein 65. Lebensjahr ist vollendet und dein Arbeitsleben auch. Dein Schreibtisch ist leer. Dein Nachfolger kommt erst in ein paar Tagen. So ein wenig vermissen wir dich schon – und sind neidisch.
Zu deinem Geburtstag wünschen dir jedenfalls deine Arbeitskollegen – deine ehemaligen Arbeitskollegen – alles erdenkliche Gute. Und das ist vor allem: gute Gesundheit.

Es wäre ja eine Schande, wenn du deinen Ruhestand nicht ausgiebig genießen könntest. Jetzt kannst du dich endlich ganz deinen Hobbys widmen. Dass du noch viele gesunde und frohe Jahre vor dir hast, wünschen dir

deine ehemaligen Arbeitskollegen

Peter, Nina, Luigi

Mannheim, 3. September 2004

Liebe Susanne,

du vollendest heute dein 70. Lebensjahr, und ich möchte dir für deinen weiteren Lebensweg herzlich Glück wünschen!

Ich beneide dich ein wenig um all die Erfahrungen, die du in deinem langen Leben schon gemacht hast. Siebzig Jahre. Du hast mir so viel voraus. Deshalb komme ich ja auch immer so gern zu dir, erzähle dir von meinen Gedanken und Problemen und bin immer wieder verwundert, wenn du mir mit Erzählungen und Geschichten und Erfahrungen aus deinem Leben weiterhelfen kannst.

Und trotzdem lebst du nicht in der Vergangenheit, sondern bist immer bereit Neues zu wagen. Du bist so neugierig. Ich hoffe sehr, dass ich, sollte ich dieses Alter auch einmal erreichen, noch so viel Schwung und Neugierde habe wie du.

Also noch einmal: einen ganz herzlichen Glückwunsch zu deinem 70. Geburtstag.

Ich grüße dich vielmals und freue mich darauf, wieder mit dir zu sprechen,

deine Albertine

Oberhausen, 7. Juli 2004

Liebe Tante Paula!

Du wirst in diesem Jahr 80 Jahre alt. Eigentlich ist das ein Anlass für eine große Familienfeier, aber du hast das ja abgelehnt.

Wer weiß, hast du gesagt, ihr plant eine große Feier und ich sterbe vielleicht vorher. Das wolltest du nicht. Schreibt mir stattdessen lieber, hast du gesagt, ich bekomme so gerne Post. Ich hoffe, dass der Briefträger in den nächsten Tagen unendlich viel zu tun bekommt, wenn er bei dir vorbeikommt.

Aber jetzt, ehe ich es noch vergesse: meinen herzlichen Glückwunsch zu deinem Geburtstag.

Manchmal fragt man sich ja, ob es ein Segen oder ein Fluch ist, so lange zu leben. Als Paul im letzten Jahr gestorben ist, hast du geklagt, wie bitter es ist, den Tod der eigenen Kinder erleben zu müssen. Und trotzdem sagst du, wenn man dich fragt, dass du gern lebst, so lange du gesund bleibst und niemandem zur Last fällst.

Es ist nicht einfach, alt zu werden und im Alter zu leben. Ich bewundere dich dafür, dass du das so gut meisterst. Es macht so viel Vergnügen, dir zuzuhören, wenn du von deiner langen Vergangenheit erzählst.

Ich wünsche dir jedenfalls gute Gesundheit und gute Laune auch in den nächsten Jahren noch.

Leb wohl und sei ganz herzlich gegrüßt von

deinem

Anton

Peeters, 9. Mai 2004

Lieber Herr Seeler!

Herzliche Glückwünsche zu Ihrem 90. Geburtstag übermittelt Ihnen die Eigentümergemeinschaft des Hauses Siedlerweg 57!

Glück und Gesundheit wünschen wir Ihnen. Mögen die nächsten Jahre ebenso glücklich verlaufen wie die vergangenen 90.

90 Jahre werden Sie heute alt. Welch ein unglaubliches Alter! Wenn wir früher in der Zeitung von Menschen gelesen haben, die so alt geworden sind, haben wir das mit ungläubiger Ehrfurcht betrachtet. Man kann sich ja kaum vorstellen, dass ein Mensch so alt werden kann.

Und nun haben wir einen mitten unter uns und es kommt uns ganz normal vor. Sie, lieber Herr Seeler, haben dieses stolze Alter still und in Demut erreicht. Sie sind gesund und wir wissen, wie sehr Sie Gott dafür danken.

90 Jahre eines Lebens sind eine so lange Zeit, eine Zeit voller Erlebnisse, voller Höhen und Tiefen. Wenn man daran denkt, dass zu Ihrer Kinderzeit noch keine Flugzeuge flogen, noch keine Autobahnen gebaut waren, das wichtigste Verkehrsmittel die Kutsche war und Deutschland noch einen Kaiser hatte. Von Hitler hatte noch niemand etwas gehört. Wir alle hören Ihnen gern zu, wenn Sie von dieser guten alten Zeit erzählen, die aber auch so

hart war. Wer kann sich das schon noch vorstellen. Die Toilette draußen im Hof, Kohleöfen, Hungerzeiten.

Wir wünschen Ihnen für den heutigen Festtag viel Freude im Kreise Ihrer Geburtstagsgäste.

Ihre

Dieter Jung — Wilfried Krämer — Otto Reis

Hannover, 1. Mai 2004

Liebe Frau Susemann,

ein Jahrhundert haben Sie heute vollendet! Voller Staunen und Dankbarkeit darüber, dass Gott Sie uns so lange erhalten hat, stehen wir vor Ihnen um Ihnen zum 100. Geburtstag zu gratulieren.

Nur sehr wenigen Menschen wird die Gnade gewährt, so lange zu leben, und noch viel seltener ist es, dass jemand dieses hohe Alter so gesund erleben darf. Obwohl Sie von der einen oder anderen kleinen Krankheit geplagt werden, Ihnen Treppen steigen schwer fällt und Sie auch nicht mehr gut hören, freuen Sie sich doch sichtlich über jeden neuen Tag. Es ist eine Freude, einen Menschen zu erleben, der jeden Tag mit so heiterer Gelassenheit angeht wie Sie.

Sie haben sechs Kinder geboren. Sie haben Leben und Sterben in Ihrer Familie erlebt. Drei Ihrer Kinder sind schon vor Ihnen gestorben, dafür erleben Sie aber noch, wie Ihre Urenkel aufwachsen.

Heute wird sich Ihre ganze Verwandtschaft zu einer Feier bei Ihnen einfinden und Sie mussten eine Halle mieten, damit alle Platz finden. Was kann es Schöneres geben?

Alles Gute, und auf weitere schöne Jahre

Ihre Nachbarn

Briefe zur Hochzeit (Verlobung)

Wenn Menschen heiraten, gehen sie gewöhnlich davon aus, dass es ein einmaliges Ereignis in ihrem Leben sein wird – und hoffentlich auch ein einmalig schönes Erlebnis. Dass dem in der heutigen Zeit nicht mehr so ist, dass viele Menschen zwei- oder dreimal heiraten, spielt dabei keine Rolle. Die Hochzeit wird von den meisten Menschen als ganz besonderer Höhepunkt des Lebens gefeiert. Die Brautleute laden Freunde und Verwandte ein. Und jeder, der auch nur entfernt mit dem zukünftigen Ehepaar bekannt ist, schickt Glückwünsche zur Hochzeit.

Einladungen

Es gibt verschiedene Möglichkeiten, eine Hochzeit zu feiern. Unabhängig davon, ob Sie nur standesamtlich oder kirchlich heiraten, werden Sie einen Tag (entweder den der standesamtlichen oder den der kirchlichen Trauung) festlegen, den Sie als Ihren Hochzeitstag feiern wollen. Zu diesem Termin laden Sie all Ihre Verwandten und Bekannten ein. Viele Brautleute machen das heute so. Aber mindestens ebenso viele halten sich an die traditionelle Trennung zwischen Polterabend und Hochzeit.

Der Polterabend ist das Abschiedsfest aus dem Single-Dasein. Er wird am Abend vor der Hochzeit gefeiert. Zum Polterabend lädt man gewöhnlich Freunde, Nachbarn und Arbeitskollegen ein. Hier geht es wild und laut her und viel Porzellan wird zerschlagen. Denn Scherben bringen Glück, sagt der Volksmund.

Wenn man einen Polterabend feiert, wird die eigentliche Hochzeit am nächsten Tag kleiner gehalten. Sie ist dann eher ein Familienfest mit den Verwandten und engsten Freunden.

Sowohl zum Polterabend wie auch zur Hochzeit lädt man mit einem maschinengeschriebenen Text ein. Nur bei Gästen, denen Sie sich besonders nahe fühlen, oder auf deren Anwesenheit Sie besonderen Wert legen, können Sie eine ganz spezielle handschriftliche Einladung schicken.

Bei der Hochzeit gibt es grundsätzlich zwei Möglichkeiten der Gestaltung. Heutzutage kümmert sich meist das Brautpaar selbst um die Hochzeitsfeier. Deshalb lädt es auch selber dazu ein. Wenn man es aber traditioneller haben will, dann überlässt man diese Aufgabe den Eltern der Braut.

In der Einladung sollte stehen:

- der genaue Termin des Hochzeitsfestes (Uhrzeit)
- der Ort an dem das Fest stattfindet
- Lageplan
- Bitte um Antwort

Wird kirchlich geheiratet, fügt man den Termin des Hochzeitsgottesdienstes und die Kirche, in der er stattfindet, hinzu, damit die Gäste schon am Gottesdienst teilnehmen können.

> Wir poltern:
>
> Anne-Katrin Schäfer
> Herbert Schlauer
>
> am 3. Mai 2004
> in Gilching, Zürcher Straße 57
> ab 20.00 Uhr
>
> Wir poltern mit: ....

> Einladung
>
> zu unserem Polterabend:
> Hermannstraße 23,
> Bielefeld,
> Beginn: 19.00 Uhr
>
> Anne-Katrin Schäfer
> Herbert Schlauer
>
> Danke schön, wir kommen: ....

Etwas ausführlicher und persönlicher ist die folgende Einladung an einen guten Freund gestaltet:

> Galred, 7. Mai 2004
>
> Mein lieber Manfred,
>
> jetzt ist es also soweit. Die Jahre des Junggesellendaseins haben für mich ein Ende. Viele dieser Jahre haben wir zusammen verbracht. Jetzt nehme ich als erster Abschied von der schönen alten Zeit um hoffentlich in eine noch schönere neue einzutreten. Aber ein Abschied ohne dich, mein Lieber, wäre mir unvorstellbar.
>
> Deshalb laden Ulrike und ich dich herzlich zu unserem Polterabend (am Samstag, den 21. Mai, ab 18.00 Uhr) ein. Du kommst doch, oder?
>
> Dein Ralf

Häufig finden die Hochzeitsfeierlichkeiten am selben Tag wie die kirchliche Trauung statt.

> Oberschaustein, 25. April 2004
>
> Herr Dr. Amadeus Walter und Frau geben sich die Ehre
>
> Frau Erika Grabowski
>
> zur Hochzeitsfeier ihrer Tochter Sabine mit Herrn Dipl. Ing. Arndt Schmidtbauer am 10. Mai 2004, 13.00 Uhr, in das Hotel Savoyen, Königsstraße 12–24, einzuladen.
>
> Die kirchliche Trauung findet um 11.00 Uhr in der St.-Johannes-Kirche am Wenzelsplatz statt.
>
> Obere Steige 17
> 78234 Trünnen
>
> u. A. w. g.

Frankfurt, 23. April 2004

Liebe Verwandte, liebe Freunde,

jetzt ist es endlich soweit: Wir heiraten!

Am 8. Mai werden wir standesamtlich getraut, am 10. Mai kirchlich. Wir würden euch gerne am 10. Mai nachmittags gegen 16.00 Uhr im Haus von Beas Eltern (Hasensteige 14) begrüßen, um mit euch zu feiern.

Es wäre schön, wenn ihr auch schon am Gottesdienst teilnehmen könntet. Die Trauung findet um 10.30 in der St.-Josefs-Kirche in Hoechst statt.

Bitte gebt uns kurz Bescheid, wenn ihr kommen könnt.

Bis dahin

Beate Larsen
Erwin Paulsen

Antwort auf Einladung

Es ist in jedem Fall gut, auf eine Einladung schriftlich zu antworten. Wer jemals eine große Feier organisiert hat, weiß, dass irgendwann der Moment des Chaos eintritt. Sie haben zwar irgendwo notiert, wer sich wann telefonisch gemeldet hat, aber diese Liste geht garantiert verloren oder ist nicht vollständig oder fehlerhaft. Und dann kommt der Moment, an dem Sie sich wünschten, etwas in der Hand zu haben, wo Sie einfach noch nachschauen können.

Also: Antworten Sie schriftlich. Damit können Sie dem Gastgeber eine Menge Ärger ersparen.

Die Antwort kann sehr kurz sein. Auf Form ist dabei wenig zu achten. Häufig werden die Gastgeber Antwortkärtchen beilegen, die Sie nur ausfüllen müssen.

Oberschaustein, 30. April

Sehr verehrte Frau Walter, sehr geehrter Herr Walter,

vielen Dank für die liebenswürdige Einladung zur Hochzeit Ihrer Tochter Sabine. Ich komme gern.

Ihre

Erika Grabowski

Gratulationsbriefe zur Hochzeit

Gratulationsbriefe schreibt man per Hand. Man adressiert sie an das Braut**paar**, kann aber im Text, wenn man nur einen der Partner persönlich kennt, diesen direkt ansprechen.

Der wichtigste Satz, der in einem solchen Brief auf keinen Fall fehlen darf, ist die Gratulation. Ansonsten wird man in Hochzeitsbriefen einen kurzen Blick zurück und einen langen, mit vielen guten Wünschen begleiteten, nach vorn werfen.

Grabenstein, 12. März 2004

Liebe Sabine,

herzliche Glückwünsche zur Hochzeit!

Deinem Mann und dir wünschen wir für euren gemeinsamen Lebensweg alles Gute. Wir hoffen, euch ist ein Leben in Gesundheit und Zufriedenheit gegeben. Erfolg, Gelassenheit und Ruhe wünschen wir euch, damit ihr die Wechselfälle und Stürme des Lebens gemeinsam bestehen könnt.

Hoffentlich findet ihr am heutigen Tag neben all den Festlichkeiten noch ein wenig Zeit für einander, damit dieser Tag auch tatsächlich euer Tag wird und ihr ihn nicht vergessen werdet. So ein Tag, solche Augenblicke der Gemeinsamkeit verbinden für ein ganzes Leben.

Das wünschen euch von ganzem Herzen

Karin und Erich Stotze

Wamen, 6. August 2004

Sehr geehrte Frau Abel, sehr geehrter Herr Abel,

zu Ihrer Vermählung wünsche ich Ihnen alles Liebe und Gute.

Ich hoffe, dass mit diesem neuen Lebensabschnitt für Sie eine Zeit der Erfüllung und der Zufriedenheit beginnt und dass Sie viele glückliche Jahre miteinander genießen können.

Und glückliche Stunden wünsche ich Ihnen für Ihren Festtag, an dem Sie im Kreis Ihrer Familie, Ihrer Freunde und Bekannten hoffentlich viel Aufregung, aber auch Spaß und Ausgelassenheit erleben werden.

Der wichtigste Wunsch zuletzt: Ich wünsche Ihnen Gesundheit für ein langes Leben zu zweit, denn ohne Gesundheit ist das Leben mühsam.

Es grüßt Sie ganz herzlich

Ihr

Dr. Karel Witek

Danksagung

Zur Hochzeit empfängt das Brautpaar viele Gäste, viele Briefe und viele Geschenke. Wenn es den Hochzeitstrubel hinter sich gebracht hat, von der Hochzeitsreise zurück ist und ein bisschen Ordnung in die vielen Geschenke gebracht hat, sagt es noch einmal allen Dank, die dazu beigetragen haben, das Hochzeitsfest zum Erfolg werden zu lassen.

Dabei schreibt das Brautpaar entweder jedem persönlich oder entwirft eine Danksagung, die es allen schickt. Meist wird man beides tun: Einigen persönlich schreiben, den meisten anderen einen Rundbrief schicken.

In einer persönlichen Danksagung sollten Sie auf den ganz persönlichen Beitrag eingehen, den der- oder diejenige zum Gelingen des Festes geleistet hat: also zum Beispiel auf das Hochzeitsgeschenk oder die Hilfe bei der Organisation.

Freiburg, 5. September 2004

Sehr geehrter Herr Direktor Peters,

vielen herzlichen Dank für Ihre Aufmerksamkeiten zu unserer Hochzeit.

Mit Ihrem lieben Brief und dem wunderbaren Geschenk haben Sie uns an unserem Festtag eine große Freude bereitet. Eine besondere, freudige Überraschung war aber, dass Sie es ermöglichen konnten, bei der Hochzeitsmesse zugegen zu sein.

Mit den besten Grüßen

Michael und Nikola Heiters

In einer Danksagung als privatem Rundbrief geht man nur kursorisch auf die gelungene Feier und die vielen Glückwünsche und Geschenke ein.

Frankfurt, 3. Oktober

Liebe Freunde, liebe Verwandte,

unser Hochzeitsfest ist vorbei, die Hochzeitsreise auch schon. Jetzt haben wir Zeit und Ruhe, das Fest noch einmal an uns vorüberziehen zu lassen, eure Geschenke in die Hand zu nehmen und an euch zu denken.

Es war ein schönes Fest. Und ihr mit euren vielen lieben Grüßen, herzlichen Worten, verrückten Ideen, eurer guten Laune und den wirklich tollen Geschenken habt aus unserer Hochzeit ein Fest gemacht, an das wir uns noch lange – wahrscheinlich unser ganzes Leben lang – erinnern werden.

Vielen Dank!

Eure

Petra und Ulli

Düsseldorf, 17. November

Sehr geehrter Herr Dr. Müller,

über Ihre lieben Grüße zu unserer Hochzeit haben wir uns sehr gefreut.

Eine ganz besondere Freude haben Sie uns mit Ihrem Geschenk gemacht. Die altrömische Vase ist wirklich zauberhaft. Ich mag es ja, wie Sie wissen, alte Dinge um mich herum zu haben. Und meine Frau teilt diesen Geschmack.

Herzlichen Dank noch einmal!

Ihre

Herta und Harald Czerny

Briefe zur Geburt eines Kindes

Die Geburt eines Kindes ist den Eltern Anlass, den Freunden und Verwandten, aber auch der Öffentlichkeit, dieses Ereignis mitzuteilen.

Die Geburtsanzeige

Vielfach setzt man heute eine kleine Anzeige in die Zeitung:

Heureka!

Wir haben seit Samstag eine Tochter!
Bettina ist glücklich angekommen.
Ihre drei Brüder freuen sich mit uns.

Die glücklichen Eltern in großer Freude:

Adriana Herzel
Karl Weber
Herzogenauracher Straße 17
78534 Kaben

Wir haben eine neue Mitbewohnerin!

Am 19. September wurde unsere Tochter

Karin

geboren.

Mutter und Kind sind wohlauf.

In dankbarer Freude:
Kerstin Malker, geb. Mahler
Herbert Malker

Wendenweg 12
67129 Anchen

Name und Geburtstag des Kindes sollten in einer solchen Anzeige ebenso stehen wie Name und Adresse der Eltern. Denn es sollen ja alle, die es angeht, eine Glückwunschkarte oder einen Glückwunschbrief schicken können.

Die Zeitungsanzeige entlastet die Eltern von der Mühe, Briefe schreiben zu müssen. Sie sind nach der Geburt meist ziemlich geschafft und haben gleichzeitig viel zu erledigen.

Auch Freunden und Verwandten kann man zunächst eine kleine Geburtsanzeige zukommen lassen. Dann fügt man häufig noch die genaue Uhrzeit der Geburt, die Größe und das Gewicht des Kindes hinzu.

Seit dem 23. Mai sind wir zu dritt.

Die glückliche Geburt ihres Sohnes

Stefan

zeigen hocherfreut an:
Edda Hempel, geb. Maiwald
Hans Hempel
Hinterer Weg 2a
56432 Zwunse

Stefan ist um 2.53 Uhr zur Welt gekommen.
Er ist stolze 52 cm groß und schon 3425 g schwer.

Freunden und Verwandten schicken die Eltern aber etwas später noch:

- einen Rundbrief
- oder/und (meist noch später) einen persönlichen Brief

Ein Rundbrief wird mit Maschine geschrieben und kopiert. Er sollte enthalten:

- Name des Kindes
- Geburtstag
- eine Einladung zum Besuch
- eine Entschuldigung

Da manche Empfänger einen Rundbrief als zu unpersönlich empfinden könnten, empfiehlt es sich, in den Brief eine **Entschuldigung** dafür aufzunehmen, dass man **nur** einen Rundbrief schreibt. Eigentlich sollte jeder das verstehen.

Karlsruhe, 23. April 2004

Liebe Verwandte, liebe Freunde!

Das lang Erwartete ist tatsächlich eingetroffen: Gestern Nacht hat Vera eine gesunde Tochter zur Welt gebracht! Und das auf die Minute pünktlich um 00.01 Uhr am vorherberechneten Tag. Was das wohl zu bedeuten hat? Wir sind schon sehr gespannt auf unser neues Leben zu dritt.

Vera und Christine (auf den Namen konnten wir uns schnell einigen) sind wohlauf – und ich auch.

Vera und ich sind natürlich mächtig stolz auf unser prachtvolles und so niedliches „Produkt" und möchten es euch allen möglichst bald zeigen.

Wir hoffen also, dass ihr bald mal bei uns vorbeischaut. Wäre nett, wenn ihr vorher anruft.

Entschuldigt bitte, dass wir nicht jedem von euch persönlich geschrieben haben, aber wir haben jetzt so einigen Trubel, wie ihr euch sicher vorstellen könnt. So ein kleines Wesen hält einen ganz schön auf Trab!

Viele liebe Grüße

Vera Bürgel
Karsten Bürgel

Den persönlichen Brief schreibt man per Hand.

Harberg, 4. Mai 2004

Liebe Sixta,

wir haben es tatsächlich geschafft!

Heute bin ich schon seit drei Tagen Mutter. Und ich kann es immer noch nicht so recht glauben. Wenn ich Stefan (ja, es ist ein Junge!) sehe oder in den Armen halte, bin ich ganz verwirrt. Dass tatsächlich ich dieses kleine, süße Wesen geboren habe, ist mir jedesmal unverständlich.

Martin ist natürlich ungeheuer stolz. Du solltest die beiden mal zusammen sehen.

Die Geburt kam etwas überraschend zwei Tage zu früh und Martin, der ja eigentlich dabei sein wollte, war natürlich nirgendwo zu finden. Jetzt ist er ein wenig enttäuscht – aber vielleicht auch erleichtert. Gott sei Dank ging alles, auch ohne Martin, schnell und reibungslos.

Jetzt habe ich vor allem ein schönes Gefühl. Ich fühle mich entspannt und glücklich. An das, was in den nächsten Jahren auf mich zukommen wird, denke ich noch gar nicht.

Liebe Sixta, du hast mir so viel geholfen in den letzten Monaten. Ich will dir noch einmal danken.

Du musst mich unbedingt in den nächsten Tagen besuchen! Natürlich um Stefan kennenzulernen. Vielleicht gelingt es dir ja auch, Martin wieder ein bisschen auf den Boden zurückzuholen.

Bis dahin alles Liebe

Susanne

Glückwünsche zur Geburt

Wenn Sie von einer Geburt erfahren haben, über die Sie sich freuen, die Sie irgendwie angeht, dann sollten Sie einen Glückwunschbrief schreiben, über den sich die Eltern ganz bestimmt freuen werden.

Wenn Sie eine Geburtsanzeige, sei es als Rundbrief, sei es als persönlichen Brief, erhalten haben, danken Sie dafür in diesem Schreiben.

Bernstadt, 5. Mai 2004

Mein lieber Frank!
Brüderchen!

Mama hat mich gestern gleich angerufen und es mir gesagt.

Du bist also jetzt Vater einer Tochter!

Ich möchte dir und Hanna zu diesem freudigen Anlass herzlich gratulieren.

Ich habe diese Freude und diesen Trubel ja auch schon mitgemacht. Immerhin schon dreimal. Und ich weiß, wie du dich jetzt fühlst.

Beschwingt, glücklich – und vielleicht ein klein bisschen besorgt? Schließlich bist du ja jetzt Familienvater. Ein Mann mit echter Verantwortung. Jetzt ist mein Bruder also wirklich erwachsen geworden.

Melde dich doch bitte in der nächsten Zeit mal bei mir, dann können wir einen Tag für einen Besuch ausmachen.

Also bis dann.

Noch einmal herzlichen Glückwunsch und viele liebe Grüße an Hanna

Giselle

Frankfurt, 8. September 2004

Liebe Karin,

vielen Dank für eure schöne Geburtsanzeige, die wir gestern erhalten haben.

Unsere lieben Glückwünsche an dich und deinen Mann.

Es ist schön zu wissen, dass es immer noch junge Leute gibt, die, bei allen Problemen, die damit verbunden sind, Kinder in die Welt setzen. Und wir freuen uns sehr, dass es auch in unserer Familie jetzt eine ganz neue Generation gibt.

Wir überlegen schon, wie wir der kleinen Stefanie eine Freude machen können.

Es freuen sich jedenfalls mit euch

eure Tante Bertha und euer Onkel Anton

Hamstel, 1. Juni

Liebe Regine, lieber Georg,

es geht doch nichts über ein Happy End. Und wir haben uns sehr über das Happy End nach dem 9 Monate langen spannenden Film gefreut.

Und als Ergebnis steht da also eine Tochter. Bettina. Ein schöner Name. Ganz herzliche Glückwunsche von uns!

Wir sind natürlich neugierig, wem die Kleine denn nun ähnlich sieht. Wenn es euch recht ist, würden wir euch gern bald mal besuchen.

Wir grüßen euch herzlich

Mirella und Peter

Besondere Schwierigkeiten macht es, zu einer Geburt zu schreiben, die nicht reibungslos verlaufen ist. Zur Geburt eines behinderten Kindes zu gratulieren oder zur Geburt eines gesunden Kindes, wenn die Mutter bei der Geburt Schäden davongetragen hat, vielleicht sogar gestorben ist, ist eine Sache, die sehr viel Feingefühl erfordert. Sie sollten davon Abstand nehmen, wenn Sie die Eltern nicht wirklich gut kennen und wissen, wie sie zu dem stehen, was geschehen ist.

Deutzen, 8. März 2004

Meine liebe Sabine, mein lieber Hans,

ich habe mit schwerem Herzen von dem Geburtsfehler eurer kleinen Inge gehört. Trotzdem möchte ich euch zur Geburt gratulieren. Ich weiß, ihr versteht das richtig.

Ich weiß schließlich, wie sehr ihr euch auf dieses Kind gefreut habt. Und ich bin mir sicher, dass ihr, wenn ihr den ersten Schreck und Kummer überwunden habt, Inge genauso lieben werdet, wie ihr ein gesundes Kind geliebt hättet. Natürlich tut es ein wenig weh, daran zu denken, dass dieses kleine Wesen, dass Sabine geboren hat, nie ein ganz normales Kind sein wird, nie ein ganz normales Leben wird führen können. Aber es ist noch immer das Kind, auf das ihr euch monatelang gefreut habt. Und es wird euch, wie jedes andere Kind auch, viel Freude bereiten.

Ihr wisst, ich bin ein nüchterner Mensch und halte nicht viel von Formulierungen wie „Herausforderung des Schicksals“ oder „Prüfung Gottes“ oder so etwas, ich denke nur, jedes Kind, wie es auch ist, hat ein Recht darauf geliebt zu werden und jedes Kind, das geliebt wird, gibt die Liebe zurück. Ich wollte euch das nur sagen.

Ich denke an euch. Wenn ich euch irgendwie helfen kann, sagt es mir.

Alles Liebe

Maria

Danksagungen für Glückwünsche

Die engeren Verwandten und Freunde werden Eltern und Kind schon in den ersten Tagen nach der Geburt besuchen kommen. Ihnen danken die Eltern mündlich für ihre Glückwünsche. Etwas später, wenn sich das Leben wieder einigermaßen eingerichtet hat, bedanken sich die Eltern auch bei den etwas ferneren Bekannten für die Glückwünsche und die Anteilnahme an dem freudigen Ereignis und laden sie ebenfalls zu einem Besuch oder einer Feier ein.

Brockhausen, 15. August 2004

Hallo, liebe Singfreunde!

Annette und ich waren ganz gerührt, dass ihr alle so regen Anteil an unserem freudigen Ereignis genommen habt.

Es sieht übrigens ganz so aus, als ob eure Bemühungen von Erfolg gekrönt werden. Der Kleine wird sicher ein Sänger von Format. Sein Stimmvolumen reicht jetzt schon aus, um das ganze Stadtviertel mit Klang zu füllen. Nur bei der Reinheit der Töne braucht es wohl noch ein wenig Übung.

Annette und ich haben jedenfalls die Segnung von Ohrenstöpseln entdeckt.

Wir laden euch alle herzlich zu einem Umtrunk in der „Möve“ am 28. August gegen 18.00 Uhr ein. Wir freuen uns, euch alle wiederzusehen.

Zurzeit nicht mehr ganz in alter Frische

Annette und Karl

Creutzen, 6. Juni 2004

Liebe Familie Neuner,

herzlichen Dank für Ihren lieben Brief.

Es ist schon wahr, Sie haben den Staffelstab an uns abgegeben. Kaum hat Ihr Reinhard sich das Schreien abgewöhnt, kommt jetzt unsere Marlies. Es ist schon verwunderlich, wie viel Geschrei aus so einem winzigen Körper kommen kann.

Wir würden uns freuen, wenn Sie uns in den nächsten Tagen besuchen könnten.

Liebe Grüße

Anneliese Wissmann
Hans Wissmann

Gastreng, 2. Dezember 2004

Liebe Kolleginnen, liebe Kollegen,

ich danke Ihnen allen herzlich für Ihre lieben Zeilen. Und auch für den riesigen, wunderschönen Blumenstrauß.

Meiner Tochter und mir geht es gut.

Es ist eigenartig. Jetzt bin ich gerade mal zwei Wochen aus dem Büro weg, aber im Augenblick kann ich kaum glauben, dass ich irgendwann wieder etwas anderes tun soll, als meine Tochter zu umsorgen.

Seien Sie ganz herzlich gegrüßt.

Ihre

Christine Karl

Christliche Feste – Taufe, Kommunion, Konfirmation

Briefe zur Taufe

Die Taufe ist im christlichen Kulturkreis das erste große Ereignis für die Familie nach der Geburt eines Kindes. Sie findet gewöhnlich einige Wochen nach der Geburt statt.

Bei der Taufe ist es wie bei der Hochzeit oder jeder anderen den engsten Familienkreis überschreitenden Feier. Es gibt **Einladungen**, **Zusagen** und **Absagen**, es gibt **Glückwünsche** an Eltern und Kind, schließlich die **Danksagung** an all jene, die dabei waren, die mitgefeiert oder Taufgeschenke überbracht haben.

Einladung

Einladungsbriefe zu Familienfeiern unterscheiden sich wenig voneinander. Sie müssen bei der Einladung zur Taufe das Gleiche beachten, wie bei der Einladung zur Hochzeit oder bei der Einladung zur Kommunion. Sehen Sie oben unter Einladungen bei Hochzeiten nach, wenn Sie Genaueres wissen wollen. Lediglich der Kreis der Eingeladenen unterscheidet sich.

Sie müssen nur immer darauf achten, wem Sie schreiben. Ob Sie eine informelle Einladung an Freunde schicken oder eine formelle an Ihren Vorgesetzten.

Gellern, 1. Juli 2004

Liebe Freunde, liebe Verwandte,

der eine Anlass zur Freude liegt gerade hinter uns, der nächste folgt sogleich.

Unser kleiner Christian wird getauft.

Ihr seid alle herzlich zur Feier der heiligen Taufe eingeladen, die am 7. Juli um 16.00 Uhr in der Erlöserkirche in Gellernhofen stattfinden wird.

Wir hoffen, dass ihr zahlreich erscheint, und würden uns darüber freuen, wenn ihr genügend Zeit mitbringen würdet, um anschließend bei Kaffee und Kuchen bei uns zu Hause noch ein wenig zu plaudern.

Wir freuen uns auf ein Wiedersehen mit euch und verbleiben mit herzlichen Grüßen

eure Familie Stefan Hausmann

Hönnental, 9. Oktober 2004

Liebe Katharina,

wenn sich unsere kleine Tochter Livia in ein paar Jahren die Bilder von ihrer Taufe ansieht, dann möchten wir, dass sie dich darauf sehen kann. Wirst du Livia und uns die große Freude machen, dabei zu sein?

Livia wird am Samstag, dem 23. Oktober, um 9.30 Uhr in der Erlöserkirche in Hönnenstadt getauft.

Bitte schreib uns rechtzeitig, ob du kommst.

Viele liebe Grüße

Maria und Eberhard

Die Einladung an Ihren Vorgesetzten sollten Sie recht formell abfassen. Vertraulichkeiten sind in diesem Fall unpassend und könnten als Versuch der Anbiederung missverstanden werden.

Hönnental, 9. Oktober 2004

Sehr geehrter Herr Direktor Peters,

am Samstag, dem 23. Oktober, wird unsere Tochter Livia um 9.30 Uhr in der Erlöserkirche in Hönnenstadt getauft.

Würden Sie uns die große Freude bereiten bei der Tauffeier und dem anschließenden Essen unser Gast zu sein?

Wir hoffen sehr auf Ihre Zusage und grüßen Sie herzlich

Ihre

Maria und Eberhard Kranzel

Antwort auf Einladung

Es empfiehlt sich, auf eine Einladung im selben Stil zu reagieren, in dem die Einladung gehalten ist. Das heißt, wenn Sie freundschaftlich angeschrieben werden, antworten Sie freundschaftlich, wenn Sie formell angeschrieben werden, antworten Sie formell. Grundsätzlich kann man Zusagen kurz und freundlich abfassen.

Frömern, 4. Juli

Liebe Anna, lieber Stefan,

gerne nehme ich eure Einladung zur Tauffeier an.

Ich freue mich stets, wenn ein junger Mensch in die Gemeinschaft der Christen aufgenommen wird. Und wenn es dann auch noch das Kind meines Neffen ist, wie sollte ich da absagen?

Ich freue mich auf das Wiedersehen mit euch!

Euer Onkel Robert

Eberswalde, 13. Oktober 2004

Sehr geehrte Frau Kranzel, sehr geehrter Herr Kranzel,

vielen herzlichen Dank für die liebenswürdige Einladung zur Taufe Ihres Kindes Livia.

Ich nehme gern an und werde rechtzeitig an der Erlöserkirche sein. Ich freue mich auf das anschließende Beisammensein.

Ihr

Hernand Peters

Wenn Sie absagen müssen, sollten Sie Ihr Bedauern ausdrücken, den Grund für Ihre Absage nennen und vielleicht die eine oder andere freundschaftliche Zeile folgen lassen.

Frömern, 4. Juli 2004

Liebe Anna, lieber Stefan,

die Einladung zur Tauffeier eures Christian haben wir heute Morgen erhalten. Wir freuen uns sehr, dass ihr dabei an uns gedacht habt.

Um so bedauerlicher ist es, dass wir euch leider absagen müssen. Heinz fliegt morgen auf Geschäftsreise nach Mexiko – und ich habe mich entschlossen mitzufliegen. Das lässt sich leider so kurzfristig nicht mehr verschieben.

Das tut uns wirklich Leid. Aber wir werden euch, wenn wir in drei Wochen zurückkommen, in jedem Fall einmal besuchen, um euren Nachwuchs endlich bewundern zu können.

Viele liebe Grüße

Bea und Heinz

Glückwünsche zu Kommunion und Konfirmation

Wenn katholische Kinder ihre Kommunion bzw. evangelische ihre Konfirmation feiern, sind sie alt genug, Briefe lesen zu können. Die Erstkommunion feiern Kinder im Alter von etwa 7–9, die Konfirmation im Alter von 14–15.

Erstkommunion wie Konfirmation sind wichtige christliche Feste und werden nach dem kirchlichen Ereignis gewöhnlich mit einer großen Familienfeier begangen.

Es ist üblich, den Kindern zu diesen Ereignissen zu gratulieren. Entfernte Bekannte der Eltern und des Kindes werden gewöhnlich eine der handelsüblichen Karten schicken, in denen außer Glückwünschen kaum etwas stehen wird.

Briefe zur Erstkommunion oder Konfirmation sollten Verwandte schreiben, die an der Familienfeier nicht teilnehmen können. Insbesondere wird das von den Taufpaten des Kindes erwartet.

In einem Brief zu einer religiösen Feier sollte die Religion im Vordergrund stehen oder gegebenenfalls wieder in den Vordergrund gerückt werden. Sehr schnell wird, sobald die Kirche verlassen ist, der Charakter der Feier völlig vergessen und die Kinder freuen sich vor allem an den Geschenken, die sie bekommen. Aber wenn Sie einen Brief zur Erstkommunion oder Konfirmation schreiben, den das Kind später immer wieder lesen kann, sollten Sie sich die Muße nehmen und auf den christlichen Grundgehalt dieser Feste eingehen. Ein solcher Brief sollte Ausblick auf ein Leben mit und in der Kirche sein.

München, 24. April 2004

Liebe Katharina,

am kommenden Sonntag wirst du zum ersten Mal zur heiligen Kommunion gehen und das Brot des Herrn empfangen. Dazu gratuliere ich dir herzlich.

Die Kommunion ist mehr als eine Zeremonie oder ein frommer Brauch. Sie ist auch mehr als nur ein Anlass Geschenke zu bekommen. Wir brauchen das Brot vom Bäcker, damit wir nicht verhungern. Wir brauchen aber auch das Brot des Herrn, damit wir seelisch nicht verkümmern.

Du bist noch sehr jung und kannst es dir wahrscheinlich noch gar nicht vorstellen, aber auch in deinem Leben wird es irgendwann einmal schwierige Zeiten geben. Jeder bekommt einmal Probleme und kommt in Situationen, in denen er nicht weiß, wie es weitergehen soll. Erst dann wirst du die Kraft des Glaubens richtig spüren. Denn sie wird dir Hilfe zum Durchhalten sein und Hilfe beim Neubeginn. Du hast das alles in den letzten Monaten schon gehört und gelernt. Ich wollte es trotzdem noch einmal wiederholen.

Dieser Sonntag ist ein besonderer Tag der Freude. Deshalb schenke ich dir die CD, die du dir gewünscht hast. Ich kenne mich da ja nicht so aus.

Grüße deine Eltern und Geschwister von mir und denk am Sonntag in der Kirche auch an

deinen Onkel Manfred

Essen, 12. Mai 2004

Lieber Markus,

am Sonntag wirst du deine Konfirmation feiern. Ich gratuliere ganz herzlich dazu.

Eigentlich hatte ich ja dabei sein wollen, aber leider ist das nun nicht möglich. Krankheiten erwischen einen ja immer im falschen Moment. Aber ich werde am Sonntag an dich denken, das verspreche ich dir.

Die Konfirmation ist der erste Schritt auf dem Weg ins Erwachsenenleben. Für die Kirche wirst du ab Sonntag ein Erwachsener sein. Findest du den Gedanken nicht auch ein wenig verwirrend? Es dauert nicht mehr lang, dann wirst du auch die Schule verlassen, einen Beruf erlernen, eine Familie gründen, vielleicht selbst Kinder haben.

Du solltest dich dann immer daran erinnern, dass eine der wesentlichen Grundlagen des Lebens die Fröhlichkeit des Herzens ist. Eine Fröhlichkeit, die auch aus dem Glauben kommt.

Ich wünsche dir, dass deine Konfirmation für dich ein unvergessliches Ereignis wird. Ein kleines Geschenk von mir wirst du auch noch bekommen – wenn ich mich wieder rühren kann.

Besuch mich doch mal in der nächsten Woche!
Alles Liebe und Gute,

dein Onkel Erwin

Glückwünsche zu bestandenen Prüfungen

Im Leben eines jungen Menschen gibt es viele (hoffentlich erfolgreich absolvierte) Prüfungen.

Das sind:

- der Schulabschluss (Hauptschulabschluss, Mittlere Reife, Abitur)
- die Berufsausbildung (Gesellenprüfung, Meisterprüfung)
- das Studium (Magister, Diplom, Staatsexamen, Promotion)

Daneben gibt es, ebenfalls einen Glückwunsch wert, die bestandene Führerscheinprüfung, den Segelschein, den Angelschein usw.

Später folgen dann die Abschnitte einer beruflichen Karriere.

Jede bestandene Prüfung, jede Beförderung ist das Ende eines Lebensabschnitts und gibt den Weg auf einen neuen frei. Deshalb ist es üblich, zu diesen Gelegenheiten zu gratulieren. Und zwar in einem handgeschriebenen Brief.

In einem solchen Brief sollten Sie, neben den Glückwünschen für die bestandene Prüfung, den Blick nach vorn richten, auf die Zukunft, die dem Empfänger jetzt offen steht: auf die Möglichkeiten und vielleicht

Gefahren. Und Sie sollten ihm Glück für die Zukunft wünschen. Heutzutage sind bestandene Prüfungen allein noch keine Garantie für ein Vorankommen im Leben. Man braucht Glück – und das sollten Sie dem Empfänger wünschen.

Ein erfolgreicher Schulabschluss stellt nur den ersten, wenn auch einen wichtigen Teil der Berufsausbildung dar. In einem Gratulationsbrief sollten Sie deshalb auch einen Blick auf die zweite Hälfte der Berufsausbildung werfen. Was will der Schulabgänger machen? Welche Wege stehen ihm frei?

Freudenstadt, 9. August 2004

Liebe Petra,

zum bestandenen Abitur die herzlichsten Glückwünsche von deiner Tante Margot und mir.

Dreizehn lange Schuljahre liegen jetzt hinter dir. Jahre, in denen du erwachsen geworden bist. Und am Schluss dieser Jahre kam zum ersten Mal eine Zeit, in der du mit dem Ernst des Lebens konfrontiert worden bist. Der Stress in den letzten Wochen und Monaten der Vorbereitungen war dir anzumerken, als wir im März bei euch zu Besuch waren. Du wirktest müde und nervös. Aber so geht das jedem. Schließlich ist das Abitur die Reifeprüfung.

Und du hast sie bestanden, gut bestanden. Wir freuen uns mit dir.

Und jetzt liegt das Leben plötzlich frei vor dir. Du kannst machen, was du willst. Wir haben schon gehört, dass du nach München gehen willst, um Jura zu studieren. Endlich mal ein paar Meter weg von zu Hause, ein eigenes Zimmer, ein eigenes, unabhängiges Leben. Vor dir liegt eine wunderschöne Zeit. Wir sind uns sicher, du wirst sie nutzen.

Viel Glück und Spaß im weiteren Leben wünschen dir

deine

Tante Margot
Onkel Paul

Das Ende einer Lehre oder eines Studiums ist der Abschluss der Berufsausbildung und einer der größten Wendepunkte im Leben eines Menschen. Jetzt beginnt – hoffentlich ohne größere Einstiegsprobleme – das Berufsleben. Sie sollten in einem Gratulationsbrief auf die Bedeutsamkeit dieses Momentes eingehen.

Stransee, 6. Juni 2004

Mein lieber Martin,

herzliche Glückwünsche zu deiner bestandenen Prüfung. Du bist jetzt also Bankkaufmann. Klasse!

Ich hatte im Gegensatz zu dir ja nie Zweifel, dass du die Prüfung bestehen würdest, aber gleich mit Note „2"? Du bist doch immer für positive Überraschungen gut.

Tolle Leistung jedenfalls! Kompliment.

Und jetzt fährst du erst mal in Urlaub? Spannst ein paar Wochen ab von der Paukerei?

Und dann geht die Arbeit richtig los, nicht? Du hast ja gesagt, dass sie dich übernehmen werden in der Bank, wenn du die Prüfung bestehst. Kann ich dir also auch schon zum ersten Schritt auf der Karriereleiter gratulieren?

Ich weiß, du hast gesagt, dass du nie wieder lernen willst in deinem Leben, aber ich bin mal gespannt, wie lange es dauert, bis dich der Ehrgeiz wieder packt und du von einer Weiterbildung in die nächste startest. In zehn Jahren bist du sicher schon Bankdirektor.

Wenn es soweit ist, hoffe ich, dass du an deinen alten Freund denken und ihn ein wenig an deinem Reichtum teilhaben lassen wirst. Ich wünsche dir jedenfalls alles Gute für deine Zukunft,

dein alter Schulkollege und Sportsfreund

Hanno

Rastatt, 6. Juni 2004

Liebe Waltraut,

leider ist es ja auch heutzutage immer noch so, dass es Frauen in so genannten Männerberufen schwer haben. Umso erfreuter, umso glücklicher bin ich, dass du es geschafft hast dich durchzubeißen.

Du bist jetzt also Diplom-Chemikerin. Herzlichen Glückwunsch!

Aber es ist ja nicht nur das: Du warst sogar die Beste deines Jahrgangs. Dazu kann ich immer nur wieder staunend vor mich hin murmeln: Wahnsinn!

Ich weiß noch genau, wie wir dich alle vor fünf Jahren ungläubig angestarrt haben, als du uns gesagt hast, was du studieren willst. Chemie, während wir anderen uns auf Germanistik, Romanistik und Jura verteilt haben.

Ich habe aber auch noch in Erinnerung, wie du, teils amüsiert, teils frustriert von deinen Erlebnissen als einsame Frau unter dreißig Männern erzählt hast.

Du hast mich wirklich beeindruckt, mit deinem Mut und deinem Durchhaltevermögen. Und jetzt fehlt nur noch ein bisschen Glück, eine gute Arbeitsstelle, und dein Leben läuft genau so, wie du es immer wolltest.

Ich wünsche dir dieses Glück, überhaupt alles Glück, das man bekommen kann,

deine alte Schulkollegin

Regina

Auch jeder Schritt auf der beruflichen Karriereleiter ist ein Anlass zur Gratulation. Das fängt bei der Einstellung an und setzt sich bei jeder Beförderung fort.

Pfaffenweiler, 8. Juli 2004

Liebe Beate,

allerherzlichste Glückwünsche zu deiner Ernennung zur Abteilungsleiterin!

Du bist jetzt also unsere Chefin. Wir werden in Zukunft ehrfurchtsvoll zu dir aufblicken und dich nur noch mit Frau Dr. Riester ansprechen. Aber Spaß beiseite. Wir kennen dich, wir wissen, was du kannst. Wir schätzen dich. Wir hoffen nur, dass du dich als Abteilungsleiterin nicht allzusehr veränderst, dass du mit der neuen Verantwortung, die jetzt auf dir lastet, genauso umgehen kannst, wie mit deiner Arbeit bisher. Aber eigentlich kann sich ein Mensch nur durch einen neuen Titel nicht von Grund auf ändern. Deswegen sind wir auch guter Hoffnung, dass du mit den neuen Aufgaben problemlos fertig wirst.

Wir wünschen dir jedenfalls Erfolg und Zufriedenheit. Es wäre ja auch unser Erfolg.

Also: toi, toi, toi!

Deine Kolleginnen und Kollegen

Corinna, Carmen, Michael, Werner

Ehe- und andere Jubiläen

Es gibt heute nur noch wenige Dinge, die für lange Zeit Bestand haben. Die Menschen wechseln häufig ihre Arbeitsplätze, ihre Wohnorte, manchmal auch ihren Lebenspartner. Wenn aber dann doch mal etwas länger andauert, dann ist dies ein Anlass zu feiern. Zehn Jahre Vereinsmitglied, 20 Jahre in der Gewerkschaft, 30 Jahre in einem Betrieb, 50 Jahre verheiratet, all das kommt so selten vor, dass man es wirklich groß feiern sollte.

Je länger die Zeitspanne ist, die gefeiert wird, desto größer fällt meist das Fest aus und desto wichtiger ist es auch, entsprechende Gratulationsbriefe zu schreiben.

Ehejubiläen

Früher waren Ehejubiläen häufiger als heute. Sie gehörten zum normalen Leben eines Menschen dazu. Die zwei Menschen, die sich einmal zusammengetan hatten, blieben normalerweise auch zusammen. Die Silberhochzeit nach 25 Jahren Ehe erreichten die meisten Verheirateten. Die goldene Hochzeit nach 50 Jahren Ehe wurde schon seltener gefeiert, weil häufig einer der Partner vorher starb. Die diamantene Hochzeit nach 60 Jahren Ehe konnten schon immer nur die wenigsten Paare feiern.

In der heutigen Zeit werden Ehejubiläen immer seltener, da viele Ehen schon nach wenigen Jahren wieder auseinander gehen. Ein Ehejubiläum zu feiern, wird deshalb immer mehr zu einem wirklichen, weil seltenen, Ereignis. Andererseits hat sich die Lebenserwartung der Menschen wesentlich verlängert, sodass die späteren Jubiläen nicht weniger häufig sind als früher.

Jedes Ehejubiläum ist deshalb ein Anlass zur Gratulation nicht nur für Verwandte und Freunde, sondern auch für fernere Bekannte, Nachbarn, Vereinskameraden usw.

In einem Gratulationbrief zu einem Jubiläum schaut man immer auf die geleistete Zeitspanne zurück und verbindet damit gleichzeitig einen Ausblick auf die Zeit, die vielleicht noch der Dauer hinzugefügt werden wird.

Neustadt, 12. Juli 2004

Liebe Tante Hermine, lieber Onkel Wilhelm,

herzliche Glückwünsche zu eurem heutigen Festtag!

50 Jahre seid ihr nun schon miteinander verheiratet. Ein halbes Jahrhundert. Ihr seid länger verheiratet als ich alt bin.

Ich weiß ja nun selber, wie schwer das Eheleben ist, welche Krisen und Tiefen man da zu überwinden hat und manchmal eben nicht überwinden kann. Oder liegt das wirklich nur an unserer heutigen Zeit, daran, dass die Menschen heute mit einer anderen Einstellung heiraten?

Ich kann mich nicht erinnern, bei euch jemals auch nur die Anzeichen von Unzufriedenheit oder Streit entdeckt zu haben. Ich kenne euch nur als freundliches, nettes, zufriedenes Paar, das glücklich darüber ist, zusammen sein zu können. Und das fünfzig Jahre lang. Als ihr geheiratet habt, war gerade der Krieg vorüber. Deutschland lag in Trümmern. Eine Zukunft war überhaupt nicht zu sehen. Aber ihr habt an sie geglaubt. Und ihr habt an eure Liebe geglaubt, die bis heute gehalten hat.

Ich wünsche euch von ganzem Herzen, dass ihr noch viele gemeinsame und gesunde Jahre miteinander habt. Möge eure Liebe nie enden!

Genießt den heutigen Tag, hoffentlich ist er genauso schön, wie ihr ihn euch vorgestellt habt!

Euer Neffe

Hans

Ein wirklich höchst seltenes Ereignis ist die diamantene Hochzeit, die nach sechzigjähriger Ehezeit gefeiert wird. Für viele Jubilare bildet sie einen der letzten Glanzpunkte ihres Lebens.

Wolfenweiler, 20. Mai 2004

Liebes Jubelpaar,

zu Ihrem diamantenen Ehejubiläum die herzlichsten Glückwünsche!

Der Diamant ist ein edler Stein. Er ist nahezu unzerstörbar. So wie Ihre Ehe. Sechzig Jahre leben Sie nun schon miteinander. Wenn man daran nur denkt: Sie haben den Zweiten Weltkrieg schon als Ehepaar erlebt. Sie haben die Krisen der Trennung während der Kriegsgefangenschaft überstanden. Sie haben gemeinsam sechs Kinder großgezogen. Sie haben den Tod zweier Ihrer Kinder ebenso gemeinsam betrauert, wie Sie sich gemeinsam über die Geburten Ihrer Enkel und Urenkel gefreut haben. Ihre Ehe verdient weiß Gott „diamanten" genannt zu werden.

Der Diamant ist aber nicht nur hart, er ist, schön geschliffen, auch eine Augenweide. Und auch da kann man nur sagen: wie Ihre Ehe. Wie selten sieht man Ehepaare so voller zufriedener Gemeinsamkeit, so voller heiterer Bezogenheit aufeinander. Keine Misstöne klingen aus Ihrer Ehe heraus.

Wir freuen uns alle sehr, dass Sie beide – abgesehen von der einen oder anderen kleinen Einschränkung, die das Leben im Alter nun mal so mit sich bringt – Ihren Festtag in Gesundheit genießen können.

Dass Ihnen die Gesundheit noch lange erhalten bleibt und dass Sie noch lange gemeinsam durchs Leben gehen, wünschen Ihnen von ganzem Herzen

Ihre

Nachbarn

Petra und Anton Berg

Auch Ehejubiläen können natürlich mit einer großen Feier begangen werden. Man lädt zu ihnen dann – wie zu einem Geburtstagsfest – Verwandte, Freunde und Nachbarn ein. Und auch eine solche Einladung sollte man mit der Maschine oder dem Computer schreiben, wenn sie in einem größeren Rahmen stattfindet.

Berlin, 8. Oktober 2004

Liebe Verwandte, liebe Freunde, liebe Nachbarn,

am 2. November 2004 ist unsere silberne Hochzeit.

Diesen Tag wollen wir feiern. Wir möchten all die um uns versammeln, die uns auf unserem Lebensweg begleitet und unterstützt haben.

Unsere Wohnung ist für eine solche Feier zu klein, was uns freut, denn es zeigt uns, dass wir in unserem Leben nicht allein geblieben sind.

Wir möchten euch alle deshalb ganz herzlich zu unserem großen Fest in die Gaststätte „Am goldenen Horn“, Winterweg 34, einladen. Das „goldene Horn“ hat einen wunderschönen großen Nebensaal, wo wir uns so richtig ausbreiten und austoben können. Wir beginnen schon am Nachmittag gegen 16.00 Uhr mit Kaffee und Kuchen und feiern dann so lange, bis auch die letzten Gäste nach Haus gegangen sind.

Sagt uns doch bitte kurz Bescheid, ob ihr zu unserer Feier kommen könnt.

Wir hoffen, dass möglichst viele von euch kommen können,

eure

Hannelore und Bernhard Nate

Weitere Jubiläen

Bei anderen Jubiläen, wie Vereins- oder Firmenzugehörigkeit, gratulieren gewöhnlich nur die, die es direkt angeht, also bei einem Verein die Vereinsmitglieder und die Vereinsführung, in der Firma die Arbeitskollegen bzw. die Unternehmensleitung (Beispiele dafür finden Sie im Kapitel Geschäftskorrespondenz).

Schreiben zu Vereinsjubiläen sollten auf die besonderen Leistungen und die Funktion des Jubilars eingehen. Zusammen mit der Gratulation überreicht man gewöhnlich eine Urkunde.

Balve, 30. August 2004

Lieber Schützenbruder Alwin,

zu deinem 20-jährigen Schützenjubiläum unsere allerherzlichsten Glückwünsche!

20 Jahre Schützenbruder, aber noch nicht ein Mal König. Wer dich nicht kennt, wird sich fragen, ob du bei uns überhaupt richtig bist. Ich erinnere mich noch genau, wie wir dich zu Beginn deiner Karriere als Schützenbruder noch mit dem Gesangsverein teilen mussten. Und singen kannst du, was wir auf vielen Feiern und Festen schon erleben durften. Trotzdem hast du dich für uns entschieden. Deine Liebe zum Gewehr war doch größer als die zur Sangeskunst. Wir alle wissen, dass du ständig übst um dich zu verbessern. Wir alle wissen aber auch, wie sehr du dem gemeinsamen Feiern **nach** dem Üben zugetan bist.

Du hast in den letzten 20 Jahren viel für unsere Schützenbruderschaft getan. Wir hoffen, dass du uns noch lange die Treue hältst, und wünschen dir die notwendige Gesundheit. Und wir hoffen ganz besonders, dass es in den nächsten zwanzig Jahren auch mal mit der Königswürde klappt.

Im Namen aller Schützenbrüder

Lukas Petri

Einladungen zu verschiedenen Anlässen

Es gibt viele Gelegenheiten, zu denen Sie Briefe schreiben können. Wenn Sie ein geselliger Mensch sind, werden Sie immer wieder mal zu einer Feier oder zu einem Empfang einladen: zu einem Grillfest, einer Gartenparty, einem Spieleabend, einem Umzug oder einem Silvesteressen usw.

Georg und Daniela Wenzel bitten zur Gartenparty

Samstag, 10. August 2004, 18.00–20.00 Uhr
Herz-Jesu-Straße 12
65123 Läuten

u. A. w. g

Liebe Freunde,
liebe Nachbarn!

Unsere Tage in der Klarastraße sind gezählt. Der Umzugswagen ist bestellt, die Bücher und wertvollen Möbel schon zum Teil eingepackt.

Bevor wir endgültig nach Lübeck umziehen, laden wir euch ein zu einer tollen

Abschiedsparty

am Samstag, den 23. Mai um 18 Uhr in der Klarastraße 16 (Hinterhaus). Bei schönem Wetter feiern wir im Hinterhof.

Bitte bringt etwas zu essen (Salate etc.) mit. Für Getränke ist gesorgt!

Biggi und Frieder

Entschuldigungsschreiben

Es gibt formelle Entschuldigungen, die man schreiben muss (z. B. Schulentschuldigungen), und informelle Entschuldigungen, die man schreiben möchte, weil man sich persönlich dazu gedrängt fühlt (nachdem man z. B. in einem Wutanfall den Nachbarn beleidigt hat).

Die formelle Entschuldigung

Das **formelle Entschuldigungsschreiben** ist fast immer eine Entschuldigung für Abwesenheit. Wenn ein Kind in der Schule fehlt, erwartet der Lehrer, dass es eine Entschuldigung der Eltern für diese Abwesenheit bringt. Wenn Sie einen Wochenendkurs belegt haben und dann nicht (oder erst verspätet) erscheinen, wird von Ihnen eine Entschuldigung erwartet.

Mit einer formellen Entschuldigung begründen Sie, warum Sie (oder Ihr Kind) nicht erscheinen konnten. Eine formelle Entschuldigung belegt, dass Sie (oder Ihr Kind) persönlich keine Schuld an der Abwesenheit tragen.

Das Wichtigste an einem formellen Entschuldigungsschreiben ist die Begründung!

Und Sie sollten daran denken, dass das Fehlen oder Vorliegen formeller Entschuldigungen (d. h. überzeugender Begründungen) Konsequenzen haben kann!

Wenn ein Kind in der Schule häufig unentschuldigt fehlt, bekommt es Probleme mit dem Lehrer. Wenn Sie unentschuldigt einem gebuchten Kurs fernbleiben, wird man Ihnen die Kosten berechnen. Können Sie eine Entschuldigung mit überzeugender Begründung vorweisen, werden Sie vielleicht die Kursgebühr zurückerhalten oder nur einen reduzierten Betrag zahlen müssen.

In einem formellen Entschuldigungsschreiben kommt es nicht auf Länge oder Ausführlichkeit an. Schreiben Sie kurz und präzise. Wenn Ihr Kind Masern hatte, reicht es zu schreiben: „... hatte Masern.“ Eine Beschreibung, wie schlecht es ihm gegangen ist, wie hoch das Fieber war, wie häufig es Kopfschmerzen hatte usw. ist überflüssig.

In einem formellen Entschuldigungsschreiben sollten

- die genaue Angabe des Abwesenheitszeitraums (das kann ein ganzer Tag, mehrere Tage, aber auch nur eine Schulstunde sein) und

- der Grund für die Abwesenheit

nicht fehlen.

Wenn Sie in einer Entschuldigung Gründe angeben, die Sie belegen können, dann sollten Sie den entsprechenden Beleg (z. B. ein ärztliches Attest) hinzufügen.

Bei Schulentschuldigungen empfiehlt es sich einen echten Entschuldigungssatz an den Anfang zu stellen:

„... ich entschuldige die Abwesenheit meines/r Sohnes/Tochter vom Unterricht am ...“

Wenn Sie sich bei anderen Gelegenheiten formell entschuldigen, reicht es, wenn Sie einflechten:

„... es war mir leider nicht möglich am ...“
„... es tut mir wirklich sehr Leid, dass ich ...“

Vergessen Sie nie die Begründung!

Sanddorn, 6. Juli 2004

Sehr geehrte Frau Petersen,

in der Zeit vom 27. Juni bis 5. Juli konnte meine Tochter Juliana nicht am Unterricht teilnehmen. Sie lag mit einer Grippe im Bett.

Ich bitte ihre Abwesenheit zu entschuldigen.

Mit freundlichen Grüßen

Ihre

Adele Munster

Bonn, 14. August 2004

Sehr geehrter Herr Dr. Carstens,

es tut mir sehr Leid, dass es mir nicht möglich war, zu dem bei Ihnen gebuchten Wochenendkurs „Die neuen Steuergesetze" (12./13. August) nach München zu kommen.

Leider hat auch mich der Fluglotsenstreik am Boden festgehalten. Anbei liegt eine Bestätigung, dass es für mich keine Möglichkeit gab, am 12. August nach München zu fliegen, da der Flugverkehr vollständig lahmgelegt war.

Mit freundlichen Grüßen

Ihr

Herbert Meier

Die informelle Entschuldigung

Die informelle Entschuldigung unterscheidet sich grundsätzlich von der formellen. Bei der informellen Entschuldigung geben Sie keine äußeren Gründe an, um damit zu sagen: „Ich persönlich habe keine Schuld", sondern Sie geben gerade Ihre persönliche Schuld zu und bitten mit Ihrer Entschuldigung um Verzeihung.

Der besondere Wert einer informellen Entschuldigung besteht darin, dass sie ohne äußeren Zwang freiwillig gegeben wird.

Gelegenheiten, sich zu entschuldigen, gibt es immer wieder. Denn jeder Mensch macht Fehler oder tut Dinge, die ihm hinterher Leid tun.

Das informelle Entschuldigungsschreiben ist trotzdem selten, und zwar in erster Linie deshalb, weil im persönlichen Umgang zwischen Freunden, Bekannten und Nachbarn die meisten Probleme mündlich gelöst werden. Wenn Sie Ihren Nachbarn (unbeabsichtigt) beleidigt haben und Ihnen das jetzt Leid tut, er Sie jetzt aber nicht mehr grüßt, dann werden Sie ihn mal besuchen gehen und die Sache bereden. Sie werden sich mündlich entschuldigen.

Wenn Sie aber doch ein Entschuldigungsschreiben aufsetzen, dann sollten Sie einen freundlichen Ton anschlagen. Sie können hier ruhig ein wenig ausführlicher werden. Es kommt schließlich darauf an, Ihren Briefpartner davon zu überzeugen, dass Ihnen wirklich Leid tut, was geschehen ist oder was Sie gesagt haben.

Tonnstadt, 5. August 2004

Lieber Heiner Michelsen!

Ich habe Sie bei unserem Nachbarschaftsfest vorgestern Abend beleidigt. Das wollte ich nicht, und es tut mir herzlich Leid.

Ich weiß, es wird schwer für Sie sein diese Entschuldigung zu akzeptieren. Ich will all die Dinge, die ich Ihnen an den Kopf geworfen habe, gar nicht wiederholen. Es war wirklich schlimm. Ich will Ihnen nur sagen, dass ich selber nicht verstehen kann, wie ich so ausfallend werden konnte.

Ich bitte Sie, mir zu glauben, dass ich es wirklich nicht so gemeint habe. Ich halte Sie, ganz im Gegensatz zu all dem, was ich vorgestern gesagt habe, für einen sehr netten und freundlichen Menschen. Und ich würde es sehr bedauern, wenn meine unfreundlichen Worte in der Zukunft zwischen uns stehen würden.

Ich bitte Sie sehr, meine Entschuldigung zu akzeptieren.

Und ich würde Sie gern zu einem kleinen Versöhnungsessen einladen, wenn Sie das wollen.

Mit vielen herzlichen Grüßen

Ihr

Manfred Pamke

Dülmen, 27. Juni 2004

Liebe Familie Herbert,

wir bitten noch einmal dafür um Entschuldigung, dass unser Sohn Thomas auf Ihrem Grundstück Fußball gespielt und dabei Ihr Auto beschädigt hat.

Den Schaden bezahlt natürlich unsere Versicherung.

Mit freundlichen Grüßen

Ihre

Familie Becker

Eine Sonderform der informellen Entschuldigung ist die öffentliche Entschuldigung. Wenn Sie jemanden öffentlich beleidigt oder verleumdet haben, diese Beleidigung also in der ganzen Nachbarschaft oder der ganzen Stadt verbreitet worden ist, sollten Sie sich über die persönliche Entschuldigung hinaus auch öffentlich entschuldigen.

Das geschieht in Form einer kurzen Zeitungsanzeige. In dieser Anzeige können Sie sehr kurz formulieren. Darin muss erscheinen:

- Die Entschuldigung
- Anlass der Entschuldigung (Ort; Zeit; Wortlaut)
- Eine Bekundung, dass es Ihnen Leid tut
- Ihren vollen Namen

Entschuldigung

Am 13. Oktober 2004 habe ich in der öffentlichen Versammlung des Gesangsvereins „Singvögel Norderelbe“ Herrn Dr. Walter Hill „einen korrupten Beamten“ genannt. Das ist im Eifer des Gefechts geschehen. Es tut mir sehr Leid und ich entschuldige mich dafür.

Peter von Eichen

Briefe zum Tod eines Menschen

Wie es viele angenehme Anlässe gibt zu gratulieren und zu feiern, so gibt es leider auch eine Reihe weniger angenehmer Anlässe, in denen Sie dazu aufgerufen sind, Beileid und Trost zu spenden. Verwandte, Freunde oder Bekannte von Ihnen können von Schicksalsschlägen verschiedener Art getroffen werden: Angehörige sterben, haben Unfälle oder werden schwer krank.

Briefe zu traurigen Anlässen sollten in einem ruhigen, wenn es geht tröstenden Ton abgefasst werden.

Traueranzeigen

Wenn ein Angehöriger stirbt, ist es eine der wenig angenehmen Pflichten der Hinterbliebenen, die Verwandten, Freunde und Bekannte von dem Todesfall zu unterrichten. Dies macht man gewöhnlich auf zwei Wegen:

- als Traueranzeige
- als Totenbrief

Die **Traueranzeige** erscheint meist in der Lokalzeitung (wenn es mehrere Lokalzeitungen gibt, reicht gewöhnlich die Veröffentlichung in einer). Sie enthält:

- den Namen des Verstorbenen
- das Todesdatum
- die Namen der engsten Angehörigen
- eine Kondolenzadresse
- genauere Angaben, wann, wo und wie die Beerdigung stattfinden wird.

Hinzu setzt man:

- einige Zeilen über Leben und Sterben des Verstorbenen
- einige Zeilen über die Trauer, die man als Hinterbliebener empfindet
- eventuell die Bitte, von Beileidsbesuchen Abstand zu nehmen oder statt Blumen lieber Geld an wohltätige Organisationen zu spenden.

Die Traueranzeige erscheint schwarz umrahmt in der Zeitung.

In deine Hände befehle ich
meinen Geist, du hast mich
erlöst, Herr, du treuer Gott
(Psalm 31)

Nach langer, schwerer Krankheit entschlief heute im Alter von 72 Jahren meine liebe Frau, unsere liebe Mutter,
Schwiegermutter und Großmutter

Hermine Sauerbruch, geb. Baselitz

In stiller Trauer nehmen wir Abschied:

Maximilian Sauerbruch
Erwin und Anna Müller, geb. Sauerbruch, mit Stefan, Hanno und Thomas

59897 Mengelen, den 23. Februar 2004

Die Trauerfeier findet am Donnerstag, dem 25. Februar 2004, um 9.00 Uhr in der Trauerhalle des evangelischen Südstadtfriedhofs statt; anschließend ist die Beisetzung auf dem Südstadtfriedhof.

Von Beileidsbekundungen am Grab bitten wir Abstand zu nehmen.

Er hatte noch so viel vor ...

Plötzlich und unerwartet verstarb heute durch einen tragischen Verkehrsunfall unser Sohn

Karsten Willber

geb. 16.05.1971 gest. 02.02.2004

In stiller Trauer:

Peter Willber und Karin Willber geb. Zedler
und Anverwandte

87456 Plöttning, Uferweg 6, den 02.02.2004

Die Beisetzung findet am Mittwoch, dem 04.02.2004, um 15.30 Uhr auf dem Plöttninger Friedhof statt. Das Seelenamt ist im Anschluss um 16.00 Uhr in der Vinzenzkirche, Plöttning. Anstelle von Blumen erbitten wir eine Spende für „Brot für die Welt", Deutsche Bank Stuttgart, Kontonummer 500 500 500; BLZ 600 700 70.

An die Verwandten und engsten Bekannten des oder der Toten schickt man zusätzlich zur Todesanzeige in der Zeitung einen **Totenbrief**. Die Todesanzeige könnte ja überlesen werden. Manche Leute lesen grundsätzlich keine Todesanzeigen. Der Totenbrief enthält meist nicht viel mehr als die auf Karton gedruckte Todesanzeige. Hinzugefügt wird vielleicht noch eine persönliche Einladung zum Begräbnis.

Der Totenbrief wird in einem Umschlag der Größe DL (110 X 220 mm) mit schwarzem Trauerrand verschickt.

Kondolenzbriefe

Kondolieren kommt sprachgeschichtlich vom lateinischen „condolere" und meint „Mitgefühl haben". Den Hinterbliebenen zu kondolieren bedeutet, ihnen Beileid auszusprechen, ihnen deutlich zu machen, dass sie in ihrer Trauer nicht allein sind. Man kann, wenn es in der Todesanzeige nicht ausdrücklich als unerwünscht bezeichnet ist, an der Beerdigung teilnehmen und den Hinterbliebenen persönlich mit ein paar Worten kondolieren.

Wenn man das nicht will, weil man sich der Familie des Verstorbenen vielleicht nicht nahe genug fühlt oder weil die Hinterbliebenen es nicht wünschen, kann man auch schriftlich kondolieren.

Die Absicht von Kondolenzbriefen ist es, den Hinterbliebenen Trost zu spenden und den Verstorbenen noch einmal zu ehren.

Kondolenzbriefe kann jeder schreiben, der das Bedürfnis dazu fühlt. Sie werden mit Sicherheit gern gelesen. Der Stil eines Kondolenzschreibens ist dem Anlass entsprechend getragen, zurückgenommen. Trauer und Erinnerung bestimmen den Inhalt. Ein Kondolenzbrief ist immer handgeschrieben.

Es ist übrigens nicht nötig, einen Kondolenzbrief in einem Umschlag mit schwarzem Rand zu verschicken. Ein normaler weißer Umschlag ist durchaus üblich.

Es gibt Todesfälle, die man erwartet hat, weil ein Mensch schon lange Zeit schwer krank oder schon sehr alt war. In diesen Fällen ist der Tod keine Überraschung und man kann in seiner Kondolenz den Trauernden dadurch Trost spenden, dass man auf das Natürliche des Sterbens hinweist – vielleicht auch darauf, dass der Tod für den Gestorbenen eine Erlösung war.

Littnau, 6. Oktober 2004

Lieber Daniel,

zum Tod deiner lieben Mutter sage ich dir mein herzliches, tiefempfundenes Beileid.

Der Tod jedes Menschen macht einen traurig. Doch wenn die eigene Mutter stirbt, ist das vielleicht das Ärgste, was einem widerfahren kann. Du weißt, ich habe das auch schon erlebt, als meine Mutter vor zwei Jahren gestorben ist.

Ich kann deinen Schmerz nachfühlen. Und ich fühle mit dir. Ich habe deine Mutter immer sehr gemocht, schon seit damals, als sie uns, wenn wir uns nach der Schule bei euch zum Spielen trafen, immer mit Keksen und Schokolade versorgt hat.

Und dennoch ist meine Trauer durch eine Gewissheit besänftigt. Der Gedanke, dass deine Mutter ihre lange, schwere Krankheit jetzt hinter sich hat, dass sie sich nicht mehr in diesem Leben quälen muss, gibt mir Trost. Ich hoffe, auch du kannst aus diesem Gedanken ein wenig Kraft schöpfen.

In Freundschaft

dein Horst

Viel schwieriger ist es zu kondolieren, wenn ein Tod unerwartet und plötzlich eintritt: wenn ein Kind stirbt, ein Unfall mit tödlichem Ausgang passiert oder jemand, der immer gesund war, plötzlich dahinscheidet.

In diesen Fällen sollten Sie sehr behutsam formulieren. Wenn Sie von den Hinterbliebenen wissen, dass sie christlich religiös verankert sind, dürfen Sie sie mit der Hoffnung auf das ewige Leben trösten. In allen anderen Fällen sollten Sie Ihre Beileidsbekundung ganz allgemein formulieren.

Altweg, 9. März 2004

Liebe Saskia, lieber Karl,

mit großer Bestürzung haben wir die Nachricht vom Tode eures kleinen Paul erhalten. Wir sind voller Trauer und fühlen mit euch.

Für uns ist dieser Tod noch ganz unfassbar. Wir wissen gar nicht, was wir sagen sollen. Vielleicht gibt es euch ein wenig Trost, dass ihr keine Schuld an diesem Tod habt. Der plötzliche Kindstod ist ja noch immer unerklärbar. Und er kann jedes Kind treffen. Man fühlt sich so abgrundtief hilflos.

Das Leben gibt uns manchmal schwere Rätsel auf. Ihr fragt euch sicher, warum es gerade euch getroffen hat. Und wahrscheinlich gibt es darauf keine Antwort.

Aber das Leben geht weiter, auch wenn unsere Fragen unbeantwortet bleiben.

Wir möchten euch so gerne helfen, euren Schmerz und eure Trauer zu tragen. In Gedanken sind wir bei euch. Bitte sagt uns, wenn wir etwas für euch tun können.

Wir umarmen euch in Freundschaft

Ann-Katrin und Uwe

Celle, 13. April 2004

Lieber Dieter, liebe Frau Heinichen,

die Nachricht von Renates Verkehrsunfall hat uns alle zutiefst erschüttert. Der Satz, dass man dem Tod an jeder Straßenecke begegnen kann, hat plötzlich so erschreckende Aktualität bekommen. Und wenn es dann auch noch einen jungen Menschen trifft, den man so gut gekannt hat ...

Wir saßen vorhin alle wie gelähmt im Büro. Und jedem von uns ging die Frage durch den Kopf: „Warum gerade Renate?"

Renate war immer so hilfsbereit, so freundlich, so lebensfroh.

Unser herzlichstes Beileid, wir fühlen mit Ihnen

im Namen aller Kolleginnen und Kollegen

Annegret Daum und Günther Richter

Weimar, 25. April 2004

Liebe Anna,

dass Helmut so plötzlich von uns gegangen ist, kann noch keiner von uns fassen.

Helmut war für uns weit mehr als ein Nachbar. Er war ein Freund. In den langen Jahrzehnten unserer Nachbarschaft haben wir so viele gute und schlechte Zeiten durchlebt, ich will sagen, gemeinsam durchlebt. Helmut war ein Teil auch unseres Lebens. Dass er nicht mehr da ist, hinterlässt eine schmerzliche Lücke. Wir werden ihn sehr vermissen. Daran zu denken, dass er nicht mehr neben uns am Rande des Fußballplatzes stehen wird, immer den Schiedsrichter vor unseren Flüchen in Schutz nehmend, dass er nicht mehr an unseren gemütlichen Sonntagnachmittagsplaudereien teilnehmen wird, die Tasse mit dem Grog vor sich und immer so tuend, als schliefe er ein ... Alles das wird es nun nicht mehr geben.

Liebe Anna, wenn wir etwas für dich tun können, sag uns Bescheid. Wenn dir in der nächsten Zeit die Decke auf den Kopf fällt, komm einfach zu uns rüber.

In herzlicher Nachbarschaft und Freundschaft

Hermine und Harald

Danksagung

Für die Anteilnahme, die ihnen in der schweren Zeit nach dem Tod eines geliebten Menschen entgegengebracht wurde, sagen die Hinterbliebenen Dank. Dies geschieht durch:

- eine Danksagung in der Zeitung
- eine Danksagung als Rundbrief
- persönliche Dankesbriefe

Die **Danksagung in der Zeitung** ist kurz und auf das Wesentlichste beschränkt.

Danksagung

Für die vielen Beweise des Mitgefühls und der liebevollen Teilnahme, die wir in Wort und Schrift, durch Kranz-, Blumen- und Geldspenden in den schweren Stunden des Abschieds unserer lieben Verstorbenen

Erika Meiers

entgegennehmen durften, sprechen wir hiermit unseren herzlichen Dank aus.

Im Namen aller Angehörigen
Vera Meiers

Ein herzliches Dankeschön

für die vielen lieben Worte und die Anteilnahme, die Sie mir und meinen Kindern in den letzten Wochen geschenkt haben. Sie haben uns gut getan.

In Dankbarkeit

Ihre

Petra Spiekermann, Hanna, Eva, Georg

Die **Danksagung als Rundbrief** ist ein maschinengeschriebener und kopierter Text, den Sie an alle Verwandte, Freunde und Bekannte schicken, die kondoliert haben.

Liebe Freunde,

für die Anteilnahme am Tod unseres lieben Kindes möchten wir uns bedanken.

Durch eure trostreichen Zeilen, euren persönlichen Zuspruch und eure vielfältige Hilfe habt ihr uns die schweren letzten Wochen so weit es ging, erleichtert.

Es tut gut zu wissen, dass man Freunde hat, die in schweren Zeiten an einen denken und zu einem stehen.

Eure

Renate und Erich

Im **persönlichen Dankesbrief** gehen Sie noch einmal auf das Verhältnis des Kondolierenden zum Verstorbenen und zu Ihrer eigenen Person ein.

Littnau, 15. Oktober

Lieber Horst,

für deine lieben Worte zum Tod meiner Mutter möchte ich mich ganz herzlich bei dir bedanken. Du hast in deinem Brief die Erinnerung daran hervorgerufen, wie sie war, als sie noch ganz gesund war. Es hat mir sehr gut getan das zu lesen. Allein dafür danke ich dir noch einmal. Und ich weiß, dass sie auch bei dir eine Lücke hinterlassen hat. Ich hoffe, ich habe bald wieder die Kraft, mich wieder in das normale Leben zu finden. Dann würde ich dich gern wieder treffen.

Bis bald

Daniel

Briefe zu Krankheiten und anderen Krisen

Es sind nicht nur Todesfälle, die das normale Leben so erschüttern, dass Menschen Trost brauchen. Es können Unfälle passieren oder es kann jemand plötzlich schwer erkranken, Ehen können in die Brüche gehen.

Menschen, denen solch ein Schicksalsschlag widerfährt, hilft es, wenn sich ihnen jemand tröstend zuwendet. Natürlich ist dabei vor allem an den engeren Familien- und Freundeskreis gedacht. Ein schöner, ausführlicher und persönlicher Brief von einem Freund oder einer Freundin ist dabei tröstlicher als ein paar gut gemeinte Zeilen von Bekannten.

Trotzdem ist es üblich, dass bei einer längeren Erkrankung eines Arbeitskollegen die Kollegen einen Trostbrief schreiben und so ihre Anteilnahme zeigen. Schwere Verletzungen werden von Sportkameraden bedauert.

Briefe in Krisenzeiten sind ein wenig heikel. Sie sollten vom Verständnis für die schwierige Situation zeugen, vor allem aber sollten sie positiv sein und darauf hinweisen, dass die Krise vorübergehen wird, dass es ein Leben nach der Krise gibt.

Triberg, 17. November 2004

Hallo Klaus,

was machst du denn für Sachen? Ich habe gerade mit Petra gesprochen und sie hat mir gesagt, dass du im Krankenhaus liegst.

Du hast dir also einen Kreuzbandriss zugelegt. Und das nicht etwa bei der Skigymnastik, sondern beim Spazierengehen? Bei euch hinterm Haus? Was es doch nicht alles gibt. Manchmal kommt eben alles Pech der Welt zusammen.

Aber mach dir mal keine allzu großen Sorgen. Petra kommt mit den Kindern schon ohne dich klar. Und so ein paar Tage im Krankenhaus sind doch auch ganz erholsam.

Was unseren Silvester-Winterurlaub angeht, kann ich dich beruhigen. Ich habe mich da gleich erkundigt. Unser Hotel bietet auch für eingegipste Beine ein volles Programm. Also keine Angst, dass du den Winter über zu Hause versauern musst. Nur mit dem Skilaufen wird es dieses Jahr wohl nichts. Pech gehabt.

Ich werde sehen, dass ich es schaffe, dich in den nächsten Tagen mal zu besuchen.

Bis dann und gute Besserung

Wolfgang

Es ist üblich, sich um einen schwer erkrankten Arbeitskollegen zu kümmern. Sie werden ihn im Krankenhaus oder zu Hause besuchen gehen – und/oder ihm einen Brief mit den besten Wünschen zur Genesung schreiben.

Viersen, 29. Mai 2004

Sehr geehrter Herr Maus,

die Nachricht von Ihrem Herzinfarkt hat uns alle tief getroffen. Ihre Kolleginnen und Kollegen und vor allem auch ich, als ihr Vorgesetzter, haben uns gefragt, warum wir nicht vorher Anzeichen gemerkt haben.

Ein Herzinfarkt ist ja fast immer Ausdruck von Stress. Und wir stehen in unserer Abteilung schon seit langem unter hohem Leistungsdruck. Ich bin wirklich erschüttert, aufgerüttelt.

Auf jeden Fall wünsche ich Ihnen – und mit mir all Ihre Kolleginnen und Kollegen –, dass Sie bald wieder ganz gesund werden. Das wird diesmal seine Zeit dauern. Nehmen Sie sich dazu die Zeit, die Sie brauchen. Nehmen Sie sich Zeit und Ruhe um vollständig zu genesen.

Im Übrigen werden wir eine Aushilfe bekommen, die uns unterstützen wird, bis Sie wieder voll einsatzbereit sind. Seien Sie versichert, wir warten darauf, dass Sie zurückkehren, denn auf Sie verzichten können und wollen wir nicht. Aber in der Zukunft denken Sie bitte immer zuerst an Ihre Gesundheit. Wenn Sie sich wieder etwas erholt haben, werden wir Sie einmal besuchen kommen.

Gute Besserung, auch im Namen der Kollegen

Detlev Kaltenbrunner

Ehekrisen (Partnerschaftskrisen) werden gewöhnlich erst dann offenbar, wenn der eine Partner den anderen verlässt. Dann steht plötzlich der eine Partner allein da und ist häufig tief verletzt. Die Lebenslage hat sich auf einmal grundlegend geändert. Wenn Sie das Paar (oder den verlassenen Partner) gut kennen, können Sie versuchen in einem Brief Trost zu spenden. In einem solchen Brief sollten Sie persönlich werden. Sie sollten behutsam versuchen, Ihre Sicht des Geschehens darzulegen, um dem Empfänger die Möglichkeit zu geben, sein Problem einmal aus anderer Perspektive zu sehen. Das ist häufig sowohl trost- wie hilfreich.

Detmold, 7. September 2004

Lieber Markus,

es gibt Situationen im Leben, da möchte man sich am liebsten verkriechen und niemanden mehr sehen oder aber aus dem Haus gehen und alles kurz und klein schlagen. Und es gibt Situationen, in denen man auch als Freund nicht so recht weiß, wie man helfen kann. Ich weiß, du möchtest jetzt niemanden sehen. Ich respektiere das, aber trotzdem möchte ich dir als dein Freund ein paar Dinge sagen.

Dass Maria sich einfach in den Wagen gesetzt und dich verlassen hat, nach fast zehn Jahren, nachdem du es gerade geschaffst hast, dein Geschäft zu etablieren, nachdem ihr endlich so weit wart, an Kinder denken zu können, ist auch mir unverständlich. Ich bin mir sicher, dass du versucht hast und versuchen wirst, sie zur Rückkehr zu bewegen. Nur, vergrab dich nicht in diese Hoffnung. Denn, wie sagt der Volksmund, Reisende soll man nicht aufhalten. Und wenn sie von dir weg will, wirst du sie nicht daran hindern können.

Ich möchte dir nur einen Rat geben: Vergiss nicht, dass auch dein Leben weitergeht. Es ist nicht mit Maria weggegangen. Du hast jetzt die Chance, dein Leben noch einmal ganz neu zu beginnen. Und in gewisser Hinsicht beneide ich dich darum. Wir hatten uns doch alle schon gemütlich und naja, vielleicht schon ein bisschen langweilig, in unserem Leben eingerichtet. Du kannst dich jetzt noch einmal ganz neu selbst definieren.

Also, versink nicht ganz im Leben eines Trauerkloßes und versuche auch die positiven Seiten des Lebens zu sehen. Ruf mich an, wenn du so weit bist, und mal wieder Lust auf ein Bier hast,

dein Gerd

Lemberg, 3. März 2004

Liebe Christa,

es fällt mir schwer, einen Anfang für diesen Brief zu finden. Ich möchte dich so gerne trösten, dir helfen, aber ich weiß nicht wie. Ich will dir im Grunde nur sagen, dass du mit deiner Traurigkeit nicht allein bist, und dass ich oft an dich denke. Und ich bedauere es, dass wir uns in den letzten Jahren so entfremdet haben.

Es wäre viel zu einfach, zu sagen, dass es die beste Lösung für euch alle war. Sicher, ihr habt euch andauernd gestritten, er hat dich und die kleine Anne sogar manchmal geschlagen, aber ich weiß, dass du Stefan immer noch liebst und dass es dir sehr weh tut, dass er dich verlassen hat.

Ich kenne dieses Gefühl des Verlassenseins und der Einsamkeit, das sich trotz der Kinder in einem ausbreitet. Ich habe Ähnliches gefühlt, als dein Vater vor zwei Jahren gestorben ist. So groß ist der Unterschied nicht.

Aber das Leben geht irgendwie weiter. Lass dich auf deine Trauer und auf deine Wut ein. Und irgendwann wirst du feststellen, dass du wieder an anderes und an andere denken kannst. Ich wünsche dir, dass die Zeit bis dahin nicht zu lang wird.

Wenn du willst, lass uns mal wieder miteinander reden!

In Liebe

deine Mutter

Abschiedsbriefe

Wenn ein Lebensabschnitt zu Ende geht und Sie in eine andere Stadt oder ein anderes Land aufbrechen, dann ist es an der Zeit, die vergangenen Ereignisse noch einmal zu betrachten. Sie werden dann an all die Freunde, Bekannten und Verwandten denken, die Ihren alten Lebenskreis gebildet haben, und aus deren Kreis Sie sich nun (mindestens räumlich) entfernen.

Von den meisten dieser Freunde, Verwandten und Bekannten werden Sie sich verabschieden, indem Sie sie noch einmal treffen. Aber das wird vielleicht nicht bei allen klappen. Allen Menschen, die Ihnen wichtig sind, von denen Sie sich aber nicht persönlich verabschieden können, werden Sie Abschiedsbriefe schreiben. Vielleicht werden Sie sogar allen Ihren Freunden und Bekannten Abschiedsbriefe schreiben, um noch einmal den vergangenen, gemeinsamen Lebensabschnitt wachzurufen.

Es gibt verschiedene Arten von Abschiedsbriefen:

- den Abschiedsbrief bei bevorstehender längerer räumlicher Trennung,
- den Abschiedsbrief bei Lebensgefahr,
- den Abschiedsbrief im Angesicht des sicheren Todes.

Der Abschiedsbrief bei bevorstehender längerer räumlicher Trennung

Wenn Sie Ihre bisherige Heimat verlassen und in ein weit entferntes Land ziehen und es dabei abzusehen ist, dass Sie längere Zeit, wenn nicht gar für immer, Ihrer alten Heimat fern sein werden, dann können Sie von all Ihren Freunden, Verwandten und Bekannten durch Briefe Abschied nehmen.

In einem solchen Brief sollten Sie kurz auf die gemeinsam miteinander verbrachte Zeit eingehen und zeigen wie wichtig sie Ihnen war, bedauern, dass sie vorbei ist, und dann positiv nach vorn schauen. Sie sollten der Hoffnung Ausdruck geben, dass die Freundschaft oder Bekanntschaft trotz der Trennung weiter bestehen wird. Und Sie sollten

Ihre Freunde, Verwandte und Bekannte schon einmal zu sich, in Ihre ferne neue Heimat einladen.

Ein solcher Abschiedsbrief ist der Versuch, einer persönlichen Beziehung, der in der Folge der persönliche Kontakt weitgehend fehlen wird, eine neue Form zu geben. Demnächst werden Sie nur noch brieflich oder am Telefon mit ihnen kommunizieren können.

Hannover, 22. Januar 2004

Lieber Hans,

es tut mir Leid, aber ich schaffe es einfach nicht mehr, mich mit dir noch mal zu treffen, bevor wir fliegen. Wir haben einfach keine Zeit mehr. Jede Minute bis zum zweiten Februar 10.30 Uhr, wenn der Flieger abhebt, ist verplant. Und die wenigen Minuten, die nicht verplant sind, brauchen wir, um darüber nachzudenken, was wir vergessen haben könnten.

Wieso bist du auch aufs Land gezogen, so dass man mindestens einen ganzen Tag einplanen muss, wenn man dich besuchen will?

Du kannst dir gar nicht vorstellen, wie viel es zu tun gibt, wenn eine ganze Familie mit Sack und Pack nach Übersee auswandert. Ich bin seit Wochen nur noch in Panik und zweifle jeden Tag zehn Mal daran, ob wir auch wirklich alles rechtzeitig schaffen. Aber so ganz ohne Abschied will ich meinen alten Freund Hans doch nicht verlassen. Ich weiß gar nicht, wie ich ohne dich in Melbourne überleben soll. Du, mein Rettungsanker in allen Krisen. Wie werde ich das vermissen, diese Gespräche bei Rotwein und Pizza in deinem Wohnzimmer. Wie du einfach dasitzt, zuhörst, stundenlang, und zum Schluss mit ein paar Sätzen die ganze Welt wieder für mich einrenkst.

Wie soll das nur werden ohne dich, wenn in den ersten paar Wochen und Monaten drüben eine Krise sich an die nächste reihen wird. Versprich mir, jedesmal ans Telefon zu gehen, wenn es mitten in der Nacht klingelt, ja? Das bin dann sicher ich.

Und schreib mir! Viel! Ich werde dich mit Briefen bombardieren. Und komm uns bald drüben besuchen, ja? Das Haus ist riesig und schön. Also, ich muss langsam Schluss machen, damit ich mir wieder Sorgen machen kann.

Alles Gute, hoffentlich bis bald

deine

Annette

Der Abschiedsbrief bei Lebensgefahr

Abschiedsbriefe bei Lebensgefahr sind Briefe an die Familie. Extremsportler (wie z. B. Bergsteiger) schreiben sie, bevor sie auf eine gefährliche Expedition gehen, Reporter und Soldaten, wenn sie in Krisenregionen oder Kriegsgebiete geschickt werden, um ihre Arbeit zu tun. Manche Leute schreiben sie vor jeder Flugreise.

Bei solchen äußerst ungewöhnlichen Schreiben handelt es sich um reine Privatbriefe, manchmal mit testamentarischen Bestimmungen versehen. Sie sind, im Gegensatz zu allen anderen Briefen, eigentlich dazu gedacht, nicht gelesen zu werden. Man verfasst diese Briefe in der Regel, bevor man sich in die absehbare Lebensgefahr begibt. Normalerweise versiegeln Sie die Briefe in einem Umschlag, der nur bei Ihrem Tod zu öffnen ist. Und wenn Sie heil aus der Gefahr zurückkehren, wird der Brief ungelesen vernichtet.

Ratschläge für die Abfassung solcher Briefe kann man keine geben. Es ist Ihr **persönlicher** Abschied von Ihrer Familie, von Ihrem Lebenspartner und/oder Ihren engsten Freunden. Natürlich sollten Sie solche Briefe von Hand schreiben. Und für den Fall, dass Sie testamentarische Bestimmungen aufnehmen, sollten Sie einen solchen Brief datieren und eigenhändig unterschreiben.

Der folgende Beispielbrief ist als Anregung zu verstehen. Ob Sie Ihren Brief so oder ganz anders schreiben, bleibt aber natürlich Ihre persönliche Entscheidung.

Dortmund, 3. März 2004

Liebe Anja,

wenn du dies liest, wirst du wissen, dass dein Papa von der Reise, auf die er gegangen ist, nicht zurückkehren wird. Und du wirst vielleicht wissen wollen, warum er auf diese Reise gehen musste.

Weißt du Anja, viele Männer und Frauen haben einen Beruf. Sie müssen Geld verdienen, damit sie gut leben können. Mama arbeitet. Und auch ich habe einen Beruf. Ich fahre durch die Welt und mache Fotos. Leider ist dort, wo ich hingegangen bin, Krieg. Menschen schießen auf Menschen. Es ist ein gefährlicher Ort. Aber es ist meine Arbeit, dorthin zu gehen und Fotos zu machen.

Aber wenn du diesen Brief liest, dann ist mir dort etwas zugestoßen. Und das ist schlimm. Für dich, für Mama.

Ich will dir nur eines sagen. Dein Papa hat dich sehr lieb. Er hat jede Minute, die er mit dir verbringen durfte genossen. Irgendwann werden wir uns wiedersehen. Vergiss mich nicht.

In aller Liebe

dein

Papa

Der Abschiedsbrief im Angesicht des sicheren Todes

Menschen, die an einer unheilbaren Krankheit leiden, wissen meist ziemlich genau, wie lange sie noch zu leben haben. Und auch, wenn sie häufig in der Endphase schwerer Krankheiten sehr leiden müssen, sind viele doch auch dankbar dafür, dass ihnen die Zeit geschenkt ist, sich auf den Tod vorzubereiten, auf ihr Leben zurückzublicken, ein Resümee zu ziehen. Manche werden dann von ihrer Familie, ihren Freunden und Bekannten brieflich Abschied nehmen.

Darmstadt, 4. November 2004

Mein lieber Herbert,

Maria hat mir gesagt, wie sehr du es bedauerst, mich nicht besuchen zu können. Nimm es nicht allzu schwer, ich bin kein sonderlich schöner Anblick mehr. Außerdem strengt mich Besuch immer sehr an. Ich würde da vor dir liegen und nach fünf Minuten vor lauter Kraftlosigkeit kein Wort mehr sagen können. Es ist wirklich nicht nötig, dass du kommst.

Weißt du, je länger ich hier liege, je mehr Zeit ich habe darüber nachzudenken, dass ich bald nicht mehr bei euch sein werde, desto leichter fällt mir der Gedanke an den Tod. Es ist nicht so, dass die Schmerzen so stark sind, dass ich tot sein möchte – ich fürchte mich allerdings davor, dass es noch so weit kommen wird, ehe es vorbei ist. Es ist eher das gute Gefühl, alles geordnet zu hinterlassen. Ich danke Gott dafür, dass er mir die Gelegenheit gelassen hat, das noch selbst zu tun.

Herbert, mein Freund, ich danke dir für die lange Zeit, die wir gemeinsam, in unserem langen, immer freundschaftlichen Streit verbracht haben. Ich hoffe, du lässt dir noch viel, viel Zeit, ehe du mir auf meinem jetzigen Weg folgst.

Ich wünsche dir alles Gute

dein Freund Martin

Das Testament

Einen Sonderfall stellt das **Testament** dar. Das Testament hat, als einer der wenigen privaten Briefe überhaupt, **rechtliche** Konsequenzen. Was Sie dort niederschreiben ist, sofern Sie mit Ihren Angaben im rechtlichen Rahmen bleiben, für die Hinterbliebenen bindend.

In einem Testament legt der Verfasser seinen Willen zur Verteilung des hinterlassenen Erbes fest, wenn diese Verteilung von der gesetzlichen Erbverteilung abweichen soll.

Beim Testament unterscheidet man zwischen dem eigenhändigen und dem öffentlichen Testament. Das eigenhändige Testament ist die handschriftliche Erklärung des letzten Willens. Sie kann zu Hause aufbewahrt oder bei Gericht hinterlegt werden. Das öffentliche Testament wird von einem Notar aufgenommen. Dazu muss der Erblasser einen vereidigten Notar aufsuchen und ihm seinen letzten Willen zu Protokoll geben. Diese Niederschrift wird dem Erblasser dann noch einmal zur Prüfung vorgelegt und dann unter den Augen des Notars von ihm unterschrieben. Anschließend wird das Testament versiegelt und in Verwahrung genommen. Der Erblasser erhält einen Hinterlegungsschein.

Der „letzte Wille“ muss vom Erblasser eigenhändig und „im vollen Besitz seiner geistigen Kräfte“ unterschrieben werden. Der Erblasser muss zum Zeitpunkt der Abfassung des Testamentes mindestens 16 Jahre alt sein. Das sind die einzigen formalen Bedingungen, die an die Abfassung eines Testamentes geknüpft sind. Ein auf die Tapete gekritzelter und unterschriebener letzter Wille hat rechtlich dieselbe Bedeutung wie ein formvollendet beim Notar aufgesetztes Testament – vorausgesetzt, es wurde nicht in offensichtlicher geistiger Verwirrung geschrieben.

Das notariell aufgenommene und bei Gericht verwahrte Testament hat gegenüber dem eigenhändig niedergeschriebenen und zu Hause verwahrten Testament den Vorteil, dass es keine Formfehler enthält, sicher aufbewahrt ist und nicht insgeheim vernichtet oder geändert werden kann. Dieser Service kostet allerdings Geld, sodass sich ein öffentliches Testament nur dann lohnt, wenn ein größeres Vermögen zu vererben ist oder die besonderen Lebensumstände des Erblassers ein solches Verfahren angeraten erscheinen lassen.

Ob selbst geschriebenes oder notariell aufgesetztes Testament – in jedem Fall sollte man sich zuvor über das Erbrecht, insbesondere die gesetzliche Erbfolge informieren.

In ein Testament gehört unbedingt:

- die Datierung
- die eigenhändige Unterschrift

Sie können in Ihrem Leben mehrere Testamente schreiben. Sie sollten, wenn Sie ein neues Testament schreiben, das alte vernichten. Gibt es mehrere, so ist das neueste ausschlaggebend. Deshalb sollten Sie ihre Testamente unbedingt datieren.

Nur beim Nottestament, wenn Sie wegen einer Krankheit oder einem Unfall plötzlich vor dem Tod stehen und selbst nicht mehr in der Lage sind zu schreiben, kann jemand anderes, der kein Notar ist, das Testament für Sie schreiben. Unterschreiben müssen Sie auch das Nottestament noch selbst. Es gilt allerdings nur, wenn **drei** Zeugen das korrekte Zustandekommen des Testaments bezeugen.

Ehegatten können ein gemeinschaftliches Testament aufstellen, in dem sie sich gegenseitig zu Erben einsetzen. In diesem Fall schreibt einer der Ehepartner das Testament eigenhändig. Anschließend unterschreiben beide das Dokument.

An eines sollten Sie denken: Ein Testament soll eine Angelegenheit in Ihrem Sinne klären – und nicht Fragen aufwerfen und Streitigkeiten provozieren.

Denken Sie deshalb daran, Ihre Bestimmungen so präzise und unmissverständlich wie möglich zu formulieren. Seien Sie lieber umständlich und penibel. Das ist besser, als wenn sich hinterher Ihre Erben streiten, weil Ihre Bestimmungen Unklarheiten enthalten.

Wenn Sie Ihr Testament eigenhändig schreiben, können Sie als Überschrift „Mein Testament" oder „Mein letzter Wille" wählen. Sie sollten die Personen aufzählen, die Sie als Erben einsetzen und eventuell die Anteile festsetzen, die jeder Erbe erhalten soll. Auch bestimmte Dinge, die Ihnen lieb geworden sind, können Sie im Testament erwähnen und einer bestimmten Person vermachen.

Darüber hinaus können Sie festlegen, wie Sie bestattet werden wollen: Erdbestattung, Feuerbestattung oder (allerdings sehr selten) Seebestattung. Sogar Einzelheiten wie die Lieder, die bei der Trauerfeier gespielt und gesungen werden sollen, können Sie festlegen oder die Besucher der Trauerfeier statt Kränzen und Blumen um eine Spende für eine Hilfsorganisation bitten.

Mein Testament

Ich setze als Erben ein:

Meine Ehefrau Johanna Roth,
meine Tochter Irene Siemer, geb. Roth,
meine Tochter Waltraud Roth-Lenze,
meinen Sohn Karl Roth,
meine Enkel Sara Siemer, Iris Siemer und Fridolin Lenze.

Mein Geldvermögen wird folgendermaßen unter den Erben aufgeteilt:
meine Ehefrau Johanna erhält 50%,
meine Töchter Irene und Waltraud und mein Sohn Karl erhalten jeweils 15%,
meine Enkel Sara, Iris und Fridolin die verbleibenden 5%.
Es soll gleichmäßig unter ihnen aufgeteilt werden.

Meine Modelleisenbahnanlage erhält mein Neffe Rüdiger Roth.

Ich möchte auf dem Waldfriedhof in der Oberstadt begraben werden.

23. April 2004 Harald Steffens

RUNDBRIEF, LESERBRIEF, OFFENER BRIEF

Bei den Briefgattungen **privater Rundbrief, Leserbrief** und **offener Brief** handelt es sich um Schreiben an mehrere Empfänger, an Gruppen oder weit gehend unbekannte, „anonyme" Adressaten. Die Leser sind dem Briefeschreiber nicht in jedem Fall persönlich oder namentlich bekannt. Der Leserkreis kann bei veröffentlichten offenen Briefen und Leserbriefen sogar in die Tausende bis Hunderttausende gehen. Man weiß also als Verfasser nicht unbedingt, auf welchen Adressaten man sich beim Schreiben einstellen soll. Die Adressaten sind – mehr oder weniger – anonym.

Bei einem **privaten Rundbrief** sind die Empfänger in den seltensten Fällen anonym. Denn hier schreibt eine Privatperson an einen größeren Personenkreis, der ihr in der Regel namentlich bekannt ist. Dies können Familienangehörige und Verwandte, Angehörige des Freundeskreises oder Mitglieder eines privaten Kegelklubs, einer Singgemeinschaft, einer Elterngruppe usw. sein.

Mit einem privaten Rundbrief möchte man einer größeren Anzahl von Menschen, die an verschiedenen Orten wohnen, etwas mitteilen. Ein solcher Rundbrief ist nicht nur billiger, sondern kostet auch weniger Zeit als Dutzende von Telefongesprächen.

Nur in Ausnahmefällen wird man einen Rundbrief an einen weit gehend unbekannten Adressatenkreis schreiben. So könnte man z. B. einen Nachbarschaftsrundbrief anlässlich des Umzugs in ein neues Haus oder ein Wohnviertel schreiben, um möglichst schnell Kontakt zu finden. Oder man möchte eine Bürgerinitiative gründen, um beispielsweise ein öffentliches Bauprojekt voranzutreiben oder zu verhindern. In solchen Fällen wendet man sich als Privatperson mit einem Rundbrief an andere Privatpersonen, die man in der Regel noch nicht kennt.

Der Rundbrief steht also im Übergangsbereich von Privatbrief und öffentlichem Brief. Eindeutig öffentliche Briefformen sind der Leserbrief und der offene Brief.

Ein **Leserbrief** ist ein Brief an eine Redaktion (Zeitungs-, Zeitschriften- oder Buchverlag) und der Verfasser erwartet seine Veröffentlichung.

Jeder Leserbrief hat zwei Adressatengruppen. Er ist an den Verlag adressiert und wird zunächst von den zuständigen redaktionellen Mitarbeitern gelesen. Zweitens richtet er sich an die Leser der Zeitung oder Zeitschrift, die ihn als abgedruckten Leserbrief auf den Leserbriefseiten finden.

Durch den Abdruck von Leserbriefen räumt eine Zeitung oder Zeitschrift ihren Lesern die Möglichkeit ein, ihre Meinung zu äußern, Berichte und Darstellungen zu kommentieren und aus ihrer Sicht zu ergänzen. Ein abgedruckter Leserbrief ist also gewissermaßen ein „öffentlicher Brief“, mit dem man in erster Linie seine Meinung kundtun will.

Auch der **offene Brief** ist ein öffentlicher Brief, hat aber im Unterschied zum Leserbrief einen ganz bestimmten, namentlich genannten Adressaten, an den er gerichtet ist. Der Briefschreiber möchte allerdings, dass das, was er dieser Person mitzuteilen hat, auch der Öffentlichkeit bekannt wird, weil es z. B. von allgemeinem oder besonderem öffentlichen Interesse ist.

Der **offene Brief** kennt kein Briefgeheimnis, er soll von allen gelesen werden. Einen offenen Brief richtet man deshalb nur an Personen, die im öffentlichen Leben stehen oder sich in einer hervorgehobenen Position befinden. Dies können z. B. Politiker, Industrielle, Künstler oder sonstige Repräsentanten des öffentlichen Lebens sein. So werden offene Briefe an den Bundeskanzler, an den Bundestagsabgeordneten des Wahlkreises, an den Vorstandsvorsitzenden eines großen Konzerns oder an den Bürgermeister geschrieben.

Ein offener Brief kann sich aber auch an eine „kleine Öffentlichkeit“ richten, beispielsweise wenn die Sache, um die es geht, nur eine bestimmte Gruppe wirklich interessiert. So können Schüler einen offenen Brief an die Schulleitung schreiben, Mitarbeiter eines Betriebs an die Firmenleitung. In solchen Fällen wird der offene Brief am schwarzen Brett ausgehängt. Er kann aber auch in einer Zeitung, Zeitschrift, einem Infoblatt o. Ä. veröffentlicht werden. Entweder wird er vollständig abgedruckt (Dokumentation) oder sein Inhalt wird zusammenfassend wiedergegeben.

Ob ein offener Brief beantwortet wird, hängt vom Adressaten und den jeweiligen Umständen ab. Es gibt z. B. Politiker, die grundsätzlich nicht auf offene Briefe antworten. Manchmal jedoch greifen sie das darin angesprochene – häufig für sie unangenehme – Thema später in einem anderen Zusammenhang wieder auf. Vielleicht als eine indirekte Reaktion auf den offenen Brief.

Ein offener Brief verfolgt meistens mehrere Ziele: etwas ganz Bestimmtes zu erreichen (z. B. die Freilassung eines politischen Gefangenen, die Rücknahme einer ungerechten Vorschrift, die Korrektur einer falschen Entscheidung, Unterstützung und Hilfe für eine Not leidende Person oder eine Gruppe usw.), einen Sachverhalt öffentlich bekannt zu machen und seine Meinung kundzutun.

Prinzipiell gelten auch für unpersönliche private Briefe an unbekannte Adressaten oder Gruppen die gleichen Regeln wie für die private Korrespondenz. Was bei den einzelnen Formen dieser Briefkategorie zu beachten ist und wie ein privater Rundbrief, ein Leserbrief oder ein offener Brief aussehen kann, zeigen wir auf den folgenden Seiten.

Privater Rundbrief

Ein privater Rundbrief ist ein Rundschreiben, das Sie als Privatperson oder in einer bestimmten Eigenschaft (z. B. als Elternvertreter) an einen größeren Adressatenkreis schreiben.

Wer beispielsweise eine große und weit verstreute Familie, eine weitläufige Verwandtschaft oder einen sehr großen, weit entfernten Freundeskreis hat, wird vielleicht versuchen, den Kontakt durch ein jährliches Rundschreiben aufrechtzuerhalten. Auch Menschen, die vorübergehend für eine längere Zeit ins Ausland gehen, halten die „daheim Gebliebenen“ gerne durch mehr oder weniger regelmäßige Rundbriefe auf dem Laufenden.

Doch nicht nur im familiären oder persönlichen Bereich werden Rundbriefe geschrieben. Auch in allen Arten von halböffentlichen Ehrenämtern, z. B. als Elternvertreter, muss hin und wieder eine größere Anzahl von Menschen durch einen Rundbrief gleichzeitig über dieselbe Sache unterrichtet werden.

Rundbriefe schreiben Sie zweckmäßigerweise mit der Schreibmaschine oder dem Personalcomputer. Anschließend fotokopiert man die notwendige Anzahl von Exemplaren oder lässt sie von einem an den PC angeschlossenen Drucker in der gewünschten Menge ausdrucken. Bei höheren Auflagen ist das Fotokopieren allerdings schneller und billiger.

Mithilfe eines Fotokopierers können Sie selbstverständlich auch einen handgeschriebenen Rundbrief vervielfältigen.

Einen Rundbrief schreibt und verschickt man, wenn man mehrere Empfänger zur gleichen Zeit über dieselbe Sache unterrichten will.

Der persönliche Rundbrief an Familienangehörige und Freunde

Es gelten grundsätzlich die gleichen Regeln und Empfehlungen wie für den privaten Brief an Familienangehörige, Freunde und Bekannte. Sie dürfen also schreiben wie Ihnen „der Schnabel gewachsen ist" und brauchen sich auch nicht an eine bestimmte äußere Form zu halten.

Die Anrede

Wie reden Sie die Empfänger Ihres Rundbriefs an? Sie können ja nicht alle Freunde, Geschwister, Schwäger und Schwägerinnen, Kinder, Schwiegerkinder, Großeltern, Enkel, Neffen, Nichten, Onkel und Tanten und wer sonst noch Ihren Rundbrief erhalten soll namentlich aufzählen.

Es gibt zwei Möglichkeiten.

Wenn Sie mit dem Personalcomputer arbeiten, können Sie einen Serienbrief schreiben und jeweils eine eigene Anrede eingeben. Dann sieht es so aus, als hätten Sie jedem einzelnen Empfänger einen eigenen Brief geschrieben:

Liebe Tante Luise
Mein lieber Neffe Martin
Hallo Onkel Peter!
usw.

Der Rundbriefcharakter geht dann allerdings etwas verloren und damit auch ein bestimmtes Merkmal persönlicher Aufrichtigkeit, auf das Sie vielleicht Wert legen: Wenn Sie schon nicht an jeden Einzelnen persönlich schreiben können, dann wollen Sie auch nicht so tun als ob.

Natürlich können Sie auch auf dem PC auf die individuelle Anrede verzichten, vor allem, wenn Ihnen der damit verbundene Mehraufwand an Arbeit und Zeit (Eintippen der Namen, Einzelausdruck jedes Briefes) zu groß erscheint.

Die zweite Möglichkeit ist, dass Sie eine möglichst allgemein gehaltene, aber doch persönliche oder vertrauliche Anrede verwenden, den Brief einmal schreiben und dann vervielfältigen (z. B. fotokopieren).

Bei der Anrede sind Ihrer Phantasie keine Grenzen gesetzt. Wählen Sie jedoch eine Anredeform, die Ihrer Persönlichkeit und dem Umgangston entspricht, den Sie mit den Rundbriefempfängern pflegen:

Ihr Lieben
Liebe Familienmitglieder
Liebe Freunde der Familie
Liebe Freunde und Bekannte
An alle, die uns noch nicht vergessen haben
An alle daheim Gebliebenen, die uns vermissen

Das Datum

Auch einen privaten Rundbrief sollten Sie datieren. Ein exaktes Datum brauchen Sie jedoch nicht unbedingt anzugeben. Denn während Sie einen Privatbrief recht bald, nachdem Sie ihn geschrieben haben, in den Umschlag stecken und absenden, kann das Kopieren und Versenden eines Rundbriefes durchaus mehrere Tage in Anspruch nehmen. Außerdem gibt es, gerade bei Auslands- und Überseebriefen, sehr unterschiedliche Postlaufzeiten.

Eine Angabe in der Datumszeile wie z. B.

im November 2004
im Advent 2004
zu Ostern 2004

ist im Allgemeinen ausreichend und häufig angebrachter als eine zu genaue (und deshalb schnell veraltete) Datumsangabe.

Eine andere, ebenfalls praktizierte Möglichkeit ist das Vordatieren. Wenn Sie ungefähr wissen, wie lange Sie für die Fertigstellung des Rundbriefes benötigen, können Sie auch das Datum einsetzen, zu dem voraussichtlich der Brief frühestens bei den Empfängern ankommen kann.

Keinesfalls verwenden sollten Sie die Angabe „Datum des Poststempels“. Sie klingt nicht nur bürokratisch und ist unschön, selbst Behörden und Versender von Massensendungen vermeiden diesen Ausdruck inzwischen.

Die Unterschrift

Bei der Unterschrift können Sie beliebig verfahren. Einen Rundbrief, den Sie beispielsweise in Ihrer Eigenschaft als Elternbeiratsvorsitzender schreiben, müssen Sie nicht unbedingt persönlich von Hand unterzeichnen. Es reicht in diesem Fall vollkommen aus, den Vor- und Nachnamen maschinenschriftlich unter die Grußformel zu setzen. Wenn Sie es etwas persönlicher machen wollen, unterschreiben Sie das Exemplar, welches Sie als Kopiervorlage verwenden, mit der Hand.

Nur dort, wo es wirklich darauf ankommt – beispielsweise in Rundbriefen, mit denen Sie für Spenden für einen Wohltätigkeitsbasar oder einen gemeinnützigen Verein werben – und selbstverständlich in privaten oder familiären Rundschreiben, sollten Sie jede einzelne Kopie mit eigener Hand unterschreiben.

Was hat alles Platz in einem privaten Rundbrief?

Auch in einem Rundbrief dürfen Sie, wie in einem persönlichen Brief an einen einzelnen Empfänger, alles schreiben, was Sie wollen. Doch beachten Sie bitte, ein Rundbrief hat viele Leser! Auch in einen privaten Rundbrief gehört also nur hinein, was ausnahmslos **alle** Empfänger angeht oder betreffen könnte. Vertrauliches und allzu Privates, alles, was man besser „unter vier Augen“ bespricht, hat in einem Rundschreiben nichts zu suchen. Vor allem sollten Sie keine Äußerungen, Ansichten oder Meinungen Dritter über andere weitergeben, wenn die Gefahr besteht, dass sich der eine oder andere Leser beleidigt oder gekränkt fühlen könnte.

Vermeiden Sie Äußerungen und Formulierungen, die jemand anderen herabsetzen oder ihm peinlich sein können. Wenn Sie etwas Unangenehmes oder Unschönes mitzuteilen haben, dann überlegen Sie sich vorher gut, welche Wirkung dies auf Ihre Freunde und Bekannten haben könnte und achten Sie darauf, dass Sie niemanden bloßstellen.

Wenn der Betreffende damit einverstanden und die Sache abgehandelt oder eher harmlos und humoristisch ist, können Sie es selbstverständlich erwähnen.

Beispiel aus einem Rundbrief an Familienmitglieder und gute Freunde:

> Übrigens, Rüdiger musste zwei Monate mit dem Bus zur Arbeit fahren. Er hat im Mai eine rote Ampel übersehen und wurde „geblitzt". Zur Geldbuße kam noch ein Fahrverbot! Anfangs war er ziemlich zerknittert, aber inzwischen kann er darüber lachen. Wenn er zur Bushaltestelle geht, sagt er: „Mal sehen, ob mein Chauffeur heute pünktlich ist."

Grundsätzlich gilt: Intimes und ganz Privates sowie heikle Themen haben in einem privaten Rundschreiben nichts zu suchen! Denken Sie immer daran, dass ein Rundbrief auch herumgezeigt wird und ihn vielleicht sehr viel mehr Menschen lesen, als Sie denken.

> Hans und Erna Rilke
> Wiesenweg 93
> 99299 Rodelfingen
>
> Rodelfingen, im Advent 2004
>
> Liebe Kinder, Enkel, Nichten und Neffen,
> liebe Freunde in aller Welt,
>
> auf unserer Veranda liegt der erste Schnee dieses Winters, im Kamin prasselt das Feuer und „Opa" Hans sitzt wieder über seiner

Briefmarkensammlung – es ist also wieder an der Zeit, euch zu erzählen, was das zu Ende gehende Jahr für uns gebracht hat. Im letzten Rundbrief hatte ich bereits erwähnt, dass uns nun auch Robert und seine Familie verlassen würden. Seit Anfang des Jahres leitet er die spanische Niederlassung seiner Firma in Madrid. Es fiel ihm zwar schwer von hier fortzugehen, aber er durfte sich diese Chance nicht entgehen lassen.

Nun sind wir beiden Alten hier ganz allein – aber wir sind nicht einsam. Das Haus, der Garten, die ehrenamtliche Tätigkeit in den Vereinen – all dies hält uns in Bewegung und jung! Und dann erhalten wir viel Besuch. Besonders freut uns, wenn liebe Freunde und Verwandte von weit her immer wieder gerne bei uns Station machen.

So haben uns im vergangenen Jahr Rita, Arnold und Jan-Philipp jeweils mit ihren Familien besucht. In den Sommerferien hatten wir für einige Wochen unsere Enkelin Sandra zu Gast. Sie hat hier im städtischen Kindergarten ein Praktikum absolviert, bevor sie im Oktober auf die Fachschule ging. Man spürte förmlich, wie viel Spaß ihr der Umgang mit Kindern macht.

Im kommenden Jahr wollen wir Ostern nach Griechenland fliegen. Ihr wisst vielleicht, dass Hans schon so lange davon träumt, einmal in aller Ruhe die klassischen Stätten und Museen zu besuchen. Vielleicht machen wir einen Abstecher auf ein paar griechische Inseln – wir denken vor allem an einen Besuch Kretas. Jetzt, als Rentner, können wir uns endlich einmal die Zeit dazu nehmen.

Denkt also bei eurer Reiseplanung daran, dass wir im April nicht zu Hause sein werden. Die übrige Zeit des Jahres, ihr wisst es alle, seid ihr herzlich willkommen.

Wir wünschen euch allen, wo immer ihr gerade seid, ein friedliches und gesegnetes Weihnachtsfest.

Es grüßt euch herzlich

Hans und Erna

Rita Schneider
c/o Don Snyder
45656 Parkway Ave.
Minneapolis
Mn 345123
USA

Minneapolis, 25.8.04

Hi friends,

ja, so sagt man hier, wenn man Freunde begrüßt. Seit zwei Wochen bin ich nun im Mittleren Westen der USA und habe mich schon ganz toll eingelebt. Ich wohne bei einer ganz netten Familie mit drei Kindern, zwei Buben, John und Jim, und einem Mädchen, Jessica. Mit ihr werde ich in die gleiche Klasse gehen, wenn in der nächsten Woche die High-School wieder losgeht.
Nach den langen Sommerferien sind hier alle ganz kribbelig. Auch ich kann es kaum noch erwarten. Wie werde ich als deutsche Austauschschülerin von der Klasse aufgenommen? Reichen meine Englisch-Kenntnisse aus, um dem Unterricht folgen zu können? Ihr müsst wissen, hier spricht kaum jemand Deutsch. Die erste Fremdsprache an der Schule ist Spanisch, und Deutsch wird nur in einer freiwilligen Arbeitsgemeinschaft unterrichtet. Na, ich bin mal auf das Niveau dort gespannt. Jessica sagt, ich solle unbedingt teilnehmen und über Deutschland erzählen.
Die Snyder-Kinder fahren mit dem Rad in die Schule. Damit ich mich anschließen kann und nicht den Bus nehmen muss, hat Mr. Snyder extra ein gebrauchtes Fahrrad für mich gekauft. Am Wochenende will er es herrichten, damit das „nice german girl" (damit meint er mich) auch immer gut in die Schule kommt.

Also, ihr seht schon, alles ganz cool hier. Vielleicht gibt es bald Aufregenderes zu berichten. Ihr hört bald wieder von mir!

Schreibt bitte unbedingt. Ich dürste nach Neuigkeiten!

Es grüßt euch herzlich

eure
Rita

Der halb öffentliche Rundbrief

Rundbriefe, die man formulieren muss, weil man ein bestimmtes Ehrenamt übernommen hat oder eine bestimmte Funktion ausübt, bereiten oft Probleme. Sie richten sich nicht an die engere oder weitere Familie, sondern an einen ganz anderen Personenkreis, vielleicht an ganz unterschiedliche Menschen, die man zum Teil gar nicht persönlich kennt, ja noch nie gesehen hat.

Einen solchen Rundbrief, der an eine bestimmte, mehr oder weniger klar abgegrenzte Empfängergruppe gerichtet ist, nennen wir den **halb öffentlichen Rundbrief** im Unterschied zu den vollständig öffentlichen Briefgattungen Leserbrief und offener Brief. Der halb öffentliche Rundbrief ist nur an den Personenkreis gerichtet (und auch nur für diesen interessant), der in der Anrede genannt ist.

Wer einen halb öffentlichen Rundbrief verfassen muss, steht möglicherweise vor folgendem Problem: Man möchte persönlich schreiben, verfällt aber in einen gestelzten oder übermäßig distanzierten Stil, weil man den oder die Leser nicht genau kennt.

Machen Sie sich jedoch deswegen keine großen Sorgen. Ein solcher Brief hat einen Zweck und er wird auch nur als bloßes Zweckschreiben gelesen. Niemand erwartet ein literarisches Meisterwerk, wenn Sie in Ihrer Eigenschaft als Elternbeiratsmitglied wegen der Planung des Sommerfestes an die anderen Eltern schreiben.

Wichtig ist, dass der Rundbrief seinen Zweck erfüllt und dass er „gut ankommt“. Erfolgreich ist ein solches Rundschreiben, wenn

- die äußere Gestaltung, Rechtschreibung und Grammatik korrekt sind,
- sich die Leser persönlich angesprochen fühlen,
- die Absicht und die Ziele des Schreibens klar erkennbar sind,
- die Leser dem Briefeschreiber und seinem Anliegen gegenüber positive Gefühle entwickeln können.

Ob ein Rundschreiben erfolgreich ist, hängt nicht allein vom Inhalt ab, also von dem **was** Sie mitzuteilen haben, sondern auch **wie** Sie es tun. Übertriebene Freundlichkeit oder allzu plumpes Anbiedern können unter Umständen den Erfolg ebenso beeinträchtigen wie übermäßige Kühle, Distanziertheit oder papierne Sachlichkeit.

Es kommt vor allem darauf an, an welche Gruppe sich der Rundbrief richtet. Ist die Adressatengruppe relativ homogen, d. h. haben alle Empfänger ungefähr das gleiche Alter, die gleichen Interessen, ähnliche Ansichten usw., dann ist ein Briefstil, der darauf Rücksicht nimmt und sich der Gruppensprache (z. B. Jugendsprache) bedient, in der Regel erfolgreicher als ein sachliches, aber als zu langweilig empfundenes Schreiben. Bei einem anderen Empfängerkreis kann es dagegen wichtig sein, auf ein gewisses Maß an Seriosität zu achten. Aber auch solche Briefe müssen nicht langweilig sein.

Es gibt viele Situationen, in denen halb öffentliche Rundbriefe eine Rolle spielen können. Von Kindergarten und Schule mit ihren Elternbeiräten bis zu den vielen Vereinen und halb privaten Vereinigungen begegnen uns solche Briefe, die über gemeinsame Aktionen oder Überlegungen informieren.

Schwierig wird es, wenn der Adressatenkreis sehr unterschiedlich ist. Dann müssen Sie einen Stil finden, der bei allen „gut ankommt“. Am wirkungsvollsten ist eine gelungene Balance zwischen persönlicher Ansprache und freundlicher Sachlichkeit. Übertriebene Höflichkeit wirkt dagegen meist unecht.

Die Anrede

Bei Rundbriefen dieser Art können Sie entweder ganz auf die Anrede verzichten oder Sie wählen eine möglichst allgemeine Form:

- „Liebe Eltern“,
- „Liebe Kolleginnen und Kollegen“,
- „Liebe Mitglieder“,
- „Liebe Gartenfreunde“,
- „Liebe Wanderfreunde“,
- „Liebe Eltern der Klasse 5a“,
- „An alle Schüler, Eltern und Lehrer der Gerhart-Hauptmann-Realschule“ Berlin

Es folgen zwei Beispiele für Elternrundbriefe von Elternbeiräten

Martina Bauer und Beate Riedlinger, Elternbeiratsvorsitzende

An alle Eltern
der Kindergartengruppen
„Heinzelmännchen", „Maikäfer" und „Pumuckl"

Honshausen, 13.3.04

Liebe Eltern,

mit diesem Schreiben möchten wir Sie/euch bitten, den Betrag von Euro 20,– auf das Konto der Elternkasse zu überweisen. Auf unserem letzten Elternabend wurde beschlossen, einen Fonds für die Arbeit des Elternbeirats einzurichten.

Das Geld wird verwendet ...

* als Rücklage, um das Sommerfest vorfinanzieren zu können. (Ein eventueller Überschuss geht natürlich in unsere Kasse und wird nicht dem Kindergartenträger vergütet)
* für Geschenke zu besonderen Anlässen (Weihnachtsgeschenke für PraktikantInnen/ErzieherInnen; Abschiedsgeschenke für ausscheidende PraktikantInnen/ErzieherInnen)
* für wichtige, außeretatmäßige Neuanschaffungen wie Material für die Bauecke, neue Roller und Dreiräder etc.

Falls es noch Fragen gibt, ruft uns einfach an!

Viele Grüße

Martina Bauer Beate Riedlinger

Konto des Elternbeirats: Städtische Sparkasse Honshausen Nr. 222 333, BLZ 700 345 56

Die Elternvertretung der Erich-Kästner-Grund- und Hauptschule, Schulstr. 2, 45860 Hierstadt

An alle Eltern
der 2. Grundschulklasse

Hierstadt, 13.12.04

Liebe Eltern und Großeltern der Zweitklässler,

wir laden Sie herzlich ein zu unserer Adventsfeier am

Freitag, den 20.12.04 um 17 Uhr

in unserem Klassenzimmer.

Die Kinder der zweiten Klasse möchten Ihnen eine kleine vorweihnachtliche Freude bereiten und zeigen das unter Leitung von Frau Mielich eingeübte Spiel „Weihnachten bei Kasper Mütze".

Ein wenig sind wir auf Ihre Mithilfe angewiesen: Bitte bringen Sie Kaffee oder Tee in Thermoskannen, Gebäck und Geschirr mit. Die Kinder erhalten Kakao von der Schule.

Hoffentlich dürfen wir Sie zu der heiter-besinnlichen Stunde abseits der sonstigen Weihnachtsvorbereitungen begrüßen.

Die Kinder, die Klassenlehrerin und der Elternbeirat freuen sich auf Sie.

Für die Elternvertretung

Iris Rieger und Eberhard Pilz
(Elternbeiratsvorsitzende)

Der Leserbrief

Fast alle Tageszeitungen und viele Zeitschriften drucken Leserbriefe ab. Größere Zeitungen unterhalten dafür sogar eine eigene Redaktion, die die Zuschriften auswählt, thematisch ordnet und zu einer Leserbriefseite zusammenstellt.

Leserbriefe sind sehr wichtig – nicht nur für den, der sie schreibt. Leserbriefe bieten dem Einzelnen die Möglichkeit, sich am Prozess der Bildung der „öffentlichen Meinung" zu beteiligen und für oder gegen eine bestimmte Auffassung öffentlich Partei zu ergreifen.

Für die Redaktionen einer Zeitung sind Leserbriefe eine Art Seismograf, der anzeigt, welche Themen die Leser besonders bewegen, welche Beiträge besonders gut angekommen oder welche auf großen Widerspruch gestoßen sind.

Oft gehören die Leserbriefseiten zu den meistgelesenen Teilen einer Tageszeitung, denn hier werden Ansichten und Meinungen vertreten, die von „Menschen wie du und ich" stammen und nicht von Journalisten und Politikern.

So bedeutend Leserbriefe auch sind – jede Zeitung druckt nur eine begrenzte Anzahl ab, und oft handelt es sich um eine Auswahl aus vielen Zuschriften. Viele Leserbriefschreiber erhalten deshalb ein freundlich formuliertes Schreiben, in dem ihnen mitgeteilt wird, dass ihre Zuschrift aus Platzgründen leider nicht zum Abdruck ausgewählt werden konnte, der Verlag sich aber weiterhin über jede Zuschrift freut.

Wenn Sie einen Leserbrief schreiben, geben Sie möglichst genau an, auf welchen Beitrag (Meldung, Artikel, Kommentar) Sie sich mit Ihrem Schreiben beziehen.

Wenn Sie zu einem Thema schreiben, das noch nicht in der Zeitung erwähnt wurde, begründen Sie, warum gerade das Thema, über das Sie schreiben, so wichtig ist. Vielleicht veranlasst Ihr Leserbrief, in dem Sie beispielsweise auf einen Missstand aufmerksam machen, die Zeitung zu eigenen Recherchen und zieht einen größeren Bericht nach sich.

Grundsätzlich werden nur eigenhändig unterschriebene und mit voller Adresse versehene Leserbriefe veröffentlicht. Anonyme Leserbriefe wandern in den Redaktionen sofort in den Papierkorb. Leserbriefe werden mit vollem Namen und Angabe des Wohnortes (nicht der Straße und Hausnummer!) abgedruckt.

Neben einer Postadresse bieten die meisten Zeitungen inzwischen auch die Möglichkeit an, Leserzuschriften als E-Mail zu versenden. Die jeweiligen Adressen sind im Allgemeinen auf den Leserbriefseiten bzw. -spalten der Tageszeitungen zu finden.

Ein Beispiel:

Die Redaktion freut sich über jede Zuschrift. Leider können wir aus Platzgründen nicht immer alle Briefe abdrucken und müssen uns auch Kürzungen vorbehalten.
Ihre Zuschriften erreichen uns

auf dem Postweg:
Die Zeitung
Redaktion: Lesermeinung
12121 Unterstadt

oder als E-Mail mit vollständiger Anschrift und Telefonnummer unter der Adresse:
Zeitung-Lesermeinung@newsbox.de

Denken Sie auch beim elektronischen Versenden einer Leserzuschrift an die Angabe ihrer Postanschrift und Telefonnummer. Es kommt vor, dass sich Redaktionen durch einen Telefonanruf beim Verfasser eines Leserbriefes vergewissern, ob dieser tatsächlich der Autor ist. Denn es gibt immer wieder Zeitgenossen, die einen Leserbrief unter falschem Namen platzieren wollen. Werden dabei Name und Adresse tatsächlich existierender Personen verwendet und wird mit falschem Namen unterschrieben, so ist das Urkundenfälschung und ein Fall für den Staatsanwalt.

Unter Umständen kann der Verfasser eines Leserbriefes aus Gründen des Persönlichkeitsschutzes nicht mit der Veröffentlichung seines vollen Namens und seines Wohnortes einverstanden sein. Zum Beispiel wenn der Verfasser zugleich Betroffener ist und eine Veröffentlichung seines Namens gravierende Nachteile für ihn zur Folge hätte. Denken Sie nur an Selbsthilfegruppen wie die „Anonymen Alkoholiker“, Drogenabhängige oder Aids-Kranke.

Hält die Redaktion den Abdruck eines solchen Briefes für geboten, so wird sie beispielsweise nur die Anfangsbuchstaben des Namens nennen und hinzusetzen: „Name und Anschrift der Redaktion bekannt".

Ein solcher Leserbrief sieht dann in der Zeitung möglicherweise so aus:

Leserzuschrift zum Bericht „Alltagsdroge Alkohol" am 26. November 2004 in dieser Zeitung:

Viele sind abhängig und wissen es nicht

Die in Ihrem hervorragend recherchierten Artikel geschilderten Fallbeispiele sind keine Einzelfälle. Auch ich gehörte zu denen, die immer sagten: „Ein Gläschen in Ehren kann niemand verwehren." Schon als Jugendlicher hat man sich Mut angetrunken. Später ging man dann nach Feierabend mit den Kollegen noch ein Bierchen trinken, verlebte so manches feucht-fröhliche Wochenende. Alles ganz normal. Ich war abhängig, ohne es zu wissen. Als ich es dann merkte, war es fast zu spät.

Weil ich Liebeskummer hatte, trank ich regelmäßig auch „härtere Sachen". Weil ich zu oft verkatert zur Arbeit erschien, wurde ich entlassen. Daraufhin trank ich noch mehr.

Das Problematische am Alkohol ist doch: Viele Gewohnheitstrinker meinen, sie hätten ihren Alkoholkonsum im Griff, dabei hat der Alkohol sie längst in der Hand. Und er lässt sie nicht so leicht los.

Ich weiß, wovon ich spreche. Nach zwei erfolglosen Entziehungskuren habe ich mich jetzt einer Selbsthilfegruppe angeschlossen. Seit zwei Jahren bin ich „trocken" und habe auch wieder einen Arbeitsplatz. Ich weiß, dass schon ein kleines Gläschen Sekt sofort einen Rückfall hervorrufen und mich wieder zum Säufer machen kann.

Heinz H. aus B. (Name geändert; richtiger Name und Adresse der Redaktion bekannt. Die Selbsthilfegruppe „Anonyme Alkoholiker" ist über Info-Telefon 232323 zu erreichen.)

Leserbriefe sollten möglichst kurz und prägnant sein und sich auf ein Thema beziehen, das von allgemeinem Interesse ist. Die Mitarbeiter in den Redaktionen merken sehr schnell, ob jemand wirklich etwas zu sagen hat oder sich nur wichtig machen will. Im genannten (frei erfundenen) Beispiel schildert der Leserbriefschreiber sein persönliches Schicksal nur insoweit es typisch ist für viele andere vergleichbare Fälle.

Die Zeitungsredaktion fühlt sich durch den zustimmenden Leserbrief in ihrer Themenauswahl und der Art der Präsentation bestätigt. Gleichzeitig ergänzt der Leserbrief den Artikel, indem er auf die Selbsthilfegruppe vor Ort hinweist.

In guten Zeitungen werden nicht nur lobende, sondern auch kritische Leserbriefe abgedruckt, mit deren Tendenz die Redaktion unter Umständen nicht übereinstimmt. Das ist auch weder notwendig noch beabsichtigt, denn die Leserbriefseite ist die Seite des Lesers und soll unterschiedliche Meinungen widerspiegeln.

Persönliche Auseinandersetzungen haben in der Regel nichts auf den Leserbriefseiten zu suchen. Briefe, denen man anmerkt, dass hier jemand seinen Privatkrieg gegen eine bestimmte Person oder Gruppe betreibt, werden fast immer abgelehnt.

Das bedeutet nicht, dass man nicht auch einen frechen, bissigen, ironischen, satirischen, zornigen, polemischen, kämpferischen Leserbrief schreiben darf. Im Gegenteil, solche Briefe sind oft das Salz in der Suppe der eingehenden Leserbriefpost. Sie dürfen in einem Leserbrief Ihre Meinung im Rahmen der gesetzlichen Grundlagen frei äußern! Sie dürfen nicht beleidigen, nicht zu Straftaten auffordern und nicht zu Gewalt und zum Rassenhass aufhetzen. Dies könnte juristische Konsequenzen zur Folge haben!

Wenn Sie einmal einen Leserbrief schreiben wollen, der auch veröffentlicht wird, bedenken Sie Folgendes:

- Bezieht sich meine Zuschrift auf ein aktuelles Thema, welches in der Zeitung oder Zeitschrift erwähnt wurde?

- Gab es in letzter Zeit bereits Leserzuschriften zum gleichen Thema? Dann sinken Ihre Chancen abgedruckt zu werden, es sei denn, Sie bringen einen völlig neuen Aspekt in die Diskussion.

Für den „Erfolg" eines Leserbriefes gelten in etwa die gleichen Kriterien wie für journalistische Arbeit generell: Neuigkeitswert, Aktualität, Kürze, ein Thema von allgemeinem Interesse, klare Gedankenführung, gute Lesbarkeit.

Meist ist es nicht möglich (und oft auch nicht sinnvoll), mehr als zwei oder drei Gedanken oder Argumente in einem kurzen Leserbrief von einer halben bis einer DIN-A4-Seite unterzubringen. Vor allem dann, wenn nicht nur Thesen oder Behauptungen aufgelistet, sondern diese auch begründet werden.

Konzentrieren Sie sich also auf das Wesentliche und wiederholen Sie nicht das, was bereits im Zeitungsartikel stand, auf den Sie sich beziehen. Schließlich ist für die Redaktion und die anderen Leser nur interessant, was Sie zu sagen haben. Weitschweifigkeit führt in der Regel dazu, dass die Redaktionen den Leserbrief entweder ganz ablehnen oder ihn stark kürzen. Dabei können dann auch Sätze oder Gedanken dem Rotstift zum Opfer fallen, die dem Schreiber sehr wichtig waren! Deshalb: Je weniger ein Redakteur kürzen muss, desto größer die Aussicht, dass Ihr Leserbrief in der Form und Länge erscheint, wie Sie dies wünschen.

Oft werden Leserbriefe aus einer starken Betroffenheit heraus geschrieben. Natürlich sollte auch ein Leserbrief sachlich sein, doch da es sich in erster Linie um eine Meinungsäußerung handelt, dürfen Sie auch emotional oder polemisch reagieren. Grundsatz aber auch hier: Bleiben Sie bei der Wahrheit. Erfinden Sie nichts hinzu. Auf Dauer schadet man damit nur sich selbst und der Sache.

Ein Begleitschreiben, in dem Sie die Redaktion bitten, den auf einem eigenen Blatt beigelegten Leserbrieftext abzudrucken, kann unter Umständen nützlich sein. Es ist allerdings nicht in jedem Fall notwendig. Wenn Sie Ihren Brief an die Leserbriefredaktion adressieren, als Überschrift „Leserbrief" schreiben und genau angeben, auf welchen Beitrag sich Ihre Zuschrift bezieht, kann er vom bearbeitenden Redakteur ohne weiteres auch ohne Begleitschreiben zugeordnet werden.

Bei dem oben genannten Beispiel des Leserbriefes eines anonymen Alkoholikers ist ein Begleitschreiben mit der dringenden Bitte, nicht den vollen Namen zu veröffentlichen, unbedingt notwendig. Im folgenden Beispiel könnte man auf das Begleitschreiben verzichten, es schadet aber auch nicht.

Die Vorgeschichte: Im Gemeinderat wurde über den Bau einer Umgehungsstraße debattiert. Die örtliche Zeitung berichtet am nächsten Tag darüber, ohne zu erwähnen, dass es Einwände und Proteste von Bürgern gab. Diese Bürger möchten ein Feuchtgebiet, durch das die Straße führen soll, aus ökologischen Gründen erhalten. Eine dieser Bürgerinnen schickt folgenden Brief an die Zeitung:

(Begleitschreiben)

Veronika Fischer
Riedmatten 5
66677 Sonnenhausen

Sonnenhauser Nachrichten
Redaktion: Leserbriefe
Postfach 333

66677 Sonnenhausen

Sonnenhausen, 13.5.04

Sehr geehrte Damen und Herren,

mit großer Verwunderung habe ich Ihren Bericht über die gestrige Gemeinderatssitzung gelesen. Ich war bisher der Auffassung, die Sonnenhauser Nachrichten bemühten sich um eine ausgewogene, überparteiliche und wahrheitsgetreue Berichterstattung. Der erwähnte Bericht unterschlägt allerdings einen nicht unwesentlichen Teil der öffentlichen Gemeinderatssitzung. Vielleicht hat Ihr Reporter hier nicht richtig aufgepasst oder die betreffenden Passagen sind aus Platzmangel gestrichen worden.

Da es sich dabei nicht um Bedenken und Fragen eines Außenseiters, sondern einer ganzen Gruppe angesehener und engagierter Bürger handelt, erwarte ich, dass Sie das entstandene schiefe Bild zurechtrücken und bitte höflich um Abdruck des nachfolgenden Leserbriefes.

Mit freundlichen Grüßen

Veronika Fischer

Anlage

Leserbrief zum Bericht „Gemeinderat diskutiert Umgehungsstraße“,
Sonnenhauser Nachrichten vom 13.5.04, Lokalteil S. 1

Auf der Gemeinderatssitzung am 12. Mai herrschte keinesfalls Einhelligkeit was den Bau der Umgehungsstraße betrifft. Es entspricht nicht den Tatsachen, wenn der Reporter der Sonnenhauser Nachrichten von „allgemeiner Zustimmung“ schreibt. In der Fragestunde haben besorgte Bürger die Planungen vehement abgelehnt und auf die ökologischen Konsequenzen hingewiesen, die die neue Straße für das Feuchtgebiet Kohlerbach hat. Eine in unserer Gegend einmalige, intakte und artenreiche Naturlandschaft würde zerstört werden. Wollen wir auch noch unsere letzten unberührten Fleckchen Natur dem Moloch Verkehr opfern?

Es wurden auf der Ratssitzung außerdem Bedenken angemeldet, ob die Umgehungsstraße bei einer dermaßen weiten Trassenführung überhaupt einen Entlastungseffekt für die Innenstadt bringt. Die meisten fahren nicht durch die Stadt hindurch, sondern in die Stadt hinein, um dort Besorgungen zu erledigen und Behördengänge zu machen. Der echte Fernverkehr rauscht schon lange auf der nur 8 Kilometer entfernten Autobahn an unserer Stadt vorbei. Die Millionen Euro teure Straße ist überflüssig wie ein Kropf.

Veronika Fischer, Sonnenhausen

Der offene Brief

Der offene Brief ist ein besonderes Instrument der politischen Auseinandersetzung. Man setzt ihn ein, wenn andere Formen der Kommunikation oder Einflussnahme keinen Erfolg mehr versprechen. Mit einem offenen Brief möchte der Verfasser erreichen, dass sein

Anliegen einer größeren Anzahl von Menschen, d. h. der Öffentlichkeit, bekannt wird. Der offene Brief hat stark appellativen Charakter, und zwar in zwei Richtungen. Zum einen ist er die Aufforderung an den namentlich genannten Empfänger, beispielsweise einen Politiker, endlich auf die Anliegen, Wünsche oder Forderungen des oder der Absender zu reagieren. Zum anderen appelliert der offene Brief an die Öffentlichkeit, d. h. die vielen anonymen Leser, sich das in ihm ausgesprochene Anliegen zu eigen zu machen und sich zu solidarisieren. Gleichzeitig informiert ein offener Brief auch über einen Sachverhalt, der vielen möglicherweise noch nicht oder nicht in allen Einzelheiten bekannt ist.

Der offene Brief ist ein Druckmittel. Er ist an jemanden gerichtet, der verantwortlich ist und beispielsweise einen Missstand beheben kann. So könnten beispielsweise die Arbeitgeberverbände einen offenen Brief an den Bundeskanzler schreiben, in dem sie eine industriefreundlichere Wirtschafts- und Steuerpolitik fordern. Oder Gewerkschaften und Arbeitnehmerverbände fordern vom Bundeskanzler in einem offenen Brief eine entschlossenere und erfolgreichere Bekämpfung der Arbeitslosigkeit.

Ein offener Brief ist nur dann sinnvoll, wenn er an die richtige Person gerichtet ist, also an jemanden, der Verantwortung hat oder besonderen Einfluss.

Wenn Sie einen offenen Brief an den Bürgermeister Ihrer Stadt schreiben und sich darüber beschweren, dass der Supermarkt um die Ecke schon wieder die Preise angehoben hat, dann machen Sie sich nur lächerlich. Wenn Sie dagegen im Namen einer Elterninitiative den Bürgermeister in einem offenen Brief an sein Wahlkampfversprechen erinnern, die Kindergartengebühren zu senken, dann werden Lokalzeitung und Lokalradio vielleicht darüber berichten und den Inhalt des Briefes, also Ihr persönliches Anliegen, das gleichermaßen das Anliegen vieler anderer Eltern ist, öffentlich verbreiten.

Ob ein offener Brief Erfolg hat oder nicht, hängt von vielen Faktoren ab, die oft nur wenig damit zu tun haben, wie der Brief formuliert ist. In manchen Fällen reicht die Tatsache, dass jemand einen offenen Brief schreibt und somit einen Sachverhalt öffentlich bekannt macht, bereits aus, um eine Reaktion hervorzurufen. In anderen Fällen bleibt auch ein geschliffen formulierter offener Brief ohne erkennbare Wirkung, weil beispielsweise die Umstände oder der Zeitpunkt ungünstig waren.

Elterninitiative Weststadt

Herrn
Oberbürgermeister
Dr. Karl Friedrich
Bürgermeisteramt

34536 Weststadt

Offener Brief

Sehr geehrter Herr Oberbürgermeister Friedrich,

vor mehr als einem Jahr haben Sie bei der Kandidatenvorstellung zur Bürgermeisterwahl gesagt: „Die Kindergartengebühren werden nicht nur nicht erhöht, sie werden auch binnen Jahresfrist deutlich gesenkt werden. Es ist das vorrangige Ziel meiner Familienpolitik, die Eltern zu entlasten. Denn die Kinder sind unsere Zukunft.“ Mit ähnlichen Parolen haben Sie auch auf Plakaten für Ihre Wiederwahl geworben. Nicht wenige Eltern haben daraufhin für Sie gestimmt.

Im abgelaufenen Jahr haben Sie weder die Kindergartengebühren gesenkt, noch diesbezügliche Anträge unserer Elterninitiative zur Beschlussfassung im Gemeinderat zugelassen. Kürzlich wurde sogar mit Ihrer Stimme eine Erhöhung der Gebühr für den Städtischen Kindergarten beschlossen.

Wir sind bitter enttäuscht. Ihre Ankündigungen waren offenbar nichts als leere Wahlkampfversprechungen. Die Eltern dieser Stadt fühlen sich von Ihnen betrogen. Wir fordern Sie auf, endlich die angekündigte familienfreundliche Politik in die Tat umzusetzen oder von Ihrem Amt zurückzutreten.

Weststadt, den 23.4.04

Monika Meier, Kantstraße 17, 34536 Weststadt
und 56 weitere Unterzeichner

GESCHÄFTLICHE BRIEFE IM PRIVATEN BEREICH

Einführung

Die reine Geschäftskorrespondenz zwischen Firmen und Geschäftspartnern behandeln wir in einem späteren Kapitel ausführlich. Hier geht es um geschäftliche Briefe im privaten Bereich, also wenn Privatleute in ihrer Eigenschaft als Privatpersonen Briefe an Behörden, Institutionen, Ämter oder Unternehmen wie Banken und Versicherungen schreiben.

Der Unterschied zum reinen Privatbrief besteht darin, dass der Empfänger keine Privatperson ist. Er wird vom Absender nicht in erster Linie als Person angesprochen und vielleicht auch in Anspruch genommen, sondern in seiner beruflichen Funktion oder Eigenschaft.

Auch die Inhalte und Themen der beiden Korrespondenzarten Privatbrief und geschäftlicher Privatbrief unterscheiden sich deutlich voneinander. Es gibt aber auch hier Bereiche, in denen die Übergänge fließend sind. Gerade im Briefwechsel mit Freunden und Bekannten vermischen sich oft rein private und geschäftliche Interessen.

Dies ist bis zu einem gewissen Grad nicht zu beanstanden. Dennoch sollte man nicht nur im Interesse eines guten und klaren Briefstils darauf achten, dass Geschäftliches und Privates getrennt und unterscheidbar bleibt. Sonst können Interessenkollisionen und Konflikte entstehen.

Vor allem Beamte und Funktionsträger sind zu besonderer Zurückhaltung verpflichtet. So manche Karriere fand ihr vorzeitiges Ende, weil kompromittierende Briefe gefunden wurden, die bewiesen, dass es keine saubere Trennung dienstlicher und privater Interessen gab.

In den allermeisten Fällen können wir aber private und im weiteren Sinne geschäftliche Briefe gut voneinander unterscheiden. Zur geschäftlichen Korrespondenz von Privatleuten rechnen wir auch den großen Bereich des Schriftwechsels mit Behörden. Früher hat man der Behördenkorrespondenz einen besonderen Rang – und in Handbüchern und Ratgebern ein eigenes Großkapitel – eingeräumt. Dies ist nicht mehr zeitgemäß.

Moderne Verwaltungen und Behörden arbeiten heute kundenorientiert. Wir leben nicht mehr im Zeitalter des Obrigkeitsstaates. Der selbstherrliche, die „Bittsteller" in einem unverständlichen „Kanzleistil" abfertigende Beamte gehört der Vergangenheit an. Denn nicht nur die Aufgaben der öffentlichen Verwaltung haben sich geändert, auch das Bild des „Beamten" hat sich gewandelt. Der Beamte oder öffentliche Verwaltungsangestellte vertritt im modernen demokratischen Staat nicht den Staat gegen den Bürger, sondern er soll dem Bürger als Partner bei der Inanspruchnahme staatlicher Dienstleistungen behilflich sein. Der Bürger ist nicht für den Staat und die öffentliche Verwaltung da, sondern Staat und Verwaltung sind für den Bürger da.

Eine Reihe ehemaliger staatlicher Behörden sind zudem inzwischen privatisiert oder werden kundenorientierter geführt. Die Deutsche Bahn AG (früher als Staatsbetrieb mit Staatsbeamten „Deutsche Bundesbahn"), die Deutsche Post AG und die Deutsche Telekom AG (früher die Behörde „Deutsche Bundespost") sind herausragende Beispiele.

Wir haben deshalb das Kapitel „geschäftliche Briefe im privaten Bereich" aufgeteilt in die beiden großen Abschnitte Behördenkorrespondenz und Firmenkorrespondenz.

Was zu beachten ist

Da der Absender eine Privatperson ist, gelten bei der Korrespondenz mit Behörden und Firmen nicht so strenge Regeln wie in der reinen Geschäftskorrespondenz. Während es in der Geschäftskorrespondenz immer auf eine gute, d. h. ansprechende Form ankommt und es durchaus so etwas wie festgelegte Konventionen und Sprachregelungen gibt, ist dies im Bereich der geschäftlichen Privatkorrespondenz nicht im gleichen Maße der Fall.

Vieles ließe sich auch telefonisch regeln, doch verlangen Firmen, Behörden und Verwaltungen in den allermeisten Fällen eine schriftliche Mitteilung. Denn erst das Schriftstück schafft einen „Vorgang", der von den zuständigen Mitarbeitern bearbeitet werden kann. Wie Sie als Privatperson einen solchen Brief an eine Behörde oder eine Firma gestalten und wie Sie ihn formulieren, bleibt im Wesentlichen Ihnen überlassen.

In der Verwaltungssprache nennt man diese Art Brief „formlos“. Das bedeutet nicht, dass man vollkommen ungeformt und durcheinander schreiben sollte. Auch bei so genannten „formlosen“ Schreiben ist es ratsam, auf eine korrekte Rechtschreibung, einen logischen Gedankenaufbau sowie einen sachlichen und höflichen Stil zu achten.

Reicht ein formloses Schreiben nicht aus, so bieten Behörden, Versicherungen und andere Firmen in der Regel Formulare an (z. B. Antragsformulare), die nur ausgefüllt zu werden brauchen. Dies ist insbesondere dann der Fall, wenn dabei rechtliche Belange von besonderer Bedeutung sind. Häufig sind Formulare aber auch nur eine Arbeitserleichterung für die Sachbearbeiter. Auf einem Formular stehen alle notwendigen Angaben, die sonst in beliebiger Reihenfolge in einem längeren Text versteckt wären, übersichtlich und wohl geordnet untereinander.

Die Verwendung von Formularen bringt Behörden und Firmen Zeitersparnis und ermöglicht ihnen ein rationelleres Arbeiten. Dem Bürger und Kunden können übersichtliche und verständlich formulierte Vordrucke und Formulare eine Hilfe sein. Allerdings erfüllen nur sehr wenige Formulare diese Anforderungen.

Briefe an Behörden

Der Umgang mit Behördern oder „Ämtern“ ist für viele Menschen unangenehm oder angstbesetzt. Sie fühlen sich ausgeliefert an eine undurchsichtige Verwaltung, die sich hinter unverständlichen Anordnungen, Vorschriften und Paragraphen verschanzt. In manchen Fällen ist einem auch die Sache, um die es geht, zutiefst unangenehm. Nicht wenige fühlen sich als Bittsteller dem Wohlwollen eines vielleicht mürrischen Beamten ausgesetzt.

Dabei ist es oft gar nicht der persönliche, zwischenmenschliche Kontakt, der dieses Gefühl hervorruft. Viele Beamte und Verwaltungsangestellte sind ausgesprochen freundlich und kommunikativ. Wenn man persönlich vorspricht, nehmen sie sich Zeit und hören geduldig zu. Natürlich gibt es auch hier, wie überall, unrühmliche Ausnahmen, doch haben die Bemühungen der letzten Jahre um eine bürgerfreundlichere Verwaltung wesentlich dazu beigetragen, Behördengänge für viele Menschen angenehmer und leichter zu machen.

Es sind vielmehr der unumgängliche Schriftverkehr und die Behördensprache, die viele Menschen im Umgang mit Ämtern und Behörden als so unangenehm und lästig empfinden. Das liegt zu einem wesentlichen Teil am Amtsdeutsch, einer besonderen Variante der deutschen Schriftsprache. Kennzeichnend für dieses Bürokratendeutsch war in der Vergangenheit der so genannte „Kanzleistil" (siehe Seite 51ff.). An gedrechselten Formulierungen wie „Bezug nehmend auf Ihre Eingabe vom ... teilen wir mit, dass" konnte man auf den ersten Blick erkennen, dass der Absender dieses Briefs ein Amt sein musste.

Doch diese Zeiten sind zum Glück vorbei. Sachbearbeiter in Ämtern und Behörden werden heute auch in sprachlicher Hinsicht nach modernen Erkenntnissen aus- und weitergebildet. Verständlichkeit, Klarheit und Einfachheit lautet die Devise. Die Mitarbeiter sind angewiesen, sich in die Lage des Bürgers hineinzuversetzen und die Besonderheiten des angesprochenen Personenkreises zu berücksichtigen. Der Bürger soll auf die Möglichkeit der Beratung, Auskunft oder Hilfe hingewiesen werden.

Das erleichtert dem Bürger den Umgang mit Behörden. Andererseits kann auch der Bürger seinen Teil zu einer schnelleren und besseren Korrespondenz beitragen, wenn er gewisse Grundregeln beachtet und sich ebenfalls um Verständlichkeit, Sachlichkeit, Klarheit und einen freundlichen, verbindlichen Ton bemüht. Die Sachbearbeiter sind Ihnen sicherlich dankbar, wenn Sie Ihren Brief in einem einfachen, unmissverständlichen Stil geschrieben haben.

Grundsätzlich gelten für die Korrespondenz mit Ämtern und Behörden die gleichen Vorschriften und Empfehlungen wie für andere Briefe auch:

- Korrekte, möglichst genaue Anschrift

Wenn Sie innerhalb einer größeren Behörde, beispielsweise einer Stadtverwaltung, eine bestimmte Dienststelle anschreiben, dann vermerken Sie dies bereits im Anschriftenfeld. Kennen Sie darüber hinaus den Namen des zuständigen Sachbearbeiters, dann setzen Sie ihn ebenfalls hinzu. Verzichten Sie auf den früher üblichen Zusatz „z. H." oder „z. Hd." („zu Händen"). Er ist nicht mehr zeitgemäß.

Freie und Hansestadt Hamburg
Umweltbürgermeisteramt
Dezernat IV, Abwässer
Frau Regierungsrat Schulte-Vornhusen

- Absenderangabe nicht vergessen!

Die Angabe einer Telefonnummer ist aus Gründen des Datenschutzes grundsätzlich freigestellt. Manchmal ist sie nützlich, vor allem dann, wenn Sie eine Frage stellen oder eine Auskunft möchten, die sich auch telefonisch beantworten bzw. geben lässt.

- Versandart angeben

Besonders wichtige Schriftstücke oder eilige Terminsachen schickt man per Einschreiben, Einschreiben mit Rückschein, als Eilbrief (Express) oder gibt sie persönlich ab (gegen Empfangsbestätigung). Wenn Sie Ihren Brief auf eine dieser Arten versenden, vermerken Sie dies oberhalb der Betreffzeile:

Einschreiben
Durch Boten zugestellt
Persönlich überbracht

- Einen Betreff angeben

In die Betreffzeile schreibt man die Sache, um die es geht, und zwar möglichst kurz und präzise: „Bauvoranfrage", „Wohngeld", „Kindergeld", „Widerspruch gegen Bewilligungsbescheid vom ....", „Antrag auf Kostenübernahme". Auf die einleitende Abkürzung „Betr." kann man verzichten, sie ist auch in Geschäftsbriefen nicht mehr üblich. Wer möchte, kann die Betreff- und die Bezugzeile durch Fettdruck hervorheben.

In den Betreff oder in die Bezugzeichenzeile kommt dann, sofern bekannt, das Aktenzeichen oder eine Registriernummer, Personenkennziffer o. Ä. Diese Angaben erleichtern die Bearbeitung und beschleunigen sie unter Umständen. Das Geburtsdatum sowie andere personenbezogene Daten sollten Sie nur dann angeben, wenn es sachlich unbedingt notwendig ist oder Sie dazu aufgefordert sind. Auf Formularen ist in der Regel vermerkt, welche Angaben verpflichtend und welche freiwillig sind. Haben Sie an der Rechtmäßigkeit der erfragten Angaben und Daten Zweifel, so erkundigen Sie sich beim Bundesbeauftragten für den Datenschutz oder dem zuständigen Datenschutzbeauftragten Ihres Bundeslandes.

- Auf die Anrede kann verzichtet werden

Wenn Ihnen die mit der Bearbeitung betraute Amtsperson namentlich bekannt ist, sollten Sie sie mit „Sehr geehrter Herr ..." bzw. „Sehr geehrte Frau ..." anreden. Amts- oder Dienstbezeichnungen werden bei wirklichen Amtsträgern oder höheren Dienstgraden in der Anrede wiederholt. Im Anhang dieses Handbuchs ist eine Reihe von Anreden aufgelistet, z. B.

Sehr geehrter Herr Bürgermeister Meier,
Sehr geehrte Frau Regierungsdirektorin Schmidt
Sehr geehrter Herr Senator Müller

Wenn Sie eine Anrede benutzen wollen, den Namen aber nicht kennen, dann schreiben Sie

Sehr geehrte Damen und Herren,

- Die Grußformel fällt weg, wenn Sie auf die Anredeformel verzichten.

Benutzen Sie eine Anrede, sollten Sie den Brief schließen:

Mit freundlichen Grüßen

- Hinweis auf die Anlage

Der Hinweis auf beigefügte Anlagen steht in angemessenem Abstand unter der Grußformel bzw. unter dem Textende. Es empfiehlt sich, Anzahl und Art der Anlagen aufzuzählen. Der Sachbearbeiter sieht dann auf einen Blick, ob alles Notwendige vorhanden ist oder etwas vergessen wurde. Sie als Absender haben einen Überblick darüber, was Sie wohin geschickt haben.

Anlagen: Bescheinigung des Arbeitgebers, ärztliches Attest, Nachweise der Krankenkasse

- Vergessen Sie nicht, einen Durchschlag oder eine Kopie des Schreibens einzubehalten und gut zu verwahren, am besten in einer eigenen Mappe oder einem Aktenordner.

Arbeitsamt

Keine andere staatliche Behörde ist so wie das Arbeitsamt in den letzten Jahren in das Bewusstsein weiter Kreise der Bevölkerung gerückt.

Hatte man zu Zeiten der Vollbeschäftigung gegen einen Arbeitslosen schnell das Argument „Faulenzer" zur Hand, so weiß inzwischen jeder Arbeitnehmer, dass sein Arbeitsplatz nicht nur von seiner eigenen Tüchtigkeit abhängt und dass fast jeder von Arbeitslosigkeit betroffen werden kann. Daher kann es für jeden nützlich sein, sich über den geeigneten Umgang mit diesem Amt eingehend zu informieren.

Mit dem Arbeitsamt hat man dann zu tun, wenn man arbeitslos geworden ist und eine neue Stelle sucht, wenn man nach der Schule einen Ausbildungsplatz sucht, eine Umschulung oder berufliche Fortbildung machen möchte oder sich über das Stellenangebot in bestimmten Berufszweigen informieren möchte.

In den meisten Fällen müssen Sie hierzu beim Arbeitsamt persönlich vorsprechen, dies gilt auch für die Arbeitslosmeldung und die Beantragung von Arbeitslosengeld oder -hilfe. Entsprechende Formulare erhalten Sie beim Arbeitsamt.

Wenn Sie nur Unterlagen anfordern wollen oder nachreichen müssen, können Sie dies auch schriftlich erledigen. Wie bei allen Schreiben an Behörden, achten Sie auch hier darauf die Nummern oder Aktenzeichen anzugeben, unter denen Sie geführt werden. Dadurch ist eine schnellere Bearbeitung Ihres Schreibens möglich. Beim Arbeitsamt ist dies beispielsweise Ihre Stammnummer und eventuell die Berufsklassenkennzahl.

Und nicht vergessen: Vermeiden Sie das typische Amtsdeutsch (siehe Seite 51ff.). Schreiben Sie an Behörden wie das Arbeitsamt in einer sachlichen Sprache ohne Floskeln: nicht im veralteten „Kanzleistil“ und auch nicht unterwürfig.

Meinrad Mappes
Alte Straße 16
12345 Emshausen
Tel. 011145/9783389

Arbeitsamt Emshausen
Herrn Krieger
Postfach

12345 Emshausen

13.2.04

Stamm-Nr. III123-456789 Berufsklassenzahl 2321

Sehr geehrter Herr Krieger,

beiliegende Unterlagen sind für die Vervollständigung meiner Bewerbungsunterlagen bestimmt.

Mit freundlichen Grüßen

Meinrad Mappes

Anlagen: Lebenslauf, Foto, Zeugniskopien

Sebastian Brand
Beethovenstr. 13
12345 Oststadt
Tel. und Fax.: 05674/3457

Arbeitsamt Oststadt
Frau Witte
Postfach 232323

12345 Oststadt

Oststadt, 3.4.04

Meine Stammnummer: III123-456789

Sehr geehrte Frau Witte,

wie telefonisch besprochen, sende ich Ihnen heute die Rechnung meines letzten Honorarauftrags als Nachweis über die Nebenbeschäftigung.

Auf dem jüngsten Bewilligungsbescheid vom 29.3.04 wird von einem Bruttoarbeitsentgelt von wöchentlich 430,– € ausgegangen. Bisher betrug das Bruttoarbeitsentgelt 750,– € (siehe Bescheid vom 7.1.04). Wären Sie bitte so freundlich, mir zu erklären, warum Sie jetzt von 430,– € ausgehen? Handelt es sich vielleicht um ein Versehen?

Mit freundlichen Grüßen

Sebastian Brand

Anlage

Arbeitsamt Koldingen
Herrn Rieser
Am Wall 5

64594 Koldingen

Koldingen, 5.2.04

Stamm-Nr. III123-456789 Berufsklassenzahl 9876

Sehr geehrter Herr Rieser,

mein Vorstellungsgespräch am 4.2.04 bei der Firma Stahlbau & Co. in Duisburg ist positiv verlaufen. Ich kann dort sofort als CAD-Schweißer anfangen.

Bitte senden Sie mir meine Lohnsteuerkarte.

Mit freundlichen Grüßen

Michael Kramer

Finanzamt

Briefe an das Finanzamt stellen die Bürger oft vor besondere Probleme. Die mehrseitige Einkommenssteuererklärung ist für viele ein Buch mit sieben Siegeln. Das Steuerrecht ist kompliziert und wegen der Vielzahl seiner Bestimmungen nur von Spezialisten zu durchschauen. Viele Privatpersonen, die als Lohn- und Gehaltsempfänger oder aus Mieten und Renten steuerpflichtiges Einkommen haben, geben ihre Steuererklärung deshalb in die Hände eines Steuerberaters. Der führt dann unter Umständen auch die Korrespondenz mit dem Finanzamt.

Doch nicht immer lohnt es sich, die Dienste eines Steuerberaters in Anspruch zu nehmen. Und wenn man sich von der Fachsprache der Finanzbehörden nicht abschrecken lässt, kann man die Korrespondenz mit dem Finanzamt ohne weiteres selbst erledigen.

Zwar kann man, wie bei anderen Behörden, auch dem Finanzamt Einsprüche und Einwendungen persönlich vortragen, d. h. zu Protokoll geben. Doch wird dies auf Ausnahmefälle beschränkt bleiben, in denen der Steuerpflichtige aus nachvollziehbaren Gründen nicht in der Lage ist, sein Anliegen eigenhändig schriftlich zu Papier zu bringen.

Die Lohnsteuer wird vom Arbeitgeber vom Lohn oder Gehalt einbehalten und direkt an das Finanzamt abgeführt. Pauschalen für Werbungskosten und so genannte Kinderfreibeträge sind dabei bereits in den zugrunde liegenden Steuertabellen berücksichtigt. Der früher übliche „Lohnsteuerjahresausgleich" ist bereits seit ein paar Jahren abgeschafft. Arbeitnehmer und Angestellte, die besonders hohe Aufwendungen beispielsweise für Arbeitskleidung, berufliche Weiterbildung, Fahrt- und Übernachtungskosten usw. haben (Werbungskosten), die einen kranken Familienangehörigen gepflegt haben oder nicht das ganze Jahr über steuerpflichtig beschäftigt waren, können beim zuständigen Finanzamt einen Antrag auf Lohnsteuer-Ermäßigung stellen. Dies geschieht auf einem speziellen Formular, welches das Finanzamt bereithält.

Manchmal lohnt es sich, eine Einkommenssteuererklärung abzugeben, um damit unter Umständen eine Rückzahlung zu viel einbehaltener Lohnsteuer zu erwirken. Wenn ein Arbeitnehmer Nebeneinkünfte aus selbstständiger Tätigkeit hat, muss eine Einkommenssteuererklärung abgegeben werden. Auch hierfür gibt es eigene Formulare.

Diese Erklärungen und Anträge müssen also nicht selbst von den Steuerpflichtigen formuliert werden. Vordrucke, die nur noch ausgefüllt werden müssen, werden von den Arbeitsämtern verschickt oder können direkt beim Arbeitsamt abgeholt werden. Man kann sie aber auch schriftlich anfordern.

Einen solchen Antrag sollte man möglichst kurz und sachlich abfassen. Unnötige Erklärungen darüber, warum man das Formular zu diesem speziellen Zeitpunkt anfordert, oder ähnliche Ausführungen sind zu vermeiden.

Josef und Maria Mayer
Hauptstr. 13
35789 Görlingen

Finanzamt Görlingen
Postfach
35896 Görlingen

Görlingen, 12.2.04

Sehr geehrte Damen und Herren!

Bitte senden Sie uns die Vordrucke zur Einkommenssteuererklärung 2003 sowie Anträge auf Arbeitnehmer-Sparzulage. Wir sind verheiratet, werden gemeinsam veranlagt und haben im Jahr 2003 zusätzliche Einkünfte aus selbstständiger Arbeit erzielt.

Mit freundlichen Grüßen

Josef Mayer

Ein solches formloses Schreiben sollte alle notwendigen und keine überflüssigen Angaben enthalten. Falls Sie verheiratet sind und Ihr Ehepartner ebenfalls Einkünfte aus nicht selbstständiger und/oder selbstständiger Tätigkeit erzielt hat, geben Sie dies an, damit Sie Vordrucke und notwendige Anlagen jeweils in doppelter Ausführung erhalten.

Wichtig:

- Vermerken Sie immer das (Steuer-)Jahr, auf das Sie sich beziehen!
- Achten Sie auf die festgesetzten Fristen!

Geben Sie die Erklärungen oder Anträge bei dem Finanzamt ab, in dessen Bezirk Sie wohnen. Dort erhalten Sie, neben mündlichen Auskünften, auch eine ausführliche, mehrseitige schriftliche Anleitung zur Einkommenssteuererklärung.

Übrigens: Für das Ausstellen der Lohnsteuerkarte ist die Stadt- oder Gemeindeverwaltung zuständig. Entdecken Sie auf Ihrer Lohnsteuerkarte falsche Angaben oder ändern sich Ihre Verhältnisse im Laufe des Jahres, müssen Sie dies der Lohnsteuerstelle Ihrer Gemeinde mitteilen (siehe unter Abschnitt „Stadt- und Gemeindeverwaltung“).

Lisel Bührer
Wittekindstr. 89
56732 Köln

Finanzamt Köln-Ost
Postfach
56789 Köln

17.9.04

Antrag auf getrennte Einkommenssteuerveranlagung

Sehr geehrte Damen und Herren,

seit einigen Monaten lebe ich von meinem Ehemann, Thomas Bührer, getrennt. Ich möchte mich deshalb auch getrennt zur Einkommenssteuer veranlagen lassen. Aus diesem Grund beantrage ich eine eigene Einkommenssteuerveranlagung und bitte um die Zusendung der entsprechenden Vordrucke.

Unsere bisherige gemeinsame Steuernummer ist mir leider nicht bekannt.

Mit freundlichen Grüßen

Lisel Bührer

(Absenderangabe)

Finanzamt Holtenhausen
Steingasse 7

46789 Holtenhausen

30.12.04

Antrag auf Einkommenssteuerveranlagung

Ich beantrage die Veranlagung zur Einkommenssteuer 2004,

- weil die Höhe meines Arbeitslohns im Laufe des Jahres stark geschwankt hat und ich mehrmals den Arbeitgeber gewechselt habe

- weil mir Werbungskosten, Sonderausgaben und außergewöhnliche Belastungen entstanden sind, für die kein Freibetrag auf der Lohnsteuerkarte eingetragen ist.

Ich rechne mit einer Einkommenssteuererstattung.

Bitte senden Sie mir die Vordrucke sowie eine Anleitung, wie ich die Formulare richtig ausfülle.

Mit freundlichen Grüßen

Gerlinde Schubert

Die Einkommenssteuererklärung, den Antrag auf Arbeitnehmer-Sparzulage oder den Antrag auf Lohnsteuer-Ermäßigung geben Sie auf einem Formular ab. Ein Begleitschreiben ist nicht erforderlich. Anträge auf Lohnsteuer-Jahresausgleich wie sie früher üblich waren, gibt es heute nicht mehr. Es wird jetzt alles im Rahmen der Einkommenssteuererklärung erfasst.

Was Sie nicht telefonisch oder mit einem Formular erledigen können

Die bisher genannten Anfragen können Sie auch telefonisch erledigen. Doch es gibt Fälle, in denen Sie weder auf das Telefon noch auf ein Formular zurückgreifen, sondern einen Brief an das Finanzamt schreiben müssen. Wenn Sie ein besonderes Anliegen haben, einen Widerspruch gegen einen Steuerbescheid einlegen wollen oder eine Stundung der Steuernachzahlung erwirken wollen, müssen Sie einen Brief formulieren.

Auf den folgenden Seiten finden Sie einige Beispiele zur Orientierung. Beachten Sie dabei:

- Geben Sie im Schriftverkehr mit dem Finanzamt immer Ihre Steuernummer an.
- Auch die Angabe des Kalenderjahres, auf das sich Ihre Steuererklärung bezieht, ist unter Umständen wichtig.
- Achten Sie auf Fristen!
- Begründen Sie Ihren Antrag!
- Vergessen Sie nicht die Unterschrift!
- Fügen Sie Ihrem Schreiben Nachweise, Belege, Formulare oder Atteste bei und vermerken Sie dies nach der Grußformel unter dem Stichwort „Anlagen".
- Nehmen Sie einen Durchschlag oder eine Kopie des Schreibens zu Ihren Akten.

Bei besonders wichtigen Mitteilungen an das Finanzamt sollten Sie Ihr Schreiben als Einschreibebrief versenden. Auf diese Weise sind Sie juristisch abgesichert, falls es um die Einhaltung von wichtigen Terminen geht.

Wenn Sie aus entschuldbaren Gründen, beispielsweise wegen einer Erkrankung oder eines Unfalls, Ihre Einkommenssteuererklärung nicht zum festgesetzen Termin abgeben können, beantragen Sie mit einem formlosen Schreiben eine Verschiebung des Abgabetermins.

Rainer Redlich
Paul-Ehrlich-Straße 15
81745 München

Finanzamt
München

17.6.2004

Steuer-Nr.: 3495/567-96
Einkommenssteuererklärung 2003

Antrag auf Verschiebung des Abgabetermins

Sehr geehrte Damen und Herren,

leider kann ich die Einkommenssteuererklärung 2003 nicht fristgerecht vorlegen. Ich war längere Zeit im Krankenhaus und fahre morgen für 6 Wochen in Kur. Mein Arzt hat mir dringend geraten, den Kuraufenthalt nicht durch vorzeitige Arbeitsbelastung zu gefährden.

Ich bitte deshalb darum, die Abgabefrist um weitere 8 Wochen zu verlängern.

Vielen Dank für Ihr Verständnis.

Mit freundlichen Grüßen

Rainer Redlich

Anlage: Ärztliches Attest

Den Tod eines Steuerpflichtigen meldet man dem Finanzamt möglichst umgehend, damit den Erben keine Nachteile entstehen.

Finanzamt
Vermögenssteuerstelle

Datum

Steuer-Nr. ......
Wegfall der Vermögenssteuer

Sehr geehrte Damen und Herren,

mein Vater, Hans-Martin Behnke, ist am 30.3.04 verstorben. Als seine Nachlassverwalterin bitte ich Sie die Festsetzung der Vermögenssteuer per 1.4.04 aufzuheben.

Mit freundlichen Grüßen

Susanne Behnke

Häufige Anlässe für Briefe an das Finanzamt sind Einsprüche gegen ergangene Steuerbescheide und Bitten um Zahlungsaufschub oder Stundung. Denken Sie daran, dass Sie solche Anträge und Einsprüche begründen müssen. In der Begründung tragen Sie die Sachverhalte und Argumente vor, die für einen Entscheid wichtig sind. Vor allem sollte die Begründung stichhaltig sein und die Angaben, vor allem die Zahlenangaben, korrekt. Konzentrieren Sie sich auf das Wesentliche und lassen Sie Unwichtiges weg. Wenn Sie unsicher sind, was im Einzelnen in der Begründung stehen muss, holen Sie sich fachkundigen Rat. Im Buchhandel sind Ratgeber erhältlich, Sie können einen Steuerfachmann fragen und selbstverständlich erhalten Sie auch beim Finanzamt Auskunft.

(Absenderangabe)

Finanzamt
Münster

29.4.04

Steuer-Nr.: 34895/54959
Einspruch gegen Einkommenssteuerbescheid

Ich erhebe Einspruch gegen den Einkommenssteuerbescheid 2003 vom 23.4.04.

Begründung:

Am 28. März 2003 wurde unser 3. Kind, Sara Louisa, geboren. Zwei Wochen später habe ich den Kinderfreibetrag auf der Lohnsteuerkarte ändern lassen. In dem mir jetzt zugegangenen Einkommenssteuerbescheid vom 14.4.04 werden jedoch bei der Berechnung der Einkommenssteuer nur zwei Kinderfreibeträge berücksichtigt.

Gleichzeitig beantrage ich Aussetzung der Vollziehung des angefochtenen Bescheides.

Walter Rilke

Anlage: Geburtsurkunde Sara Louisa, geb. 28.3.2003 (Fotokopie)

Wer als Selbstständiger oder Freiberufler arbeitet und bestimmte Einkommensgrenzen überschreitet, muss die Einkommenssteuer in vom Finanzamt festgesetzen Raten vierteljährlich im Voraus zahlen. Wenn sich die Einnahmen aus irgendeinem Grunde erheblich verringern oder sich die Verhältnisse in einer anderen Hinsicht ändern, teilt man dies dem Finanzamt mit.

Sabine Schneider
– Hebamme –
Dorfstraße 18
49659 Hültinghausen
Tel. 056393/789
Fax. 056393/791

15.4.2004

Finanzamt Mittelstadt
Oberer Weg 3

47003 Mittelstadt

Einkommenssteuerbescheid für 2004
Steuer-Nummer: 29394947/34-334

Wegen einer längeren Krankheit meiner kleinen Tochter habe ich in den vergangenen drei Monaten nur 356,– € aus meiner freiberuflichen Tätigkeit als Hebamme erzielt. Auch in den kommenden Monaten wird sich mein Einkommen nicht wesentlich erhöhen, da ich nur noch sehr eingeschränkt arbeiten kann.

Ich bin deshalb nicht in der Lage, die am 12.6.04 fällig werdende Vorauszahlung in Höhe von 126,– € zu leisten und bitte, mir diese Zahlung sowie die am 10.9. und 10.12. fällig werdenden Vorauszahlungen zu erlassen.

Mit freundlichen Grüßen

Sabine Schneider

Wenn man aus bestimmten Gründen nicht in der Lage ist, fällige Steuern oder eine unerwartet hohe Steuernachzahlung rechtzeitig zu zahlen, bittet man das Finanzamt um Stundung. Andernfalls muss man damit rechnen Verzugszinsen zahlen zu müssen.

Bruno Graz
Künstler
Van-Gogh-Weg 4
39090 Wegstetten

Finanzamt Wagenbach
Rieselfelder Str. 39–41

39050 Wagenbach 25.3.04

Steuernummer V/576-495/ivz96
Einkommenssteuerbescheid vom 20.3.04

Bitte um Stundung

Sehr geehrte Damen und Herren,

die in dem o. g. Bescheid geforderte Nachzahlung der Einkommenssteuer in Höhe von 1356,56 € kann ich innerhalb der eingeräumten Frist nicht leisten. Ich bitte Sie daher, die Summe zu stunden.

Begründung:
Im vergangenen Jahr hatte ich überdurchschnittlich hohe Einnahmen aus Honorartätigkeit. Diese sind im laufenden Jahr weggefallen. Wegen laufender Rückzahlungen und Tilgung von Krediten sind meine finanziellen Mittel gegenwärtig stark eingeschränkt. Ich verfüge weder über verwertbares Vermögen noch über Grundbesitz und habe meinen Kreditrahmen vollständig ausgeschöpft.

Mit freundlichen Grüßen

Bruno Graz

Stadt- und Gemeindeverwaltung

In kleinen ländlichen Orten ist die Orts- oder Gemeindeverwaltung eine überschaubare Behörde mit nur wenigen Mitarbeitern. In größeren Städten sind die einzelnen Ämter und Behörden häufig auf verschiedene Gebäude in der ganzen Stadt verteilt. Oft gibt es aber wohnortnahe Bürgerbüros. Die meisten Angelegenheiten, wie z. B. die Beantragung eines Reisepasses, einer zweiten Steuerkarte, die Bestellung eines Aufgebots, die Anmeldung eines Hundes (Hundesteuer) usw. kann man persönlich durch einen Besuch im Rathaus oder der zuständigen Amtsstelle erledigen.

Da die Stadt- und Gemeindeverwaltungen in den einzelnen Bundesländern zum Teil unterschiedlich gegliedert sind, die Zuständigkeitsbereiche verschieden verteilt sein können und Dienststellen unterschiedliche Bezeichnungen führen, können wir im Folgenden nur einige ausgewählte Beispiele für Korrespondenz mit Stadt- und Gemeindeverwaltungen geben.

Erkundigen Sie sich vorher nach der für Ihren Wohnort und für Ihr spezielles Anliegen zuständigen Amtsstelle und deren genauer Anschrift. Wandert ein Brief wegen falscher Empfängerangabe durch verschiedene Behörden und Abteilungen, bevor er auf dem richtigen Schreibtisch landet, verlieren Sie möglicherweise kostbare Zeit.

Änderung der Lohnsteuerkarte

Für Änderungen auf der Lohnsteuerkarte ist nicht das Finanzamt, sondern die Stadt- oder Gemeindeverwaltung zuständig.

Ralf Reinders
Tulpenweg 19
66549 Ostenberg

Stadtverwaltung Ostenberg
Lohnsteuerstelle
Rathaus
66549 Ostenberg

15.9.04

Korrektur der Lohnsteuerkarte

Auf meiner beigefügten Lohnsteuerkarte sind bisher 2 Kinderfreibeträge eingetragen. Am 30.8.04 haben wir unser drittes Kind, Anna-Maria, bekommen.

Ich bitte darum, den Kinderfreibetrag entsprechend zu ändern. Eine Fotokopie der Geburtsurkunde liegt bei.

Bitte senden Sie mir die Lohnsteuerkarte baldmöglichst zurück.

Ralf Reinders

Anlage: Lohnsteuerkarte, Geburtsurkunde (Kopie)

Einwohnermeldeamt

Anmeldungen oder Abmeldungen eines Wohnsitzes erledigt man am besten persönlich auf dem Einwohnermeldeamt. Auch für die Beantragung eines Reisepasses, eines Leumundszeugnisses oder eines polizeilichen Führungszeugnisses wendet man sich an das Einwohnermeldeamt oder die entsprechende Dienststelle der Gemeinde, beispielsweise die Ordnungsbehörde. In der Regel wird für die Ausstellung von Pässen und Zeugnissen eine Bearbeitungsgebühr erhoben. Die Bearbeitungszeit ist unterschiedlich. Bei einem polizeilichen Führungszeugnis dauert sie ungefähr drei Wochen.

Ein polizeiliches Führungszeugnis muss man beispielsweise vorlegen, wenn man sich für die Führerscheinprüfung anmeldet oder einen Antrag auf Kriegsdienstverweigerung stellt.

Frieder Falkensteig
Sonnborner Weg 7
45890 Rettlinghausen

Einwohnermeldeamt der
Stadt Rettlinghausen
Rathaus

45890 Rettlinghausen

12.2.04

Antrag auf Ausstellung eines Führungszeugnisses

Ich beantrage die Ausstellung eines polizeilichen Führungszeugnisses zur Vorlage beim Kreiswehrersatzamt. Mein Geburtsdatum: 15.4.1985.

Frieder Falkensteig

Ordnungsamt

Das Ordnungsamt ist die Stelle innerhalb einer Stadt- oder Gemeindeverwaltung, die darüber wacht, dass gesetzliche Vorschriften und Bestimmungen eingehalten werden. Bei leichten Verstößen werden Verwarnungsgelder, bei schweren Bußgelder verhängt. Je nach örtlicher Behördenstruktur gehören auch Teile des Gewerbeaufsichtsamtes, Umweltschutzbehörden usw. zum Ordnungsamt.

Jeder betroffene Bürger kann gegen seiner Meinung nach unberechtigt ausgestellte Verwarnungen oder Bußgeldbescheide schriftlich Einspruch einlegen. Auf diese rechtliche Möglichkeit und die sich unter Umständen daraus ergebenden Konsequenzen wird auf jedem Verwarnungs- bzw. Bußgeldbescheid ausdrücklich hingewiesen.

Hans Kerber
Zaunkönigweg 4
68950 Pirstein

Stadt Erstein
Ordnungsamt
Postfach

68350 Erstein

19.4.04

Bußgeldbescheid Nr. 45683/345 vom 18.4.04

Widerspruch

Gegen den Bußgeldbescheid vom 18.4.04 in Höhe von 120,– € lege ich Widerspruch ein.

Die mir als Halter des Kraftfahrzeugs mit dem Kennzeichen WLM-ER 563 vorgeworfene Geschwindigkeitsüberschreitung von 20 km/h in der Ortsdurchfahrt Wilperdingen am 6.4.04 um 22.30 Uhr habe ich nicht zu verantworten, da ich das Fahrzeug nicht gefahren habe.

Über den Fahrer kann ich keine Angaben machen, denn der Wagen wurde mir am 6.4.04 zwischen 18.00 Uhr und 21.00 Uhr in Pirstein gestohlen. Ich habe den Diebstahl gleich am folgenden Tag bei der Polizei in Erstein gemeldet (Kopie der Diebstahlsmeldung in der Anlage).

Hans Kerber

Anlage

Wird ein Verwarnungsgeld nicht innerhalb der gesetzten Frist gezahlt, erhält man einen Mahnbescheid und muss unter Umständen eine höhere Strafe zahlen. Es kann nun vorkommen, dass man von einer Behörde ein Mahnschreiben erhält, obwohl man beispielsweise das Verwarnungsgeld schon vor vielen Wochen überwiesen hat. Ein wutschnaubender Beschwerdebrief hilft oft nicht weiter, vor allem dann nicht, wenn man, wie im folgenden Beispiel, selbst für den „Fehler“ verantwortlich ist.

Otto Radeberg
Einbahnstraße 12
34567 Hinterdorf

Stadt Freistatt
Amt für öffentliche Ordnung
Postfach

35690 Freistatt

Hinterdorf, 12.1.04

Bußgeldbescheid Nr. 505.05.380744.0 vom 29.12.03

Einspruch

Sehr geehrte Damen und Herren,

die mir als Halter des Pkw TM-UD 350 zur Last gelegte Ordnungswidrigkeit habe ich am 13.11.04 durch Zahlung eines Verwarnungsgeldes in Höhe von € 30,– beglichen.

Beweis: Buchungsbestätigung der Postbank in der Anlage.

Leider ist mir, wie ich erst jetzt festgestellt habe, beim Ausfüllen des Überweisungsträgers offensichtlich ein Schreibfehler unterlaufen, sodass ich versehentlich eine falsche Buchungsnummer eingetragen habe.

Ich bitte Sie höflich darum, den Zahlungseingang noch einmal zu überprüfen. Für das Versehen möchte ich mich entschuldigen.

Mit freundlichen Grüßen

Otto Radeberg

Anlage

Sozialamt

Manche Menschen, die sich in einer Notlage befinden, scheuen den Gang zum Sozialamt. Dabei hat jeder Bürger einen gesetzlichen Anspruch auf Hilfe, wenn er beispielsweise infolge von Krankheit oder Arbeitslosigkeit seinen Lebensunterhalt nicht oder nur noch teilweise selber bestreiten kann. Sozialhilfe ist kein Almosen, sondern einklagbarer Rechtsanspruch. Sie soll verhindern, dass in Not geratene Bürger „betteln gehen müssen", dass sie abhängig werden von freiwilliger Unterstützung oder der Barmherzigkeit ihrer Mitmenschen. Der Anspruch auf Hilfe und die Höhe der Unterstützung sind im „Bundessozialhilfegesetz" (BSHG) geregelt.

Wissenschaftliche Untersuchungen haben längst widerlegt, dass Sozialhilfeempfänger arbeitsscheu seien und sich nur in der „sozialen Hängematte" auf Kosten der Allgemeinheit ausruhen wollen. Niemand geht freiwillig und gern auf das Sozialamt. Sozialhilfe ist eine vorübergehende Unterstützung und man muss bei besonderen oder außergewöhnlichen Anlässen jedes Mal einen neuen Antrag stellen.

Matthias Maler
Altdorfstr. 162
75342 Reutlingen

Landratsamt Reutlingen
Sozialamt
Frau Bernecker 3.1.04

Unsere Hilfe zum Lebensunterhalt

Sehr geehrte Frau Bernecker,

wir beantragen zu unserer Hilfe zum Lebensunterhalt den Mehrbedarf für werdende Mütter. Eine ärztliche Bescheinigung liegt bei.

Ich bemühe mich weiter um eine Arbeitsstelle.

Mit freundlichen Grüßen

Matthias Maler

Matthias Maler
Altdorfstr. 162
75342 Reutlingen

Landratsamt Reutlingen
Sozialamt
Frau Bernecker

30.11.04

Widerspruch gegen den Änderungsbescheid vom 28.11.04

Sehr geehrte Frau Bernecker,

vielen Dank für die zügige Bearbeitung unseres Antrags auf Brennstoffbeihilfe und den Änderungsbescheid.

Gegen den o. g. Änderungsbescheid legen wir Widerspruch ein.

Begründung:

1. In der Berechnung 9/04 sind die Beiträge zur Haftpflicht- und Hausratversicherung nicht enthalten (6,98 bzw. 18,40 €). Bisher, auch noch in der Berechnung 7/04, wurde dieser Bedarf berücksichtigt.

2. Bei dem in der Rubrik „Einkommen“ angesetzten Betrag von 1.200,– € handelt es sich um ein einmaliges Einkommen, welches ich für eine kurzfristig übernommene Urlaubsvertretung im September erhalten habe. Dieser Betrag kann deshalb nicht in der Berechnung der Monate Oktober und folgender als Einkommen angesetzt werden.

Wir bitten Sie den Bescheid zu korrigieren.

Mit freundlichen Grüßen

Matthias Maler

Frieder Ruhland
Steingasse 12
79456 Schwarzberg

Landratsamt Breisgau-Hochschwarzwald
Sozialamt
Frau Berger

79098 Freiburg

15.11.04

Meine „Hilfe zum Lebensunterhalt“. Beihilfen für besondere Anlässe.

Sehr geehrte Frau Berger,

ich beantrage folgende Beihilfe für besondere Anlässe:

Die Übernahme von Reisekosten für einen besonderen Zweck nach Paragraph 27 Abs. 2 BSHG in Höhe von € 246,50.

Mein Vater ist am Freitag an seinem Wohnort in Oldendorf (Niedersachsen) gestorben. Die Beerdigung findet am Dienstag, dem 21.11.04, auf dem Friedhof in Oldendorf statt. Um an dem Begräbnis teilnehmen zu können, bitte ich um die Übernahme der Reisekosten mit der Bundesbahn zum günstigsten Fahrpreis (Kostenaufstellung als Anlage).

Die Originalbelege (Fahrscheine) werde ich nach Ende der Reise vorlegen.

Mit freundlichen Grüßen

Frieder Ruhland

(Absenderangabe)

An das Sozialamt
Frau Schmidt 12.11.04

Unsere Hilfe zum Lebensunterhalt

Sehr geehrte Frau Schmidt,

am 25.10.04 hat uns unsere Waschmaschine im Stich gelassen. Der Pumpenantrieb war defekt. Da wir drei kleine Kinder haben und auf eine funktionstüchtige Waschmaschine angewiesen sind, beantragen wir die Übernahme der Reparaturkosten durch das Sozialamt.

Wie bereits telefonisch mit Ihnen abgesprochen, sende ich Ihnen heute den Reparaturkostenbeleg der Fa. FixRep für die Waschmaschinenreparatur. Der Betrag wurde von mir bar an den Monteur gezahlt.

Am 22.10.04 wollen wir unsere Tochter Johanna Valerie taufen lassen. Wir beantragen dafür den Bewirtungskostenzuschuss. Eine Fotokopie des „Entlassscheins“ als Nachweis für die Taufe liegt bei.

Sie hatten sich am Telefon erkundigt, ob ich schon Aussicht auf eine Arbeitsstelle habe. Bisher waren alle meine Bemühungen vergeblich. Als Nachweise über meine Arbeitsbewerbungen im Monat September füge ich Kopien der Bewerbungsschreiben bei.

Weiterhin beantragen wir die Bekleidungsbeihilfe Herbst/Winter für 5 Personen.

Mit freundlichen Grüßen

(Unterschrift)

Anlagen

Wohngeldamt

Die Zahlung von Wohngeld ist ebenfalls ein Rechtsanspruch. Es wird Einzelpersonen und Familien gewährt, die nur ein geringes Einkommen haben und für die deshalb die Miete eine außergewöhnlich hohe finanzielle Belastung darstellt. Wohngeld kann erhalten, wer zur Miete wohnt, unter bestimmten Umständen auch derjenige, der im eigenen Haus lebt.

Über Einkommensbemessungsgrenzen, Freibeträge und die Höhe des zu erwartenden Wohngelds informiert die Wohngeldstelle der Stadt oder Gemeinde, in der Sie wohnen. Dort sind auch Antragsformulare auf Wohngeld erhältlich.

(Absenderangabe)

Wohngeldamt
Hammberg
Rathaus

34593 Hammberg

Hammberg, 13.7.04

Wohngeldantrag vom 13.6.04

Als Ergänzung zu unserem Wohngeldantrag reiche ich hiermit die aktuelle Verdienstbescheinigung mit den Bezügen für Juni '04 nach. Das darin verzeichnete Brutto-Gehalt ist auch für die folgenden Monate maßgeblich (vorausgesetzt, ich überstehe die Probezeit). Urlaubs- und Weihnachtsgeld sind tariflich geregelt, darüber hinausgehende Sonderzahlungen sind nicht vereinbart.

Ich bitte um zügige Bearbeitung unseres Antrags, da ich bedingt durch die Arbeitsaufnahme in Freiburg (Anschaffung eines Pkw, Arbeitskleidung etc.) größere Ausgaben hatte, denen wegen der langen Arbeitslosigkeit jedoch keine Rücklagen gegenüberstanden.

Wenn Sie Rückfragen haben, können Sie mich auch dienstlich unter 00567/45634 erreichen.

Mit freundlichen Grüßen

(Unterschrift)

Anlage: Verdienstbescheinigung Juni '04

Kirchenaustritt

Ist man nach reiflicher Überlegung entschlossen, aus der Kirche auszutreten, genügt in vielen Fällen ein formloses Schreiben an das zuständige Amt. Der Kirchenaustritt ist von Bundesland zu Bundesland unterschiedlich geregelt. Erfragen Sie die genaue Zuständigkeit bei Ihrem Einwohnermeldeamt.

(Absenderangabe)

Standesamt
Bergstadt

56894 Bergstadt

Kirchenaustritt

Ich, Sebastian Müller, geb. am 23.4.65, bin am 17.5.65 in der Evangelischen Kirche in Bergstadt getauft worden. Ich erkläre heute meinen Austritt aus der Evangelischen Kirche.

Datum Unterschrift

Bundesverwaltungen

Es gibt eine Vielzahl von Bundesverwaltungen, mit denen der Bürger in Berührung kommen kann. Sie können z. B. beim Bundesgesundheitsministerium eine aktuelle Broschüre zur Krebsvorsorge oder beim Bundesbauministerium Hinweise zum energiesparenden Bauen anfordern.

Solche Anfragen unterscheiden sich nicht von denen bei anderen Behörden und Ämtern. Sollten Sie als Bürger einer bestimmten Verpflichtung wie z. B. der Meldung eines Wohnortwechsels nicht nachgekommen sein, müssen dies nachholen und wurde vielleicht sogar deswegen schon ein Bußgeld gegen Sie verhängt, müssen Sie ebenfalls an die zuständige Bundesverwaltung schreiben.

Auch in solchen Fällen lautet die Devise: Stellen Sie den Sachverhalt möglichst klar und sachlich dar, vermeiden Sie unnötige Abschweifungen oder Erklärungen, die nichts mit der Sache zu tun haben und – wenn Sie um einen Aufschub oder eine Stundung bitten – machen Sie Ihr Anliegen höflich, aber unmissverständlich deutlich.

Im folgenden Beispiel geht es um die Formulierung eines Widerspruchs gegen einen Kostenbescheid, der erhoben wurde, weil der Betroffene seine Rate zur BAföG-Rückzahlung nicht pünktlich überwiesen hat.

Stefan Student
Universitätstraße 26
12345 Oberunterdorf

Bundesverwaltungsamt
Frau Maier

50728 Köln

Geschäftszeichen VII 3-0101010101/22

Sehr geehrte Frau Maier,

meine Anschrift hat sich geändert. Sie lautet ab sofort: Hauptstraße 16, 34567 Meldingen.

Gegen den Kostenbescheid in Höhe von € 50,– lege ich Widerspruch ein.

Begründung: Die Erhebung dieser Pauschale stellt für mich eine unzumutbare Härte dar – ich bin zur Zeit arbeitslos und Sozialhilfeempfänger (Belege siehe Anlage). Aus diesem Grund bin ich im Moment ohnehin nicht ratenzahlungspflichtig.

Außerdem bin ich zum 1.8.03 in die Hauptstraße umgezogen, während die erste Darlehensrate erst am 31.8.03 fällig wurde. Im Zuge des Umzugs habe ich schlicht vergessen, mich beim Bundesverwaltungsamt zu melden.

Ich bitte darum, diese Umstände bei Ihrer Entscheidung zu berücksichtigen.

Mit freundlichen Grüßen

Stefan Student

Bundeswehr/Bundesamt für Zivildienst

Mit der Bundeswehr als Behörde kommen alle jungen Männer in Berührung, die das 18. Lebensjahr vollendet haben. In der Bundesrepublik Deutschland besteht eine allgemeine Wehrpflicht und grundsätzlich können deshalb alle Männer zwischen 18 und 26 Jahren zum Wehrdienst herangezogen werden. Es gibt allerdings Ausnahmen wie z. B. die Zurückstellungen wegen Krankheit oder anderer besonderer Umstände. Und es gibt die Möglichkeit, den Wehrdienst zu verweigern und statt dessen einen zivilen Ersatzdienst, den Zivildienst, abzuleisten.

Zurückstellungen, Befreiungen und auch die Kriegsdienstverweigerung müssen schriftlich beantragt werden. Wer nicht in der Lage ist, einen Brief zu schreiben, kann seinen Antrag auch persönlich beim zuständigen Kreiswehrersatzamt zur Niederschrift stellen.

Eingaben, Einsprüche oder Anträge an die Bundeswehr oder an das Bundesamt für den Zivildienst werden im Allgemeinen zügiger bearbeitet, wenn sie

- Name, Vorname
- genaue Anschrift
- Personen-Kenn-Nummer (PK-Nummer) oder andere Kennziffer

enthalten und mit Ort, Datum und Unterschrift versehen sind.

Musterung

(Absenderangabe)

Kreiswehrersatzamt
Nordstadt
Kriegsstraße 3–5
00768 Nordstadt

Datum

Vorladung zur Musterung

Sehr geehrte Damen und Herren,

der Vorladung zur Musterung am 24.4.04 kann ich nicht Folge leisten. Ich befinde mich vom 10.4. bis 26.4.04 auf einem berufsbegleitenden Lehrgang in Hamburg und bin unabkömmlich. Am 23., 24. und 25. April sind dort mündliche und schriftliche Prüfungen.

Eine Bescheinigung des Arbeitgebers über meine Teilnahme an dem Lehrgang sowie eine Kopie des Lehrgangsprogramms füge ich bei.

Mit freundlichen Grüßen

Anlagen

Antrag auf Zurückstellung

(Absenderangabe)

Kreiswehrersatzamt
Musterstadt

Datum

PK-Nr: 456 989 3345 – Einberufungstermin 1.4.04
Antrag auf Zurückstellung

Sehr geehrte Damen und Herren,

nach Realschulabschluss, einjähriger Berufsfachschule (Berufskolleg) und mehrmonatiger Wartezeit habe ich am 1. November 2003 nach langem Suchen endlich eine Lehrstelle als Steinmetz gefunden. Die Lehrzeit dauert knapp 3 Jahre und ist am 1. Juli 2006 beendet.

Ich bitte Sie, die Einberufung bis zu diesem Zeitpunkt zurückzustellen, da mir sonst erhebliche berufliche Nachteile entstehen. Lehrstellen im Steinmetzhandwerk sind sehr rar und es gibt viele Bewerber. Eine Unterbrechung der Lehre würde meinem beruflichen Fortkommen sehr schaden.

Mit freundlichen Grüßen

(Unterschrift)

Anlage: Kopie Lehrvertrag

Antrag auf Befreiung vom Wehrdienst (Wehrdienstausnahmen)

(Absenderangabe)

Kreiswehrersatzamt
Musterstadt

Datum

Antrag auf Befreiung vom Wehrdienst

Sehr geehrte Damen und Herren,

wie Sie den beigefügten ärztlichen Bescheinigungen entnehmen können, bin ich wegen eines Wirbelsäulenschadens dauerhaft wehrdienstunfähig. Der Einberufung zum 1.7.04 kann ich deshalb nicht nachkommen.

Wegen starker Rückenschmerzen hatte ich am 23.5.04 die Universitätsklinik aufgesucht. In der Fachabteilung für Orthopädie diagnostizierte man einen eingeklemmten Nerv, der Folge einer Rückgratverkrümmung ist. Ich wurde 3 Wochen stationär behandelt und erhalte seitdem regelmäßig Krankengymnastik.

Auch meinen erlernten Beruf als Maurer darf ich auf dringendes Anraten meines Arztes nicht mehr ausüben. Ich habe deshalb bei der Landesversicherungsanstalt einen Antrag auf Umschulung wegen Berufsunfähigkeit gestellt.

Deshalb beantrage ich die Befreiung vom Wehrdienst aus gesundheitlichen Gründen.

Ärztliche Bescheinigungen in der Anlage.

Mit freundlichen Grüßen

Unterschrift

Antrag auf Kriegsdienstverweigerung

Jeder Wehrpflichtige kann einen Antrag auf Kriegsdienstverweigerung stellen. Er muss sich dazu auf Artikel 4,3 des Grundgesetzes berufen und Gewissensgründe geltend machen. Der Antrag sollte spätestens bei der Musterung gestellt werden, dann ist das Anerkennungsverfahren einfacher als bei verspäteter Antragstellung. Doch auch „vorbenachrichtigte" oder bereits einberufene Wehrpflichtige (Soldaten), ja selbst Reservisten können einen Antrag auf Kriegsdienstverweigerung aus Gewissensgründen stellen.

Ungediente Wehrpflichtige stellen den Antrag bei ihrem zuständigen Kreiswehrersatzamt mit einem formlosen Schreiben. Es kann als gewöhnlicher Brief abgeschickt werden, denn das Kreiswehrersatzamt muss umgehend den Eingang bestätigen. Wenn das Amt dies nicht tut, sollte man unbedingt anrufen und nachfragen. Erst mit dem Eingang beim Kreiswehrersatzamt ist der Antrag rechtswirksam eingebracht.

Ein Antrag auf Kriegsdienstverweigerung ist nur dann vollständig, wenn er folgende Teile enthält:

- den eigentlichen Antragstext (s. u.)
- ein polizeiliches Führungszeugnis (beim Einwohnermeldeamt beantragen)
- einen ausführlichen Lebenslauf
- eine Darlegung der Beweggründe

Oft muss man einen solchen Antrag sehr schnell und unter Zeitdruck abgeben, weil man beispielsweise die Vorladung zur Musterung erhalten oder sich unmittelbar nach der Musterung zur Kriegsdienstverweigerung entschlossen hat und mit seinem Antrag einer möglichen Einberufung zuvorkommen will.

Führungszeugnis, Lebenslauf und Begründung können deshalb auch nachgereicht werden. Für die schriftliche Begründung sollte man sich Zeit nehmen, denn sie entscheidet, ob man als Kriegsdienstverweigerer anerkannt wird oder nicht.

Was bei der Darlegung der Beweggründe alles zu beachten ist, wird in speziellen Ratgebern erläutert, die im Buchhandel erhältlich sind. Außerdem gibt es in fast jeder Stadt kirchliche und andere Beratungsstellen für Kriegsdienstverweigerer, die gerne weiterhelfen.

Wenn man keine PK-Nummer hat oder sie nicht kennt, sollte man statt dessen das Geburtsdatum angeben.

Von allen Schreiben an das Kreiswehrersatzamt sollte man unbedingt Kopien anfertigen und diese gut aufbewahren!

(Absenderangabe)

Kreiswehrersatzamt
Kriegsstraße 3–5
56732 Nordstadt

Datum

PK-Nr. 59459560 9943

Antrag auf Kriegsdienstverweigerung aus Gewissensgründen

Ich beantrage die Anerkennung als Kriegsdienstverweigerer aus Gewissensgründen unter Berufung auf Artikel 4 Abs. 3 Satz 1 des Grundgesetzes für die Bundesrepublik Deutschland.

Das Führungszeugnis, den Lebenslauf und die Darlegung der Beweggründe reiche ich nach.

Datum Unterschrift

Ungediente Wehrpflichtige, die noch keine Vorbenachrichtigung und noch keinen Einberufungsbescheid erhalten haben und einen Antrag auf Kriegsdienstverweigerung stellen, dürfen von dem Moment an, in dem der Antrag beim Kreiswehrersatzamt rechtskräftig gestellt, also eingegangen ist, nicht mehr zum Wehrdienst einberufen werden, bis über ihren Antrag entschieden ist.

Sollte dennoch versehentlich ein Einberufungsbescheid zugestellt werden, muss sofort Widerspruch eingelegt werden.

(Absenderangabe)

Kreiswehrersatzamt
Kriegsstraße 3–5
56732 Nordstadt

Datum

PK-Nr. 4987300/458lvg
Aktenzeichen VI/456-68a

Widerspruch gegen die Einberufung zum 1.7.04

Gegen die mir am 25.5.04 zugestellte Einberufung zum Grundwehrdienst am 1.7.04 lege ich Widerspruch ein.

Begründung:
Ich habe mit Schreiben vom 20.5.04 beim Kreiswehrersatzamt Nordstadt einen Antrag auf Kriegsdienstverweigerung gestellt. Der Eingang meines Antrags wurde mir vom Kreiswehrersatzamt am 24.5.04 bestätigt.
Nach Paragraph 3 Abs. 2 KDVG ist eine Einberufung deshalb nicht mehr möglich.

Ich bitte deshalb darum, die Einberufung zurückzunehmen.

Mit freundlichen Grüßen

(Unterschrift)

Anlage: Eingangsbestätigung des Kreiswehrersatzamtes vom 24.5.04

Wird der Antrag vom Wehrpflichtigen zurückgezogen oder vom Bundesamt für den Zivildienst abgelehnt, kann der Wehrpflichtige zum Wehrdienst eingezogen werden. Wird dem Antrag stattgegeben und der Wehrpflichtige im schriftlichen Verfahren (oder unter bestimmten Voraussetzungen nach einer mündlichen Anhörung) als Kriegsdienstverweigerer anerkannt, muss er nicht zur Bundeswehr, sondern kann zum Zivildienst herangezogen werden.

Der schriftliche Bescheid über die Anerkennung als Kriegsdienstverweigerer ist denkbar kurz. Er enthält, ohne weitere Begründung, den entscheidenden Satz:

„Sie sind berechtigt, den Kriegsdienst mit der Waffe zu verweigern."

Antrag auf Versetzung

Soldaten und Zivildienstleistende sind zwar grundsätzlich verpflichtet ihren Dienst an dem Ort abzuleisten, zu dem sie einberufen worden sind, doch gibt es bei Vorliegen wichtiger Gründe die Möglichkeit einen Versetzungsantrag zu stellen. Soldaten wenden sich mit einem solchen Antrag an die für sie zuständige Dienststelle (z. B. Standortkommandant), Zivildienstleistende an das Bundesamt für den Zivildienst.

(Absenderangabe)

Kreiswehrersatzamt
Leipzig

Datum

Dienstnummer.......

Antrag auf Versetzung

Sehr geehrte Damen und Herren,

seit 1.8.04 leiste ich Zivildienst im städtischen Altenheim „Haus Sonnenberg" in Leipzig. Es macht mir Freude, die alten Menschen zu betreuen und mit ihnen zu sprechen. Auch mit meinen Vorgesetzten und den übrigen Mitarbeitern gibt es keine Probleme.

Dennoch bitte ich dringend um Versetzung auf eine Zivildienststelle in der unmittelbaren Nähe meines Heimatortes.

Begründung:

Mein Vater hatte vor drei Wochen einen schweren Arbeitsunfall und liegt zur Zeit noch mit komplizierten Knochenbrüchen im Krankenhaus. Er wird noch mehrere Monate lang arbeitsunfähig sein und an Krücken gehen müssen.

Wir haben eine Nebenerwerbslandwirtschaft (10 ha Ackerland, Wiesen und etwas Wald, 10 Stück Milchvieh und ein paar Schweine). Sie ist ein wichtiger Teil unserer Existenz. Ich bin der einzige Sohn und meine Mutter kann den Betrieb nicht alleine führen.

Wenn ich die restliche Zeit des Zivildienstes auf einer Dienststelle an meinem Heimatort oder in der unmittelbaren Nähe ableisten könnte, wäre es mir möglich, die Landwirtschaft nebenher weiterzuführen, bis mein Vater wieder genesen ist.

Mit freundlichen Grüßen

(Unterschrift)

Polizei

Die Verfolgung strafbarer Handlungen ist nur ein Teilgebiet der polizeilichen Aufgaben. Das Vorbeugen und die Verhinderung von Straftaten (Gefahrenabwehr) gehört ebenso dazu wie das Eingreifen bei Ordnungswidrigkeiten. Ordnungswidrigkeiten werden vor allem im Straßenverkehr begangen.

Verkehrsunfälle und andere Ordnungswidrigkeiten sowie Straftaten wie Raub, Einbruch, Diebstahl usw. meldet man am besten telefonisch über die örtliche Notrufnummer. Schnelligkeit ist geboten. Andere Handlungen oder Ereignisse, die die öffentliche Sicherheit und Ordnung gefährden, kann der Bürger ebenfalls bei der Polizei anzeigen.

Handelt es sich um so genannte Antragsdelikte, die die Polizei nicht von sich aus verfolgen muss, bedarf es einer Person, die sich als Geschädigter bei der Polzei meldet und Anzeige erstattet. Hierfür gibt es vorgedruckte Formulare, die ein Polizeibeamter nach den Angaben des Anzeigeerstatters ausfüllt.

Die Polizei nimmt dann Vorermittlungen auf. Zeigen diese, dass ein öffentliches Interesse an einer Strafverfolgung besteht, nimmt die Polizei die eigentlichen Ermittlungen auf.

Häufig handelt es sich jedoch um Lappalien wie nächtliche Ruhestörung wegen einer zu lauten Feier oder um Streitigkeiten zwischen Nachbarn. Wenn durch Sie niemand ernsthaft gefährdet worden ist oder verletzt wurde und keine Gefährdung der öffentlichen Sicherheit und Ordnung bestand, belässt es die Polizei bei einer bloßen Verwarnung.

Es gilt also in jedem Fall abzuwägen, ob eine Anzeige oder ein Hinweis auf eine öffentliche Gefahr gerechtfertigt und angebracht ist. Wenn Ihnen auffällt, dass der Nachbar ein altes Auto mit abgefahrenen Reifen und defekter Lichtanlage fährt, dann zeigen Sie ihn nicht gleich bei der Polizei an, sondern weisen ihn freundlich darauf hin, dass er unter Umständen sich und andere gefährdet, wenn sein Auto nicht verkehrssicher ist.

Wenn Sie hingegen den begründeten Verdacht haben, dass es sich um Straftaten handeln könnte, sind Sie verpflichtet die Polizei zu informieren. Dies ist keine Denunziation.

Mit der Polizei korrespondiert man im Allgemeinen nicht gern. Schließlich sind es oft keine erfreulichen Dinge, die man mit den Ordnungshütern zu regeln hat. Es kann vorkommen, dass man sich gegen ungerechtfertigte Anschuldigungen zur Wehr setzen muss oder zu einer Stellungnahme aufgefordert wird.

Hat die Polizei eine Vorermittlung aufgenommen und bittet Sie um eine schriftliche Stellungnahme oder Aussage, dann erhalten Sie in der

Regel ein Formular, auf dem Sie sich zur Sache äußern und an einer vorgesehenen Stelle auch umfangreichere Ausführungen machen können.

Sie können sich aber auch in eigener Sache an die Polizei wenden. Dabei sollten Sie jedoch berücksichtigen, dass Ihr Anliegen auch in den Aufgabenbereich der Polizei fällt.

Karl Senner
Mandelstraße 104
47305 Unterdorf

Polizeidienststelle
Verkehrspolizei

2.4.2004

Geschwindigkeitskontrollen im Bereich Dorfstraße

Seit einigen Wochen fällt mir auf, dass viele Autofahrer auf der Landesstraße 43 im Bereich der Ortsdurchfahrt Unterdorf wieder viel zu schnell fahren. Kaum noch jemand hält sich an die vorgeschriebenen 50 km/h. Und dies, obwohl deutlich sichtbar mit Warnschildern auf die an der Dorfstraße liegende Schule und den Kindergarten hingewiesen wird. Mir ist es schon wiederholt passiert, dass ich mit vorschriftsmäßiger Geschwindigkeit fahrend von anderen Autofahrern innerorts überholt worden bin!

Es wäre an der Zeit hier wieder einmal Geschwindigkeitskontrollen durchzuführen, um die Autofahrer zu disziplinieren. Die Vergangenheit hat gezeigt, dass bloße Appelle nichts nützen.

Mit freundlichen Grüßen

Karl Senner

Gerichte

Um bei Gericht Klage zu erheben, müssen Sie nicht unbedingt die Dienste eines Rechtsanwalts in Anspruch nehmen. Bei komplizierten Fällen oder dann, wenn es sich um höhere Summen handelt, sollte man jedoch unbedingt fachlichen Rat einholen oder die Angelegenheit ganz dem Anwalt übergeben. Sehr leicht kann es passieren, dass eine Klage bereits wegen Formfehlern abgewiesen wird.

Klage eines Gläubigers
(in dreifacher Ausfertigung)

Amtsgericht
X-Stadt

Datum

In dem Rechtsstreit
Hans Maier, Wiesenweg 13, 23456 Elmshorn
gegen
Fritz Müller, Feldacker 9, 23456 Elmshorn

erhebe ich Klage mit dem Antrag,
den Beklagten zu verurteilen,
an mich € 450,– und 5% Zinsen
seit dem 1.10.04 zu zahlen.

Gründe: Ich habe dem Beklagten am 15.3.04 € 450,– als zinsloses Darlehen gegeben. Der Beklagte hat sich schriftlich verpflichtet, das Geld bis zum 30.9.04 zurückzuzahlen. Trotz mehrfacher Aufforderung und wiederholter Erinnerung hat er die Summe bis jetzt nicht zurückgegeben. Weder hat er auf meine Mahnbriefe reagiert, noch einen Grund genannt, warum er nicht zurückzahlen kann.

Unterschrift

Zeugenschaft

Sind Sie vor Gericht als Zeuge vorgeladen, werden Sie mit einer Ordnungsstrafe belegt, wenn Sie der Verhandlung unentschuldigt fern bleiben. Nun kann es allerdings vorkommen, dass man aus zwingenden Gründen (Krankheit, Dienstreise, Auslandsaufenthalt) zum anberaumten Termin nicht vor Gericht erscheinen kann. In solchen Fällen schreibt man einen Entschuldigungsbrief, dem man einen Nachweis über die Gründe beifügt. Denn nur wenn Sie die Gründe auch belegen können, werden Sie von der Pflicht zu erscheinen entbunden. Solche Nachweise können sein:

- bei Krankheit: ein ärztliches Attest
- bei Dienstreise oder Aufenthalt an einem weit entfernten Ort: Beglaubigung der örtlichen Polizeibehörde

(Absenderangabe)

Landgericht
Karlsruhe

Datum

Vorladung wegen einer Zeugenaussage

Sehr geehrte Damen und Herren,

zum 12.10.2004 bin ich als Zeuge in Sachen Hansemann gegen Riedlinger geladen. Ich kann diesen Termin leider nicht wahrnehmen, weil ich vom 4.10.04 bis voraussichtlich 30.11.04 auf Montage in Saudi-Arabien bin. Wegen der Zeugenaussage kann ich diesen beruflich bedingten Auslandsaufenthalt nicht unterbrechen, ohne schwer wiegende Nachteile zu erleiden.

Unterschrift

Anlage: Erklärung des Arbeitgebers; Kopie des Arbeitsvertrages

(Absenderangabe)

Landgericht
Freiburg

Datum

Vorladung wegen einer Zeugenaussage

Am 18.4.04 war ich um 10 Uhr als Zeuge in Sachen Wagner gegen Becker geladen. Ich konnte zu diesem Termin leider nicht rechtzeitig erscheinen, da mein Zug Villingen–Neustadt–Freiburg wegen eines Lokschadens liegen geblieben war und mit über zwei Stunden Verspätung in Freiburg eintraf. Zu diesem Zeitpunkt war die Verhandlung bereits beendet.

Eine Bestätigung der Deutschen Bahn AG liegt bei.

Mit freundlichen Grüßen

(Unterschrift)

Auch ein Einspruch gegen eine gerichtliche Entscheidung muss unbedingt fristgerecht und schriftlich eingereicht werden.

(Absenderangabe)

Amtsgericht
Rudolfingen

Datum

Urteil Az. 345/345 sDv vom 4.5.04
Bitte um Haftaufschub

Am 1.7.04 soll ich eine zweimonatige Haft in der Justizvollzugsanstalt Vechta antreten.

Meine Frau ist schwanger und wird voraussichtlich am 15.7.04 ein Kind zur Welt bringen. Ich bitte aus diesem Grund um einen Haftaufschub von drei Monaten, damit ich bei der Geburt dabei sein und meiner Frau in den ersten Wochen nach der Niederkunft helfen kann.

(Unterschrift)

Vollmacht

Nicht nur vor Gericht, auch bei Behörden oder Banken ist zur Erledigung mancher Angelegenheiten das persönliche Erscheinen erforderlich. Wer nicht selbst zum Gericht, zur Behörde oder Bank gehen kann oder will, hat die Möglichkeit sich von jemand anderem vertreten zu lassen. Diese stellvertretende Person muss durch ein entsprechendes Schriftstück bevollmächtigt werden.

Ob im Einzelfall vor Gericht eine Stellvertretung durch eine bevollmächtigte Person möglich ist, sollten Sie jeweils erfragen. Insbesondere Eheleute können sich bei bestimmten Gerichtsangelegenheiten gegenseitig vertreten.

Beispiele für Vollmachten vor Behörden und vor Gericht

Vollmacht

Ich bevollmächtige Herrn Johannes Reis, mich in allen Sozialhilfeangelegenheiten vor dem Sozialamt B-Stadt zu vertreten und alle Erklärungen für mich abzugeben und entgegenzunehmen.

Datum Unterschrift

Vollmacht

Ich bevollmächtige meinen Ehemann, Hans Mayer, mich vor dem Amtsgericht B-Stadt in der Sache Eheleute Mayer gegen Wohnbau GmbH zu vertreten.

Datum Unterschrift

Mietkorrespondenz

Als Vermieter wie als Mieter hat man gelegentlich Briefe zu schreiben. Der Vermieter, um den Mietern beispielsweise eine Mieterhöhung, eine bevorstehende Modernisierung oder eine andere Veränderung mitzuteilen oder gar den Mietvertrag zu kündigen.

Ein Mieter muss unter Umständen bei der Wohnungssuche auf Chiffre-Anzeigen antworten, es kann vorkommen, dass er dem Vermieter schriftlich Schäden melden oder Mängel rügen muss, um bei einer späteren Auseinandersetzung „etwas in der Hand zu haben". Schließlich kann auch der Mieter kündigen, wobei er sich der Schriftform bedienen muss.

Briefe des Vermieters an den Mieter

Hat ein Vermieter ein Wohnungsangebot inseriert, wird er in der Regel mögliche Bewerber telefonisch einladen. Lässt sich der Bewerber aber auf diesem Wege nicht erreichen, wird eine „schriftliche Einladung" nötig.

Die Tage, als sich der Vermieter seine Mieter unter Hunderten von Bewerbern aussuchen konnte, sind – für die Mieter glücklicherweise – vorbei. Auch der Vermieter kann es sich heute nicht mehr leisten, sich potenzielle Mieter entgehen zu lassen. Daher wird sich der Vermieter bereits in einem ersten schriftlichen Kontakt höflich und freundlich zeigen.

(Absenderangabe)

Simone Fleißig
Südweg 13
45692 Unterbach

Datum

Sehr geehrte Frau Fleißig,

Sie haben sich auf unsere Annonce „Studentenzimmer zu vermieten“ gemeldet. Ihr Brief hat uns gut gefallen und wir können uns gut vorstellen, das Zimmer an Sie zu vermieten. Leider haben Sie vergessen Ihre Telefonnummer anzugeben. Bitte rufen Sie uns in den nächsten Tagen an, damit wir das weitere Vorgehen besprechen können.
Wenn Sie in unserer Stadt sind, können Sie gerne das Zimmer besichtigen. Bitte melden Sie sich vorher telefonisch an.

Mit freundlichen Grüßen

Franz und Erika Ruprecht

Abmahnung

Zahlt ein Mieter seine Miete nicht oder verhält sich in anderer Weise vertragswidrig, muss der Vermieter ihn abmahnen. Ein solches Schreiben ist vielleicht unangenehm, aber unvermeidlich.

Haben Sie sich fürchterlich über Ihren unmöglichen Mieter aufgeregt und möchten ihm einmal so richtig die Meinung sagen? Dann können Sie einen wütenden Brief schreiben und Ihren Ärger herauslassen – nur abschicken sollten Sie diesen Brief nicht! Denn sehr wahrscheinlich würden Sie nur das Gegenteil von dem bewirken, was Sie wollen.

Ein im Tonfall freundlicher, aber bestimmter Brief, in dem Sie den Mieter höflich auf seinen Zahlungsrückstand oder die Einhaltung der Hausordnung hinweisen, ist in den meisten Fällen viel wirkungsvoller.

Herbert Reichel
Lindenstraße 4
47745 Neustadt

Herrn
Rainer Lebewohl
Wilhelmstr. 9
49958 Rodberg

28.9.04

Sehr geehrter Herr Lebewohl,

bei der Prüfung meiner Unterlagen ist mir aufgefallen, dass Sie die Miete für den Monat Juli noch nicht überwiesen haben. Vielleicht waren Sie in Urlaub und haben es einfach vergessen. Bitte zahlen Sie den noch ausstehenden Betrag von 540,– € bis zum 30.10. auf mein Konto ein. Die Nummer 567894 bei der Stadtsparkasse ist Ihnen ja bekannt.

Übrigens, einige Hausbewohner haben sich darüber beschwert, dass Sie Ihr Fahrrad im Hausflur abstellen. Der Flur ist schon eng genug und wird auch durch Ihr Fahrrad nicht breiter! Bitte benutzen Sie doch künftig den Fahrradkeller. Wenn Sie Ihr altes Motorrad und die diversen Ersatzteile etwas besser zur Seite räumen, dann hat Ihr Fahrrad dort bequem Platz.

Mit freundlichen Grüßen

Herbert Reichel

Sollte auf diesen ersten Brief keine Reaktion erfolgen, muss der Vermieter im nächsten Schreiben deutlicher werden und eventuell sogar Konsequenzen androhen.

Herbert Reichel
Lindenstraße 4
47745 Neustadt

Herrn
Rainer Lebewohl
Wilhelmstr. 9
49958 Rodberg

15.11.04

Sehr geehrter Herr Lebewohl,

am 28.9. hatte ich Sie brieflich darauf hingewiesen, dass Sie die Juli-Miete noch nicht bezahlt haben und Ihnen bis zum 30.10. Zeit gegeben, die Mietschulden zu begleichen. Bis heute ist der Betrag noch nicht bei mir eingegangen. Auch die Oktober-Miete haben Sie nicht bezahlt. Zudem häufen sich die Klagen anderer Hausbewohner über Ihr angeblich rücksichtsloses und egoistisches Verhalten.

Ich möchte Sie dringend daran erinnern, die Mietrückstände unverzüglich zu begleichen und sich an die Hausordnung zu halten.

Hierzu gehört u. a.:
- Keine Fahrräder und sonstige sperrige Gegenstände längere Zeit im Hausflur abstellen.
- Musik in der Wohnung in Zimmerlautstärke und ab 22 Uhr besondere Rücksicht auf die Mitbewohner nehmen.
- Ordentliches Erledigen der Kehrwoche.
- Keine Müll- und Schrottlagerung im allgemeinen Fahrradkeller.

Sie haben mir bisher weder einen Grund genannt, warum Sie die Miete nicht bezahlen, noch zu den Vorwürfen der übrigen Mieter Stellung genommen.

Mit freundlichen Grüßen

Herbert Reichel

Briefe des Mieters an den Vermieter

Der erste Kontakt zwischen Mieter und Vermieter ist oft ein schriftlicher, wenn sich nämlich der Mieter auf eine Zeitungsannonce meldet und sich um eine Wohnung oder ein zur Vermietung angebotenes Haus bewirbt.

(Absenderangabe)

Zeitung
Chiffre Z6302088/m

Datum

Sehr geehrte Dame,
sehr geehrter Herr,

wir interessieren uns für das in der Samstagsausgabe der Zeitung zur Vermietung angebotene Reihenhaus. Wir sind eine Familie mit 4 Kindern im Alter von 1–10 Jahren, halten keine Haustiere und sind Nichtraucher. Unsere derzeitige Wohnung wird uns auf Dauer zu eng. Ich bin technischer Angestellter, meine Frau ist Hausfrau und nicht berufstätig.

Bitte setzen Sie sich bald mit uns wegen eines Besichtigungstermins in Verbindung.

Mit freundlichen Grüßen

Unterschrift

Auch der Mieter sollte an einem möglichst guten Verhältnis mit dem Vermieter interessiert sein. Wenn einmal etwas zu beanstanden ist, sollte man die Form wahren und höflich und sachlich bleiben. Drohungen mit Mietminderung sind das letzte Mittel und nur dann ratsam, wenn alle anderen Möglichkeiten nicht zu einem Erfolg geführt haben. In solchen Fällen ist es besser, sich vorab sorgfältig über die rechtlichen Konsequenzen zu informieren.

Horst und Sylvia Keim
Friedensstraße 100
81120 München

Herrn
G. W. Hoss
Hirschstr. 8

76456 Eichenhausen

4.9.2004

Sehr geehrter Herr Hoss,

vor drei Tagen hatten wir Sie telefonisch davon unterrichtet, dass die Heizungsanlage in unserem Haus defekt ist. Die Heizkörper in den Zimmern werden nicht richtig warm und das Warmwasser nur lauwarm.

Wir fordern Sie auf, Heizung und Warmwasserversorgung umgehend instand setzen zu lassen, damit wir unsere Wohnung vertragsgemäß nutzen können.

Wird der Mangel nicht bis 30.9.04 behoben, erfolgt ab 1.10.04 25%ige Mietminderung.

Mit freundlichen Grüßen

Unterschrift

(Absenderangabe)

Anwaltsbüro Heilberger
RA Andreas Heinke
Wilhelmstr. 6

45940 Elberdingen

15.12.04

Widerspruch gegen Kündigung

Sehr geehrter Herr Heinke,

der von Ihnen ausgesprochenen fristlosen Kündigung vom 6.12.04 wird von uns widersprochen. Wir verlangen die Fortsetzung des Mietverhältnisses.

Gründe:

1. Bei dem von Ihnen angeführten Vorfall handelte es sich weder um eine Straftat noch um eine Körperverletzung, zudem liegt er schon 9 Monate zurück.

2. Bei den aufgeführten Mietzahlungsrückständen handelt es sich um ordnungsgemäß angekündigte Mietminderung wegen eklatanter Mängel. Laut Rechtsprechung steht dem Mieter in einem solchen Fall das Recht auf Minderung zu.

3. Der Kündigung wird von uns weiterhin unter Berufung auf die Sozialklausel im § 556a BGB widersprochen. Wir haben drei Kinder im Alter von 8, 5 und 3 Jahren. Unsere wirtschaftliche Situation ist zudem schwierig. Von daher haben wir nur sehr begrenzt Zugang zum Wohnungsmarkt.

Mit freundlichen Grüßen

(Unterschrift)

Verbände und Vereine

Viele Menschen sind Mitglieder in Vereinen. Einem Verein beizutreten ist in der Regel nicht schwer: Meist reicht es aus, einen Aufnahmeantrag oder eine Beitrittserklärung auszufüllen. Die meisten örtlichen Vereine wie z. B. Sport- und Musikvereine werben neue Mitglieder durch persönliche Ansprache und durch Empfehlung anderer Mitglieder. Hier ist normalerweise keine Korrespondenz zu führen, es sei denn, man möchte aus dem Verein austreten oder seinen Mitgliedsstatus ändern.

Andere Vereine wie Automobil- und Verkehrsclubs, Tierschutzvereine, Interessengemeinschaften aller Art sowie mildtätige und gemeinnützige Vereine, Verbände und Parteien werben Mitglieder auch durch Anzeigen, Werbebriefe, Prospekte usw. Meist verfügen solche Werbematerialien über einen Abtrennabschnitt, mit dem man Informationsmaterial anfordern kann. Wenn Sie aus irgendeinem Grund keinen derartigen Vordruck zur Hand haben oder beispielsweise eine Zeitschrift nicht zerschneiden wollen, können Sie einen Brief schreiben und damit eine kleine Korrespondenz in Gang setzen.

(Absenderangabe)

Datum

Verein für Schöneres Leben e.V.
Postfach 2342
45643 Korberg

Bitte um Informationsmaterial

Sehr geehrte Damen und Herren,

in der jüngsten Ausgabe der „Illustrierten Zeitschrift“ habe ich Ihre Anzeige gelesen. Bitte senden Sie mir das angebotene Info-Paket. Ich bin auch an einer Mitgliedschaft interessiert.

Mit freundlichen Grüßen

(Unterschrift)

Als Vereinsmitglied hat man Rechte und Pflichten. Zu den Rechten gehört das Mitwirkungs- und Stimmrecht auf Mitgliedsversammlungen, zu den Pflichten in erster Linie das pünktliche Bezahlen des Mitgliedsbeitrags. Über die Ziele und Zwecke eines Vereins, seine Gremien und über die Rechte und Pflichten der Mitglieder gibt die Vereinssatzung Auskunft.

Es gibt, grob gesagt, zwei Arten von Vereinen:

- eigennützige Vereine
- gemeinnützige Vereine

Der ersten Gruppe gehören alle Vereine an, die nur den Interessen einer bestimmten Gruppe, beispielsweise eines Berufsstandes dienen. Das sind zum Teil Wirtschaftsunternehmen, die aus bestimmten Gründen die Geschäftsform „eingetragener Verein“ gewählt haben, weil sie beispielsweise genossenschaftlich organisiert sind. Dann gibt es die reinen Hobby- und Freizeitvereine, in denen sich Menschen zusammenschließen, um gemeinsam ihrem Steckenpferd zu frönen.

Sind die Ziele und Zwecke eines Vereins darauf ausgerichtet, dem Allgemeinwohl und der Allgemeinheit zu dienen und erfüllt der Verein bestimmte gesetzliche Auflagen, dann erhält er das Prädikat der Gemeinnützigkeit. Spenden an einen solchen Verein sind von der Steuer absetzbar.

Einige Beispiele für Korrespondenz mit Vereinen

(Absenderangabe)

Allgemeiner Deutscher Hundeschlittenclub e.V.
Wintererweg 14
49302 Werbitz an der Lohe

Datum

Antrag auf Mitgliedschaft

Ich möchte Mitglied im Allgemeinen Deutschen Hundeschlittenclub e.V. werden. Die Aufnahmebedingungen Besitz eines Hunde-

schlittens mit mindestens zwei reinrassigen Alaska-Schlittenhunden und erfolgreiche Teilnahme an dem Einführungslehrgang „Grundlagen der Hundeschlittenführung“ erfülle ich (Teilnahmezertifikat in der Anlage).
Den Mitgliedsbeitrag werde ich satzungsgemäß entrichten.

Mit freundlichen Grüßen

(Unterschrift)

(Absenderangabe)

Örtlicher Sportverein e.V.
Postfach
49304 Überall

Datum

Änderung der Mitgliedschaft

Mein Sohn nimmt nicht mehr am Kinderturnen teil. Er möchte jetzt lieber Tennis spielen. Diese Sportart kann er in unserem Verein leider nicht ausüben, er muss in den Tennisclub wechseln.
Ich beantrage deshalb die Änderung meiner Familienmitgliedschaft (150,– € Jahresbeitrag) in eine Einzelmitgliedschaft nur für mich (100,– € Jahresbeitrag) zum nächstmöglichen Zeitpunkt.

Bitte senden Sie mir eine Bestätigung über die erfolgte Änderung. Die Ihnen vorliegende Abbuchungsermächtigung bitte ich entsprechend zu ändern.

Mit freundlichen Grüßen

(Unterschrift)

Austritt

Die Mitgliedschaft in einem Verein endet im Allgemeinen durch Tod des Mitglieds, Ausschluss durch die Mitgliederversammlung oder Austritt. Der Austritt aus einem Verein muss schriftlich erklärt und in den meisten Fällen auch selber formuliert werden. Wie bei anderen Formen der Kündigung, gibt es in der Regel auch für den Austritt aus einem Verein kein Formular!

Ein solcher Austritt muss nicht, kann aber begründet werden. Handelt es sich lediglich um persönliche Gründe oder eine allgemeine Unzufriedenheit, sollte man darauf verzichten, sie zu nennen oder zu erklären. Ist man jedoch mit der Arbeit des Vereins unzufrieden oder kann man seine Zielsetzung nicht mehr teilen, dann ist es ein Akt der Fairness, dies dem Vereinsvorstand mitzuteilen.

(Absenderangabe)

Briefmarkenfreunde e.V.
Eisenacher Weg 45
58943 Esperdingen

Datum

Austritt aus dem Verein

Ich erkläre meinen Austritt aus dem Verein „Briefmarkenfreunde e.V." zum 31.12.04. Ich habe den Spaß am Hobby Briefmarkensammeln verloren und meine Sammlung verkauft.
Dem Verein und seinen Mitgliedern wünsche ich weiterhin alles Gute.

Die erteilte Einzugsermächtigung widerrufe ich ebenfalls zum 31.12.04

(Unterschrift)

Freunde der Sonne e.V.
Postfach 2929
45842 Dommeshausen

Datum

Austritt

Liebe Freunde,

zum 31.12.04 trete ich aus dem Verein „Freunde der Sonne e.V.“ aus. Auf der letzten Mitgliederversammlung habe ich meine Kritik am Vorstand und seiner Vereinspolitik noch einmal wiederholt. Leider fanden die entsprechenden Anträge keine Mehrheit. Da ich die Richtung, in die sich der Verein seit einigen Jahren entwickelt hat, nicht gutheißen kann und auch keine Chance auf eine wirkliche Erneuerung sehe, bleibt mir – schweren Herzens – nur der Austritt.

Den Mitgliedsausweis sowie einige noch in meinem Besitz befindliche Vereinsunterlagen gebe ich in der Anlage zurück. Ich bitte darum, mir die Rückgabe zu quittieren.

Datum, Unterschrift

Beteiligt man sich aktiv am Vereinsleben und möchte man auch seine Mitspracherechte als Mitglied wahrnehmen, dann wird man die Jahreshauptversammlungen oder ordentlichen Mitgliederversammlungen seines Vereins aufsuchen. Viele Vereine schreiben in ihrer Satzung vor, dass Anträge auf solchen Mitgliederversammlungen innerhalb einer bestimmten Frist vorab schriftlich eingereicht werden müssen. Dies ist insbesondere bei satzungsändernden Anträgen meist der Fall.

(Absenderangabe)

Verein 95 e.V.
Vorstand
Postfach 3495
41236 Silberdorf

Datum

Jahreshauptversammlung am 25.10.04

Liebe Freundinnen und Freunde,

fristgerecht reiche ich folgenden satzungsändernden Antrag für die Mitgliederversammlung am 25.10.04 ein. Bitte nehmt ihn in die Antragsmappe mit auf.

Wegen der prekären Finanzlage unseres Vereins schlage ich vor, für den Tagesordnungspunkt 3 „Finanzen" mehr Zeit einzuplanen und den Tagesordnungspunkt 7 „Festschrift" entsprechend zu kürzen oder ganz zu streichen.

Herzliche Grüße

(Unterschrift)

Antragsteller: Heinz Müller

Satzungsänderung
In Abs. 3, Ziff. 4 der Satzung wird die Passage „... der Vorstand entscheidet mit einfacher Mehrheit ..." ersetzt durch „... der Vorstand entscheidet mit Zweidrittelmehrheit ...".

Begründung: Gerade bedeutende und weit reichende Entscheidungen sollten von einer breiten Mehrheit getroffen und auch verantwortet werden.

Banken, Sparkassen und andere Kreditinstitute; Versicherungen

Die meisten Bankvorgänge können persönlich am Schalter oder telefonisch erledigt oder zumindest eingeleitet werden. Ein Gehalts- oder Girokonto beispielsweise können Sie gar nicht schriftlich einrichten lassen, Sie müssen persönlich bei der Bank vorsprechen oder einen Bevollmächtigten schicken. Versicherungen beschäftigen eigens Mitarbeiter, die zu Ihnen nach Hause kommen und Anträge und Verträge mit Ihnen durchsprechen.

Alle gewöhnlichen Bankvorgänge und fast alle Versicherungsvorgänge werden inzwischen über Formulare abgewickelt, da Banken und Versicherungen ihren gesamten Geschäftsverkehr inzwischen über elektronische Datenverarbeitung (EDV) abwickeln. Bei der großen Zahl von Kunden und dem massenhaften Auftreten der immer gleichen Geschäftsvorgänge sind standardisierte Formulare, die vom Kunden nur noch ausgefüllt werden müssen, eine Notwendigkeit.

Mit Formularen sparen die Sachbearbeiter viel Zeit und der Kunde muss sich nicht um korrekte Formulierungen sorgen. Formulare bieten Rechtssicherheit. Nur wenn ein Kunde mit bestimmten Formulierungen oder Klauseln nicht einverstanden ist und die Unterschrift verweigert, müssen unter Umständen Änderungen vorgenommen oder ein ganz neuer Text ausgehandelt und aufgesetzt werden. Dies kommt allerdings nur bei wichtigen Verträgen vor; bei einfachen Änderungsanträgen ist so etwas so gut wie nie der Fall.

Ein ausführlicherer Brief an eine Bank oder Versicherung ist heute also nur noch selten nötig. Auch Auskünfte und Anfragen erledigt man am besten telefonisch. Beispielsweise erhalten Sie eine Auskunft über Kreditkonditionen wesentlich einfacher und schneller, wenn Sie anrufen, als wenn Sie schriftlich anfragen.

Ob Sie ein Kraftfahrzeug anmelden wollen und eine Versicherungs-Doppelkarte benötigen, ob Sie einen Dauerauftrag ändern lassen wollen oder neue Überweisungsformulare und Schecks brauchen, ob Sie die Zahlungsweise der Prämien Ihrer Lebensversicherung ändern wollen – für beinahe alles gibt es Formulare, die man Ihnen gerne zusendet, wenn Sie diese anfordern.

Kreditinstitute und die Versicherungswirtschaft gehen seit einigen Jahren verstärkt dazu über, Ihren Kunden so genannte „Online-Dienste“ anzubieten. „Direct-Banking“ oder „Home-Banking“ heißt diese neue Art des schalterlosen direkten Geschäftsverkehrs im Bankbereich.

Auch der Privatkunde kann nun, sofern er über einen Personal-Computer mit Telefonanschluss verfügt, alle Bankgeschäfte von der Überweisung über die Einrichtung eines Dauerauftrags bis zur Beantragung eines Kleinkredits, bequem vom heimischen Schreibtisch aus erledigen. Er muss dabei nicht mehr persönlich die Bank aufsuchen oder eine briefliche Korrespondenz führen. Sein privater PC ist direkt mit dem Rechner der Bank verbunden. Da die Banken dadurch Personal einsparen – der Kunde erledigt ja zu Hause die Arbeiten selbst, die sonst ein Sachbearbeiter der Bank tun müsste – sind die Gebührensätze für „Home-Banking“ im Allgemeinen deutlich niedriger als im Schalterverkehr.

Im Versicherungsbereich haben sich in den letzten Jahren verstärkt so genannte „Direkt-Versicherer“ etabliert, die vollständig auf Vertreterbesuche verzichten. Alles wird über Telefon, Telefax, PC-Online oder Briefpost abgewickelt. Alle Geschäftsvorgänge sind auf Formularen oder Bildschirmmasken erfasst. Der Kunde füllt nur noch aus, leistet seine Unterschrift und steckt die Papiere in den Umschlag.

Im Grunde genommen müssen Sie also nur noch Briefe schreiben, mit denen Sie die entsprechenden Formulare (Kontoeröffnung, Änderungsanträge, Schadensmeldung) anfordern – wenn Sie es nicht vorziehen, auch dies telefonisch zu erledigen. Und dann sind da natürlich noch die Kündigungen.

Während Banken durchaus auch über Formulare beispielsweise zur Kontoauflösung verfügen, werden Sie auf den Formularen von Versicherungen in der Regel keinen Vordruck finden, auf dem Sie ankreuzen können, dass Sie die Versicherung zu einem bestimmten Datum kündigen. Versicherungen erwarten, dass der Kunde die Kündigung eines Versicherungsvertrags mit eigenen Worten formuliert.

Auch wenn sich die Korrespondenz mit Banken und Versicherungen also fast ausschließlich auf den Austausch und das Ausfüllen von Formularen beschränkt: Es gibt hin und wieder Situationen, in denen Sie sich besser schriftlich äußern, um – beispielsweise im Streitfall – etwas „in den Händen zu haben“.

Dies betrifft im Bankbereich insbesondere formlose Anträge und Verlustanzeigen, bei Versicherungen in der Regel Änderungsanzeigen (wie z. B. Kennzeichenänderung des Fahrzeugs bei der Kfz-Haftpflichtversicherung oder Wohnortwechsel mit Änderung der Wohnungsgröße bei Hausratversicherungen) sowie Schadensmeldungen und Kündigungen.

Auf den folgenden Seiten finden Sie einige Beispiele für moderne Korrespondenz von Privatkunden mit Banken und Versicherungen. Grundsätzlich gilt auch hier:

- Beschränken Sie sich auf das sachlich unbedingt Notwendige!
- Vermeiden Sie Abschweifungen oder umständliche Begründungen, wo sie nicht unvermeidlich sind.
- Geben Sie immer alle notwendigen Daten an, so dass eine zügige Bearbeitung ermöglicht wird!

Rückfragen oder Nachforschungen sind nicht nur für die Bank oder Versicherung aufwendig und teuer, sondern bereiten auch Ihnen selbst Umstände und Kosten, beispielsweise zusätzliche und eigentlich überflüssige Korrespondenz.

Banken, Sparkassen und andere Kreditinstitute

Da der gesamte Zahlungsverkehr auf Formularen abgewickelt wird, sind hierfür selbstformulierte Briefe so gut wie nicht mehr notwendig. Auch wenn Sie Überweisungen von zu Hause aus tätigen oder Daueraufträge einrichten wollen, schickt Ihnen Ihr Kreditinstitut gerne die entsprechenden Überweisungsträger und Formulare. Überweisungsaufträge auf einem formlosen Brief werden in der Regel gar nicht, ungern oder aber unter Berechnung einer besonderen Gebühr ausgeführt.

Wenn Sie einen Personal Computer (PC) besitzen, der mit dem Telefonnetz der Telekom verbunden ist, können Sie auch auf diese Weise den größten Teil Ihrer Bankgeschäfte vom eigenen Schreibtisch aus erledigen: Kontostand und Umsätze abfragen, Überweisungen tätigen, Daueraufträge anlegen und vieles mehr. Auskünfte erteilt Ihnen Ihr Kreditinstitut.

(Absenderangabe)

xy-Bank
Postfach
49359 Überall

Datum

Home-Banking

Meine Kontonummer: 78 7897 99

Sehr geehrte Damen und Herren,

ich habe gehört, dass verschiedene Banken jetzt „Online-Dienst" anbieten, über die man vom heimischen PC aus jederzeit Zugang zu seinem Konto hat. Diese Art der Kontoführung soll im Übrigen kostengünstiger sein als die bisherige Erledigung am Bankschalter.

Da ich seit einiger Zeit über einen PC verfüge, interessiert es mich, ob Ihr Institut die Möglichkeit des „Direct-Banking" oder „Home-Banking" anbietet. Bitte informieren Sie mich über die technischen Voraussetzungen und die Kosten.

Mit freundlichen Grüßen

Max Hohler

Unrichtiger Rechnungsabschluss

Wenn Ihr Anliegen so speziell oder selten ist, dass es dafür keine Vordrucke gibt, müssen Sie mit Ihrer Bank brieflich in Verbindung treten. Ebenso bei einem Vorgang, der aus rechtlichen Gründen der Schriftform bedarf. Dies kann beispielsweise der Fall sein, wenn Kontoauszüge unrichtig oder unvollständig sind oder Sie Einwendungen gegen einen Rechnungsabschluss haben.

Die „Allgemeinen Geschäftsbedingungen" Ihrer Bank geben darüber Auskunft, wann ein Kontoauszug oder ein Rechnungsabschluss als anerkannt gilt und in welcher Form Einwendungen geltend gemacht werden müssen. Zuständig ist in der Regel die jeweilige Revisionsabteilung Ihres Kreditinstituts.

Häufig ist bei Einwendungen gegen den Kontoauszug eine schriftliche Mitteilung nicht zwingend erforderlich. Ein Telefonanruf bei der Bank oder ein persönlich vorgebrachter Hinweis am Schalter reicht immer dann aus, wenn in den Geschäftsbedingungen der Bank nicht ausdrücklich darauf hingewiesen wird, dass eine solche Einwendung schriftlich zu erfolgen hat.

Denken Sie bitte auch daran, dass Sie angehalten sind, den **Kontoauszug** sorgfältig zu prüfen und Unrichtigkeiten oder Unvollständigkeiten **unverzüglich,** d. h. sobald Sie diese feststellen, zu melden. Wenn Sie dies versäumen, gilt der Kontoauszug als von Ihnen unbeanstandet und ist damit anerkannt.

Kontoauszüge werden immer dann erstellt, wenn Umsätze vorliegen, also Bewegungen auf dem Konto stattfinden. Darüber hinaus macht die Bank in regelmäßigen Abständen (meist vierteljährlich) einen so genannten **Rechnungsabschluss,** und zwar unabhängig vom Umsatzverlauf. Darin wird Ihnen der an einem Stichtag aktuelle Kontostand mitgeteilt und Sie werden über angefallene Zinsen und Gebühren unterrichtet.

Einwände gegen den **Rechnungsabschluss** können (auch hier sind die Allgemeinen Geschäftsbedingungen Ihrer Bank maßgeblich) nur schriftlich innerhalb eines Monats nach Zugang des Rechnungsabschlusses gemacht werden. Geschieht dies nicht, gilt der Rechnungsabschluss als genehmigt.

Wenn Sie den Rechnungsabschluss nicht anerkennen können, weil er Ihrer Ansicht nach unrichtige Angaben enthält, dann setzen Sie einen Brief auf, in dem Sie

- Ihre Kontonummer angeben,
- die Angaben auf dem Rechnungsabschluss wiederholen,
- begründen, warum diese Angaben nicht stimmen,
- Ihren Einspruch gegen den Abschluss deutlich machen,
- einen neuen, korrigierten Abschluss verlangen.

(Absenderangabe)

XY-Bank
Revisionsabteilung
Wilhelmstr. 3
44556 Wetterburg

4.10.04

Kontoabschluss für Konto 8566700 vom 30.6.04 bis 30.9.04

Sehr geehrte Damen und Herren,

am 2.10. erhielt ich als Anlage zu Auszug Nr. 62 den oben ge-nannten Kontoabschluss. Darin werden mir 11,5 % Sollzinsen aus 13 Zinszahlen in Höhe von 35,91 € in Rechnung gestellt.

Ich kann diese Rechnungsstellung nicht genehmigen, da ich im fraglichen Zeitraum mein Giro-Konto nur drei Tage lang mit 543,– € überzogen hatte und sich in der übrigen Zeit ständig Guthaben darauf befand.

Bitte überprüfen Sie diesen Sachverhalt und korrigieren Sie den Kontoabschluss.

Mit freundlichen Grüßen

Josef Müller

Verlustanzeige

Den Verlust einer Eurocheque-Karte oder einer Kreditkarte sollten Sie umgehend dem ausstellenden Institut melden, am besten telefonisch. Bei einem Diebstahl sind Sie außerdem verpflichtet, die Polizei zu benachrichtigen und Anzeige zu erstatten.

Häufig wird Ihnen das Institut daraufhin ein spezielles Formular, eine Verlustanzeige zuschicken. Wenn Sie sich aber beispielsweise gerade auf einer Reise befinden oder sichergehen wollen, dass Ihnen keine Nachteile entstehen, können Sie den Verlust auch eigens in einem Brief mitteilen, von dem Sie einen Durchschlag oder eine Kopie aufbewahren.

(Absenderangabe)

XY-Bank
Kreditkartenabteilung
Postfach 3333
34567 Recklinghausen

Datum

Verlustanzeige Eurocheque-Karte Nr. 13720 Konto. Nr. 99 88 777

Sehr geehrte Damen und Herren,

ich befinde mich auf einer Hüttenwanderung durch die Dolomiten und stellte gestern Abend den Verlust meiner ec-Karte fest. Von der Hütte aus habe ich sofort Ihre Service-Nummer angerufen und gebeten, die Karte sperren zu lassen.

Da ich die Karte einige Tage lang nicht benutzt habe, kann ich nicht mehr genau sagen, wo und wie sie mir abhanden gekommen ist. Es ist denkbar, dass ich sie bereits auf der Anreise im Zug verloren oder im Hotel liegen gelassen habe.

Nach Beendigung meines Urlaubs werde ich in Ihrer Geschäftsstelle vorsprechen. Bitte bereiten Sie die Ausstellung einer neuen ec-Karte für mich vor.

Mit freundlichen Grüßen

(Unterschrift)

Kreditkartenfirmen sind keine Banken im eigentlichen Sinne, sondern spezielle Kreditkartenunternehmen. Für eine Verlusterklärung gegenüber solchen Unternehmen gilt prinzipiell das Gleiche wie für Banken und andere Kreditinstitute.

(Absenderangabe)

Credit-Card International
Herrn Ruloff
Postfach 131313

60021 Frankfurt am Main

Datum

Verlustanzeige Kredit-Karte Nr. 8563 968594 39400

Sehr geehrter Herr Ruloff,

wie ich Ihrem Unternehmen bereits gestern Abend telefonisch mitteilte, wurde mir gestern, Freitag, dem 13. November 2004, während eines Besuchs im überfüllten „Museum der Modernen Kunst“ unbemerkt von einem Taschendieb die Brieftasche mit der Kreditkarte aus der Innentasche meines Jacketts gestohlen.

Ich bemerkte den Verlust erst beim Bezahlen in der Cafeteria und erstattete unverzüglich Anzeige bei der Polizei. Durch Anruf bei Ihrer Service-Nummer ließ ich die Karte sperren.

Bitte veranlassen Sie die Ausstellung einer neuen Kreditkarte.

Mit freundlichen Grüßen

Franz Meier

Da Banken für fast alles ein Formular bereithalten, wird der weitaus häufigste Anlass für einen selbstformulierten Brief die Anforderung bestimmter Formulare sein. Bei der brieflichen Anforderung von Schecks geben Sie bitte an, ob Sie Eurocheques, Barschecks oder Verrechnungsschecks benötigen und vergessen Sie Datum und Unterschrift nicht.

Heidrun Walther
Am Mühlbad 10
33720 Hannover

xy-Bank
Postfach

34965 Hannover

20.1.2004

Kontoauflösung

Sehr geehrte Damen und Herren,

ich möchte aufgrund eines Wohnortwechsels mein Girokonto Nr. 44 44 454 auflösen.

Bitte senden Sie mir das entsprechende Formular möglichst unverzüglich zu.

Mit freundlichen Grüßen

Heidrun Walther

(Absenderangabe)

xy-Bank
Postfach

34965 Hannover

Datum

Bestellung Scheckformulare
Meine Kontonummer: 433454

Ich benötige dringend neue Scheckformulare.
Bitte senden Sie mir 12 Scheckvordrucke.

Sollte die Sendung nicht innerhalb der normalen Postlaufzeit bei mir eingehen, so werde ich Sie von dem Ausbleiben sofort verständigen.

Datum und Unterschrift – wie hinterlegt –

23.4.04 ....

Bankvollmacht

Es kann vorkommen, dass Sie wegen eines längeren Auslandsaufenthaltes, einer Krankheit oder Abwesenheit oder aus anderem Grund nicht persönlich am Bankschalter vorsprechen können, um beispielsweise einen Dauerauftrag ändern zu lassen oder einen Überweisungsauftrag selbst zu unterzeichnen. In solchen Fällen ist es angebracht, einer Person Ihres Vertrauens eine **Bankvollmacht** zu erteilen. Ausgestattet mit einer von Ihnen unterzeichneten Vollmacht kann diese Person dann alle Bankgeschäfte tätigen, auf die sich die Vollmacht erstreckt.

Durch einen einfachen schriftlichen Widerruf, den Sie an das Kreditinstitut schicken, können Sie die einmal ausgestellte Vollmacht auch wieder entziehen.

(Beispiel für Bankvollmacht)

Robert Montag
Südstraße 43
80055 München

Hiermit bevollmächtige ich meine Frau Martina Montag, Goethestraße 23, 80056 München, in meinem Namen von meinem Girokonto Nr. 456 679 Daueraufträge, Überweisungen etc. zu tätigen.

Datum Unterschrift

Versicherungen

Sie können sich heute gegen alles und jedes versichern lassen. Ist eine Versicherung erst einmal abgeschlossen, werden die Prämienzahlungen regelmäßig geleistet und treten keinerlei persönliche Veränderungen (wie z. B. Adressenänderung, Änderung der Lebensverhältnisse usw.) ein, hört man von der Versicherung nichts und es gibt auch keinen Anlass, mit ihr brieflich in Verbindung zu treten.

Erst wenn ein Schadensfall auftritt und Sie die Versicherung in Anspruch nehmen müssen, ist ein Briefverkehr nötig. Das ist oft eine unangenehme Angelegenheit und viele Menschen, die den Umgang mit Behörden nicht gewohnt sind, sind unsicher, wie sie sich verhalten sollen. Die folgenden Beispiele zeigen Ihnen, wie Sie diese Art von Korrespondenz ruhig und gelassen führen.

Doch bevor Sie Ihrer Versicherung einen Schaden anzeigen, müssen Sie erst einmal eine abschließen. Und hier stehen Sie vor der Qual der Wahl, denn sehr viele Unternehmen bieten die unterschiedlichsten Versicherungen zu den unterschiedlichsten Bedingungen und Tarifen an. Umfassende Information und gute Beratung sind wichtig, vor allem bei Versicherungen und Kapitalanlagen, wie beispielsweise der Lebensversicherung.

Wenn man sich zunächst nur unverbindlich informieren möchte, bittet man telefonisch oder am besten schriftlich um die Zusendung von

Informationsmaterial. Man kann dann sicher sein, dass man nicht durch Vertreterbesuche belästigt wird. Steht dann wider Erwarten doch ein Versicherungsvertreter der angeschriebenen Gesellschaft vor der Tür, schickt man ihn unter Hinweis auf das Schreiben weg.

Seriöse Versicherungen respektieren die Wünsche Ihrer Kunden und führen Vertreterbesuche nur nach vorheriger telefonischer oder schriftlicher Anmeldung durch. Wenn Sie nur schriftliches Informationsmaterial haben möchten und von der Versicherung auch nicht angerufen werden wollen, dann geben Sie einfach Ihre Telefonnummer nicht an.

Wenn Sie jedoch mit einer telefonischen Beratung einverstanden sind, sollten Sie Ihre Telefonnummer in die unterste Zeile der Absenderangabe setzen und am besten im Brief die Uhrzeit angeben, wann Sie telefonisch erreichbar sind.

Versicherungen, vor allem größere Unternehmen, verfügen über ein weit gefächertes Angebot, das sich sehr speziell auf die Bedürfnisse des einzelnen Kunden zuschneiden lässt. Mit der folgenden Anfrage werden Sie lediglich allgemeines und oberflächliches Prospektmaterial erhalten. Sinnvoller ist es, in dem Schreiben bereits etwas genauer anzugeben, welche Versicherungsleistungen für Sie in Frage kommen.

Der zweite und der dritte Musterbrief könnte hier eine Orientierung sein.

(Absenderangabe)

Allgemeine Versicherung
Postfach 454545
50456 Köln

Bremen, 14.3.04

Informationen über Ihr Versicherungsangebot

Sehr geehrte Damen und Herren,

ich möchte mich über Ihr Versicherungsangebot (Privatversicherungen: Lebens-, Kranken-, Sachversicherungen) informieren und bitte um Zusendung des entsprechenden Informationsmaterials. Einen Vertreterbesuch wünsche ich zum gegenwärtigen Zeitpunkt noch nicht.

Mit freundlichen Grüßen

Hans Maier

Peter Neumann
Ebertstraße 120
50122 Köln
Tel. und Fax: 0221/477811927

Allgemeine Versicherung
Postfach 454545
50456 Köln

28.2.2004

Hausratversicherung

Sehr geehrte Damen und Herren,

ich trage mich mit dem Gedanken eine Hausratversicherung abzuschließen. Meine Wohnung hat 100 m^2 Wohnfläche und eine durchschnittliche Ausstattung. Würden Sie mir bitte auf dieser Grundlage ein erstes Angebot machen. Sie erreichen mich telefonisch am besten abends nach 19 Uhr, können mir aber auch gerne ein Fax senden.

Da ich auf diesem Wege mehrere Angebote einholen möchte, wäre es sehr nett, wenn Sie meine Anfrage binnen 14 Tagen beantworten könnten. Andernfalls muss ich unter den bis zu diesem Zeitpunkt eingegangenen Möglichkeiten auswählen.

Vielen Dank im Voraus!

Mit freundlichen Grüßen

Peter Neumann

Hans Maier
Im Kirschgarten 21
47640 Ludwigsdorf

Allgemeine Versicherung
Postfach 454545
50456 Köln

14.12.2004

Rechtsschutzversicherung

Ihr Unternehmen wirbt gegenwärtig in einer Anzeigenserie mit günstigen Tarifen und guten Serviceleistungen. Ich interessiere mich speziell für eine Rechtsschutzversicherung (Arbeitnehmerrechtsschutz einschließlich Verkehrsrechtsschutz).

Bitte senden Sie mir Informationsmaterial und machen Sie mir ein Angebot. Von einem Vertreterbesuch bitte ich gegenwärtig Abstand zu nehmen.

Zum jetzigen Zeitpunkt bin ich bei einer anderen Versicherungsgesellschaft rechtsschutzversichert. Da mir die Leistungen dieses

Anbieters aber bereits seit längerer Zeit nicht mehr zusagen, bin ich auf Ihre Werbeaktion aufmerksam geworden.

Wenn die von Ihnen angepriesenen Serviceleistungen und Tarife nicht übertrieben sind, glaube ich, das wir schon bald einen Vertrag abschließen werden können.

Mit freundlichen Grüßen

Hans Meier

(Absenderangabe)

Lebens-Versicherung
Bezirksdirektion
Andreas Koberstein
Sonnenstr. 8

12345 Freiberg

Kleinhausen, 22.7.04

Vers. Nr. 45-882260-01
Änderung des Zahlungstermins

Sehr geehrter Herr Koberstein,

bisher wurde meine Prämie monatlich per Lastschrift eingezogen.

Ich möchte die Zahlungsweise ändern und bitte darum, ab sofort bzw. dem nächstmöglichen Termin nur noch **halbjährlich** von dem Ihnen bekannten Konto abzubuchen.

Mit freundlichen Grüßen

Markus Schmitt

Bei Anfragen an die Landesversicherungsanstalt (LVA) für Arbeiter- bzw. die Bundesversicherungsanstalt für Angestellte (BfA) sollten Sie immer Ihre Versicherungsnummer mit angeben.

Heinz Fröhlich
Kastanienweg 11
76745 Mühlstadt

An die
Landesversicherungsanstalt

14.7.2004

Vers.-Nr.

Versicherungsverlauf

Sehr geehrte Damen und Herren,

unter Bezugnahme auf Paragraph 149 SGB VI bitte ich um Übersendung meines gespeicherten Versicherungsverlaufs.

Vielen Dank im Voraus.

Mit freundlichen Grüßen

Unterschrift

(Absenderangabe)

An die
Bundesversicherungsanstalt

Datum

Vers.-Nr.

Freiwillige Beitragsnachzahlung

Sehr geehrte Damen und Herren,

meinen von Ihnen gespeicherten Versicherungsverlauf habe ich am 23.6.04 erhalten. Ich habe ihn geprüft und mache hierzu noch folgende Angaben:

Vom 1.4.03 bis 30.6.03 war ich geringfügig beschäftigt (auf 310-Euro-Basis) und nicht versicherungspflichtig.

Vom 1.7.03 bis 31.12.03 habe ich als freier Mitarbeiter auf Honorarbasis gearbeitet und war ebenfalls nicht versicherungspflichtig.

Seit 1.1.04 bin ich wieder als Angestellter beschäftigt und entrichte Pflichtbeiträge zur Rentenversicherung.

Bitte teilen Sie mir mit, welche Auswirkungen die Ausfallzeiten auf die Höhe meiner Rente haben werden. Wie hoch ist der Betrag, den ich nachzahlen muss, um die Ausfallzeiten auszugleichen und eine Rente in voller Höhe zu erhalten?

Mit freundlichen Grüßen

Unterschrift

Briefe an Handwerker und Firmen

In den meisten Fällen hat ein Privatmensch nur selten direkt mit Unternehmen zu tun. Er ist als Kunde Konsument und kauft seine Waren gewöhnlich bei einem Händler. Er sucht das, was er kaufen will, dadurch aus, dass er Preisvergleiche – zum Beispiel beim Einkaufsbummel – macht. Und wenn er Reklamationen vorzubringen hat oder die gekaufte Ware umtauschen will, so geht er damit direkt zum Händler. Briefe zu schreiben oder Korrespondenz zu führen ist normalerweise hier nicht notwendig. Es gibt allerdings einige wichtige Ausnahmefälle.

- Wenn Sie hochwertige und teure Waren oder Dienstleistungen benötigen und nicht die Zeit oder die Gelegenheit haben, jeden Anbieter persönlich aufzusuchen. Dann bitten Sie schriftlich um einen Kostenvoranschlag.

- Wenn Sie bei einem gewerblichen Versender etwas über einen Katalog bestellen.

Bei Briefen an Unternehmen sollten Sie sich an der Form der Geschäftsbriefe orientieren. Es empfiehlt sich die Schreibmaschine oder den Computer zu benutzen. Für den Unternehmer ist Ihr Brief ein Geschäftsbrief.

Die Nachfrage nach einer teuren Dienstleistung wäre beispielsweise gegeben, wenn Sie als Hausbesitzer ihr Haus neu verputzen und streichen lassen wollen. Oder wenn Sie sich ein kostspieliges neues Auto kaufen wollen. Mit der Voranfrage können Sie klären, welche Anbieter für Ihre Problemlösung infrage kommen.

In solchen Fällen werden Sie (schriftlich) Kostenvoranschläge verschiedener Anbieter anfordern. Dann haben Sie die Angebote auch schwarz auf weiß und können sie besser vergleichen. Dieses Verfahren ist jedoch umständlich, kostet auch Geld und lohnt sich nur bei größeren Sachen.

Sie sollten in einem solchen Brief so genau wie möglich angeben, was Sie kaufen wollen bzw. welche Dienstleistung Sie benötigen. Bei der Anfrage nach einer Dienstleistung sollten Sie einen Besichtigungstermin anbieten.

Harald Berger
Sonnweg 23
89765 Oberstein

Linke Hausschön GmbH
Lennart Linke
Hagenweg 23

89765 Oberstein

Oberstein, 6. Juni 2004

Sehr geehrter Herr Linke,

ich beabsichtige im Herbst (September oder Oktober), wenn ich mit meiner Familie im Urlaub bin, unser Haus (Sonnweg 23) neu verputzen und streichen zu lassen.

Ich würde von Ihnen gerne wissen, ob Sie zu der entsprechenden Zeit noch Termine frei haben. Falls ja, möchte ich Sie um einen Kostenvoranschlag bitten.

Es geht konkret darum, den alten Putz, der an vielen Stellen rissig ist und schon abbröckelt, zu entfernen, einen neuen glatten Außenputz anzubringen und diesen weiß zu streichen.

Schreiben Sie mir bitte, was die Ausführung der Arbeiten bei Ihnen maximal kosten würde.

Unser Haus ist ein kleines Einfamilienhaus. Leider ist tagsüber bei uns fast nie jemand zu Hause, sodass wir Sie nicht herumführen können. Das Haus ist aber von der Straße gut einsehbar. Sie dürfen es sich gerne ansehen.

Es wäre nett, wenn Sie mir Ihren Kostenvoranschlag innerhalb der nächsten drei Wochen schicken könnten.

Mit freundlichen Grüßen

Harald Berger

Sie sollten bei der Auftragsvergabe an Handwerker darauf achten, dass Sie genau angeben, was diese tun sollen. In der Regel macht man dies mündlich während eines Besichtigungstermins. Wenn die Handwerker nicht das getan haben, was sie sollten oder wenn in der Rechnung nicht vereinbarte Posten erscheinen, sollten Sie diese reklamieren.

Klaus Breuer
Lange Straße 12
78432 Iselt

Jens Karger
Fliesenleger
Zahlweg 78

78432 Iselt

Iselt, 12. Mai 2004

Sehr geehrter Herr Karger,

ich habe gestern Ihre Rechnung (Rechnungsnummer 6754) erhalten. Ich muss Ihnen mitteilen, dass ich die Rechnung so nicht akzeptieren kann.

Sie führen neben den Kosten für das Verlegen der Fliesen im Wohn- und Esszimmer auch die Kosten für das Verlegen der Fliesen in der Küche auf.

Zwar haben Ihre Mitarbeiter tatsächlich die Küche neu gefliest, ich weigere mich aber, für diese Arbeit zu bezahlen, da ich Ihrem Unternehmen dafür keinen Auftrag erteilt habe, was Sie in Ihren Unterlagen nachlesen können. Ich lege Ihnen zur Sicherheit eine Kopie meines Auftrags vom 10. April bei.

Wäre ich während der Arbeiten zu Hause gewesen, hätte ich Ihre Mitarbeiter daran gehindert, die Küche zu fliesen.

Ich erwarte also von Ihnen eine korrigierte Rechnung.

Mit freundlichen Grüßen

Klaus Breuer

Eine Reklamation werden Sie auch schreiben, wenn die Arbeiten nicht zu Ihrer Zufriedenheit ausgeführt worden sind.

Peter Olsche
Gartenweg 60
90321 Wantern

Karel Peschek
Malermeister
Lapsweg 87

90321 Wantern

Wantern, 8. August 2004

Sehr geehrter Herr Peschek,

als ich gestern, am 7. August, Ihre Arbeit abgenommen habe, habe ich Ihnen mündlich bestätigt, dass der Anstrich der Wände und der Decke des Wohnzimmers zu meiner Zufriedenheit ausgeführt worden sei.

Heute musste ich bei genauerem Hinsehen feststellen, dass Sie und Ihre Mitarbeiter es versäumt haben, das Zimmer und die Möbel korrekt abzudecken. Es befinden sich Farbflecke auf dem Sofa, auf dem Wohnzimmertisch sowie an vier Stellen auf dem recht kostbaren Teppich.

Ich erwarte von Ihnen, dass Sie diese Flecken entfernen oder für die Kosten der Entfernung aufkommen. Ich werde keine Rechnung bezahlen, ehe das geklärt ist.

Mit freundlichen Grüßen

Peter Olsche

Viele Menschen kaufen heute Waren nach Katalog. Sie gehen nicht mehr in ein Geschäft, sondern bestellen, entweder per Telefon oder schriftlich. Ein solches Einkaufen ist nicht hektisch und an keine Ladenöffnungszeiten gebunden. Ehe Sie nach Katalog bestellen können, müssen Sie diesen Katalog anfordern. Dazu reicht gewöhnlich eine kurze handgeschriebene Postkarte aus. Vergessen Sie aber nie auch auf einer Postkarte Ihre Adresse anzugeben!

Bonndorf, 4. Mai 2004

Sehr geehrte Damen und Herren,

ich habe bei Bekannten zufällig Ihren Katalog in die Hand bekommen. Er hat mir sehr gefallen. Würden Sie mir demnächst auch ein Exemplar schicken?

Mit freundlichen Grüßen

Sieglinde Hermanns

So kurz können Sie auch andere Informationen, die Sie über bestimmte Unternehmen oder Produkte haben wollen, anfordern. Wenn Sie die Adresse des Unternehmens kennen, schreiben Sie eine kurze Anfrage. Wenn Sie ein ganz bestimmtes Anliegen haben, kann es aber auch nicht schaden anzugeben, warum Sie etwas wissen wollen. In diesem Fall ist dann ein kurzer Brief angebracht. Im Normalfall wird man Ihnen gern die gewünschten Informationen zuschicken.

Einem Katalog oder einer Angebotsliste liegt gewöhnlich schon eine Bestellkarte bei. Diese müssen Sie nur ausfüllen und an den Versender schicken. Dabei müssen Sie nichts mehr selber formulieren.

Sie müssen mit dem Versender erst dann wieder korrespondieren, wenn Sie Reklamationen haben. Das kann eine Mängelrüge sein, wenn man Ihnen defekte Ware geschickt hat, das kann auch eine Reklamation wegen der Lieferung falscher Ware sein.

In beiden Fällen werden Sie nicht nur einen Reklamationsbrief schreiben, sondern die fehlerhafte oder falsche Ware an den Versender zurückschicken. Das können Sie unfrei tun. Das heißt, Sie müssen in diesen Fällen nicht die Portokosten für die Rücksendung der Ware übernehmen. Der Versender ist bei berechtigtem Umtausch oder Reklamation verpflichtet die Portokosten zu bezahlen.

Annegret Bäuerle
Gretelweg 34
90876 Naumen

Kargo Sportversand AG
Uferstraße 3

12876 Ortbaum

Naumen, 16. Oktober 2004

Sehr geehrte Damen und Herren,

heute Morgen kam Ihre Lieferung bei mir an. Leider musste ich dabei feststellen, dass Sie nicht das geliefert haben, was ich bestellt habe.

Bestellt habe ich das Fünf-Personen-Allwetterzelt „Kanada" (Best.-Nr. 234-89-Ka). Dieses Zelt ist übrigens auch auf der beiliegenden Rechnung aufgeführt. Geliefert haben Sie das Drei-Personen-Zelt „Hawaii" (Best.-Nr. 234-87-Ha). Leider kann ich beim besten Willen mit diesem Zelt nichts anfangen.

Ich bitte also um Umtausch der Ware. In einem gesonderten Paket schicke ich Ihnen das Zelt „Hawaii" unfrei auf Ihre Kosten zurück.

Mit freundlichen Grüßen

Annegret Bäuerle

Weist ein Gerät während der Garantiezeit einen Defekt auf oder stellen sich bei einer Dienstleistung während der Gewährleistungszeit Mängel heraus, so ist eine Reklamation in der Regel kein Problem. Der Hersteller, Verkäufer oder Handwerker ist rechtlich zur Wiederherstellung der vollen Funktionsfähigkeit, eventuell zur Rücknahme oder Umtausch der Ware oder zur Beseitigung der Mängel verpflichtet. Doch was tun, wenn die Garantiezeit gerade abgelaufen ist und man – rein rechtlich – nichts mehr einklagen und fordern kann.

In solchen Fällen kann man an die Kulanz des Unternehmens appellieren. Kulanz bedeutet, dass die Firma nicht mehr zur Gewährleistung verpflichtet ist, aber in diesem speziellen Fall – gewissermaßen als Akt der Großzügigkeit – freiwillig eine kostenlose oder kostengünstige Mängelbeseitigung gewährt.

Wenn Sie um Kulanz bitten, sollten Sie die Gründe genau angeben und auch deutlich machen, dass man eigentlich eine wesentlich bessere Qualität hätte erwarten können. Geben Sie ruhig Ihrer Enttäuschung Ausdruck. Viele Firmen wünschen sich zufriedene Kunden, die mit den gekauften Produkten oder Dienstleistungen zufrieden sind und diese auch weiterempfehlen. Sollte die Qualität einmal nicht stimmen, so wird das Unternehmen auch im eigenen Interesse die Angelegenheit auf dem Kulanzwege wieder in Ordnung bringen.

Doch prüfen Sie genau, ob Sie im jeweiligen Fall berechtigterweise Kulanz erwarten können. Wenn ein Auto einen oder zwei Monate nach Ablauf der Garantiezeit und bei durchschnittlicher Beanspruchung einen größeren Schaden (z. B. an Motor oder Getriebe) aufweist, der nicht mit normalem Verschleiß zu erklären ist, dann wird die Herstellerfirma vermutlich den Schaden ohne Berechnung oder zu günstigeren Konditionen als üblich beheben.

In Fällen, in denen es sich eindeutig nicht mehr um Kulanz handelt, hilft auch der sorgfältigst formulierte Brief wenig. Briefe, bei denen erkennbar ist, dass es dem Kunden nur darum geht, möglichst viel herauszuschlagen oder durch Meckern und Mäkeln etwas umsonst zu bekommen, wandern oft sehr schnell dahin, wo sie hingehören – in den Papierkorb.

In der Regel sind größere Firmen mit eigenen Reklamationsabteilungen aber recht großzügig bei der Erstattung mangelhafter Ware.

Hans Seeberger
Krollweg 22
75483 Reltingen
Tel. 00345-485940

Elektronikversand Rothenberger
Silliger Tor 24
34583 Hossel

15.12.04

Sehr geehrte Damen und Herren,

am 22.11.03 haben Sie mir die HiFi-Kompaktanlage „Mega-Sound 2000“ geliefert (Best.-Nr. 206-456738, Verkaufspreis inkl. Boxen 2498,– €). Da es sich um ein Weihnachtsgeschenk für unsere gesamte Familie handelte, habe ich die Anlage erst zu Weihnachten aufgebaut und in Betrieb genommen. Seit einigen Tagen lässt sich das Cassettendeck nicht mehr bedienen, vermutlich ist der Antrieb defekt. Wir sind sehr enttäuscht. So etwas hatten wir nicht erwartet, handelt es sich doch um ein Qualitätsprodukt eines renommierten Herstellers.

Laut Garantieurkunde gewähren Sie eine Garantie von 12 Monaten ab Kaufdatum. Diese Garantiezeit ist nur um wenige Tage überschritten. Außerdem war das Gerät noch nicht ein volles Jahr in Benutzung. Man kann von einem so teuren Gerät eine wesentlich längere Lebensdauer erwarten.

Sie werben mit der hervorragenden Qualität und rühmen sich der Kundenfreundlichkeit. Würden Sie das Gerät, das gerade 11 Monate in Betrieb war, dennoch zu Garantiebedingungen reparieren bzw. die defekte Komponente austauschen?

Bitte teilen Sie mir mit, welche Teile der Anlage ich zur Prüfung einschicken darf und wie lange die Reparatur etwa dauern wird.

Für Ihre kulantes Verhalten bedanke ich mich im Voraus.

Mit freundlichen Grüßen

Hans Seeberger

Die Bewerbung

In vielen Branchen und Berufen ist es üblich, dass sich Bewerber um eine Arbeitsstelle schriftlich bewerben. Dies ist vor allem dann der Fall, wenn ein Unternehmen Mitarbeiter per Zeitungsannonce sucht. In einem solchen Stellenangebot (oder bei öffentlichen Arbeitgebern einer Stellenausschreibung) wird die genaue Berufsbezeichnung oder die Tätigkeit angegeben sowie die Qualifikationen, die vom neuen Mitarbeiter erwartet werden. Angaben zum Lohn/Gehalt machen in der Regel nur öffentliche Arbeitgeber, die nach dem Bundes-Angestellten-Tarif (BAT) vergüten. In der freien Wirtschaft werden Löhne und Gehälter, sofern sie nicht tariflich festgelegt sind, frei ausgehandelt.

Neben der Bewerbung auf ein konkretes Stellenangebot gibt es die so genannte „Blindbewerbung". Das sind Bewerbungen an verschiedene Firmen, von denen man zwar nicht sicher weiß, ob sie einen Mitarbeiter suchen oder einstellen, die man aber auf sich aufmerksam machen möchte. Blindbewerbungen sind wie ein Lotteriespiel, mancher hat Glück und findet tatsächlich eine seinen Qualifikationen und Kenntnissen angemessene Stelle, die meisten aber gehen leer aus.

Wir gehen hier in erster Linie auf Bewerbungen für ausgeschriebene bzw. angebotene Stellen ein.

Das Bewerbungsverfahren besteht aus zwei Teilen:

- dem Bewerbungsschreiben
- dem Vorstellungs- oder Auswahlgespräch

Bei der Auswahl ihrer Mitarbeiter lassen sich die meisten Unternehmen von den Bewerbungsunterlagen und vom Gespräch leiten. Der Bewerber hat die Möglichkeit, sein berufliches Fortkommen durch gekonnte Darstellung der eigenen Person und seiner Fähigkeiten positiv zu beeinflussen.

Auf das Vorstellungs- oder Auswahlgespräch sollten Sie sich deshalb mithilfe spezieller Ratgeber besonders vorbereiten.

Für eine erfolgreiche **schriftliche Bewerbung** gilt es einige Dinge zu beachten.

Denken Sie daran:

Ihre Bewerbung ist Ihre Visitenkarte!

Die Bewerbung ist die erste Arbeit für Ihre neue Firma.
Das Bewerbungsschreiben ist das Erste, was ein Arbeitgeber von seinem neuen Mitarbeiter sieht. Und da oft der erste Eindruck der entscheidende ist, sollten Sie dabei besonders sorgfältig sein. Schließlich wollen Sie Ihren künftigen Arbeitgeber davon überzeugen, dass Sie genau die richtige Person für die angebotene Stelle sind.

Eine vollständige Bewerbung besteht aus:

- dem Bewerbungsschreiben
- dem Lebenslauf
- dem Bewerbungsfoto
- den Zeugnissen
- eventuell den Nachweisen zusätzlich erworbener beruflicher Kenntnisse (z. B. Lehrgänge, Fremdsprachennachweis)
- Referenzen
- eventuell einigen Arbeitsproben

Ratschläge für eine erfolgreiche Bewerbung

- Setzen Sie sich ein Ziel!

Nur wenn Sie sich genau über Ihr nächstes Berufsziel im Klaren sind, können Sie sich erfolgreich bewerben. Denn wer weiß, was er will und sein Ziel energisch verfolgt, hat immer die besten Chancen.

- Verschicken Sie keine Einheitsbewerbungen!

Lesen Sie die Stellenanzeigen genau durch. Was will man von Ihnen wissen? Was verlangt man von Ihnen? Versuchen Sie sich jeweils auf den Empfänger einzustellen. Machen Sie sich von den gängigen Phrasen frei und schreiben Sie persönlich. Krampfhaftes Bemühen um Originalität ist aber auch fehl am Platze. Mit einfachen, eigenen Worten erwecken Sie am ehesten Sympathie und Vertrauen.

- Achten Sie auf die äußere Form!

Das Bewerbungsschreiben und alle anderen Unterlagen wie Lebenslauf, Lichtbild, Zeugniskopien usw. müssen einen absolut korrekten und sauberen Eindruck machen und übersichtlich sortiert sein. Für umfangreichere Anlagen sollten Sie eine Heftmappe oder Klarsichtfolien verwenden.

- Verschicken Sie keine Original-Dokumente!

Von Zeugnissen und anderen wichtigen Dokumenten lässt man beglaubigte Fotokopien oder Abschriften anfertigen. Auf keinen Fall versendet man Original-Zeugnisse! Bewerbungsunterlagen können verloren gehen und die Ersatzbeschaffung wichtiger Dokumente ist schwierig und zeitaufwendig.

- Stellen Sie Ihr Licht nicht unter den Scheffel!

Geben Sie über Ihre Vorbildung, Kenntnisse, Fähigkeiten und Erfahrungen genau das an, was nötig ist, um Ihre Eignung beurteilen zu können – nicht mehr, aber auch nicht weniger. Treten Sie selbstbewusst auf, aber vermeiden sie allzu viel Forschheit. Versuchen Sie auch nicht, Mitleid zu wecken. Jedes Missverständnis, jede Unklarheit, jeder falsche Eindruck vermindert Ihre Einstellungschancen.

- Stellen Sie eigene Bedingungen nur soweit es unumgänglich ist!

Ihre Vorstellungen von der neuen Tätigkeit, den Arbeitsbedingungen und der Vergütung können Sie bereits im Bewerbungsschreiben äußern. Bei manchen Stellenanzeigen wird beispielsweise die Angabe eines Gehaltswunsches ausdrücklich verlangt. Verhandlungsgrundlage ist dann immer Ihr letztes Brutto-Gehalt. Legen Sie sich im Bewerbungsschreiben jedoch nicht zu sehr fest. Diese Dinge klärt man besser im späteren persönlichen Gespräch.

- Würden Sie sich einstellen?

Prüfen Sie zum Abschluss mit den Augen Ihres neuen Chefs, ob Sie sich selbst auf der Grundlage der vorliegenden Bewerbung einstellen oder in die engere Auswahl nehmen würden. Wenn Sie diese Frage ehrlich und uneingeschränkt mit Ja beantworten können, sollten Sie die Bewerbung absenden.

Das Bewerbungsschreiben

Das Bewerbungsschreiben vermittelt dem Empfänger einen ersten Eindruck von dem meist unbekannten Bewerber. Da häufig mehrere Bewerbungen für eine Stelle eingehen, wird anhand der Bewerbungsschreiben und der beigefügten weiteren Unterlagen bereits eine Vorauswahl getroffen.

Unüberlegtes Drauflosschreiben beeinträchtigt die Erfolgsaussichten einer Bewerbung.

Es hat wenig Sinn, die Angaben zu wiederholen, die bereits im Lebenslauf stehen. Weisen Sie jedoch auf besondere Erfahrungen und Fähigkeiten hin, die aus dem Lebenslauf nicht hervorgehen oder anhand der Zeugnisse erkennbar sind.

Zum Inhalt des Bewerbungsschreibens gehören Anlass und Begründung der Bewerbung. In sachlichem und natürlichem Schreibstil sollten Sie Ihre besondere Eignung für die ausgeschriebene Stelle herausstellen. Selbstbewusstes Auftreten ohne Übertreibungen und falsche Bescheidenheit sowie ein höflicher, aber nicht unterwürfiger Ton sind empfehlenswert.

Das Bewerbungsschreiben soll Interesse und Neugier wecken. Es sollte deshalb nicht zu lang sein. In den meisten Fällen reicht eine DIN-A4-Seite völlig aus. Denken Sie daran, dass auch die übrigen mitgesandten Bewerbungsunterlagen (Lebenslauf, Zeugnisse usw.) für Sie sprechen!

Bei der äußeren Form des Bewerbungsschreibens können Sie sich an der DIN-Norm 5008 für Geschäftsbriefe orientieren:

- Name und Anschrift des Bewerbers (im Absenderbereich des Briefkopfes)

- Anschrift des Empfängers (4,7 cm unter oberem Blattrand beginnend, linksbündig)

Achten Sie darauf, dass die Adresse genau mit der in der Stellenanzeige angegebenen übereinstimmt und der Name des Ansprechpartners genannt ist (wenn ein solcher angegeben war).

- Ort und Datum (rechtsbündig in der Zeile unterhalb der Empfängeradresse)

- Betreffzeile
  Bewerbung um ...

- Bezugzeile
  Ihre Anzeige in ...

- Anredeformel
  Sehr geehrte Damen und Herren,
  bzw. der Name des Ansprechpartners: Sehr geehrte Frau .../Sehr geehrter Herr ...
  (Die Anrede kann fehlen, wenn der Brief bewusst unpersönlich an eine Behörde oder Firma gerichtet ist.)

Der eigentliche Brieftext sollte in jedem Fall folgende Bestandteile beinhalten:

- die Bewerbungsformel (Aussage, dass Sie sich um die in der Betreffzeile genannte Stelle bewerben: „ich bewerbe mich um ...")
- Hinweis auf die Motivation und die Gründe, die zu der Bewerbung geführt haben
- Aufzählung der Eingangsvoraussetzungen (Hinweis auf Ausbildung, Berufstätigkeit, besondere Kenntnisse und Fertigkeiten)
- Darstellung der Erwartungen (Vorstellungen, die Sie mit der neuen Stelle verbinden. Diese Aussagen können fehlen, wenn ein Vorstellungsgespräch zu erwarten ist)
- den möglichen Eintrittstermin
- die Bitte um einen Vorstellungstermin (bei zeitlichen Einschränkungen den Grund angeben. Aber: Private Unabkömmlichkeit kann zuungunsten des Bewerbers ausgelegt werden)

- die Grußformel
  Mit freundlichen Grüßen
  (Die Grußformel kann fehlen, wenn auch die Anrede weggelassen wurde)

- eigenhändige Unterschrift

- den Anlagenvermerk (in einem angemessenen Mindestabstand vom Gruß, mindestens jedoch drei Leerzeilen. Die Anlagen sind einzeln aufzuführen)

Anlagen
    Lebenslauf
    Zeugnisse
    Referenzen

Selbstverständlich können Sie Ihr Bewerbungsschreiben auch individuell gestalten und inhaltlich anders aufbauen, wenn Sie sich davon mehr Erfolg versprechen. Manchmal sind geringe Abweichungen von der Norm und ein erkennbarer persönlicher Stil sehr hilfreich. Doch Vorsicht: Nicht in jedem Fall ist besondere Originalität und kreativer Einfallsreichtum tatsächlich gefragt. Entscheidend ist immer der Gesamteindruck aller Bewerbungsunterlagen und ihre Stimmigkeit.

(Absenderangaben)

Diakonie-Krankenhaus
Verwaltung
Stiftsweg 5–8
24121 Rodersen

16.3.01

Bewerbung als OP-Schwester
Anzeige im Kreisblatt vom 12.3.04

Ich bewerbe mich um die ausgeschriebene Stelle einer OP-Schwester mit Teilnahme am Bereitschafts- und Rufdienst. Nach einer zweijährigen Unterbrechung wegen Kindererziehung möchte ich wieder in meinem erlernten Beruf arbeiten.

Vor der Babypause habe ich zehn Jahre als OP-Schwester im Städtischen Krankenhaus in Ottersen gearbeitet und davor fünf Jahre als Krankenschwester am Krankenhaus in Harburg. Ich war tätig in der Inneren Abteilung, der Allgemeinen Chirurgie und der Unfallchirurgie und verfüge über eine Zusatzausbildung in Intensivpflege.

Eine Teilnahme am Bereitschafts- und Rufdienst ist uneingeschränkt möglich, da mein Mann nicht berufstätig ist und sich ganz um unseren Sohn und den Haushalt kümmern kann.

Über eine Einladung zu einem Vorstellungsgespräch würde ich mich freuen.

Lisa Runge

Anlagen
- Lebenslauf
- Zeugnisse
- Weiterbildungsnachweis

Johannes Schwerbel
Blumenstr. 34a
45234 Lanau
Tel. 00679/234

Müller-Heizungsbau
Personalabteilung
Herrn Siemer
Gewerbestr. 7

45892 Sonderstedt

25.06.04

Bewerbung als kaufmännischer Angestellter
Ihre Anzeige im Handels- und Gewerbeanzeiger Nr. 25 vom 20.06.04

Sehr geehrter Herr Siemer,

die ausgeschriebene Stelle eines kaufmännischen Angestellten, der sicher in Kontoführung ist, über gute Schreibmaschinenkenntnisse verfügt und Arbeiten am Computer übernehmen kann, interessiert mich sehr.

Nach Berufskolleg und Lehrzeit arbeite ich seit einem Jahr bei der Firma „Trans-Sped" in Lanau. Die Arbeit in einer Spedition macht mir Spaß, doch habe ich keine Möglichkeit beruflich weiterzukommen. Es ist also Zeit für einen Wechsel der Branche.

Ich habe im vergangenen Jahr an Weiterbildungskursen für EDV-gestützte Buchführung sowie Controlling teilgenommen.

Es würde mich sehr reizen, meine Kenntnisse und Fähigkeiten in einem expandierenden mittelständischen Handwerksbetrieb wie der Firma Müller-Heizungsbau einzusetzen.

Wegen meiner inzwischen erworbenen Zusatzqualifikationen und der speziellen Anforderungen stelle ich mir ein Anfangsgehalt vor, das über meinem derzeitigen Brutto-Gehalt von € 2800,– liegen sollte. Als Eintrittsdatum wäre mir der 01.10.04 recht.

Wann darf ich mich Ihnen vorstellen?

Mit freundlichen Grüßen

Johannes Schwerbel

Anlagen
Lebenslauf
Zeugnisse
Weiterbildungszertifikate

Der Lebenslauf

Der Lebenslauf enthält die wesentlichen Angaben über den Lebens- und Bildungsweg. Man unterscheidet zwischen ausführlichem Lebenslauf und tabellarischem Lebenslauf. Anstelle des früher üblichen Erzählstils setzt sich heute die tabellarische Form des Lebenslaufes bei Bewerbungen immer mehr durch. Sie ist übersichtlicher und kann schneller ausgewertet werden.

Der Lebenslauf wird mit der Maschine geschrieben. Nur wenn ausdrücklich ein handschriftlicher Lebenslauf verlangt wird, sollte man ihn mit der Hand schreiben, und zwar auf einem weißen, unlinierten DIN-A4-Bogen mit 5 cm Lochrand und in Tinte.

Auch wenn Sie – was allerdings heute nur selten vorkommt – einen ausführlichen Lebenslauf mit fortlaufendem Text verfassen müssen, können Sie sich an der Gliederung der tabellarischen Fassung orientieren. Achten Sie immer auf eine korrekte Chronologie.

Der Lebenslauf sollte folgende Angaben enthalten:
- Name und Anschrift oben links
- Überschrift: Lebenslauf

- Geburtstag und Geburtsort
- Schulbildung: Zeitdauer des Schulbesuchs, Art der Schule und Ort, abgelegte Prüfungen
- Berufsausbildung (Lehre o. Ä., Prüfungen, Teilnahme an Lehrgängen)
- Fort- und Weiterbildung (besondere Kenntnisse und Fähigkeiten)
- Berufstätigkeit
- Ort und Datum
- Eigenhändige Unterschrift (Vor- und Zuname)

Lisa Runge
Karlstr. 12
24121 Rodersen

Lebenslauf

geboren am 20.2.1970 in Berlin, verheiratet, ein Kind

Schule und Ausbildung

1976–1980	Grundschule am Havelufer in Berlin
1980–1985	Wolfgang-Borchert-Hauptschule in Harburg
1985–1988	Krankenpflegeschule Hamburg-Süd; Krankenpflege-Examen am 30. 5. 1988

Weiterbildung

1991–1992	Zusatzausbildung OP-Schwester
1994	Weiterbildungsseminar Intensivpflege

Berufstätigkeit

1988–1992	Krankenschwester im Kreiskrankenhaus Harburg in den Abteilungen: Allgemeinmedizin, Innere, Allgemeine Chirurgie, Unfallchirurgie, Intensivmedizin
1992–2002	OP-Schwester im Städtischen Krankenhaus Ottersen
2002–2004	Unterbrechung der Berufstätigkeit wegen Geburt und Erziehung meines Sohnes Benjamin

Rodersen, den 16.3.04

Lisa Runge

Rüdiger Semmler
Warendorfer Str. 17
49340 Ostenbrück

Lebenslauf

geboren am 26.4.1960 in Caracas, Venezuela

Schulbesuch

1966–1968	Deutsche Schule Alexander-von-Humboldt in Caracas
1968–1969	St.-Stefanus-Grundschule in Bonn
1970–1974	Katholisches Jungeninternat Bad Marienahr-Ahrweiler
1974–1979	Privatgymnasium Institut Dr. Walter, Bad Wiessee Reifeprüfung am 14.6.1979
1979–1980	verschiedene Auslandsreisen
1980–1981	Zivildienst beim Deutschen Roten Kreuz in München (Essen auf Rädern)
1981–1985	Studium der Rechtswissenschaften in München und Bonn (ohne Abschluss)
1985–1986	Verschiedene Aushilfstätigkeiten und Jobs
1987–1990	Schreinerlehre bei der Firma Möbel-Becker in Köln-Wahn Gesellenprüfung als Möbelschreiner am 14. 5. 1990
1990–1995	Möbelschreiner bei der Firma „Holzwurm-Möbel“
1995–1996	Aufbaustudium „Möbeldesign“ in Rübenberg
seit 1996	Möbeldesigner bei der Firma „Top-Möbel“ in Frankenberg

Ostenbrück, den 16.7.04

Rüdiger Semmler

GESCHÄFTSKORRESPONDENZ

Unter Geschäftskorrespondenz verstehen wir die Korrespondenz, die Sie nicht als Privatperson, sondern als Geschäftsmann oder -frau führen. In Ihrer Rolle als Unternehmer (oder Unternehmensrepräsentant) haben Sie dabei verschiedene Korrespondenz**pflichten**.

Sie müssen für die Produktion (Briefe zum Einkauf) und für den Verkauf (Angebote, Werbebriefe) Ihrer Waren oder Dienstleistungen sorgen. Sie müssen Reklamationen, Mahnungen und Mängelrügen bearbeiten oder schreiben. Sie müssen Kundenpflege betreiben (Werbung) – und auch um die Mitarbeiterpflege (Briefe zur Einstellung, Beförderung, Zeugnis, Jubiläumsbriefe, Abmahnungen, Kündigungen) sollten Sie sich kümmern.

Beachten Sie, dass die äußere Form von Geschäftsbriefen weitgehend normiert ist. Das unterscheidet die Geschäftsbriefe von den anderen Korrespondenzformen. Diese Normierung gilt für die Briefe, die Sie im Namen Ihrer Firma zu reinen Geschäftszwecken verschicken.

Die Normierung gilt aber nicht für die Werbung. Und sie gilt auch nicht, wenn Sie als Unternehmer einem Ihrer Mitarbeiter (oder einem Ihrer Geschäftspartner) zu einem Jubiläum oder zur Hochzeit gratulieren. In diesem Fall schreiben Sie als Geschäftsmann einen Privatbrief.

Der normierte Geschäftsbrief nach DIN 5008

Geschäftsbriefe zeichnen sich durch ein hohes Maß an Normierung aus. Die äußere Form eines Geschäftsbriefes ist durch die DIN-Norm 5008 der Post festgelegt. Das ist die DIN-Norm für korrektes Maschinenschreiben.

Ein Grund für diese Normierung liegt darin, dass Geschäftsbriefe gewöhnlich in einem Fensterumschlag verschickt werden. Damit die Empfän-geradresse im Fenster des Briefumschlages erscheint, muss sie an einer ganz bestimmten Stelle der ersten Seite des Briefes stehen.

Außerdem ist das korrekte Schreiben von Geschäftsbriefen Teil der kaufmännischen Ausbildung. Man braucht deshalb eine Grundlage, die gelehrt werden kann. Auf alle Bestimmungen der DIN-Norm 5008 können wir hier nicht eingehen, sie ist aber im Buchhandel erhältlich. Die wesentlichen Bestimmungen betreffen die Aufteilung der Seite und den Seitenrand.

Absenderangaben

Geschäftsbriefe werden so geschrieben, dass man sie in einem Fensterumschlag verschicken kann. Wenn Sie schon einmal einen Standardfensterumschlag der Größe DL (110 x 220 mm) in der Hand hatten, werden Sie gesehen haben, dass es oberhalb des Fensters einige Zentimeter Platz gibt. Wenn Sie den Briefbogen korrekt falten, beginnt das Feld, das im Fenster des Umschlags sichtbar ist, genau 4,7 cm unterhalb des oberen Blattrandes. Diese 4,7 cm oberhalb des Fensters und die Zone neben dem Fenster, das sind etwa 11 cm bis zum rechten Blattrand, stehen Ihnen für die Absenderangaben oder einen Briefkopf zur Verfügung.

Zu den Absenderangaben, die Sie in diesem Feld unterbringen sollten, gehören:

- Postadresse
- Telefonnummer
- Faxnummer
- Bankverbindung

Und, wenn Sie so etwas haben:

- E-Mail-Nummer
- Internetadresse

Es gibt zwei Möglichkeiten: Sie schreiben Ihre Geschäftskorrespondenz auf vorgedrucktem Firmenpapier oder Sie spannen jedesmal ein weißes Blatt Papier in die Schreibmaschine ein.

Wenn Sie kein vorgedrucktes Briefpapier zur Verfügung haben, werden Sie die freie Zone zu einer Angabe Ihrer Absenderadresse nutzen. Oberhalb der Empfängeradresse und außerhalb des Fensters werden Sie schreiben:

Horst Petera GmbH
Postfach 23 67 45
98765 Galching Tel: 081/6578-65
Fax: 98934

Die Absenderadresse steht außerhalb des Fensters. Wohin Sie sie genau setzen und wie Sie sie gestalten, bleibt Ihnen überlassen. Sie können sie nach rechts oder nach links setzen, Sie können fett schreiben, unterstreichen, einzelne Zeilen in Kapitälchen schreiben usw. Mit anderen Worten: Sie können – selbst mit der Schreibmaschine – so etwas wie einen Briefkopf entwerfen.

Die Absenderadresse könnte auch so aussehen:

HORST PETERA GmbH
Postfach 23 67 45
98765 Galching Tel: 081/6578-65 Fax: 98934

Wenn Sie mit der Schreibmaschine arbeiten und nicht die Möglichkeit des Kleindrucks haben, können Sie Ihre Absenderadresse nicht im Fenster des Umschlags unterbringen. Sie sollten dann daran denken, Ihre Absenderadresse auf dem Briefumschlag noch einmal gesondert anzugeben. (Schlagen Sie für die genaueren Bestimmungen im Kapitel „Der Brief“ nach.)

Die meisten Unternehmen arbeiten heute mit vorgedrucktem Firmenbriefpapier. Die Absenderadresse wird gewöhnlich in Kleindruck genau so angebracht, dass sie in der obersten Zeile des Fensters zu sehen ist, das heißt, sie beginnt genau 4,7 cm unterhalb des Blattrandes. Die Absenderangaben (Postadresse) stehen nebeneinander:

Horst Petera GmbH Postfach 23 67 45 98765 Galching (Kleindruck)

Diese Angaben unterscheiden sich schon durch den Kleindruck von der folgenden Empfängeradresse, sie werden aber häufig noch unterstrichen oder farbig gedruckt, um sie zusätzlich von der Empfängeradresse abzuheben.

Darüber oder daneben erscheint der Briefkopf des Unternehmens. Es handelt sich dabei meist um individuelle Entwürfe, die möglichst großen Wiedererkennungswert haben und sich von den Briefköpfen anderer Unternehmen unterscheiden sollten.

Briefköpfe sind häufig mehrfarbig und enthalten ein Firmenlogo. Oft spielen Unternehmen dabei mit den Anfangsbuchstaben des jeweiligen Firmennamens. Das entsprechende Logo findet sich dann auf möglichst sämtlichen Produkten des Unternehmens.

Der Briefkopf ist heutzutage in den meisten Fällen so gestaltet, dass der Raum direkt oberhalb des Fensters frei bleibt, während der Briefkopf mit den ausführlichen Absenderangaben den Raum rechts neben und rechts oberhalb des Fensters einnimmt.

Die Absenderadresse kann jetzt also zweimal im Brief stehen: einmal **kurz** im Fenster und ein zweites Mal **ausführlich** im individuell gestalteten Briefkopf.

Der Sinn eines sorgfältig gestalteten Briefkopfes ist es, dass der Empfänger bereits bei einem kurzen Blick auf das Blatt genau weiß, von welchem Unternehmen der Brief kommt.

Deshalb macht es auch Sinn den Briefkopf rechts oben über den Brief zu setzen. Denken Sie daran, dass Geschäftsbriefe gewöhnlich nicht weggeworfen, sondern abgeheftet werden. Wenn jemand dann nach Ihrem Brief sucht und einen Aktenordner schnell durchblättert, sieht er nur die rechte Seite der Papiere. Den Briefkopf nach rechts oben zu setzen erleichtert also das Auffinden Ihrer Briefe.

Einen Briefkopf kann sich übrigens jeder entwerfen. Das ist nicht nur eine Sache für Unternehmen oder Selbstständige, die ständig Geschäftsbriefe schreiben müssen. Wenn Sie Lust darauf haben, einen eigenen Briefkopf für Ihre Korrespondenz zu entwerfen, dann tun Sie es einfach. In jeder größeren Stadt werden Sie einen Drucker finden, der Ihnen Ihr Briefpapier mit Ihrem Briefkopf druckt.

Das Anschriftenfenster – Regeln zur Gestaltung der Empfängeradresse

Das Anschriftenfenster im standardisierten Fensterbriefumschlag hat eine Höhe von neun Zeilen. Die Verwendung dieser Zeilen ist durch DIN 5008 genau festgelegt:

Die klein gedruckte Absenderadresse steht noch oberhalb dieser neun Zeilen und wird nicht mitgezählt.

In die erste Zeile kommen Anmerkungen zur Versendungsform (z. B. Drucksache, Eilzustellung). Fehlen solche Anmerkungen, bleibt die erste Zeile leer.

Die zweite Zeile bleibt gewöhnlich leer. Durch den Abstand soll die folgende Anschrift deutlicher abgesetzt werden. Falls die Anmerkungen zur Versendungsform zwei Zeilen in Anspruch nehmen, wird die zweite Zeile unterstrichen.

Die Anschrift beginnt in der dritten Zeile. Anschriften können sehr lang und kompliziert sein. Festgelegt ist, dass die Ortsangabe mit Postleitzahl ganz unten steht und eine Leerzeile Abstand zum Rest der Anschrift hat. Die vorletzte Angabe in der Anschrift, über der Leerzeile, muss eine Straßen- oder Postfachangabe sein.

1 Drucksache
2
3 Herrn
4 Dr. Karl Breiten
5 Institut für Astrologie
6 Am Hirschgraben 23
7
8 21339 Lüneburg
9

1
2
3 Frau
4 Dorothea Künzle
5 Postfach 12345
6
7 84034 Landshut
8
9

Die Seitenaufteilung – Abstände und Einrückungen

Die folgenden Angaben über Abstände und Einrückungen beziehen sich auf das Schreiben mit der Schreibmaschine. Bei der Schreibmaschine unterscheidet man zwischen 10er- und 12er-Schriften. Wir verwenden die Angaben für die 10er-Schriften, die sich aber einfach in die für 12er-Schriften umrechnen lassen (10=12; 20=24 usw.). Diese Regeln gelten übrigens auch, wenn Sie Ihre Korrespondenz mit einem modernen Textverarbeitungsprogramm am Computer erledigen. Dort stellt Ihnen das Programm aber schon Standardschablonen zur Verfügung (vgl. das Kapitel „Moderne Kommunikationstechnologien").

Textposition

Falls Sie eine **Bezugszeichenzeile** verwenden, beginnen die Angaben:

Ihre Zeichen, Ihre Nachricht von (= Schreibmaschinenskala; 10 Anschläge)	auf Grad 10
Unsere Zeichen, unsere Nachricht von	30
Telefon	50
Absendeort	60

Die aktuellen Angaben schreibt man so unter die Leitwörter, dass der erste Buchstabe unter dem ersten Buchstaben des Leitwortes steht.

Das **Datum** beginnt auf Grad 50, entweder noch neben der Anschrift oder direkt unter ihr. Das Datum wird in Geschäftsbriefen **meist** mit sechs Ziffern geschrieben. Also:

01.01.97 (= 1. Januar 1997)
12.08.78 (= 12. August 1978)
12.10.01 (= 12. Oktober 2001)

Besonders im internationalen Schriftverkehr wird nach DIN 5008 aber auch eine nummerische Schreibweise des Datums verwendet, die mit dem Jahr beginnt:

1999 – 08 – 10 (= 10. August 1999), 03 – 07 – 05 (= 5. Juli 2003)

Eine Ortsangabe fügt man dem Datum bei Geschäftsbriefen nicht hinzu, da sie bereits aus der Absenderadresse, die **immer** auf der ersten Seite des Briefes steht, ersichtlich ist.

Falls es einen **Behandlungsvermerk** gibt, steht er direkt unter dem Datum und beginnt ebenfalls auf Grad 50.

Der **Betreff,** der **Bezug** (wenn ohne Bezugszeichenzeile gearbeitet wird), die **Anrede,** der **Text** und der **Grußblock** beginnen immer auf Grad 10.

Alle Zeilen der **Anlagen** (des **Verteilers**) beginnen entweder direkt unter dem Grußblock auf Grad 10 oder stehen neben dem Grußblock und beginnen auf Grad 50.

Einrückungen beginnen auf Grad 20. In Gliederungen beginnen die **Gliederungszeichen** auf Grad 10, der **Text** auf Grad 20.

Bei mehrseitigen Briefen wird auf eine Folgeseite durch drei Punkte (...) am unteren Blattrand hingewiesen. Diese sollten normalerweise bei Grad 60 beginnen.

Abstände

- Geschäftsbriefe schreibt man mit **einzeilig**em Zeilenabstand.
- Zwischen Betreff und Anrede stehen zwei Leerzeilen.
- Zwischen Anrede und Text steht eine Leerzeile.
- Zwischen Absätzen im Text steht eine Leerzeile.
- Zwischen Text und Grußblock steht eine Leerzeile.
- Zwischen Gruß und Firmenname steht eine Leerzeile.
- Zwischen Firmenname und mit Maschine vorgeschriebener Unterschrift stehen drei Leerzeilen.
- Zwischen Unterschrift und Anlagenvermerk stehen mindestens drei Leerzeilen.

Beispiel für einen normgerechten Brief:

Firmenname (Absender)
Straße oder Postfach

PLZ Ort

Firmenname (Empfänger)
Empfänger in der Firma
Straße oder Postfach

PLZ Ort

Datum

Ihre Anfrage Nummer 27 vom 23.06.04
Kauf einer Straßenbaumaschine
Angebot

Sehr geehrter Herr Winter,

es ist nett von Ihnen, dass Sie uns um ein Angebot für die Lieferung einer auf Ihre Bedürfnisse umgebauten Straßenbaumaschine vom Typ KK 78 gebeten haben.

Wir haben uns bemüht, Ihnen ein wie wir hoffen konkurrenzfähiges Angebot zu machen. Dürfen wir Sie in ein paar Tagen anrufen um zu erfahren, ob Ihnen unser Angebot gefällt oder ob vielleicht hie und da noch Anpassungen bei den Konventionen notwendig sind?

Mit freundlichen Grüßen

Unterschrift

Anlagen

Der Stil in Geschäftsbriefen

Der äußere Aufbau eines Geschäftsbriefes ist also im Wesentlichen normiert. Ebenso hat sich ein weitgehend einheitlicher Stil herausgebildet.

Die Stilformel für Geschäftsbriefe lautet:

Schreiben Sie so klar und präzise wie nötig und seien Sie dabei so freundlich wie möglich.

Höfliche Freundlichkeit ist selbst (und häufig gerade) dann angebracht, wenn Sie Ihrem Geschäftspartner Unangenehmes zu sagen haben. Bei wirklich guten Geschäftspartnern, mit denen Sie auch persönliche Beziehungen unterhalten, können Sie auch noch den einen oder anderen persönlichen Satz anfügen.

Ansonsten gelten für den Stil in Geschäftsbriefen die gleichen Faustregeln wie für jeden anderen Brief auch. Vergleichen Sie noch einmal unsere kleine Stilkunde im Kapitel „Der Brief“.

Denken Sie aber immer daran, dass Geschäftsbriefe hauptsächlich die Funktion der Informationsübermittlung haben. Hier kommt es weniger darauf an besonders ausdrucksstark und konkret, als vielmehr sachlich und präzise zu schreiben.

Die neue Rechtschreibung – Besonderheiten beim Geschäftsbrief

Die Neuregelung der Groß- und Kleinschreibung in der neuen Rechtschreibung betrifft einige beliebte und viel verwendete Formeln der Geschäftssprache.

Die Regel lautet:

Wenn Substantive Bestandteil fester Gefüge sind und nicht mit anderen Bestandteilen des Gefüges zusammengeschrieben werden, schreibt man sie groß.

Nach der alten Rechtschreibung war es richtig zu schreiben:

„In bezug auf Ihr Schreiben von..."
„Mit Bezug auf Ihr Schreiben von..."

Man schrieb „Bezug" also in der einen Fügung groß und in der anderen klein. Und beides korrekt.

Nach der neuen Rechtschreibung muss man in solchen Fügungen das Substantiv **immer groß schreiben**!

Korrekt ist also jetzt:

in Bezug auf ...
mit Bezug auf ...
auf Seiten ...
von Seiten ...
in Betreff ...
Recht haben ...
usw.

Kaufkorrespondenz (Kauf/Verkauf)

Geschäftsbriefe dienen dazu Geschäftsverbindungen einzuleiten oder fortzusetzen. Ziel der Korrespondenz ist es, einen Kaufvertrag abzuschließen. Sie wollen entweder als Verkäufer eigene Produkte verkaufen oder benötigen als Produzent bestimmte Waren (oder Dienstleistungen) für die Produktion und sind als Einkäufer tätig. Es geht immer um Kaufen und Verkaufen. Und große Teile der Korrespondenz im Geschäftsbereich hängen auf die eine oder andere Weise damit zusammen.

Die Tätigkeit des Kaufmanns ist dabei geregelt und eingeschränkt von Gesetzen. Er muss sich im Handelsgesetzbuch (HGB) ebenso auskennen wie im Bürgerlichen Gesetzbuch (BGB). Unterschieden wird zwischen Geschäften zwischen Vollkaufleuten und Geschäften zwischen Vollkaufleuten und Privatleuten. In einigen rechtlichen Fragen gibt es da Unterschiede (z. B. Garantierechte, Gerichtsstand). Wir konzentrieren uns auf den folgenden Seiten auf die Korrespondenz zwischen Vollkaufleuten.

Beachten Sie bitte: Wir können keine juristischen Ratschläge geben! Da es um Ihr Geld geht, sollten Sie sich bei der Formulierung von Angeboten, Mahnungen, Bestellungen und in jedem Fall, bevor Sie Verträge abschließen, genau über die jeweiligen rechtlichen Bestimmungen informieren.

Der Kaufvertrag

Ein Kaufvertrag kommt dadurch zustande, dass ein Angebot (Antrag) in allen Punkten durch eine Bestellung (einen Auftrag o. Ä.) angenommen wird. Einseitige Änderungen am Angebot sind nicht möglich und gelten als Ablehnung! Die Geschäftspartner können natürlich so lange miteinander verhandeln, bis ein Angebot vorliegt, dem der Käufer in allen Punkten zustimmen kann.

Ein Kaufvertrag ist an **keine Form** gebunden. Sie können Verträge mündlich im Gespräch oder am Telefon abschließen, schriftlich in Kurzform oder in einem buchdicken Schriftstück. Entscheidend ist nur die Annahme des Angebotes durch den Käufer.

Es empfiehlt sich aber, immer alles schriftlich zu machen!

Wenn Sie am Telefon eine Bestellung aufgeben, dann bestätigen Sie sie schriftlich. Es ist im Geschäftsleben wie überall: Es ist immer gut etwas Schriftliches vorweisen zu können, wenn es Probleme gibt.

Ein Kaufvertrag, in welcher Form Sie ihn auch abschließen, sollte alle Verpflichtungen beider Vertragspartner **zweifelsfrei** festhalten. Ein Vertrag kann deshalb im Einzelfall sehr lang und kompliziert werden.

Auf folgende, wichtige Punkte sollten Sie bei der Formulierung eines Vertrages achten:

- die rechtliche Grundlage, auf der der Vertrag geschlossen wird (z. B. „Allgemeine Verkaufsbedingungen", „Allgemeine Einkaufsbedingungen", „zu Bedingungen des Vertrages")
- den Vertragsgegenstand (ausführlich und zweifelsfrei)
- Menge
- Zeitraum (Gültigkeit des Vertrages)
- Preise (getrennt zwischen: Gegenstand; Verpackung; Transport; Transportversicherung usw.)

- Lieferbedingungen (Versandart; Versandkosten; Transportversicherungskosten)
- Liefertermin (oder: Fertigstellungstermin)
- Zahlungsbedingungen
- Garantievereinbarungen (Gewährleistung)
- Eigentumsvorbehalt
- Erfüllungsort
- Gerichtsstand (anzuwendendes Recht)
- Änderungsklausel

Für die **Lieferbedingungen** gelten Klauseln, die in den INCOTERMS 1990 festgelegt sind. Die wichtigsten sind:

CFR
Kosten und Fracht bis zum (Ort/Bestimmungshafen) trägt der Verkäufer.

CIF
Kosten, Versicherung und Fracht bis zum (Ort/Bestimmungshafen) trägt der Verkäufer.

CPT
Frachtfrei bis zum (Bestimmungsort)
Der Verkäufer liefert frachtfrei bis zum Bestimmungsort. Das heißt, er übernimmt alle Frachtkosten.

CIP
Frachtfrei versichert bis zum (Bestimmungsort)
Der Verkäufer trägt alle Kosten der Fracht und der Versicherung der Ware bis zum Bestimmungsort.

DAF
Geliefert Grenze
Der Verkäufer liefert bis vor die Zollgrenze.

DDP
Geliefert verzollt bis zum (Bestimungsort)
Der Verkäufer liefert in seiner Verantwortung und auf seine Kosten bis zum Bestimmungsort. Er liefert die Ware verzollt an und trägt die Zollkosten.

DDU
Geliefert unverzollt bis zum (Bestimmungsort)
Der Verkäufer liefert zwar in seiner Verantwortung und auf seine Kosten bis zum Bestimmungsort, aber der Käufer muss die Ware beim Zoll deklarieren. Die Zollkosten übernimmt der Käufer.

DES
Geliefert ab Schiff in (Ort/Bestimmungshafen)
Der Verkäufer liefert auf seine Kosten bis in den Bestimmungshafen. Seine Verantwortung endet aber vor der Einfuhrabfertigung.

DEQ
Geliefert ab Kai (verzollt) in (Ort/Bestimmungshafen)
Der Verkäufer ist auch noch für die Einfuhrabfertigung und Verzollung der Ware zuständig. Er übergibt die Ware am Kai des Bestimmungshafens.

EXW
Lieferung **ab Werk** in (Ort)
Der Käufer holt die Ware ab.

FAS
Lieferung **frei Längsseite Schiff** in (Ort/Verschiffungshafen)
Der Verkäufer trägt die Kosten nur bis zur Übergabe an den Haupttransporteur (in diesem Fall bis zur Übergabe auf das Schiff, das den Haupttransport übernimmt). Mit dem Ladevorgang auf das Schiff hat der Verkäufer nichts mehr zu tun.

FCA
Lieferung **frei Frachtführer** in (Ort)
Der Verkäufer trägt die Kosten nur bis zur Übergabe an den Haupttransporteur (Frachtführer).

FOB
Lieferung **frei an Bord** in (Ort /Verschiffungshafen)
Der Verkäufer trägt die Kosten nur bis zur Übergabe an den Haupttransporteur (in diesem Fall bis zur Übergabe auf das Schiff, das den Haupttransport übernimmt). Das Laden der Ware bezahlt noch der Verkäufer.

Sie sollten unbedingt darauf achten, dass Sie in einem Vertrag den Ort, sei es das Herstellerwerk, ab dem Sie liefern, sei es der Verschiffungshafen oder sei es der Bestimmungsort, bis zu dem Sie die Ware liefern, in Ihren Verträgen eintragen.

Wenn Sie vor der Ausformulierung umfangreicherer Verträge stehen, sollten Sie sich unbedingt über die Incoterms-Regeln zur Auslegung der international üblichen Vertragsklauseln informieren. Wir haben hier nur einen kurzen Überblick gegeben. Genaueres finden Sie in dem Büchlein „Incoterms“, das Sie bei den Industrie- und Handelskammern der einzelnen Länder beziehen können.

Kaufvertrag

zwischen

Hermann und Brüder OHG
Hansmannstraße 23
23457 Höltern

im Vertrag „Verkäufer“ genannt

und

Christian Stich GmbH
Von-Gaum-Straße 3
98843 Seebod

im Vertrag „Käufer“ genannt.

Der Verkäufer verkauft und der Käufer kauft zu den Bedingungen dieses Vertrages.

§ 1 Vertragsgegenstand

50 Farbfernseher des Herstellers Goldstern
Typ: TV KS-75WS, inklusive Fernbedienung
Farbe: Schwarz
Technische Beschreibung: Bedienungsanleitung TV KS-75WS-D1 ist als Anlage Vertragsbestandteil

§ 2 Preise

€ 1023,56 pro Stück.

Der Preis beinhaltet nicht die gesetzliche Mehrwertsteuer von zur Zeit 16 %.

§ 3 Verpackungskosten

Die Fernseher werden in den Originalverpackungen des Herstellers geliefert. Die Verpackung ist für den Käufer kostenlos.

§ 4 Lieferbedingungen

Die Fernseher werden im Auftrag des Verkäufers „CIP“ (= INCO-TERM-Klausel. Bedeutet: Frachtfrei versichert bis zum Bestimmungsort) direkt vom Lager des Verkäufers in Lüneburg durch Spedition per Lkw geliefert.

§ 5 Liefertermin

Die Fernseher werden in der 23. Woche geliefert.

§ 6 Gewährleistung

Der Verkäufer übernimmt die Gewährleistung für 12 Monate.

§ 7 Eigentumsvorbehalt

Der Verkäufer behält sich das Eigentum an den entsprechend diesem Vertrag gelieferten Gegenständen bis zur vollständigen Bezahlung durch den Käufer vor.

§ 8 Erfüllungsort

Erfüllungsort ist der Firmensitz des Käufers.

§ 9 Gerichtsstand

Der Gerichtsstand ist für Käufer und Verkäufer Lüneburg.

Anlagen zum Vertrag:

Bedienungsanleitung TV KS-75WS-D1

Unterschrift Hans Herrmann	Unterschrift Christian Stich
Frankfurt, 12.02.2004	Frankfurt, 12.02.2004

Wie ausführlich ein **Vertrag** wird, hängt von Ihnen und Ihrem Geschäftspartner und der Art des Verkaufsgegenstandes ab! Häufig werden sehr detaillierte Bestimmungen in einem im Vertrag erwähnten Anhang nachgeliefert.

Der Kaufvertrag **kann** die Form eines in zwei Ausführungen von beiden Seiten unterschriebenen Schriftstücks haben. Diese Form ist im normalen Geschäftsleben aber eher unüblich. Der Kaufvertrag kommt normalerweise durch Angebot und Bestellung auf der Grundlage des Angebotes zustande.

Die Korrespondenz bei einem Kauf enthält drei Briefe:

- das Angebot
- die Bestellung
- die Bestätigung der Bestellung durch den Verkäufer

Da die meisten Unternehmen im Einkauf nach bestimmten Waren (Dienstleistungen) suchen, geht dem Angebot des Verkäufers häufig schon eine Anfrage, manchmal sogar schon eine Voranfrage, des Einkäufers voraus. Eine ausführliche Kaufkorrespondenz läuft dann folgendermaßen ab:

- Voranfrage
- Antwort auf die Voranfrage
- Anfrage
- Angebot
- Bestellung
- Bestätigung der Bestellung

Mit der Erfüllung des Vertrages von Seiten des Lieferanten setzt eine zweite, den Kauf abschließende Korrespondenz ein. Der Käufer erhält und prüft die Ware, bestätigt den Empfang auf einem Lieferschein, und zahlt nach vertraglich vereinbarter Zahlungsweise. Der Vorgang ist dann abgeschlossen:

- Lieferschein
- Empfangsbestätigung.

Leider läuft auch im Geschäftsleben nicht immer alles so reibungslos ab. Komplikationen vielfältigster Art können auftreten, die, um es überspitzt zu sagen, eine ganze Sintflut von Korrespondenz mit sich bringen können:

Möglicherweise hat der Verkäufer plötzlich Produktionsprobleme und will aus dem Kaufvertrag aussteigen. Gleiches kann für den Käufer gelten. Oder die gelieferte Ware hat Mängel. Mängelrügen sind die Folge. Oder der Käufer weigert sich die Ware anzunehmen. Oder es gibt Probleme bei der Zahlung. Und so weiter. Es gibt viele Fälle, in denen es Streit geben kann.

Hinzu kommt, dass jeder Einkäufer versucht die besten Bedingungen für sich herauszuholen. Deshalb kauft er häufig nicht gleich auf der Grundlage eines Angebotes, sondern beginnt zu handeln. Das Heraushandeln von Vorteilen gehört zum Geschäft. Auf Angebote folgen deshalb nicht gleich Absagen oder Bestellungen, sondern häufig ein „Ja, aber..." mit dem Wunsch, die eine oder andere Bestimmung des Angebotes noch zu ändern.

Ein umfassenderes **Korrespondenzschema** würde etwa so aussehen:

Voranfrage

Antwort auf die Voranfrage:
a) positiv
b) ablehnend
c) eingeschränkte Annahme

Anfrage

Antwort auf die Anfrage:
a) positiv

b) ablehnend
c) eingeschränkte Annahme

Angebot

a) als Antwort auf eine Anfrage
b) unverlangt

Antwort auf Angebot:
a) Bestellung
b) Absage
c) Verhandlungsangebot

Bei Verhandlungen:
a) Neufassung des Angebots
b) Absage
c) Kompromissvorschlag

Bestellung

Rechnung

Problemkorrespondenz: Anfragen nach Vertragsänderungen
a) Annahme
b) Ablehnung
c) gemeinsame Suche nach Lösungen

Lieferschein

Empfangsbestätigung

Mängelrügen:
a) offensichtliche Mängel
b) versteckte Mängel
c) falsche Ware
d) falsche Menge
e) falscher Termin

Mahnungen:
a) Zahlungserinnerung
b) 1. Mahnung
c) 2. Mahnung

Die Voranfrage

Eine Voranfrage hat den Zweck, vor dem eigentlichen Auftragsverfahren den Markt zu sondieren und eine erste Auswahl unter den möglichen Anbietern zu treffen. Voranfragen schreiben Sie dann, wenn Sie die Anzahl für einen Auftrag einzuholender Angebote beschränken wollen. Sie können sich dabei Kosten ersparen, wie sie z. B. bei der Versendung umfangreicher Unterlagen bei einer Anfrage anfallen.

An wen schreibt man Voranfragen?

- An Firmen, mit denen man schon über einen längeren Zeitraum zusammenarbeitet.
- An weitere Firmen, von denen man weiß, dass sie in Frage kommen könnten.

In eine Voranfrage gehören:

- genaue Absenderangaben
- genaue Empfängerangaben
- Betreff: „Voranfrage ...“ eventuell mit Anfragenummer
- Anrede
- Bitte um Antwort, ob Interesse an der Abgabe eines Angebotes besteht
- Antworttermin
- eventuell Angaben über das eigene Unternehmen: Mitarbeiterzahl, Jahresumsatz usw.
- genaue Angaben über das benötigte Material (Dienstleistung)
- Liefertermin usw.
- eventuell: Bitte um Informationen über das Unternehmen des Bieters
- Grußformel, Unterschriften, Anlagen

(Absenderadresse)

Meister GmbH
Herrhausenstrasse 3

12458 Lünhofen

23.04.04

Voranfrage – Lieferant für Keramikfliesen gesucht

Sehr geehrte Damen und Herren,

Ihre Firma wurde uns von der Firma Hasenberg und Steige als Lieferant für Keramikfliesen empfohlen.

Unser Unternehmen ist seit mehr als 50 Jahren der führende Badezimmereinrichter im süddeutschen Raum. Durch einige Großaufträge übersteigt die Nachfrage nach Keramikfliesen kurzfristig die Produktionskapazität unseres normalen Lieferanten. Deshalb suchen wir einen zuverlässigen Lieferanten, der in der Lage ist, bis zum 31.10.04 500 m^2 Keramikkacheln nach Muster frei der Baustelle Hotel Seeblick in Oberwiesen zu liefern.

Die Anbieter müssen den 31.10.04 als feststehenden Liefertermin garantieren. Im Falle einer Lieferunfähigkeit würden wir eine Konventionalstrafe von € 2000,– pro verspäteten Liefertag berechnen.

Wenn Sie interessiert sind, ein ausführliches Angebot abzugeben, so schreiben Sie bitte bis zum 20.05.04 unserem Mitarbeiter, Herrn Carstens.

Mit freundlichen Grüßen

Karl Poborski

Antworten auf Voranfragen

Auf Voranfragen antwortet man immer. Schließlich zeigt der Anfragende damit, dass er an Ihrem Unternehmen interessiert ist. Er ist also ein potenzieller Geschäftspartner, auch wenn Sie ihm in diesem speziellen Fall absagen müssen.

Absage

Eine Absage fasst man in freundlichem Ton ab, bedauert, dass man nicht helfen kann, gibt dem Anfragenden eventuell Hinweise, an wen er sich mit einer Anfrage noch wenden könnte. Es ist auch möglich, eine Absage mit der Werbung für eigene Produkte zu verbinden, wenn man weiß, dass Interesse bestehen könnte.

(Absenderadresse)

Peter Paner AG
Herrn Carstens
Karnstraße 4

56789 Mendern

30.04.04

Ihre Voranfrage vom 23.04.04 zur Lieferung von Keramikfliesen

Sehr geehrter Herr Carstens,

vielen Dank für Ihr Interesse an unserer Firma. Wir haben uns über Ihre Voranfrage sehr gefreut.

Leider müssen wir Ihnen mitteilen, dass wir vor zwei Jahren unsere Produktion umgestellt haben und keine Keramikfliesen mehr produzieren. Wirklich bedauerlich, dass wir Ihnen nicht helfen können.

Mit freundlichen Grüßen

Harald Stefans

Zusage

In eine Zusage sollten Sie folgende Bestandteile aufnehmen:

- Absenderangaben
- Empfängerangaben
- Betreffzeile: Aus der Voranfrage übernehmen, eventuell erweitern
- Anrede
- für die Anfrage danken. Sie sollten deutlich Ihr Interesse bekunden, ein Angebot abzugeben
- eventuell kurze Informationen über das Unternehmen geben (ca. eine DIN-A4-Seite)
- die die Voranfrage betreffenden Informationen klar und übersichtlich geben. Dabei eigene Stärken hervorheben. Nichts Negatives über eventuelle Konkurrenten aussagen! Das macht keinen guten Eindruck.
- eventuell Unterstützung bei der genauen Ausarbeitung der Anfrage anbieten
- noch einmal Interesse bekunden

(Absenderangaben)

Peter Paner AG
Herrn Carstens
Karnstraße 4

56789 Mendern

30.04.04

Ihre Voranfrage vom 23.04.04
Lieferant für Keramikfliesen

Sehr geehrter Herr Carstens,

vielen Dank für Ihre Voranfrage und Ihr Interesse an einer möglichen Geschäftsverbindung mit uns.

Wir können Ihnen mitteilen, dass wir in der Lage sind die 500 m² Keramikfliesen nach Muster zum 31.10.04 frei Baustelle Hotel Seeblick in Oberwiesen zu liefern.

Wir garantieren auch die Einhaltung des gewünschten Liefertermins und akzeptieren bei Verspätung die Zahlung einer Konventionalstrafe von € 2000,– pro Tag. Es stehen in unserem Hause ausreichende Produktionskapazitäten zur Verfügung. Technische Unterlagen, aus denen Sie Genaueres ersehen können, liegen dem Brief bei.

Dürfen wir Sie in den nächsten Tagen anrufen um zu hören, ob Sie noch ergänzende Informationen von uns benötigen? Wir würden uns sehr freuen, in Ihren Lieferantenkreis aufgenommen zu werden.

Mit freundlichen Grüßen

Ursula Hencke

Die Anfrage

Mit einer Anfrage bittet der Käufer bestimmte, ausgewählte Lieferanten um die Abgabe eines konkreten Angebotes.

Eine Anfrage sollte so präzise wie nur möglich sein!

Erwähnen Sie besser schon in der Anfrage in aller Ausführlichkeit jede für Sie wichtige Kleinigkeit, damit Sie nachher keine Angebote bekommen, die nicht Ihren Vorstellungen entsprechen und mit denen Sie nichts anfangen können.

Eine Anfrage sollte enthalten:

- Absenderangaben
- Empfängerangaben
- Betreffzeile: Kennwort, Kennnummer, Antworttermin
- Aufforderung zur Abgabe eines verbindlichen Angebots (Gültigkeitszeitraum!)

– Genaue Angaben zu:

- Einkaufsbedingungen (Haben Sie eigene oder akzeptieren Sie die Lieferbedingungen des Anbieters?)
- Was wird konkret benötigt?
  Geben Sie eine eindeutige Beschreibung des benötigten Materials bzw. der benötigten Dienstleistung (z. B. Fernseher, Hersteller Grundig, Typ 7030 schwarz, ohne Stabantenne), Anzahl, Menge, Maßeinheiten.
- Welcher Preis? Auf welcher Preisbasis?
  (z. B. Brutto exklusive Mehrwertsteuer, Bruttopreise abzüglich Mengenrabatt, Saisonrabatt).
- Verpackungsart
- Verpackungspreise
- Verladepreise
- Transportpreise, Transportversicherungspreise
- Preise für Ersatzteile
- Preise für Wartung
- Termin, bis zu dem man das Angebot haben möchte
- Angabe, bis wann man die Ware oder Dienstleistung benötigt
- Liefertermin/Fertigstellungstermin
  (z. B. fix; nach Zeitplan; in Teilmengen)
- Zahlungsbedingungen
  (z. B. sofort; per Nachnahme; 30 Tage nach Rechnung)
- Hinweise auf künftigen Bedarf
- Referenzen und weitere Informationen über den Anbieter

Außerdem sind auf jeden Fall noch folgende Punkte zu klären, die zum Teil sogar juristische Bedeutung haben.

- Frage nach Garantieleistungen
- Gerichtsstand
- Ist das Angebot für den Empfänger kostenlos?
- Genauere Angaben über die Form des Angebotes, falls Sie solche haben (z. B. Angebot auf Formblatt. Zur besseren Vergleichbarkeit der Angebote)
- Abschlussbemerkungen, Dank
- Grußformel, Unterschrift, Anlagen

Wenn Sie all diese Punkte beachten, kann der Lieferant ein genaues und umfassendes Angebot machen, mit dem Sie bereits eine zuverlässige Kalkulation berechnen können.

Schnell-Bau AG
Frank Giese
Hopfengarten 12

55218 Eichstadt

Fama AG
Zentrumweg 89a

65120 Breschwege

02.06.04

Anfrage Nummer 45 für den Kauf von Dampfwalzen
Angebotsabgabe-Termin: 15.07.04

Sehr geehrte Damen und Herren,

wir wollen unseren Fuhrpark durch fünf neue Dampfwalzen vergrößern. Die Modelle KS 189 und KS 203 des Herstellers Koki scheinen uns besonders geeignet.

Wir haben festgestellt, dass der Markt für dieses Modell sehr uneinheitlich ist. Mit dieser Anfrage ermitteln wir das für uns günstigste Angebot.

Sollten Sie Interesse am Verkauf von fünf KS 189 bzw. KS 203 haben, so nennen Sie uns bitte den niedrigsten Ihnen möglichen Verkaufspreis.

Wir stehen Ihnen jederzeit gern für ein Gespräch über den Liefertermin zur Verfügung. Wenn Sie noch weitere Fragen haben, bevor Sie uns Ihre Konditionen nennen, so rufen Sie bitte unseren Herrn Adler an.

Mit freundlichen Grüßen

Frank Giese

(Absenderangaben)

Hermann Berg Schrotthandel OHG
Frau Gerlinde Watt
Gerhardtweg 90

56123 Handern

02.07.04

Anfrage Nummer 17
Ihr Preis für Aluminiumschrott

Sehr geehrte Frau Watt,

im letzten Jahr haben wir von Ihnen eine größere Partie Aluminiumschrott bezogen und waren mit der Ware sehr zufrieden. Die Reinheit war ausgezeichnet.

Jetzt haben wir wieder Bedarf an etwa der gleichen Menge und denken daran, Ihre Firma wieder als Lieferanten zu berücksichtigen, wenn Sie uns die gleiche Qualität wie beim letzten Kauf anbieten können.

Sie wissen genauso gut wie wir, dass die Preise für Aluminiumschrott im letzten Jahr kontinuierlich gesunken sind. Bedingung für den Abschluss eines Kaufvertrages mit Ihnen sind deshalb deutlich günstigere Konditionen als beim letzten Mal.

Senden Sie uns bitte bis zum 03.08.04 eine Probe und Ihr verbindliches Angebot.

Wir würden gerne wieder mit Ihnen zusammenarbeiten.

Mit freundlichen Grüßen

Gerlinde Weiß

Das Angebot

Das Ziel eines Angebotes ist der Abschluss eines rechtsgültigen Kaufvertrages.

Ein Kaufvertrag kommt dadurch zustande, dass der Käufer das Angebot akzeptiert und auf seiner Grundlage bestellt. Es ist für den Käufer wichtig, dass er sich auf die Konditionen eines Angebotes verlassen kann. Der Verkäufer ist deshalb per Gesetz an sein abgegebenes Angebot gebunden, und zwar so weit und so lange, wie er es in seinem Angebot festgelegt hat.

Angebote sind nicht formgebunden. Sie können mündlich oder schriftlich vorgebracht werden. Mündlich (im Gespräch, am Telefon) vorgebrachte Angebote gelten nur so lange, wie das Gespräch dauert. Der Käufer muss sich sofort entscheiden. Schriftlich vorgebrachte Angebote gelten, wenn man sie nicht durch einen besonderen Vermerk befristet, uneingeschränkt.

Wichtiges Element eines Angebotes ist deshalb die so genannte Einschränkungsklausel. Sie sollten sich als Anbieter genau überlegen, unter welchen Bedingungen Sie anbieten. Uneingeschränkt abgegebene Angebote sind risikoreich. Sie haben dann keine Möglichkeiten bei eventuellen Preiserhöhungen Ihrer Lieferanten aus dem Vertrag mit dem Käufer auszusteigen oder diese an ihn weiterzugeben. Einschränkungen sind viele möglich. Am sichersten ist der Zusatz, dass das Angebot „freibleibend“ gegeben ist. Sie können aber auch einen klar abgegrenzten Zeitraum angeben („bis zum Ende des dritten Quartals“ o. Ä.).

Ein Angebot sollte immer auf einem Briefbogen einwandfreier Qualität abgegeben werden. Auch die Druckqualität sollte gut sein. Also kein graues Recyclingpapier (es sei denn, Umweltbewusstsein gehört zum Image Ihres Unternehmens) und selbstverständlich keine verschmierten Buchstaben!

Man kann zwischen Angeboten unterscheiden, die als Antwort auf eine Anfrage abgegeben werden, und Angeboten, die unverlangt abgegeben werden.

Ein **Angebot, das als Antwort auf eine Anfrage** gegeben wird, sollte Folgendes enthalten:

- Absenderangaben
- Empfängeranschrift
- Ort, Datum
- Bezugszeile, wenn vorhanden, komplett ausgefüllt: Unbedingt ist der Mitarbeiter anzugeben, der für das Angebot zuständig ist.
- Betreff: Stichwort, Nummer des Angebots, Antwort auf Anfrage, Angaben des Versenders
- Anrede
- Warum wird das Angebot abgegeben?
- Angebotsverbindlichkeit (z. B. freibleibend; Zwischenverkauf vorbehalten; bis zum ...)
- Informationen über Kosten des Angebotes
- Mengenangaben
- Genaue Beschreibung der angebotenen Ware bzw. Dienstleistung
- Preisnennung
- Kosten für Versand, Verpackung, Mehrwertsteuer
- Versandart, Transportversicherung
- Zahlungsart und -ziel
- Angabe der Lieferzeit
- Erfüllungsort, Gerichtsstand, Umfang der Garantieleistungen
- Besonderheiten
- Hinweis auf Kundenpflege!
- Grußformel, Unterschrift, Anlagen

(Absenderangaben)

Peter Paner AG
Herrn Carstens
Karnstraße 4

56789 Mendern

27.09.04

Ihre Anfrage vom 12.09.04
Lieferung von Keramikfliesen

Sehr geehrter Herr Carstens,

vielen Dank, dass Sie daran denken, uns in Ihren Lieferantenkreis aufzunehmen. Wie gewünscht haben wir ein Angebot ausgearbeitet. Die Angebotsunterlagen liegen bei. Es wäre sehr erfreulich von Ihnen zu hören, dass unsere Konditionen für die Peter Paner AG günstig sind.

Dürfen wir Sie in den nächsten Tagen anrufen, um zu erfahren, ob Ihnen unsere Offerte gefällt? Falls noch kleine Korrekturen an den Konditionen nötig sind, sagen Sie es uns bitte. Wir möchten Sie zufrieden stellen.

Im Übrigen möchte ich darauf aufmerksam machen, dass Sie durch einen größeren Auftrag bei uns die Lieferkonditionen noch erheblich zu Ihren Gunsten verbessern können.

Mit freundlichem Gruß

Hanno Steinert
(Geschäftsführer)

Anlagen: Angebotsunterlagen

(Absenderangaben)

Elektronik Groß GmbH
Frau Hildegard Witschke
Adelhauserstraße 7

23615 Himberg

21.03.04

Ihre Anfrage vom 06.03.04 zur Lieferung von Monitoren

Sehr geehrte Frau Witschke,

vielen Dank für Ihre Anfrage.

Die Geräte können wir Ihnen freibleibend auf der Basis unserer „Allgemeinen Verkaufs- und Lieferbedingungen" liefern. Der Hana D 78, 21-Zoll, schwarzes Gehäuse, kostet inklusive Schutzverpackung € 1760,–. Der Preis gilt ohne Mehrwertsteuer. Voraus-setzung für den günstigen Preis ist die Abnahme von mindestens 20 Geräten in einer Partie. Die Lieferung erfolgt bei dieser Stückzahl frei Haus auf Gefahr des Kunden. Da Sie nach einer Stückzahl von 50 angefragt haben, sollte diese Bedingung keine Schwierigkeiten machen.

Ihre Zahlung bitten wir Sie so rechtzeitig zu leisten, dass wir 30 Tage nach Lieferung über das Geld verfügen können. Bei Zahlungseingang innerhalb einer Woche erhalten Sie 2 % Skonto. Erfüllungsort und Gerichtsstand wäre für beide Parteien Heidelberg (= Sitz der eigenen Firma).

Dürfen wir uns nach einigen Tagen bei Ihnen erkundigen, ob Ihnen unser Angebot gefällt? Wir würden gern Ihr Lieferant werden.

Mit freundlichem Gruß

Hermann Walters

Unverlangte Angebote

In einem unverlangten Angebot fehlen die Bezüge auf die vorhergehende Anfrage. Stattdessen fügt man Informationen über das eigene Unternehmen hinzu und klärt, warum man das Angebot macht.

(Absenderangaben)

Rohrmann Kohl OHG
Herrn Detlef Kohl
Helmutstraße 234

63789 Fainz

17.04.04

Angebot zur Lieferung preisgünstiger hitzebeständiger Plastikrohre

Sehr geehrter Herr Kohl,

von der Firma Wölk AG hörten wir, dass Sie einen erheblichen Bedarf an hitzebeständigen Plastikrohren haben. Unsere Firma hat sich auf die Herstellung hitzebeständiger Plastikrohre spezialisiert. Wir fertigen auf der Grundlage einiger von uns entwickelten und patentierten Verfahren, die die Hitzebeständigkeit unserer Rohre deutlich über das marktübliche Niveau heben. Wir liefern seit Jahren in größerem Umfang an Firmen in ganz Europa. Wir meinen, dass auch unsere Preise sehr wettbewerbsgerecht sind. Deshalb möchten wir Sie auf unsere Produkte aufmerksam machen.

Zusammen mit diesem Brief schicken wir Ihnen einige informative Unterlagen über unsere Produktionspalette und die neueste Preisliste mit den Basispreisen.

Dürfen wir Sie in den nächsten Tagen einmal anrufen um von Ihnen zu hören, ob wir etwas für Sie tun können?

Mit freundlichem Gruß

Andreas Behnle

Widerruf eines Angebotes

Ein schriftliches Angebot ist ein rechtlich bindendes Dokument. Es kann nur dann widerrufen werden, wenn der Widerruf früher als oder gleichzeitig mit dem Angebot beim Käufer anlangt. Sonst hat der Käufer das Recht, auf der Grundlage des Angebotes zu bestellen.

Zu juristischen Streitfällen kann es kommen, wenn ein Angebot offensichtlich fehlerhafte Angaben enthält. In diesen Fällen kann sich der Käufer nicht darauf verlassen, zum angegebenen Preis zu kaufen. In der Praxis wird das aber so gut wie nie vorkommen, da jeder Anbieter um die rechtlich bindende Wirkung seines Angebots weiß und daher sehr sorgfältig verfahren wird.

Einen Widerruf wird man also auf dem schnellstmöglichen Wege zum Kunden schicken. Da heutzutage jedes Unternehmen über ein Faxgerät verfügt, werden Sie einen Widerruf faxen.

Widerruf unseres Angebotes vom 08.09.04
Lieferung von Fahrradfelgen.

Sehr geehrte Frau Fuchs,

zu unserem großen Schrecken haben wir soeben festgestellt, dass uns in unserem Angebot ein Druckfehler unterlaufen ist. Es muss anstatt **€ 15,– pro 5 Stück** richtig heißen: **€ 15,– pro Stück.** Das Angebot haben wir Ihnen gestern per Post geschickt, sodass wir annehmen, dass unser Widerruf noch vor unserem Angebot bei Ihnen eintrifft.

Wir bedauern diesen Fehler, hoffen aber, dass auch der neue Preis noch interessant für Sie ist.

Mit freundlichen Grüßen

Werner Leid

Falls ein Anbieter zu einem späteren Zeitpunkt versucht, sein Angebot zurückzuziehen, ist er auf die Kulanz des Käufers angewiesen.

(Absenderangaben)

Elektronik Groß GmbH
Frau Hildegard Witschke
Adelhauserstraße 7

23615 Himberg

05.04.04

Widerruf unseres Angebotes vom 21.03.04 zur Lieferung von Monitoren

Sehr geehrte Frau Witschke,

es tut uns außerordentlich Leid, aber unser Vorlieferant hat uns mitgeteilt, dass er die Monitore nicht mehr liefern kann.

Wir haben uns sofort auf die Suche nach einem Ersatzlieferanten gemacht. Zur Zeit ist jedoch kein Produzent aufzutreiben, der die Monitore rechtzeitig und zu vernünftigen Konditionen liefern kann.

Bitte haben Sie deshalb Verständnis dafür, dass wir unser Angebot widerrufen müssen. Wir werden uns aber weiter bemühen die Monitore zu beschaffen und uns sofort bei Ihnen melden, wenn es uns gelungen ist.

Wir hoffen, dass Ihnen durch diesen Widerruf keine Probleme entstehen.

Mit freundlichen Grüßen

Harald Hansen

Im Normalfall werden die Geschäftspartner, wenn es einen einleuchtenden Grund für den Widerruf gibt, nach einem Kompromiss suchen. Denn schließlich ist niemandem daran gelegen, dass ein Geschäftspartner in ernsthafte Schwierigkeiten gerät.

(Absenderangaben)

Hausmaschinen Verlert KG
Frau Andrea Pelz
Oberhoferstraße 2

10045 Merberg

06.12.04

Ihr Angebotswiderruf vom 03.12.04 zum Angebot zur Lieferung von Kaffeemaschinen

Sehr geehrte Frau Pelz,

Ihren Widerruf haben wir mit Bedauern zur Kenntnis genommen. Die Kaffeemaschinen waren, zumal zu dem Preis, eine perfekte Ergänzung unseres Verkaufssortiments. Sie machen sich auch in unserem Katalog sehr gut. Jetzt sind wir leider gezwungen kurzfristig einen anderen Lieferanten zu suchen, der ähnliche Kaffeemaschinen zu annähernd gleichen Konditionen liefern kann. Diese Umstellung verursacht natürlich Kosten, die Sie von Rechts wegen zu tragen hätten.

Sie haben aber, wie wir festgestellt haben, auch noch Waffeleisen in Ihrem Angebot. Wenn Sie uns bis zum 15.02.05 davon 1000 Stück liefern können und uns einen zusätzlichen Nachlass von 10 Prozent einräumen, werden wir Ihnen die uns durch Ihren Widerruf entstehenden Kosten nicht anlasten.

Wir hoffen, dass dieser Kompromissvorschlag Ihnen hilft, den Schaden zu begrenzen. Wir bitten Sie bis zum 15.12.04 um Ihre Entscheidung, ob Sie unserem Vorschlag zustimmen.

Mit freundlichem Gruß

Werner Schwach

Sie müssen einen Widerruf aber nicht akzeptieren und Sie müssen auch nicht nach einem Kompromiss suchen. Sie können darauf bestehen, dass alle Kosten, die Ihnen aus dem Widerruf entstehen, vom Anbieter übernommen werden.

(Absenderangaben)

Hausmaschinen Verlert KG
Frau Andrea Pelz
Oberhoferstraße 2

10045 Merberg

06.12.04

Ihr Angebotswiderruf vom 03.12.04
zum Angebot vom 12.11.04 zur Lieferung von Kaffeemaschinen

Sehr geehrte Frau Pelz,

Ihren Brief, mit dem Sie Ihr uneingeschränkt abgegebenes Angebot widerrufen, haben wir soeben erhalten.

Ihr Widerruf bringt uns in eine unangenehme Lage, da wir unseren Katalog mit den Kaffeemaschinen als Sonderangebot bereits verschickt haben. Wir werden uns nun bemühen schnellstmöglich einen Ersatzlieferanten zu finden.

Es tut uns Leid, aber wir müssen Sie für den uns durch den Widerruf Ihres uneingeschränkt abgegebenen Angebots entstandenen Schaden voll haftbar machen. Die Kosten werden wir Ihnen, sobald sie absehbar sind, mitteilen.

Mit freundlichen Grüßen

Werner Schwach

Bestellungen und Aufträge – Verhandlungskorrespondenz

Wenn Sie mit dem Angebot eines Anbieters rundum zufrieden sind, werden Sie auf der Grundlage des Angebotes bestellen. In diesem Fall, sollten Sie nicht vergessen, im Betreff (Bezug) genau anzugeben, auf der Grundlage von welchem Angebot Sie bestellen (also z. B. mit Angebotsnummer, Angebotsdatum).

(Absenderangaben)

Tuch und Mehr AG
Frau Susanne Uhlen
Nordstraße 78

23674 Nordern

15.06.04

Bestellung Nummer 678 zur Lieferung von Regenschirmen
aufgrund Ihres Angebotes mit Muster vom 03.06.04

Sehr geehrte Frau Uhlen,

vielen Dank für Ihr Angebot und das Muster. Der Schirm gefällt uns gut, und wir glauben, dass auch unsere Kunden daran Interesse haben werden.

Wir bestellen hiermit zu den vereinbarten und mit unserem Schreiben bestätigten Bedingungen zur Lieferung am 23.06.04

> 1000 Schirme entsprechend dem uns am 13.06.04 geschickten Muster. Der Preis pro Schirm beträgt € 18,– ohne Mwst.

Mit freundlichem Gruß

Albert Drachen

Büro-Stieber
Martin Dehnert
Senfgasse 15

77426 Kallstadt

Der Haushalt AG
Frau Ulla Hahne
Bahnhofsstraße 1

67845 Nahberg

22.06.04

Auftrag zur Lieferung von Tischkopiergeräten
Ihr Angebot vom 15.06.04

Sehr geehrte Frau Hahne,

vielen Dank für Ihr Angebot vom 15.06.04

Wir sind mit den von Ihnen vorgeschlagenen Konditionen einverstanden und bestellen

30 Kopierer, Firma Ano, Typ ZK 78.

Die Lieferung muss bis zum 30.08.04 in unserem Lager in der Kamitzer Straße 2 eingetroffen sein. Bei Nichteinhaltung des Termins behalten wir uns eine Leistungskürzung vor.

Wir hoffen auf eine freundliche und reibungslose Zusammenarbeit.

Mit freundlichem Gruß

Martin Dehnert

Bestellung ist nicht gleich Bestellung. Wenn Sie mittel- oder langfristig die Anschaffung eines neuen Maschinenparks planen, können Sie auch erst einzelne Maschinen auf Probe kaufen.

(Absenderangaben)

Walzwerk Kahlen GmbH
Frau Henk
Am Walzwerk 1

44456 Bödorf

19.09.04

Order Nummer 345 zur Lieferung von Schraubenfräsmaschinen
Ihre Offerte vom 12.09.04, Nummer 98

Sehr geehrte Frau Henk,

Ihr Angebot hat uns gefallen und wir möchten bei Ihnen

eine Schraubenfräsmaschine
zum Preis von € 6700,– (exkl. Mwst.)

zur Probe kaufen. Sollte die Qualität unseren Vorstellungen entsprechen, so werden wir Ihnen vermutlich einen größeren Auftrag erteilen.

Wir bitten Sie, unsere Bestellung auch unter diesem Gesichtspunkt zu betrachten und zu überlegen, ob Sie uns preislich nicht noch etwas entgegenkommen können.

Mit freundlichem Gruß

Bernhard Weber
(Einkaufsabteilung)

(Absenderangaben)

Elektronik Müller
Herrn Karel Berndt
Postfach 46378

50354 Köln

20.03.04

Ihr Angebot vom 13.03.04 zur Lieferung einer Haustelefonanlage
Konditionen nicht wettbewerbsgerecht

Sehr geehrter Herr Berndt,

haben Sie vielen Dank für die Mühe, die Sie sich mit der Ausarbeitung Ihres Angebots gemacht haben.

Leider können wir Ihnen den Auftrag nicht erteilen, da einige Ihrer Mitbewerber günstigere Konditionen angeboten haben.

Wir bedauern, Ihnen keinen besseren Bescheid geben zu können.

Mit freundlichen Grüßen

Heidelinde Abel

(Absenderangaben)

Recycling West AG
Moskauer Straße 13

50507 Hohlern

01.08.04

Bestellung Nummer 907
Lieferung zum 08.08.04

Sehr geehrte Damen und Herren,

bitte liefern Sie auf der Grundlage der mit Ihnen am 06.05.04 getroffenen Vereinbarung am 08.08.04

Annahme von 7.30 bis 17.00 Uhr

an unsere unten auf diesem Briefbogen angegebene Lageranschrift

1 Tonne Elektronikschrott

Mit freundlichem Gruß

Herbert Müller

Häufig werden Sie aber mit einem oder mehreren Anbietern über Nachbesserungen des Angebotes verhandeln. Und hier tut sich ein weites Korrespondenzfeld auf. Nahezu jeder der oben in der Einleitung genannten Vertragsbestandteile kann zum Verhandlungsgegenstand werden:

- mögliche Mengenrabatte
- Liefermenge
- Lieferzeit
- Lieferart
- Versandart
- Garantieleistungen

usw.

Jede angefragte Änderung durch den Käufer ist dabei eine Ablehnung des Angebotes mit der Aufforderung ein neues Angebot zu machen. Der Anbieter hat dann wiederum die Möglichkeit die Änderung abzulehnen oder ein neues Angebot zu formulieren. Meist wird man sich nach kurzen Verhandlungen auf einen Kompromiss einigen. Schließlich sind Ihnen Geschäftsverbindungen und Umsatz ja wichtig!

Möbel-Meier
Dr. Michael Berg
Talstraße 10

84775 Trannstadt

Damas und Damas KG
Herrn Anton Damas
Am Gottesacker 1

98563 Seedorf

10.04.04

Ihr Angebot vom 05.04.04 zur Lieferung von Synthetikfüllstoff

Sehr geehrter Herr Damas,

vielen Dank für Ihr Angebot.

Leider ist es Ihnen diesmal nicht gelungen uns mit wettbewerbsfähigen Preisen zu überzeugen.

Sie werden sicher verstehen, dass wir dem günstigsten Bewerber eine Chance geben müssen, mit uns ins Geschäft zu kommen. Wir denken aber, dass es möglich sein könnte, etwa ein Drittel unseres Jahresbedarfs bei einem zweiten Lieferanten zu decken.

Da wir schon seit Jahren gut mit Ihnen zusammenarbeiten, geben wir Ihnen deshalb die Möglichkeit, Ihre Preise nochmals zu prüfen und uns, wenn Sie auch an einer kleineren Menge interessiert sind, bis zum 15.06.04 ein revidiertes Angebot einzureichen.

Mit freundlichem Gruß

Dr. Michael Berg

(Absenderangaben)

Fernseh-Experte Karl Rieschke
Frau Sylvia Rieschke
Bettacker 34

34671 Flachstadt

20.07.04

Bestellung Nr. 23 zur Lieferung von Monitoren
Ihr Angebot Nr. 56 vom 06.07.04

Sehr geehrte Frau Rieschke,

vielen Dank für Ihr Angebot.

Da Sie auf der Grundlage Ihrer „Allgemeinen Verkaufs- und Lieferbedingungen" anbieten, wir aber auf der Basis unserer „Allgemeinen Einkaufsbedingungen" einkaufen, schlagen wir Ihnen im Falle eines Vertragsabschlusses vor, das BGB als Fundament unseres Geschäftsabschlusses zu wählen.

Ihren Preis für das Gerät Hana MK 21, 21-Zoll von € 1750,– /exkl. MwSt. können wir akzeptieren. Wir sind bereit, wie angefragt, 50 Geräte in einer Partie zu übernehmen. Da Sie auf unsere Gefahr frei Haus liefern wollen, schließen Sie bitte für den Transport der Geräte eine Transportversicherung ab. Die Kosten werden wir Ihnen erstatten.

Wir werden 30 Tage nach Lieferung und nach rechtzeitiger Vorlage einer ordnungsgemäßen Rechnung zahlen. Mit dem Erfüllungsort und dem Gerichtsstand Flachstadt sind wir einverstanden.

Mit freundlichen Grüßen

Friedrich Iser

Die Auftragsbestätigung

Der Kaufvertrag ist mit dem Auftrag (Bestellung) auf der Grundlage des Angebotes abgeschlossen. Nach Eingang eines Auftrages (einer Bestellung) bestätigt der Verkäufer den Auftrag aber noch einmal. Er bestätigt dem Käufer damit, dass der Auftrag tatsächlich eingegangen ist und der Käufer sich deshalb darauf verlassen kann, dass der Auftrag auch wie abgemacht ausgeführt wird. Außerdem bedankt sich der Verkäufer hier ausdrücklich für den Auftrag.

Im Normalfall ist die Auftragsbestätigung kurz. Man kann in ihr aber auch noch einmal alle Konditionen des Kaufvertrages aufführen.

(Absenderangaben)

Henkel Joghurt AG
Semerstraße 2

89786 Frutig

08.05.04

Bestätigung der Annahme Ihres Auftrags Nummer 123 vom 04.05.04

Sehr geehrte Damen und Herren,

vielen Dank für Ihren Auftrag. Wir freuen uns über die Geschäftsverbindung mit Ihnen und werden uns große Mühe geben, damit Sie von unseren Leistungen profitieren können.

Ihren Auftrag werden wir zu den genannten Konditionen ausführen.

Mit freundlichem Gruß

Gerlinde Schwarz

Man sollte eine Auftragsbestätigung mit der Versicherung verbinden, die Leistungen auf jeden Fall zu den vereinbarten Bedingungen auszuführen.

Profi-Textil
Bernardine Foyert
Auf der Schanze 44

54765 Kiesheim

Autowerkstatt Udo Becker
Karlsdorfer Straße 56

45345 Tendingen

10.07.04

Auftragsbestätigung Nummer 234
Ihre Bestellung vom 06.07.04 zur Lieferung von Sitzschonbezügen

Sehr geehrter Herr Becker,

herzlichen Dank für Ihre Bestellung. Wir sind mit allen von Ihnen genannten Bedingungen einverstanden und werden den Auftrag akkurat ausführen.

Wir freuen uns auf die Zusammenarbeit mit Ihnen und hoffen, Sie mit unseren Leistungen zufrieden zu stellen.

Mit freundlichem Gruß

Bernardine Foyert

Die Auftragsbestätigung gehört nicht mehr zur Verhandlungskorrespondenz im engeren Sinn! In ihr dürfen Sie nicht mehr von Ihrem Angebot bzw. dem Auftrag abweichen. Tun Sie es doch, so hat der Käufer das Recht den Auftrag zu widerrufen.

(Absenderangaben)

Gamber und Co. GmbH
Trotherweg 17

78564 Ländle

16.03.04

Widerruf unserer Bestellung Nummer 765 vom 09.03.04
Abweichung Ihrer Auftragsbestätigung vom 12.03.04 von Ihrem Angebot vom 13.01.04

Sehr geehrte Damen und Herren,

Ihre Auftragsbestätigung weicht in mehreren Punkten von Ihrem Angebot und unserer Bestellung ab. Die Abweichungen betreffen wichtige Punkte unserer bisherigen Vereinbarung.

Unter solchen nicht gerade für Seriosität sprechenden Umständen wollen wir von Ihrem Angebot keinen Gebrauch mehr machen. Wir widerrufen deshalb unsere Bestellung.

Mit freundlichem Gruß

Melanie Großmann

(Absenderangaben)

Gamber und Co. GmbH
Trotherweg 17

78564 Ländle

13.02.04

Widerruf unserer Bestellung Nummer 736 vom 07.02.04
Abweichung Ihrer Auftragsbestätigung vom 10.02.04 von unserer Bestellung

Sehr geehrte Damen und Herren,

mit Verwunderung sehen wir, dass die Preise in Ihrer Auftragsbestätigung von denen unserer Bestellung abweichen.

Es wäre freundlich von Ihnen, wenn Sie uns in Zukunft, bevor Sie uns eine Auftragsbestätigung mit neuen Preisen schicken, informierten, dass Ihre bisherigen Preise nicht mehr gültig sind. Ihre Vorgehensweise ist für uns absolut untragbar.

Wir widerrufen unsere Bestellung.

Mit freundlichem Gruß

Peter Hohler

Es müssen aber nicht immer die Preise sein, deren nachträgliche Änderung den geschlossenen Kaufvertrag ungültig macht. Beinahe ebenso wichtig wie der Preis kann auch der Termin für den Käufer sein. Daher ist auch eine diesbezügliche Differenz zum Angebot ein Grund, die Bestellung rückgängig zu machen.

(Absenderangaben)

Heimker Fliesen KG
Frau Rosa Hernkel
Hannoveranerweg 5

34098 Meyern

28.04.04

Ihre Änderung unseres Auftrags Nummer 573 vom 23.04.04
Neuer Liefertermin 07.06.04 statt 23.05.04
Ihre Auftragsbestätigung vom 28.04.04

Sehr geehrte Frau Hernkel,

als wir Ihre Auftragsbestätigung erhielten, waren wir erstaunt, feststellen zu müssen, dass Sie den von uns gewünschten Liefertermin geändert haben, ohne mit uns darüber gesprochen zu haben. Dies ist ein inakzeptables Vorgehen. Wir würden es vorziehen, vorher über Änderungen informiert zu werden, und zwar bevor Sie uns diese schriftlich bestätigen.

Sie wissen doch: Einseitige Vertragsänderungen machen die getroffenen Vereinbarungen insgesamt ungültig! Daher widerrufen wir unsere Bestellung vom 23.04.04.

Wir können uns momentan nicht vorstellen, zu einem späteren Zeitpunkt wieder eine Geschäftsverbindung mit Ihrer Firma einzugehen. Vielleicht fällt Ihnen eine Möglichkeit ein, das verlorene Vertrauen wieder herzustellen.

Mit freundlichen Grüßen

Karel Petersen

Eine Ausnahme bilden nur freibleibend gegebene Angebote. Da kann es vorkommen, dass sich die Preise in der Zeit zwischen Angebot und Auftragserteilung geändert haben. In diesem Fall ist mit dem Auftrag noch kein Kaufvertrag zu Stande gekommen, sondern die Auftragsbestätigung ist ein neues Angebot, auf dessen Grundlage der Käufer noch einmal neu bestellen muss.

(Absenderangaben)

Kom&Com GmbH
Frau Sieglinde Neumann
Im Neuen 23

81234 Acherbach

22.03.04

Ihr Auftrag vom 16.03.04 zur Lieferung von Funkgeräten
Zwischenzeitliche Preiserhöhung

Sehr geehrte Frau Neumann,

über Ihre Bestellung haben wir uns sehr gefreut, und wir hätten diese auch gern ausgeführt.

Leider sind seit unserem freibleibend abgegebenen Angebot schon mehr als drei Wochen vergangen. Die Ware ist zu unserem Bedauern jetzt nicht mehr so preisgünstig lieferbar.

Zur Zeit können wir Ihnen die Funkgeräte zum Stückpreis von € 145,– anbieten.

Wir würden uns freuen, wenn Ihnen auch unser neues Angebot zusagt.

Mit freundlichem Gruß

Dr. Christian Pelzer

Lieferkorrespondenz

Waren werden gewöhnlich über eine Spedition mit einem Lieferschein geliefert. Der Empfänger ist verpflichtet, die Angaben auf dem Lieferschein dahin gehend zu überprüfen, ob sie dem Auftrag entsprechen. Das heißt, er muss die Lieferung mit den Angaben auf dem Lieferschein vergleichen, d. h. kontrollieren ob, wie auf dem Lieferschein angegeben, geliefert wurde, und er muss die gelieferte Ware auf offensichtliche Mängel überprüfen. Der Empfänger quittiert den Lieferschein und schickt dann gesondert noch eine Empfangsbestätigung.

Lieferschein (Beispiel)

Nummer	....
Datum	....
Kunden-Nummer	....

Bestellangaben des Kunden:

Zeichen	....
Datum	....
Text	....
Versandbedingungen	....
Versandart	....

Wir liefern und Sie empfangen:

Pos.	Anzahl	Mengen	Warenbezeichnung
...	....	....	....
...	....	....	....
...	....	....	....

Die gelieferte Ware bleibt bis zur vollständigen Bezahlung Eigentum des Lieferanten.

Bei Beanstandungen bitte den Lieferschein an den Lieferanten einsenden.

Unsere „Allgemeinen Lieferbedingungen“ finden Sie auf der Rückseite dieses Lieferscheins.

Meistens enthält die Empfangsbestätigung eine Vorbehaltsklausel, um eventuell später festgestellte Mängel rügen zu können.

(Absenderangaben)

Peterson Hauswaren OHG
Friedrichstrasse 7

60707 Karldorf

08.03.04

Unser Auftrag Nummer 256 vom 02.12.03
Lieferschein Nummer 798 vom 02.03.04
Empfangsbestätigung

Sehr geehrte Damen und Herren,

die von Ihnen gelieferte Ware wurde uns am 03.03.04 durch die Spedition Karl und Söhne GmbH, München, übergeben.

Wir haben die Sendung geprüft. Die Anzahl der Stücke sowie die Markierungen auf den Kisten stimmten mit den Angaben auf dem Lieferschein überein.

Die Verpackungen waren unversehrt und die Ware ist, soweit dies durch visuelle Prüfung erkennbar ist, frei von offensichtlichen Mängeln.

Die Rüge von Mängeln, die sich nach der Inbetriebnahme der Geräte herausstellen, sowie die Reklamation versteckter Mängel behalten wir uns vor.

Mit freundlichem Gruß

Damian Herschel

Reklamationen/Mängelrügen

Zu Reklamationen und Mängelrügen kommt es, wenn eine der beiden Seiten, Käufer oder Verkäufer, seine Verpflichtungen aus dem Kaufvertrag nicht einhält. Dabei unterscheidet man grundsätzlich zwischen:

a) Mängeln an der Ware/Leistung.

Der Käufer hat die Pflicht zur Prüfung! Er muss schon bei Lieferung überprüfen, ob die gelieferte Ware auch tatsächlich dem Vertrag entspricht:

Ist es die richtige Ware? (Gattung)
Stimmt die Menge? (Quantität)
Hat die Ware die vertraglich zugesicherte Güte? (Qualität)
Sind offensichtliche Mängel erkennbar?

Versteckte Mängel kann man auch später noch reklamieren!

b) Keine bzw. nicht rechtzeitige Lieferung (Lieferungsverzug)

c) Keine bzw. nicht rechtzeitige Annahme der Ware (Annahmeverzug)

d) Keine bzw. nicht rechtzeitige Bezahlung (Zahlungsverzug)

Tritt einer dieser Fälle ein, ist der Geschädigte berechtigt, eine Mängelrüge/Reklamation zu schicken. Sie können dabei, je nach Schwere des Vertragsbruchs, Verschiedenes fordern:

- Rückgängigmachen des Kaufvertrages (Wandlung)

- Nachbesserung (Ersatz) der Ware

- Preisminderung

- Schadensersatz wegen Nichterfüllung des Kaufvertrages

Rügen wegen Qualitätsmängeln sind die am häufigsten anzutreffenden Reklamationen.

(Absenderangaben)

Import Künzle GmbH
Hafenstraße 8

20123 Deichstadt

06.02.04

Mängelrüge wegen eines offensichtlichen Qualitätsmangels
Ihre Lieferung vom 03.02.04, Lieferschein-Nr. 267
Unser Auftrag Nummer 264 vom 15.01.04

Sehr geehrter Herr Künzle,

am 03.02.04 hat uns Ihre Spedition Karl und Co. die bestellten Monitore gebracht. Leider handelt es sich dabei um Geräte für den asiatischen Markt, die auf 110 Volt zu betreiben sind und sich auch sonst von den europäischen Modellen unterscheiden.

Ihr Herr Gunter teilte uns gestern telefonisch mit, dass die passenden Spannungsadaptoren kurzfristig nicht zu beschaffen sind. Da der Mangel an der gelieferten Ware so groß ist, dass wir sie nicht verwenden können, und Sie auch keine Abhilfe in angemessener Zeit garantieren können, stellen wir Ihnen die Monitore wieder zur Verfügung und erwarten Wandelung des mit Ihnen geschlossenen Kaufvertrages.

Mit freundlichem Gruß

Marion Mertens

Nicht immer führt eine Mängelrüge zur Stornierung des gesamten Auftrags. Ist die Ware bedingt verwendbar, sind Forderungen nach einem Preisnachlass die Regel.

Korda-Hotels
Annabelle Carlsson
Uferstraße 10

21222 Nassdorf

AsiaImport Klein GmbH
Am Becken 87

25612 Strand

12.12.04

Minderung des Kaufpreises wegen Qualitätsmangels
Ihre Lieferung vom 09.12.04, Lieferschein Nummer 675
Unsere Bestellung vom 02.07.04, Zeichen AB/568

Sehr geehrte Damen und Herren,

die gelieferten Reiskocher haben, wie wir erst bei Gebrauch der Geräte feststellen konnten, folgenden Mangel:

In allen drei Geräten funktioniert der Timer nicht.

Sie haben wohl eine Montagsfertigungsreihe erwischt! Wenn Sie drei voll funktionsfähige Geräte zum Austausch hätten, wäre das für uns alle die einfachste Lösung. Aber wir wissen ja, wie schwer es ist, schnellen Ersatz aus Asien zu bekommen. Da wir die Geräte dringend brauchen und sie sich auch mit dem Fehler einsetzen lassen, wären wir auch mit einem Nachlass von 15 Prozent auf den Gerätepreis einverstanden.

Ich hoffe, dass Sie mit diesem Vorschlag einverstanden sind. Ansonsten wären wir gezwungen, die Lieferung an Sie zurückzuschicken und den Kaufvertrag für nichtig anzusehen.

Mit freundlichem Gruß

Annabelle Carlsson

Eine Mängelrüge sollten Sie, wenn Sie sie als berechtigt anerkennen, schriftlich akzeptieren. Ein solches Schreiben ist normalerweise geprägt von dem Bemühen, die Verärgerung des Kunden durch ein kulantes Verhalten zu vermindern.

Schließlich möchte man im Fall einer Nachbestellung vom Kunden berücksichtigt werden.

(Absenderangaben)

Marvag AG
Am Hinze 1–10

36723 Luckdern

12.08.04

Ihre Forderung nach Wandlung vom 07.08.04
Unsere Lieferung vom 04.08.04

Sehr geehrte Damen und Herren,

es tut uns sehr Leid, von Ihnen zu hören, dass Sie unsere Lieferung (Lieferschein Nummer 124) zu beanstanden haben.

Herr Lachmüller, unser zuständiger Fachmann, wird Sie, wie telefonisch besprochen, am 14.08.04 besuchen, um sich den Schaden anzusehen.

Selbstverständlich nehmen wir die Ware danach zurück.

Mit freundlichen Grüßen

Heribert Hagen

Aber auch Mängelrügen/Reklamationen werden nicht immer zu Recht erhoben. Sie können unberechtigte Mängelrügen auch zurückweisen. Dann sollten Sie in Ihrem Brief die Zurückweisung genau begründen.

(Absenderangaben)

Visio AG
Auf der Höhe 3

67432 Wimmern

05.02.04

Ihre Reklamation vom 02.02.04 unserer Lieferung vom 21.01.04
Ihre Bestellung Nummer 874 vom 22.12.03

Sehr geehrte Damen und Herren,

Sie haben am 21.01.04 die Monitore von unserer Spedition Handel, Heidelberg, übernommen und auf dem Lieferschein bestätigt, dass die Monitore frei von offensichtlichen Mängeln sind.

Jetzt schreiben Sie uns, dass große Risse in den Transportkartons waren und Sand in die Monitore geraten ist.

Diesen offensichtlichen Mangel hätten Sie bei der Übernahme feststellen müssen!

Bitte verstehen Sie deshalb, dass wir Ihre Umtauschforderung nicht akzeptieren können.

Mit freundlichen Grüßen

Bodo Schmidt

Neben den Qualitätsmängeln ist es vor allem die inkorrekte Lieferung, die immer wieder zu Mängelrügen Anlass gibt. Wenn zu wenig, nicht rechtzeitig oder die falsche Ware geliefert wird, kann das den Empfänger, der sich auf die rechtzeitige und vollständige Lieferung verlassen hat, in Schwierigkeiten bringen. Möglicherweise ist er dann nicht mehr in der Lage seine Termine einzuhalten.

(Absenderangaben)

Die Kachel AG
Frau Heide Witschke
Niemensstraße 23

23675 Emstern

07.11.04

Mängelrüge wegen Mangels in der Menge
Ihre Lieferung vom 03.11.04
Unser Auftrag vom 27.10.04 zur Lieferung von Kachelfliesen

Sehr geehrte Frau Witschke,

wir haben Sie ja schon auf Ihrem Lieferschein Nummer 294 darauf aufmerksam gemacht, dass Sie uns nicht die vereinbarte Menge Kachelfliesen geliefert haben.

Da wir, wie Sie wissen, nahezu ohne Lagerhaltung just-in-time arbeiten, macht uns das Probleme. Wir benötigen die fehlende Menge schnell!

Bitte schicken Sie uns die Ware bis spätestens zum 10.11.04. Sollten Sie bis zu dem gewünschten Termin nicht liefern können, so rufen Sie uns an. Denken Sie an die Konventionalstrafenvereinbarung, die wir getroffen haben.

Es tut uns Leid, Sie so unter Druck setzen zu müssen, aber auch wir stehen unter Termindruck!

Mit freundlichen Grüßen

Dieter Kern

Eine Schadensersatzklage, die der Käufer aufgrund eines versäumten Termins wegen der dadurch entstandenen Verluste führt, ist allen Beteiligten unangenehm. Um ein solches Verfahren zu verhindern, setzt man, wenn das möglich sein sollte, einen weiteren Termin und macht den Schadensersatzanspruch von der Einhaltung dieses Lieferdatums abhängig.

(Absenderangaben)

Feinmechanik Struse KG
Am Acker 1

34987 Hettenheim

25.04.04

Reklamation wegen Nichteinhaltung des Liefertermins
Unsere Bestellung vom 23.03.04 zur Lieferung von Nähmaschinen

Sehr geehrte Damen und Herren,

Ihre Zusicherung, termingerecht liefern zu können war der ausschlaggebende Faktor für uns, Ihnen den Auftrag zu erteilen. Jetzt ist der vereinbarte Liefertermin schon seit drei Tagen verstrichen und die Ware ist immer noch nicht bei uns eingegangen. Haben Sie zu viel versprochen?

Sollte die Lieferung nicht bis spätestens zum 04.05.04 bei uns eingegangen sein, werden wir Sie für die Folgen Ihres Versäumnisses haftbar machen.

Mit freundlichem Gruß

Anna Dauber

Auch Mängelrügen wegen Lieferverzugs können unberechtigt sein. Dann sollten Sie sie begründet zurückweisen.

(Absenderangaben)

Druckerei Felix Wagner GmbH
Oberm Dorf 13

45342 Neuendorf

10.06.04

Ihre Schadenersatzforderung vom 05.06.04 wegen nicht erfolgter Lieferung

Sehr geehrter Herr Wagner,

die Korrespondenz, die zu unserem Angebot Nummer 567 geführt hat, auf dessen Grundlage Sie bestellt haben, liegt nun schon etwas länger zurück. Vielleicht liegt es daran, dass Ihnen die Details nicht mehr ganz vor Augen stehen.

Ich darf Sie erinnern, dass Sie darauf bestanden haben, die Maschine Modell MK 57C in der Sonderausführung 13 zu beziehen. Wir haben Sie darauf aufmerksam gemacht, dass diese Sonderausführung schwer zu beschaffen ist. Ihre Bestellung zum Fixtermin haben wir unter der ausdrücklichen Einschränkung der Lieferbarkeit gemacht! Lesen Sie das noch einmal nach.

Bitte verstehen Sie, dass wir deshalb Ihre Schadenersatzforderung ablehnen müssen!

Es hat sich uns übrigens gerade die Möglichkeit aufgetan, die Sonderausführung 13 für Sie beschaffen zu können. Sie wäre in etwa 4 Monaten lieferbar. Es wäre nett von Ihnen, wenn Sie uns schnellstmöglich mitteilen würden, ob Sie noch Interesse haben und mit einem neuen Liefertermin einverstanden sind.

Mit freundlichem Gruß

Isolde Kramer

Jede Lieferung kostet Geld. Ein Spediteur muss die Waren übernehmen, er muss sie transportieren und anliefern. Und dieser Spediteur wird für seine Dienste bezahlt. Wenn eine solche Anlieferung nicht klappt, wenn der Kunde die Annahme verweigert oder zum vereinbarten Liefertermin schlicht niemand da ist, der die Ware annimmt, dann muss der Spediteur sie wieder mitnehmen, möglicherweise zum Verkäufer zurückbringen. In jedem Fall verursacht eine Zweitanlieferung zusätzliche, nicht einkalkulierte Kosten. In einer Mängelrüge wegen Annahmeverzugs geht es deshalb vor allem darum, dem Käufer deutlich zu machen, dass er die bestellten Waren annehmen muss und dass er die zusätzlich entstandenen Kosten zu übernehmen hat.

(Absenderangaben)

Der Fußballshop AG
Herrn Walter Fink
Hauptstraße 45

90674 Hachingen

05.06.04

Ihre Bestellung vom 23.05.04 zur Lieferung von Fußbällen
Annahmeverzug durch Nichtannahme der bestellten Ware

Sehr geehrter Herr Fink,

am 02.06.04 um 9.45 Uhr wollten wir bei Ihnen die bestellte Ware abliefern. Da Ihr Betrieb wegen eines Betriebsausfluges geschlossen war, musste unser Fahrer unverrichteter Dinge heimkehren.

Dürfen wir Sie bitten, uns bis zum 08.06.04 zu informieren, wann wir die Ware ein zweites Mal anliefern können?

Bitte verstehen Sie, dass wir Ihnen die Frachtkosten für die vergebliche erste Fahrt in Rechnung stellen müssen.

Mit freundlichem Gruß

Stefan Freundlich

Mängelrügen im Zahlungsverkehr sind vor allem Mahnungen, wenn der Käufer nicht oder nicht rechtzeitig zahlt (vgl. dazu unten). Man kann aber auch eine unkorrekt gestellte Rechnung rügen.

(Absenderangaben)

Hauswaren Hersche AG
Polizeistraße 5

87654 Bernert

10.09.04

Ihre Rechnung vom 07.09.04 für die Lieferung von Kaffeemaschinen (Re.-Nr. 234-67)
Ihr Rechnungsbetrag von € 9780,–

Sehr geehrte Damen und Herren,

Ihre Rechnung haben wir erhalten. Leider hat sich da ein kleiner Fehler eingeschlichen. Ein kleiner Fehler mit großer Wirkung!

Wir haben auf der Grundlage Ihres Angebotes vom 03.05.04 (Angebotsnummer 456) 10 Kaffeemaschinen zum Preis von € 97,80 pro Stück bei Ihnen bestellt und am 01.09.04 wie bestellt erhalten.

Dass Sie uns in der Rechnung € 978,– pro Stück in Rechnung stellen, geht wohl auf das Konto des Tippfehlerteufels.

Wir überweisen die korrekte Rechnungssumme von € 978,– und erwarten von Ihnen eine korrigierte Rechnung.

Mit freundlichen Grüßen

Manfred Mangel

Die Rechnung

Nachdem Ihre Ware geliefert und angenommen worden ist oder nachdem Sie die angefragte Dienstleistung erbracht haben, werden Sie dem Käufer/Auftraggeber eine Rechnung schreiben.

Rechnungen können sehr detailliert und ausführlich, aber auch kurz und knapp sein. Das hängt sowohl von der erbrachten Leistung (Ware, Dienstleistung) als auch von dem Kunden ab.

Eine Rechnung sollte folgende Bestandteile enthalten:

- Absenderangaben
- Empfängerangaben
- Rechnungsnummer
- Rechnungsdatum
- Kundennummer

Sie werden jedem Kunden, der nicht nur einen Gelegenheitskauf bei Ihnen macht, eine Kundennummer geben. Sie werden ihn in Ihre Kundenkartei aufnehmen – und mit Werbebriefen usw. versorgen.

Falls Sie Waren geliefert haben, sollten Sie noch folgende Angaben hinzufügen:

- Auftragsnummer
- Liefertermin
- Versandart
- Eventuell die Lieferadresse, wenn sie nicht mit der Empfängeradresse übereinstimmt
- Eine Auflistung der gelieferten Waren und/oder erbrachten Dienstleistungen

Diese Auflistung sollte präzise und so weit aufgefächert wie möglich sein. Je genauer Sie Ihre erbrachten Leistungen darlegen, desto weniger Anlass ist für Streit gegeben.

Grundsätzlich trennt man zwischen:

- Materialkosten
- Arbeitskosten

Wenn Sie also in einer Reparaturwerkstatt den Vergaser eines Autos reparieren, dann sollte in der Rechnung die Arbeitszeit (die Arbeitskosten) von den Materialkosten (den eingesetzten Ersatzteilen) getrennt aufgeführt werden.

Bei geliefertem Material sollten Sie angeben:

- die gelieferte Anzahl (Stückmenge)
- den Gesamtpreis
- oder auch den Stückpreis (also: wie viel **ein [1]** Exemplar kostet)

Bei geleisteter Arbeit sollten Sie angeben:

- wann genau Sie die Arbeit geleistet haben (Datum, Uhrzeit) und wie viel Zeit Sie exakt dafür gebraucht haben (Dauer).
- den Gesamtpreis
- oder den genauen Preis pro geleisteter Arbeitsstunde als Berechnungsgrundlage (Es können hier auch Preise für halbe oder Viertelstunden angegeben werden. Der Posten entspricht dem Stückpreis beim Material. Sie geben hier die kleinste Zeiteinheit [und ihren Preis] an, mit der Sie rechnen).

Hinzufügen können Sie, bei Bestellung nach Angeboten/Katalogen, die genaue Artikel-/Sortiments-/Bestellnummer.

Bei der Angabe des Preises ist Folgendes zu beachten:

Bei Geschäften zwischen Geschäftsleuten (Vollkaufleuten; Unternehmern) **müssen** in der Rechnung der Nettopreis und die Umsatzsteuer **getrennt** angegeben werden. Das hat steuertechnische Gründe, da Vollkaufleute Möglichkeiten haben, die Umsatzsteuer weiterzureichen, in Vorsteuern abzuziehen etc.

Die Umsatzsteuer (Mehrwertsteuer) bezahlt letztlich der Konsument. Wenn Sie Rechnungen an Endkonsumenten, also an Privatleute schicken, ist es nicht nötig Nettopreis und Mehrwertsteuer getrennt aufzuführen. Für den privaten Verbraucher ist es unerheblich, ob sich der Preis, den er bezahlt, aus zwei Posten zusammensetzt oder nicht. Er kann nichts davon in seiner Steuererklärung absetzen.

Ein weiterer Punkt, den Sie in Ihrer Rechnung nicht vergessen sollten, ist die Angabe von Zahlungsbedingungen:

- das Zahlungsziel („bis Ende des Monats“, „innerhalb von 14 Tagen“, „wie vertraglich vereinbart“ usw.)
- Skontobedingungen („Bei Zahlung innerhalb von 14 Tagen 2% Skonto“ o. Ä.)

Vergessen Sie auf gar keinen Fall Ihre Bankverbindung anzugeben!

(Absenderangaben)

Profo AG
Postfach 127645

76453 Demehl

02.04.04

Rechnung

Rechnungsnummer: 347823
Bitte bei Zahlung angeben

Kundennummer: P 8876 – 097
Auftragsnummer: 7654 – 23.01.04

Geliefert am 15.03.04

Artikel	Anzahl	Stückpreis. netto (€)	Betrag (€)	Umsatzsteuer 16 % (€)
Drainbandage	10	167,45	1674,50	267,92
Medizinball	25	54,78	1369,50	219,12
Laufhilfen	78	67,67	5278,26	844,52
			8322,26	1331,56

Zahlbar innerhalb von 30 Tagen. Bei Zahlung innerhalb von 14 Tagen 2% Skonto.

Bankverbindung: Raiffeisen Volksbank Ebringen (BLZ 680 615 05)
Kt.-Nr: 675432

Im folgenden Beispiel ist die Mehrwertsteuer als Betrag aufgeführt. Häufig sind aber auch Rechnungen, die nur angeben, dass im angegebenen Betrag die Mehrwertsteuer enthalten ist.

Autohaus Montag
Pariser Straße 5
77212 Reutlingen

Frau
Elisabeth Grüner
Eschweg 13

76543 Bonndorf

03.04.04

Rechnung

Rechnungsnummer: 98 - 9834
Bei Zahlung bitte angeben

Kundennummer: EG - 78 - 67543
Auftragsnummer: 98.01.04-17

Bezeichnung	Anzahl	Betrag
Vergaserklappe	1	5,50 €
Arbeitsaufwand	0,3 Std.	75,00 €
Gesamtbetrag:		80,50 €

Der Gesamtbetrag enthält die Mehrwertsteuer (16 %) von:
12,88 €

Bitte überweisen Sie den Gesamtbetrag innerhalb von 14 Tagen ohne Abzüge auf unser Konto:

Sparkasse Bonndorf (BLZ 564 897 78)
Kt.-Nr. 675 987

Mahnungen

Mahnungen sind ein wichtiger Teil der Geschäftskorrespondenz. Da sie aber auch im Verhältnis zwischen Kaufleuten und Privatleuten (oder zwischen Privatleuten) häufig vorkommen, besprechen wir sie hier ausführlicher.

Jeder kann in die Lage kommen, Mahnbriefe schreiben zu müssen. Wenn man als Privatmann einem Freund Geld leiht oder als Geschäftsmann einem anderen Geschäftsmann Waren liefert, die Rückzahlung des Geldes ausbleibt oder eine Rechnung über den Zahlungstermin hinaus offen bleibt, gibt es häufig keine andere Möglichkeit mehr, als die fälligen Schulden anzumahnen.

Es gibt zwei Wege:

- das außergerichtliche und
- das gerichtliche Mahnwesen

Das außergerichtliche Mahnwesen

Gerichtliche Auseinandersetzungen sind lästig und lassen den Kontakt zwischen Gläubiger und Schuldner abreißen, was gewöhnlich keineswegs gewünscht ist. Wer will schon eine potenziell ergiebige Geschäftsbeziehung aufs Spiel setzen, nur weil ein Kunde gerade Finanzprobleme hat? Um es gar nicht erst so weit kommen zu lassen, hat sich die Tradition des außergerichtlichen Mahnwesens herausgebildet. Es gibt dafür keine festgelegten Vorschriften, aber es hat sich eine Vorgehensweise etabliert, an die sich mehr oder weniger alle halten. Je nach Langmut des Lieferers und der Wichtigkeit der Kunden mahnt man unterschiedlich oft. Doch überlicherweise besteht das außergerichtliche Mahnwesen aus einer abgestuften Folge von drei Briefen an den Schuldner:

- die Zahlungserinnerung
- die erste Mahnung
- die zweite Mahnung

Die Zahlungserinnerung

Probleme bei der Rückzahlung von geliehenem Geld oder der Rückgabe von Wertsachen zwischen Privatleuten sind selten, aber dafür sehr unangenehm. Oft ist es ein guter Freund oder Bekannter, dem man im Vertrauen auf eine mündliche Zusage Geld gegeben hat, um ihm aus einer momentanen Schwierigkeit herauszuhelfen. Auf die Einschaltung juristischer Mittel wird man in diesen Fällen wohl verzichten. In anderen Fällen empfiehlt sich folgende Vorgehensweise. Zunächst greift man gewöhnlich zum Telefon um den Schuldner im persönlichen Gespräch an seine Schuld zu erinnern und eventuelle Zahlungsprobleme zu besprechen. Erst wenn das nicht zum Erfolg führt, schreibt man eine Zahlungserinnerung.

Eine Zahlungserinnerung zu schreiben ist eine heikle Angelegenheit; sie soll die bestimmte Erinnerung an die Zahlungsschuld mit einem freundlichen Ton verbinden, der offen lässt, ob es sich bei dem Zahlungsversäumnis vielleicht nur um ein Versehen handelt. Der Schuldner wird mit der Zahlungserinnerung auf die offene Rechnung hingewiesen. Es empfiehlt sich, eine Rechnungskopie (Vertragskopie, Bankauszug o. Ä.) mitzuschicken, aus der die Höhe der Schulden hervor geht und womöglich der vereinbarte Termin der Zahlung ersichtlich wird.

Die Zahlungserinnerung sollte in freundlichem, vielleicht sogar freundschaftlichem Ton abgefasst werden. Sie ist zunächst wieder eine Aufforderung zum Gespräch. Durch sie wird Gesprächsbereitschaft signalisiert für den Fall, dass außergewöhnliche Umstände den Schuldner daran hindern, in der vereinbarten Weise zu zahlen. Es werden deshalb weder Mahngebühren erhoben noch Zinsen erwähnt. Man setzt dem Schuldner mit der Erinnerung auch noch kein festes Zahlungsziel, das heißt, keinen Termin, bis zu dem gezahlt werden **muss.**

In die Zahlungserinnerung gehört aber auf jeden Fall die Angabe der eigenen Bankverbindung!

Alle Schreiben im außergerichtlichen Mahnverfahren können Sie formal wie jeden anderen Geschäftsbrief gestalten. Also mit: Absender- und Empfängerangabe, Datum, Betreff, Text, Grußformel und Unterschrift.

(Absenderangaben)

Herrn
Dieter Müller
Petersweg 23

67543 Pomern

12.09.04

Erinnerung

Sehr geehrter Herr Müller,

ich hoffe, dass Ihnen die Bücher, die wir Ihnen vor drei Monaten zugesandt haben, gefallen. Wir freuen uns immer, wenn wir zufriedene Kunden haben. Leider ist Ihre Zahlung bei uns noch nicht eingegangen. Das sind wir bei Ihnen, unserem langjährigen, treuen Kunden, gar nicht gewohnt.

Haben Sie die Rechnung eventuell verlegt? Für diesen Fall habe ich Ihnen eine Kopie beigelegt. Oder gibt es andere Probleme? Die Summe war ja diesmal ungewöhnlich hoch.

Wir können über alles reden!

Mit freundlichen Grüßen

Herbert Meier

Anlagen: Rechnungskopie

Unsere Bankverbindung: Postgiro München Nr. 5555222
(BLZ 777 777 66)

Die erste Mahnung

Schicken Sie Mahnbriefe dem Empfänger unbedingt **per Einschreiben mit Rückschein**! Nur dann gehen Sie sicher, dass die Briefe Ihren Schuldner erreichen. Er kann sich dann auch nicht mehr herausreden, dass er Ihre Briefe nicht erhalten hat.

Die erste Mahnung unterscheidet sich von der Zahlungserinnerung im Ton wie im Inhalt. Der Ton ist merklich kühler. Die erste Mahnung ist sachlicher und bestimmter gehalten. In ihr setzt man dem Schuldner nach einer nochmaligen Zahlungserinnerung ein klares Zahlungsziel, erhebt Mahngebühren und Zinsen und droht eventuell schon Folgen bei Nichtzahlung an. So könnte zum Beispiel ein Lieferant drohen, einem Lebensmittelgeschäft keine Waren mehr zu liefern, bis eine offene Rechnung beglichen ist.

(Absenderangaben)

Herrn Dieter Müller
Petersweg 23

67543 Pomern

24.10.04

Mahnung

Sehr geehrter Herr Müller,

könnte es sein, dass Sie unser Erinnerungsschreiben vom 12.09.04 nicht wahrgenommen haben? Wir hatten uns erlaubt, darauf hinzuweisen, dass Sie unsere Rechnung vom 18.06.04 noch nicht beglichen haben.

Wir bitten Sie, den Rechnungsbetrag in Höhe von € 238,– zuzüglich 5 % Verzugszinsen sowie eine Bearbeitungsgebühr in Höhe von € 10,– umgehend, jedoch spätestens bis zum 14.11.04 auf unser unten angegebenes Konto zu überweisen.

Mit freundlichen Grüßen

Herbert Meier

Die zweite Mahnung

In der zweiten Mahnung wird der gesamte Fall (von der Rechnung bis zur ersten Mahnung) noch einmal detailliert dargestellt. Der entscheidende Unterschied zur ersten Mahnung besteht darin, dass jetzt gerichtliche Schritte angekündigt werden, wenn bis zu einem bestimmten Termin keine Zahlung erfolgt ist. Der Ton der zweiten Mahnung ist sachlich nüchtern.

Es gibt keine Stilvorschriften für Mahnbriefe. Es empfiehlt sich aber, die Briefe möglichst positiv zu formulieren, schließlich will man etwas von dem Empfänger der Briefe! Und auch wenn man ein Anrecht auf Zahlung hat: Höflichkeit kostet nichts. Es ist deshalb selbst in der zweiten Mahnung üblich mit „Sehr geehrte(r) ..." zu beginnen und „Mit freundlichen Grüßen" zu enden.

Persönliche Beleidigungen haben in Mahnbriefen nichts zu suchen! Vermeiden Sie also Formulierungen wie: „Herr Schmidt, bislang habe ich immer gedacht, meine gelben Rechnungen seien überhaupt nicht zu übersehen, aber Sie scheinen es ja geschafft zu haben. Oder haben Sie nur einen unfähigen Mitarbeiter?"

(Absenderangaben)

Herrn Dieter Müller
Petersweg 23

67543 Pomern

24.11.04

Zweite Mahnung

Sehr geehrter Herr Müller,

am 17.06.04 haben Sie in unserer Buchhandlung in der Reuterstr. 28 Holle's Kunstgeschichte in 5 Bänden (Leinen) gekauft. Wie üblich haben wir Ihnen den Kaufpreis in Höhe von € 238,– in Rechnung gestellt (Rechnungsnummer 2345 vom 18.06.04). Der

Rechnungsbetrag ist bisher noch nicht auf unserem Konto eingegangen, obwohl wir Sie mit unserem Schreiben vom 12.09.04 an die offene Rechnung erinnert haben und Sie am 24.10.04 ein Mahnschreiben von uns erhalten haben.

Wir fordern Sie zum letzten Mal auf, den Rechnungsbetrag zuzüglich 5% Überziehungszinsen und der Mahngebühr in Höhe von € 25,– innerhalb von 14 Tagen, spätestens bis zum 13.12.04 auf unser Konto einzuzahlen. Andernfalls sehen wir uns gezwungen, gerichtliche Schritte einzuleiten.

Mit freundlichen Grüßen

Herbert Meier

Das gerichtliche Mahnwesen

Es ist zwar möglich, auf das außergerichtliche Mahnwesen ganz zu verzichten und sofort das Gericht anzurufen. Die Einschaltung des Gerichts ist aber ein Schritt, der gewöhnlich erst getan wird, wenn das außergerichtliche Mahnwesen gescheitert ist. Um das gerichtliche Mahnwesen in Gang zu setzen, muss man einen Antrag auf Erlass eines Mahnbescheids beim Amtsgericht stellen. Diese Anträge kann man im Buchhandel erwerben. Das gerichtliche Mahnwesen ist mitunter sehr langwierig und geht unter Umständen bis zur Lohnpfändung bzw. der Pfändung durch den Gerichtsvollzieher. Wenn allerdings nichts zu holen ist, kann auch ein Gerichtsvollzieher nichts daran ändern.

Da beim gerichtlichen Mahnwesen die weitere Korrespondenz von amtlicher Seite übernommen wird, gehen wir an dieser Stelle nicht näher darauf ein.

Wenn Sie eine gerichtliche Mahnung erhalten sollten, müssen Sie allerdings auf jeden Fall schriftlich antworten, indem Sie entweder die fehlerhafte Mahnung mit Belegen widerlegen oder die Versicherung abgeben, die versäumte Zahlung unverzüglich nachzuholen.

Korrespondenz zu Preiserhöhungen, Zahlungsproblemen, Lieferproblemen

Es gibt im Geschäftsleben neben den normalen Kaufverhandlungen, den Mängelrügen und Reklamationen immer wieder Situationen, in denen Sie sich mit Ihren Geschäftspartnern austauschen müssen.

Bei langfristigen Geschäftsverbindungen ist es ganz normal, dass Sie in ständigem Kontakt mit Ihrem Geschäftspartner stehen. Und da Sie beispielsweise in regelmäßigen Abständen Ihre Preise neu kalkulieren, werden Sie Ihre Geschäftspartner ebenso regelmäßig über die neuen Preise informieren.

Und da jede Preiserhöhung – jede Änderung auch nur eines Bestandteils eines Vertrages – ein Grund für die Kündigung eines Vertrages ist, wird Ihr Geschäftspartner entscheiden, ob er Ihre neuen Preise akzeptiert oder mit Ihnen darüber verhandelt.

(Absenderangaben)

Serena V. AG
Am Bach 2

67543 Zugburg

15.12.04

Neue Preisliste für Rohre, gültig ab 15.01.05

Sehr geehrte Damen und Herren,

zweimal im Jahr kommt bei uns alles auf den Prüfstand. Auch unsere Preise. Wir kalkulieren neu und es überrascht uns jedesmal, dass es uns überhaupt noch gibt. Wir stellen fest, dass wir viele Produkte noch günstiger anbieten könnten und bei anderen fast draufzahlen.

Nun, ein Kaufmann muss versuchen, seine Produkte so günstig wie möglich anzubieten, damit er wettbewerbsfähig ist und sich im Markt behaupten kann.

Das Ergebnis unserer neuesten Kalkulation haben Sie jetzt vor sich. Einige Artikel sind ein wenig teurer geworden, viele andere etwas billiger.

Wir freuen uns, wenn wir Sie trotz unserer neuen Preise auch in Zukunft zu unseren Kunden zählen dürfen.

Mit freundlichen Grüßen

Arved Kander

(Absenderangaben)

Einrichtungshaus Blum
Goetheplatz 12

67890 Weitersdorf

15.05.04

Rahmenvereinbarung vom 06.02.02 zur Lieferung von Teppichauslegware
Preisänderung wegen gestiegener Rohstoffpreise

Sehr geehrter Herr Blum,

in unserem langfristigen Rahmenabkommen haben wir ausdrücklich vereinbart über Preisanpassungen zu verhandeln, falls die Preise für die Rohstoffe, die wir für die Herstellung der Auslegware benötigen, steigen.

Nun sind die Preise für Rohkautschuk in den letzten zwei Jahren kontinuierlich gestiegen. Bislang haben wir diese Preiserhöhung nicht an Sie weitergegeben. Jetzt ist aber für uns eine Schmerzgrenze erreicht. Wie Sie aus den Anlagen ersehen können, hat sich der Rohkautschuk in den letzten zwei Jahren um insgesamt 20 Prozent verteuert.

Wir denken deshalb jetzt daran den Preis der Auslegware um 5 Prozent anzuheben.

Dürfen wir Sie bitten uns zu sagen, ob Sie diese Erhöhung ab dem dritten Quartal 2004 akzeptieren können? Sollten Sie ein Gespräch für notwendig halten, stehen wir gern zu Ihrer Verfügung.

Mit freundlichen Grüßen

Wolfram Krausser Anlagen

Wie Sie oben schon gesehen haben, besteht ein Großteil der Geschäftskorrespondenz aus Verhandlungskorrespondenz, dem Hin und Her aus Angebot, Änderungswünschen, angepasstem Angebot, vielleicht neuen Änderungswünschen usw., bis sich die beiden Partner entweder geeinigt haben – oder eben nicht.

(Absenderangaben)

Textilienfabrik Heinz Friedrich
Laufener Strasse 12

34213 Reistatt

23.09.04

Ihre Preise für Weißwäsche

Sehr geehrter Herr Friedrich,

bei uns steht wieder ein größerer Einkauf an Weißwäsche an. Wir haben natürlich zunächst an Sie, unseren langjährigen Geschäftspartner, gedacht, aber ein Blick in Ihre aktuelle Preisliste hat uns ein wenig erschreckt.

Könnten Sie uns bis zum 14.10.04 einmal besuchen? Wir müssen uns nämlich bald entscheiden, ob wir von den günstigeren Angeboten Ihrer Konkurrenz Gebrauch machen oder ob wir Ihnen nicht vielleicht doch treu bleiben.

Da Sie vermutlich schon vor Ihrem Besuch bei uns einige Überlegungen anstellen wollen, könnte es für Sie wichtig sein zu wissen, dass die Angebote Ihrer Wettbewerber durchschnittlich 10 Prozent unter Ihren Preisen liegen.

Bitte rufen Sie uns wegen eines Termins in den nächsten Tagen an.

Mit freundlichen Grüßen

Rita Berger

Verhandlungsbedarf besteht auch, wenn einer der Geschäftspartner aus irgendeinem Grund in Bedrängnis gerät. Verschiedene Probleme können unerwartet auftreten. Die wichtigsten sind:

- Lieferschwierigkeiten
- Zahlungsschwierigkeiten

In diesem Fall wird sich der Geschäftspartner, der die Probleme hat, an den anderen mit der Bitte um Hilfe wenden. Hilfe heißt dabei möglicherweise den Liefertermin für ein Produkt zu verschieben oder das Zahlungsziel für eine Rechnung zu verlängern.

Wenn Sie auch nur einigermaßen davon überzeugt sind, dass Ihr Geschäftspartner ein „guter“ Partner ist und nicht nur darauf aus, Sie eventuell zu schädigen, sollten Sie seine Bitte wohlwollend prüfen.

Formulieren Sie Briefe in der Problemkorrespondenz immer unmissverständlich klar und offen. Wenn Sie Probleme haben und um Unterstützung und Verständnis bitten, dann sollten Sie Ihrem Partner Ihre Lage einleuchtend erklären.

Und wenn Sie einer solchen Bitte entsprechen – oder Sie eben ablehnen (müssen), sollten Sie auch die Gründe dafür nennen.

Lieferprobleme können auftreten, wenn ein Vorlieferant die benötigten Vorprodukte nicht oder verspätet liefert.

(Absenderangaben)

Elektro Baumann OHG
Untere Straße 8

69034 Nebelheim

15.08.04

Ihr Auftrag Nummer 354 vom 06.07.04.
Nichteinhaltung des vereinbarten Liefertermins

Sehr geehrter Herr Baumann,

es tut uns Leid Ihnen mitteilen zu müssen, dass wir den vereinbarten Liefertermin nicht einhalten können.

Unser Vorlieferant hat uns soeben völlig überraschend mitgeteilt, dass die Ware nicht mehr lieferbar ist und es auch in nächster Zeit nicht mehr sein wird. Wir können also leider den Vertrag nicht erfüllen. Eine Schadensersatzforderung werden wir selbstverständlich akzeptieren.

Es gehört sonst nicht zu unseren Gepflogenheiten, unsichere Verträge einzugehen. Diesmal sind wir aber leider von einer unerwarteten Entwicklung überrascht worden. Wir werden alles tun, damit uns das nicht noch einmal passiert. Bitte entschuldigen Sie unseren Fehler!

Mit freundlichem Gruß

Ernst Hädler

Eine andere mögliche Ursache für einen Lieferverzug besteht darin, dass ein Lieferant seine Produktionskapazitäten falsch eingeschätzt hat. Manchmal bittet aber auch der Kunde um einen späteren Liefertermin, weil er interne Probleme hat.

(Absenderangaben)

Metallica AG
Frau Heidrun Vogel
Gotthardweg 76a

45378 Oberthier

17.05.04

Unsere Bestellung vom 12.03.04, Nummer 546
Ihre Auftragsbestätigung vom 16.03.04

Sehr geehrte Frau Vogel,

einer unserer Großkunden hat uns soeben gebeten, die Lieferung von Bürostühlen um sechs Wochen zu verschieben.

Für uns bedeutet das eine erhebliche Produktionsumstellung sowie die Bitte an unsere Lieferanten, auch die Vorprodukte für die Bürostühle erst zu einem späteren Zeitpunkt an uns auszuliefern.

Wir würden es sehr begrüßen, wenn es Ihnen möglich wäre, uns durch die Änderung der mit Ihnen getroffenen Liefervereinbarung zu helfen.

Bitte geben Sie uns bis zum 12.06.04 Bescheid, ob wir mit Ihrer Unterstützung rechnen können.

Mit freundlichen Grüßen

Simone Kiefer

Bei engen und guten Geschäftspartnern werden Sie einer solchen Bitte, wenn sie Sie nicht selber in unüberschaubare Probleme stürzt, gerne nachkommen. Es vertieft die Geschäftsverbindung noch zusätzlich, und Sie können sich aller Wahrscheinlichkeit nach darauf verlassen, dass Ihr Partner Ihnen bei ähnlichen Problemen auch entgegenkommen wird.

(Absenderangaben)

Beckmann AG
Frau Simone Kiefer
Im kurzen Weg 2

73654 Rüster

23.05.04

Ihre Bitte vom 17.05.04 um Verschiebung des Liefertermins
Ihre Order vom 12.03.04, Nummer 546

Sehr geehrte Frau Kiefer,

vielen Dank für Ihr Schreiben.

Wir helfen Ihnen gern mit unserer Zusage, Sie ebenfalls erst mit sechs Wochen Verzögerung zu beliefern. Das erfordert zwar auch bei uns einige Umorganisationen, aber für einen langjährigen, guten Kunden nehmen wir das gern auf uns.

Dürfen wir Sie bei der Gelegenheit auf unser neues Produkt „Rania“, ein völlig neuartiges Rollsystem für Bürostühle hinweisen? Aus dem beiliegenden Prospekt können Sie ersehen, ob Sie es für Ihre Bürostuhlreihe gebrauchen können.

Mit freundlichem Gruß

Heidrun Vogel

Anlagen: Prospekt

Wenn jemand mit einer solchen Bitte an Sie herantritt, sollten Sie jedenfalls überlegen, wie Sie Ihren Geschäftspartner einschätzen und wie eng Sie mit ihm in der Zukunft zusammenarbeiten wollen.

Können Sie der Bitte nicht nachkommen, sollten Sie höflich und mit Angabe der Gründe absagen. Liegt Ihnen an einer weiteren Zusammenarbeit nicht viel, ist es nicht nötig, überhaupt eine Begründung abzugeben.

(Absenderangaben)

Beckmann AG
Frau Simone Kiefer
Im kurzen Weg 2

73654 Rüster

23.05.04

Ihre Bitte vom 17.05.04 um Verschiebung des Liefertermins
Ihr Auftrag Nummer 546 vom 12.03.04

Sehr geehrte Frau Kiefer,

vielen Dank für Ihren Brief. Leider haben wir uns aufgrund Ihres Auftrags bereits mit Ware eingedeckt, da wir sicher gehen wollten, Sie rechtzeitig beliefern zu können.

Wenn wir den Lieferzeitpunkt, wie von Ihnen gewünscht, verschieben, steht bei uns leider kein ausreichender Lagerraum mehr zur Verfügung. Wir müssen deshalb leider auf der Lieferung zum vertraglich festgelegten Termin bestehen.

Es tut uns wirklich Leid, Ihnen keine positive Nachricht geben zu können.

Mit freundlichen Grüßen

Heidrun Vogel

Zahlungsschwierigkeiten eines Kunden können bei allgemein schlechtem Geschäft des Kunden eintreten oder wenn die Kunden Ihres Kunden nicht zahlen.

(Absenderangaben)

Bertram und Heimann Geschirr
Ritzweg 65

23785 Tollnau

04.02.04

Bitte um Zahlungszielverlängerung

Sehr geehrte Frau Bertram,

seit vielen Jahren haben wir mit Ihrem Unternehmen eine sehr angenehme Geschäftsverbindung und wir denken, dass wir unseren Zahlungsverpflichtungen immer zu Ihrer Zufriedenheit nachgekommen sind. Und wie Sie wissen, halten wir es auch für sehr wichtig, dass Vereinbarungen eingehalten werden.

Aber die konjunkturellen Probleme der Branche schlagen jetzt auch auf uns zurück. Viele unserer Kunden zahlen sehr schleppend, einige sind sogar bedauerlicherweise in Konkurs gegangen und so haben jetzt auch wir Schwierigkeiten, unsere Verpflichtungen pünktlich zu erfüllen. Wir halten dies für ein zeitlich begrenztes Problem, möchten uns aber gern mit Ihnen darüber unterhalten. Mit einer Verlängerung des Zahlungsziels auf drei Monate wäre uns schon sehr geholfen. Wir könnten aber auch über eine Umformung unserer Schuld in einen längerfristigen Kredit sprechen. Wir hätten da einige Sicherheiten anzubieten.

Bitte sagen Sie uns, wann wir uns zusammensetzen können.

Mit freundlichen Grüßen

Peter Wittner

Korrespondenz im Bewerbungsverfahren

Das Stellenangebot

Wenn Sie auf der Suche nach einem neuen geeigneten Mitarbeiter sind und intern sich kein geeigneter Bewerber findet, werden Sie ein Stellenangebot formulieren und in diversen Zeitungen platzieren. Die drei wichtigsten Bestandteile eines schriftlich formulierten Stellenangebotes sind:

- die Darstellung des eigenen Unternehmens
- das Profil der zu besetzenden Stelle (Anforderungen)
- das gewünschte Profil des Bewerbers (Ausbildung, Kenntnisse)

Formale Angaben, die keinesfalls fehlen sollten, sind:

- Ab wann ist die Stelle zu besetzen?
- Welche Unterlagen sollen die Bewerber schicken? (vollständige Bewerbung, aussagekräftige Bewerbung, Kurzbewerbung, mit handgeschriebenem Lebenslauf, mit Angabe des Gehaltswunsches, Eintrittsdatum usw.)
- Wohin sollen die Unterlagen geschickt werden? (Adresse des eigenen Unternehmens evtl. mit genauer Angabe des Sachbearbeiters, Zeitungschiffre usw.)
- Wie lang ist die Bewerbungsfrist? (Wenn Sie nichts angeben, gilt ein Zeitraum von etwa 3 Wochen.)
- Eventuell können Sie einen Ansprechpartner für telefonische Rückfragen angeben.

Wie Sie eine Stellenanzeige formulieren, hängt davon ab, welche Stelle Sie besetzen wollen (für eine wichtige, hohe Position, werden Sie eine größere und detailliertere Anzeige schreiben) und welchen Werbeeffekt Sie durch die Anzeige erreichen wollen.

In einer solchen Anzeige stellen Sie sich und Ihr Unternehmen dar. Insofern ist jede Stellenanzeige auch Werbung!

Man kann – wie bei der Werbung für Ihre Produkte (Dienstleistungen) – keine allgemein gültigen Vorschriften geben. Sie müssen sich darüber im Klaren sein, was Sie mit der Anzeige erreichen wollen und wen Sie konkret ansprechen wollen.

Sie sind Verkaufsprofi? Sie suchen eine neue Herausforderung?

Wir sind der neue, professionelle Kücheneinrichter Europas. Wir sind noch nicht die Nr. 1, wollen es aber werden.

Wir suchen für den Vertrieb unserer neuen Hightech-Küchenlinie „Moderna“ einen Verkäufer der Spitzenklasse, der wie wir den Ehrgeiz hat der Beste zu sein und der bereit ist, das Beste zu geben.

Wenn Sie eine kaufmännische Ausbildung haben und schon seit mindestens 5 Jahren erfolgreich als Verkäufer tätig sind, wenn Sie neben Englisch auch noch Französisch oder Italienisch fließend beherrschen, wenn Sie organisieren können und unter Stress erst richtig in Schwung kommen, dann würden wir Sie gern kennen lernen.

Haben Sie Interesse? Dann schicken Sie bis zum 1.6. die üblichen Unterlagen an: KüMö Küchenmöbel GmbH, Personalabteilung, Postfach 23789; 67124 Hochbach. Für eventuelle Rückfragen steht Ihnen Frau Köhnle (Tel: 067/456-78) zur Verfügung.

Kleiner Fachverlag für medizinische Literatur sucht dringend Layouter/in. Wenn Sie mit dem Apple-Macintosh umgehen können, sind Sie der/die Richtige für uns. Auch Berufsanfänger sind willkommen! Senden Sie Ihre Unterlagen schnellstmöglich bis spätestens 2. 3. an BZZ Chiffre 78654.

Der Zwischenbescheid

Häufig werden auf Stellenanzeigen eine so große Anzahl Bewerbungsunterlagen eingehen, dass Sie längere Zeit für die Sichtung brauchen. In diesem Fall schicken Sie den Bewerbern einen freundlichen Zwischenbescheid, in dem Sie ihnen den Eingang der Unterlagen bestätigen und um Geduld bitten.

KüMö
Küchenmöbel GmbH
Harald Peters
Frankenstraße 12
67124 Hochbach

Herrn Friedrich Lunk
Obere Amtsstraße 34

98543 Korenz

12.03.04

Ihre Bewerbung vom 15.02.04

Sehr geehrter Herr Lunk,

vielen Dank für Ihr Interesse an unserem Unternehmen.

Wir haben auf unsere Anzeige so zahlreiche Bewerbungen erhalten, dass es noch einige Zeit dauern wird, bis wir die gründliche Durchsicht abgeschlossen haben.

Wir bitten Sie um ein wenig Geduld.

Mit freundlichen Grüßen

Harald Peters

Das Warten auf einen endgültigen Bescheid kann recht lange dauern. Die Antwort besteht entweder in einer Absage oder in einer Einladung zu einem Vorstellungsgespräch, das allerdings in den meisten Fällen tefefonisch vereinbart wird.

Die Absage

Nach einer ersten Durchsicht der Unterlagen werden Sie einige Bewerber zu einem Vorstellungsgespräch einladen. Den anderen sagt man freundlich ab und dankt noch einmal für das Interesse, das sie der Firma entgegengebracht haben.

(Absenderangaben)

Frau Barbara Henner
Karlsbad 12

45325 Siegelheim

07.06.04

Ihre Bewerbung vom 01.05.04

Sehr geehrte Frau Henner,

Ihr Interesse an unserem Unternehmen hat uns gefreut und wir danken Ihnen dafür.

Leider müssen wir Ihnen mitteilen, dass wir Sie nicht in die engere Auswahl ziehen konnten. Die Anzahl der Bewerber war groß und da wir nicht jeden Bewerber zu einem Gespräch einladen können, müssen wir auch einigen absagen, deren Unterlagen uns durchaus gefallen haben.

Verstehen Sie diese Absage bitte nicht als Abwertung Ihrer Qualifikationen.

Für Ihren weiteren Berufsweg wünschen wir Ihnen viel Erfolg.

Mit freundlichen Grüßen

Heinz Kretschmer

Die Einladung zum Vorstellungsgespräch

Eine Einladung zum Vorstellungsgespräch erfolgt gewöhnlich zunächst telefonisch. Man telefoniert mit den Bewerbern und klärt, ob das Interesse an der Stelle immer noch vorhanden ist und bestimmt dann in Absprache mit ihnen einen Termin. Die briefliche Einladung ist im Wesentlichen die Bestätigung des abgemachten Termins. Wichtig ist, dass Sie dem Bewerber mit der Einladung die notwendigen Informationen geben: Eine Ortsskizze sollte beiliegen, eventuell sollten Zug- oder Busverbindungen angegeben werden.

(Absenderangaben)

Frau Sieglinde Schanz
Am Bad 15

45325 Siegelheim

07.06.04

Ihre Bewerbung vom 01.05.04

Sehr geehrte Frau Schanz,

Sie haben sich auf unsere Anzeige „Layouter/in gesucht" beworben. Ihre Unterlagen haben uns gefallen und wir möchten Sie gern persönlich kennenlernen. Wir laden Sie deshalb zu einem Gespräch am 23.06.04 um 16.30 Uhr in Raum 214 in der Friedrich-Karl Straße 45 ein. Die Friedrich-Karl-Straße liegt zentral und ist vom Bahnhof aus zu Fuß in zehn Minuten zu erreichen. Sie finden uns problemlos auf dem Ortslageplan, der beiliegt.

Falls Ihnen noch etwas dazwischenkommt, rufen Sie uns an, damit wir einen neuen Termin ausmachen können. Wir erwarten Sie also und wünschen Ihnen bis dahin eine gute Zeit.

Mit freundlichen Grüßen

Hanno Linke

Anlagen: Stadtplan

Die Absage nach einem Bewerbungsgespräch

In der schriftlichen Absage nach einem Bewerbungsgespräch sollten Sie den Grund für die Absage nennen. Ein solches Schreiben ist meistens ein individuell auf den Bewerber gemünzter Brief und kein Standardformular.

(Absenderangaben)

Herrn Peter Namsen
Karlsweg 52

45325 Siegelheim

07.06.04

Ihre Bewerbung vom 01.05.04

Sehr geehrter Herr Namsen,

es tut uns wirklich Leid Ihnen mitteilen zu müssen, dass wir uns nach langer Überlegung gegen Sie entschieden haben.

Alle Kandidaten, die wir zum Gespräch eingeladen hatten, haben ihre unbestreitbaren Qualitäten und die Auswahl ist uns schwer gefallen.

Wir haben uns schließlich für einen Kandidaten entschieden, der eine längere einschlägige Berufserfahrung aufzuweisen hat.

Wir wünschen Ihnen alles Gute für Ihren weiteren Berufsweg.

Mit freundlichen Grüßen

Hildegard Kramer

Die Einstellung

Wie bei der Einladung zum Vorstellungsgespräch gilt auch hier: Positive Bescheide gibt man gewöhnlich zuerst im direkten Gespräch am Telefon. Der Brief dient zur Bestätigung. Häufig legt man dem Brief gleich den Entwurf eines Arbeitsvertrags bei.

(Absenderangaben)

Frau Diana Karl
Römerbad 34

45325 Siegelheim

07.06.04

Ihre Bewerbung vom 01.05.04

Sehr geehrte Frau Karl,

Sie haben es geschafft, uns von Ihren Fähigkeiten zu überzeugen. Wenn auch wir Sie überzeugt haben, dann sind Sie unsere Frau für den Posten des Pressesprechers.

Über die Details sollten wir uns bald unterhalten. Mit dem Brief erhalten Sie einen Vertragsentwurf. Bitte lesen Sie ihn sorgfältig, damit wir eventuelle Ungereimtheiten schnell beseitigen können.

Es wäre uns recht, wenn Sie sich recht bald melden könnten, um dann möglichst schnell die Verträge unter Dach und Fach zu bringen.

Wir freuen uns auf eine neue Mitarbeiterin.

Mit freundlichen Grüßen

Patrick Hehne

Briefe an Mitarbeiter

Es gibt viele Situationen, in denen auch mit Ihren Mitarbeitern eine schriftliche Kommunikation angebracht ist.

Es gibt unerfreuliche Anlässe wie:

- Abmahnungen
- Kündigungen

Wenn ein Arbeitnehmer Sie verlässt, werden Sie ein

- Zeugnis schreiben müssen.

Es gibt aber auch erfreuliche wie:

- Übernahme in ein festes Arbeitsverhältnis
- Beförderungen
- Gehaltserhöhungen
- Dienstjubiläen

Abmahnung/Kündigung

Die Abmahnung ist die unfreundlichste Form der Geschäftskorrespondenz. Mit einer Abmahnung machen Sie den Empfänger unmissverständlich auf grobe Pflichtverletzungen aufmerksam und drohen Konsequenzen an, in der Hoffnung, dass der Betroffene sich bessert. Die Abmahnung sollte deshalb in einem nüchtern-ernsten Ton abgefasst sein, dessen Höflichkeit nicht als Freundlichkeit misszuverstehen ist.

Berlin, 3. Mai 2004

Sehr geehrter Herr Obel,

seit einem halben Jahr haben wir nun schon Probleme mit Ihnen. Sie wissen doch ganz genau, dass Alkoholkonsum bei uns verboten ist und dass Sie nüchtern zur Arbeit zu erscheinen haben.

Ihr Vorgesetzter, Herr Martins, hat Sie, wie er uns versichert hat, schon mehrfach darauf angesprochen und Sie am 3.3. und 6.5. wieder nach Hause geschickt, damit Sie Ihren Rausch ausschlafen konnten.

Gestern hat sich nun Frau Erles von der Spedition Erles und Erles beschwert, dass Sie sie, offensichtlich alkoholisiert, bei der Abholung von Waren behindert haben.

Herr Obel, das Maß ist voll! Es ist sicherlich auch Ihnen klar, dass wir Ihr Verhalten auf Dauer nicht dulden können.

Deshalb erhalten Sie heute diese Abmahnung!

Wenn Sie Ihr Arbeitsverhalten nicht sofort normalisieren, werden wir weitergehende Maßnahmen ergreifen müssen.

Mit freundlichen Grüßen

Bruno Brandt

Falls die Abmahnung nichts fruchtet und Sie gezwungen sind, einen Mitarbeiter zu entlassen, so werden Sie ihm ein Kündigungsschreiben zukommen lassen. Im Kündigungsschreiben werden Sie auf die Gründe für die Kündigung eingehen.

Mitarbeiter zu kündigen ist in Deutschland nicht einfach. Sie müssen schon gute Gründe dafür haben. Vor der Kündigung eines Mitarbeiters sollten Sie sich über die rechtliche Lage informieren.

Berlin, 10. Juli 2004

Sehr geehrter Herr Obel,

wir waren nun wirklich geduldig mit Ihnen. Wir haben Ihnen Zeit gelassen, Ihre Probleme zu lösen. Wir haben sogar angeboten, Ihnen bei der Lösung Ihrer Probleme zu helfen.

Sie haben die Angebote nicht wahrgenommen. Und da sich bei Ihnen nicht einmal Anzeichen einer Verbesserung gezeigt haben, ja nicht einmal ein Bemühen erkennbar wurde, blieb uns nichts weiter übrig, als mit dem Betriebsrat eine Kündigung zu diskutieren. Das ist geschehen.

Wir kündigen Ihren Arbeitsvertrag fristgerecht zum 01.12.04. Der Betriebsrat ist informiert.

Nehmen Sie bitte in der noch verbleibenden Zeit Ihren ausstehenden Jahresurlaub.

Und bei Ihrem Ausscheiden geben Sie bitte alle Unterlagen und sonstigen Gegenstände, die dem Unternehmen gehören und in Ihrem Besitz sind, in der Personalabteilung ab.

Sie werden dort Ihre Papiere und Ihr Zeugnis erhalten.

Mit freundlichem Gruß

Bruno Brandt

Zeugnisse

Jeder Arbeitnehmer hat beim Ausscheiden aus einem Arbeitsverhältnis das Recht auf ein Zeugnis.

Man unterscheidet:

- einfache Zeugnisse
- qualifizierte Zeugnisse

Das einfache Zeugnis ist eine Art Arbeitsbescheinigung, auf dem nur die wichtigsten Fakten des Arbeitsverhältnisses – ohne Bewertung! – aufgeführt sind.

Zeugnis

Herr Frank Berg, geboren am 23.07.64 in Dortmund, ist vom 01.01.02 bis zum 01.07.04 als Gärtnereigehilfe in unserem Unternehmen tätig gewesen.

Seine Tätigkeit hat in der Beetpflege und dem Ausfahren der Ware bestanden.

Herr Berg hat uns am 01.07.04 auf eigenen Wunsch verlassen.

Grünbau AG, Niederstadt

Peter Förmel
(Geschäftsführer)

Ein qualifiziertes Zeugnis ist wesentlich umfangreicher und enthält eine Bewertung, aber auch darauf hat jeder Arbeitnehmer ein Anrecht. Das Schreiben dieses qualifizierten Zeugnisses ist eine Wissenschaft für sich, da der Arbeitgeber verpflichtet ist, den Arbeitnehmer ehrlich, aber wohlwollend zu beurteilen. Er darf im Zeugnis kein abfälliges Urteil über den Arbeitnehmer fällen. Wie soll man jemanden korrekt beurteilen, wenn man ihn nur positiv beurteilen darf? In dieser Frage liegt das ganze Problem des Schreibens von Zeugnissen. Es hat sich eine Sondersprache für Zeugnisse entwickelt, eine Art Code, in dem positive Anmerkungen negative Bedeutungen annehmen können. Eine Formulierung wie „er hat sich immer redlich bemüht", bekommt dann die Bedeutung „Fleiß ist ihm zwar nicht abzusprechen, aber er ist weder sonderlich intelligent noch geeignet für diese Arbeit". Es gibt inzwischen diverse Ratgeber und Anleitungen zur Formulierung von Zeugnissen. Es würde den Rahmen unseres Buches sprengen, hier auf alle Varianten einzugehen. Wir beschränken uns auf die wichtigsten Bestandteile eines qualifizierten Zeugnisses.

Das qualifizierte Zeugnis sollte enthalten:

- Datum
- Angaben zur Person des Arbeitnehmers
- genaue Angaben zum Arbeitsverhältnis (Dauer usw.)

- ausgeübte Tätigkeiten
- beruflicher Werdegang (Beförderungen usw.)
- Bewertung
- Angaben zur Beendigung des Beschäftigungsverhältnisses
- Wünsche

Sie dürfen übrigens, auch wenn Sie wohlwollend formulieren müssen, schwer wiegende Fehler des Arbeitnehmers nicht verschweigen. Wenn Sie einen Lkw-Fahrer wegen Trunkenheit am Steuer, einen Buchhalter wegen Bilanzmanipulation oder einen Bankangestellten wegen eines Griffs in die Kasse entlassen, dürfen Sie das nicht verschweigen! Wenn Sie es verschweigen, und dieselbe Sache geschieht bei einem anderen Arbeitgeber noch einmal, kann man Sie dafür haftbar machen (nach HGB § 73).

In der Regel können Fachleute aus Personalabteilungen aber recht gut aus den Zeugnisformulierungen herauslesen, ob sich der Arbeitgeber über den Weggang seines Mitarbeiters eher freut oder ob er ihn bedauert. Vor allem die Ausführlichkeit, mit der ein Zeugnis die erfolgreich bewältigten Aufgaben des Angestellten darstellt, ist ein Zeichen für die Wertschätzung bei den ehemaligen Vorgesetzten.

Zeugnis

Frau Renate Zimmermann, geboren am 04.05.1971 in Hamburg, war vom 01.03.2001 bis zum 28.02.2004 als Anzeigensachbearbeiterin bei uns tätig.

Ihr Arbeitsbereich umfasste im Wesentlichen:

- Annahme von Anzeigen im direkten Kundenkontakt
- Eingeben der Anzeigen in den Computer
- Mithilfe beim Layout
- Mithilfe bei der Pflege des Computerprogramms

Frau Zimmermann hat die ihr gestellten Aufgaben immer zu unserer größten Zufriedenheit gelöst. Sie arbeitet schnell und präzise, bleibt auch unter Druck immer freundlich. Wir hatten Frau Zimmermann ursprünglich als Anzeigensachbearbeiterin eingestellt. Ihre Ideen zum Layout und ihr Interesse an Computern haben aber schnell dazu geführt, dass wir ihr auch weitere Aufgaben übertragen haben. Frau Zimmermann hat uns in allen Bereichen durch ihre Leistung überzeugt.

Auch der persönliche Umgang mit Frau Zimmermann war immer angenehm. Sie ist stets freundlich und korrekt. Zu allen Mitarbeitern hat sie guten Kontakt. Wir haben gern mit ihr zusammengearbeitet.

Zu unserem größten Bedauern scheidet Frau Zimmermann mit dem heutigen Tage auf eigenen Wunsch bei uns aus.

Wir danken Frau Zimmermann für ihre Leistung und die angenehme Zusammenarbeit und wünschen ihr, dass sie in einem neuen Wirkungskreis eine ihren Fähigkeiten entsprechende Aufgabe findet.

Wir würden sie jederzeit wieder einstellen!

Die Anzeige GmbH, Hamburg

Karin A. Peterlein
(Geschäftsführerin)

Dies ist sicherlich ein gutes Zeugnis. Vor allem die recht unkonventionelle Formulierung „Wir würden sie jederzeit wieder einstellen“ überzeugt den Leser des Zeugnisses davon, das hier tatsächlich eine tüchtige und beliebte Mitarbeiterin beurteilt wurde.

Die Leistungen eines Mitarbeiters werden ausgesprochen positiv gewertet, wenn die Formulierungen verstärkende Ausdrücke wie die folgenden enthalten: ausgezeichnet, hervorragend, überdurchschnittlich, sehr, äußerst oder stets.

Eine Garantie für die richtige Interpretation eines Zeugnisses gibt es nicht und jeder Arbeitgeber wird seine Entscheidung, jemanden einzustellen, viel eher vom Eindruck in einem Vorstellungsgespräch abhängig machen als vom Wortlaut einer solchen Beurteilung.

Briefe zum Karrierefortschritt

Sie werden Ihren Mitarbeitern auch während der Zeit, die sie bei Ihnen tätig sind, hin und wieder Briefe schreiben. Erfreulich sind da besonders Briefe zum **Karrierefortschritt,** also zur Übernahme in ein festes Arbeitsverhältnis, zu Beförderungen und zu Gehaltserhöhungen.

(Absenderangaben)

Herrn
Peter Kalinke
Albrechtstraße 100
75421 Trechtingen

Sigmaringen, 15. Juli 2004

Sehr geehrter Herr Kalinke,

es gibt immer wieder Mitarbeiter, die uns in Erstaunen versetzen. Dass Sie es geschafft haben, sich in nur drei Monaten so gut bei uns einzuarbeiten, dass Sie schon fast unentbehrlich sind, hat niemand von uns ahnen können.

Wir schlagen Ihnen also vor, wenn Sie einverstanden sind, Ihre Probezeit zum 01.08.2004 zu beenden und Sie in ein unbefristetes Arbeitsverhältnis zu übernehmen. Wir freuen uns darüber und gratulieren Ihnen. Ihr Gehalt wird vom 01.08.2004 an € 3000,– brutto betragen. Im Übrigen gelten die vereinbarten Konditionen. Lesen Sie in Ruhe den beiliegenden Arbeitsvertrag. Wenn Sie zustimmen, schicken Sie ihn uns bitte unterschrieben zurück.

Alles Gute! Wir hoffen auf eine lange Zusammenarbeit.

Mit freundlichen Grüßen

Ihr

Heinz Peschek

(Absenderangaben)

Herrn
Ralph Bächle
Dietlindenweg 47
42747 Erzhausen

Detmold, 12. Februar 2004

Sehr geehrter Herr Bächle,

zu Ihrer Ernennung zum Prokuristen der Kachelmann AG – auch im Namen meiner Kollegen aus der Geschäftsleitung – die allerherzlichsten Glückwünsche.

Manchmal bedarf es nur kurzer Zeit, die außergewöhnlichen Fähigkeiten eines Mitarbeiters zu erkennen, die ihn zu verantwortungsvolleren Aufgaben prädisponieren. Sie sind so ein Fall. Als Sie vor zwei Jahren als Abteilungsleiter für den Bereich Einkauf zu uns kamen, wussten wir nur, dass Sie Organisationstalent und Durchsetzungsfähigkeit haben. Aber in wenigen Monaten haben Sie uns mit Ihrer Energie, Ihrer Fantasie und Ihrer Schaffenskraft überrascht und überzeugt. Sie haben die Entwicklung Ihres Arbeitsbereichs in atemberaubendem Tempo vorangetrieben. Und es ist Ihnen gelungen, Ihre Mitarbeiter so zu motivieren, dass sie dabei mitgemacht haben. Selten hatten wir einen Abteilungsleiter, der so viel von seinen Mitarbeitern verlangt und dabei doch allseits beliebt und geachtet ist.

In Gesprächen mit der Geschäftsleitung und in Verhandlungen mit unseren Geschäftspartnern haben Sie zudem stets Ihre Kompetenz und Autorität unter Beweis gestellt. Sie haben jetzt schon viel zum geschäftlichen Erfolg der letzten Jahre beigetragen.

Dafür gilt Ihnen unser Dank und unsere Anerkennung. Für die Zukunft weiterhin alles Gute wünscht Ihnen

Ihr

Theodor Wagner
(Vorstandsvorsitzender)

Kaiserslautern, 29. März 2004

Sehr geehrte Frau Enke,

unter Ihrer Regie ist der Umsatz in der Abteilung „Verkauf Ostsachsen“ über alle Erwartungen hinaus gestiegen.

Wir wollen Ihnen unsere Anerkennung für diese Leistung aussprechen und erhöhen mit Wirkung vom 01.10.2004 Ihr Gehalt auf € 3600,– brutto.

Wir freuen uns auf eine weitere gute Zusammenarbeit!

Mit freundlichen Grüßen

Ihr

Stefan Reichel

Gratulationsbriefe – Dienstjubiläen und andere Anlässe

Die Mitarbeiter und Mitarbeiterinnen eines Unternehmens sind die Grundlage für den geschäftlichen Erfolg. Deshalb werden Sie als Unternehmer nicht nur große Sorgfalt bei der Auswahl von Bewerbern walten lassen, sondern sich ständig um Ihre Mitarbeiter und Mitarbeiterinnen kümmern. Die sollen sich schließlich bei Ihnen wohl fühlen und dazu gehört, dass sie sich nicht nur als Arbeitskräfte, sondern auch als Menschen von Ihnen betrachtet und geachtet fühlen. Wenn dem so ist, wird das Arbeitsklima gut sein – und die Produktivität hoch.

Ein einfaches Mittel, den Mitarbeitern das Gefühl zu vermitteln, dass Sie sich um sie kümmern, ist, das Privatleben Ihrer Mitarbeiter zu beachten. Das meint nicht, dass Sie sich einmischen, aber Sie sollten Anteil nehmen.

Lassen Sie Ihren Mitarbeitern einmal im Jahr einen Gruß zukommen, in dem Sie sich für die geleistete Arbeit bedanken.

Liebe Mitarbeiterinnen, lieber Mitarbeiter,

ein arbeitsreiches Jahr neigt sich dem Ende entgegen. Und ab dem 15. Dezember werden wir uns alle, Sie und ich, drei Wochen lang davon erholen.

Aber ehe ich Sie gehen lasse, will ich Ihnen ein ganz herzliches Dankeschön sagen, ein Dankeschön für all Ihre Mühe, Ihren Einsatz, Ihren freudigen Elan, mit dem Sie auch in diesem Jahr unser Unternehmen zum Erfolg geführt haben.

Die vielfältigen Herausforderungen, die der härter werdende Wettbewerb an Sie gestellt hat, haben Sie mit Bravour gemeistert, sodass wir die Nase immer ein bisschen weiter vorn haben als die Konkurrenz.

Für das bevorstehende Weihnachtsfest wünsche ich Ihnen und Ihren Familien alles Gute und für das neue Jahr viel Glück und Gesundheit.

Ich bin mir sicher, wir werden auch das kommende Jahr gemeinsam erfolgreich gestalten!

Ihr

Paul Bauer

Selbstverständlich sollte es sein, Dienstjubiläen gebührend zu feiern. Wenn ein Mitarbeiter Ihnen über lange Zeit die Treue gehalten hat, ist er erfreut, wenn er einen Gratulations- und Dankesbrief von seinem Chef bekommt, wenn vielleicht sogar eine kleine Feierstunde organisiert wird.

Aber auch, wenn eine Ihrer Mitarbeiterinnen heiratet oder ein Kind bekommt, wenn ein enger Verwandter eines Mitarbeiters stirbt, wenn ein Mitarbeiter ernsthaft erkrankt oder einen Unfall hatte, dann sollten Sie ihm dazu kurz und freundlich schreiben.

Es gibt also viele Gelegenheiten, zu denen Sie als Geschäftsmann oder -frau Briefe an Ihre Mitarbeiter schicken können.

Briefe zu Dienstjubiläen

Dienstjubiläen begeht man ab dem 10. Jahr der Firmenzugehörigkeit. Danach feiert man das 20., 25., 30. und – sehr selten – das 40. Jahr der Firmenzugehörigkeit.

Es gibt verschiedene Möglichkeiten, Dienstjubiläen zu feiern. Größere Unternehmen laden zum Beispiel alle Jubilare eines Jahres zu einem gemeinsamen Fest ein.

Das Mindeste ist aber ein freundlicher Brief, verbunden mit einem kleinen Geschenk. Das kann eine Zusatzgratifikation sein, das kann auch ein kleines Präsent sein. Je länger ein Mitarbeiter bei Ihnen ist, desto größer sollte dieses Geschenk ausfallen.

Potsdam, 19. September 2004

Sehr geehrter Herr Muslein,

es ist kaum zu glauben, aber jetzt ist es tatsächlich schon zehn Jahre her, dass Sie an Ihrem ersten Arbeitstag bei uns zu mir ins Zimmer traten, um mir ein paar Unterlagen zu bringen. Ein schüchterner junger Mann, den ich nicht kannte und der gar nicht wusste, wie er sich verhalten sollte.

Und dann ging doch alles so schnell mit Ihnen und Ihrer Karriere bei uns. Längst sind Sie nicht mehr Praktikant, sondern Leiter des Bereichs „Verkauf“. Und Sie sind in den letzten Jahren entscheidend mitverantwortlich für den ständig wachsenden Umsatz und den wirtschaftlichen Erfolg unseres Unternehmens.

Herr Muslein, ich möchte Ihnen ganz herzlich zu Ihrem zehnjährigen Dienstjubiläum gratulieren!

Ich wünsche Ihnen auch für die Zukunft den gleichen Erfolg wie bisher. Und ich hoffe, dass Sie uns noch lange erhalten bleiben.

Ihr

Raimond Peters
(Geschäftsführer)

Halten Sie den Gratulationsbrief in freundlich-neutralem Ton. Er sollte unbedingt einen Dank an den Mitarbeiter enthalten, dass er eine so lange Wegstrecke mit Ihnen zusammen gegangen ist. Ein Rückblick auf die Karriere des Mitarbeiters in Ihrem Unternehmen, auf die gemeinsame Zeit und die Erfolge des Unternehmens, an denen der Mitarbeiter mitgewirkt hat, sollte auch nicht fehlen.

Hamm, 2. September 2004

Sehr geehrte Frau Heinrichs,

ich gratuliere Ihnen ganz herzlich zu Vollendung Ihres 25. Dienstjahres bei uns.

Wenn ich auf Mitarbeiter wie Sie schaue, die ihr halbes Arbeitsleben in unserem Unternehmen verbracht haben, die schon so zum Unternehmen gehören, dass ihre Abwesenheit ein Gefühl der Fremdheit auslöst, frage ich mich häufig, was ein Unternehmen wohl ohne seine Mitarbeiter wäre – ohne Mitarbeiter wie Sie, die Leidenschaft und Energie in ihre Arbeit investieren.

Sie haben schon als junge Frau bei uns Ihre Lehre als Schneiderin gemacht, dann mit unserer Hilfe neben der Arbeit Modedesign studiert. Dann sind Sie in die Abteilung Design gewechselt, zunächst als Assistentin, dann mit eigenen Entwürfen, schließlich mit Ihrer eigenen Kollektion. Ihre Arbeit prägt unser Unternehmen auch nach außen.

Dafür gebührt Ihnen unsere Anerkennung und ein herzliches Dankeschön.

Wir wünschen Ihnen auch für die Zukunft weiterhin viel Erfolg, vor allem aber Gesundheit.

Ihre

Nähma AG

Heinz Kralik
(Geschäftsführer)

Chemopharm AG
Im Hause

Karlsbad, 3. Juli 2004

Sehr geehrter Herr Dominik,

zu Ihrem 40-jährigen Dienstjubiläum unsere herzlichsten Glückwünsche!

40 Jahre sind ein langes Berufsleben. Und Sie haben Ihr gesamtes Berufsleben in unserem Unternehmen verbracht. In meinem Büro hängt ein Bild von unserem Firmengelände, wie es vor 30 Jahren ausgesehen hat. Alles hat sich seitdem verändert. Und Sie haben all die Veränderungen miterlebt. Sie haben Hunderte von Mitarbeitern kommen und gehen sehen, Sie haben erfolgreiche Jahre und Jahre der Krise mit uns durchgemacht. Sie haben Abrisse und Neubauten erlebt. Sie arbeiten jetzt mit computergesteuerten Maschinen in einer Halle voller Roboter, während, als Sie bei uns begannen, alle Arbeiten noch von Hand ausgeführt werden mussten.

Sie haben sich eine Fähigkeit bewahrt, die wichtig ist in unserer Zeit: Sie haben die Neugierde auf Neues nie verloren, haben jede Veränderung freudig angenommen, weil sie Ihnen die Arbeit erleichtert hat.

Bleiben Sie, wie Sie sind! Ich wünsche Ihnen von ganzem Herzen Gesundheit und Glück, damit Sie auch in den letzten, wenigen Jahren Ihres Berufslebens noch viel Spaß und Erfüllung in Ihrer Arbeit finden können.

Herzlichen Dank für alles, was Sie für die Chemopharm AG getan haben,

Ihr

Detlev Abel
(Geschäftsführer)

Briefe zu anderen Anlässen

Zu Hochzeiten, Geburten, Taufen und anderen wichtigen Anlässen im Leben Ihrer Mitarbeiter und Mitarbeiterinnen sollten Sie einen kurzen freundlichen Brief schicken. Für manchen Arbeitgeber ist die Geburt eines Kindes auch ein Grund, seinem Mitarbeiter eine Gehaltserhöhung vorzuschlagen, denn jeder Arbeitgeber weiß, wie sehr ein Kind auch finanziell ins Gewicht fällt. Außerdem kann man von einem Angestellten, der die Verantwortung für eine Familie übernommen hat, mehr Beständigkeit und Leistungsbereitschaft erwarten als von völlig ungebundenen Mitarbeitern.

Wie freundschaftlich Sie in solchen Briefen werden, hängt davon ab, wie eng Sie mit Ihren Mitarbeitern zusammenarbeiten. In einem Großunternehmen, wo der Chef die meisten seiner Mitarbeiter gar nicht kennt, reicht ein Brief mit standardisierten Formulierungen völlig aus. Es geht nur darum, höflich und freundlich zu zeigen, dass Sie als Unternehmer sich um die Belange Ihrer Mitarbeiter kümmern und dass Sie sich für Ihr Wohlergehen interessieren.

Donnersberg, 23. Mai 2004

Sehr geehrte Frau Werner!

Zur Geburt Ihrer Tochter möchten wir Ihnen und Ihrem Mann unsere aufrichtigen Glückwünsche aussprechen.

Wir wünschen Ihrem Kleinen und natürlich Ihnen selbst alles Gute für die Zukunft.

Mit herzlichen Grüßen

Ihr

Bernd Zimmermann
(Zimmermann Wohnungsbau GmbH)

Bonn, 12. Mai 2004

Sehr geehrter Herr Bruggemann,

zur Vermählung wünsche ich Ihrer Gattin und Ihnen, auch im Namen aller Mitarbeiterinnen und Mitarbeiter unseres Hauses, alles Gute.

Mögen Glück und Gesundheit Sie auf Ihrem gemeinsamen Weg begleiten und Ihnen ein erfülltes und zufriedenes Leben bereiten. Für den heutigen Festtag wünsche ich Ihnen viel Spaß und Freude im Kreise Ihrer Familien, Freunde und Bekannten.

Ihre

Irene Daschlein
(Geschäftsführerin)

Aachern, 1. Oktober 2004

Sehr geehrte Frau Reider,

zur Hochzeit senden wir Ihnen und Ihrem Gatten viele liebe Grüße. Wir wünschen Ihnen viel Glück und beständige Gesundheit für ein langes Leben zu zweit.

Feiern Sie ausgelassen! Freuen Sie sich im Kreis Ihrer Familien, Ihrer Freunde und Bekannten. Von uns erhalten Sie einen zusätzlichen Urlaubstag zur Erholung von den Feierlichkeiten.

Ihre
Geschäftsleitung
Meier und Söhne AG

Karl Meier

Wenn Sie mit jemandem eng zusammenarbeiten, können Sie auch einen freundschaftlicheren Ton anschlagen und sich von Standardformulierungen entfernen.

Vechta, 26. August 2004

Liebe Frau Eberle,

meine herzlichsten Glückwünsche zu Ihrem 50. Geburtstag.

Ich hoffe, dass Sie Ihren Feiertag mit der ganzen Familie entspannt genießen und viel Spaß dabei haben.

Am Montag sind wir aber dann dran. Richten Sie sich schon mal auf ein paar „Überstunden" ein. Ohne eine kleine Nachfeier Ihres Geburtstages lassen Ihre Kolleginnen und ich Sie nicht wieder gehen. Hierfür habe ich für unsere kleine Belegschaft im Restaurant „Maria" einen Nebenraum gemietet. Dort können wir gemeinsam Mittag essen und, wie es sich gehört, auf das „Geburtstagskind" anstoßen.

Ich hoffe, dass wir noch lange gesund, munter und erfolgreich zusammenarbeiten werden.

Noch einmal: Herzlichen Glückwunsch.

Ihre

Beatrice Kandermann

Es gibt noch eine Reihe anderer Anlässe, wie z. B. den internen Stellenwechsel oder außerberufliche Erfolge des Mitarbeiters, auf die man mit einem freundschaftlichen Brief reagieren kann. Komplizierter verhält es sich bei Kondolenzschreiben.

Wenn ein Mitarbeiter oder ein enger Verwandter eines Mitarbeiters stirbt, ist es den Hinterbliebenen oft ein kleiner Trost, wenn auch der Arbeitgeber kondoliert. Sie erweisen Ihren Mitarbeitern dadurch Ihren Respekt.

Donnerberg, 27. Juni 2004

Sehr geehrter Herr Petrucci,

zum Tod Ihrer Gattin möchte ich Ihnen – auch im Namen der Geschäftsleitung – mein herzlichstes Beileid aussprechen.

Sie haben eine schwere Zeit hinter sich und sind nun in der schwersten angelangt. Unsere Firma ist klein, mein lieber Herr Petrucci, und jeder Mitarbeiter ist uns wichtig. Wir alle leiden mit Ihnen. Und wir werden in den nächsten Wochen und Monaten alles tun, damit Sie über den Verlust Ihrer Frau hinwegkommen können.

Wenn ich sonst etwas für Sie tun kann, lassen Sie es mich wissen.

In tiefer Verbundenheit

Ihr

Andreas Kaluschke

Schönbrunn, 5. August 2004

Sehr geehrte Frau Buschel,

die Nachricht vom Tod Ihres Mannes hat uns tief erschüttert.

Wir haben in ihm einen geschätzten Kollegen verloren, einen Fachmann, der so schnell nicht zu ersetzen sein wird. Ihr Mann war beliebt bei seinen Kollegen wie bei seinen Mitarbeitern. Er war kollegial und verständnisvoll, aber auch respektiert und geachtet.

Ich selbst habe Ihren Mann als meinen Freund betrachtet, der mich in vielen persönlichen wie geschäftlichen Angelegenheiten beraten hat.

Mein herzlichstes Beileid!

Im Namen aller Mitarbeiter der Bükoka GmbH,

Ihr

Karl-Heinz Rudolph
(Geschäftsführer)

Glückwünsche an Geschäftspartner

Nicht nur Ihre Mitarbeiter, auch Geschäftspartner werden es begrüßen, wenn Sie ihnen zu besonderen Anlässen einen kurzen freundlichen Brief schreiben. Im Geschäftsleben kommt es zwar vor allem darauf an, dass die Zahlen stimmen, aber in einem engen Wettbewerb kann es nicht schaden, auch persönlich in gutem Kontakt mit den Geschäftspartnern zu stehen.

Hamburg, 31. März 2004

Sehr geehrte Frau Dr. Michelsen!

Zu der Geburt Ihrer Tochter Louise sende ich Ihnen und Ihrem Mann meine aufrichtigen Glückwünsche.

Mit verbindlichen Grüßen

Ihr

Herbert Knaussen
(Knaussen und Söhne KG)

Hannover, 12. Juli 2004

Sehr geehrter Herr Dümpelmann,

ich erlaube mir, Ihnen im Namen der Geschäftsleitung unseres Unternehmens zu Ihrem 54. Geburtstag viele Grüße und herzliche Glückwünsche zu übermitteln.

Ich hoffe, das unternehmerische Glück und der Erfolg bleiben Ihnen auch weiterhin treu. Ich wünsche Ihnen dazu gute Gesundheit und hoffentlich genug Muße Ihren geschäftlichen Erfolg auch zu genießen.

Ihr
Manfred Schmittke
(Geschäftsführer Numann AG)

Werbung und Mailings (Werbebriefe)

Wie Sie für Ihre Produkte Werbung machen sollen, können wir Ihnen nicht sagen. Werbung ist ein vielschichtiges Thema. Ganze Bibliotheken könnte man mit Werberatgebern füllen. Ratschläge und Vorschläge kann man in diesem Bereich nur in sehr beschränktem Maße geben. Denn Werbung zielt schließlich auf Abhebung von Konkurrenten und Konkurrenzprodukten. Allgemein verbindliche Regeln können daher nicht gegeben werden: Sonst würde sich die eine Werbung von der anderen ja nicht mehr unterscheiden. Jedes Unternehmen muss für sich und für jedes Produkt bestimmen, wie es werben will.

Nur ein Ratschlag: Werbung soll den Empfänger **ansprechen.** Das erreicht man selten durch seitenlange, unüberschaubare Texte. Eine Werbung für ein Produkt oder ein Unternehmen sollte möglichst kurz, präzise und vor allem klar verständlich sein. Wenn dieser Text dann in ein angenehmes, nicht allzu überfrachtetes Briefdesign eingebettet ist, erhöht sich die Chance, dass die Werbung überhaupt wahrgenommen wird – und nicht gleich im Papierkorb landet.

Unter Korrespondenzgesichtspunkten interessieren drei Werbearten:

- die (bezahlte) Anzeige in der Zeitung
- der (unbezahlte) Hinweis in der Zeitung (Presseinformation über Neueröffnung, Jubiläum usw.)
- der Werbebrief (Mailing), der flächendeckend oder an ausgewählte Kunden verteilt wird

Was Sie in der **bezahlten Anzeige** schreiben, bleibt ganz Ihnen überlassen, jede Zeitung wird Ihre Anzeige gern aufnehmen, wenn Sie in Text oder Bild nicht gegen Sitten oder Gesetze verstoßen.

Die Presseinformation

Wenn Sie eine **(unbezahlte) Presseinformation** in einer Zeitung lancieren wollen, müssen Sie den zuständigen Redakteur davon überzeugen, dass Sie etwas von Allgemeininteresse mitzuteilen haben. Das wird im Normalfall keine Produktinformation sein, sondern ein lokal interessantes Geschehen wie eine Neueröffnung, ein Firmenjubiläum, der Umzug eines eingesessenen Geschäftes, ein Herbstfest usw. Manchmal kann man aber auch ein tatsächlich innovatives Produkt vorstellen. Neben der eigentlichen Pressemitteilung, die man als Anlage beilegt, kommt es hier darauf an, einen kurzen, überzeugenden Brief an den Redakteur zu schreiben. Dabei gilt:

Je kürzer desto besser! Schließlich muss der Redakteur Ihren Brief während seiner Arbeitszeit lesen.

Und: Es kann auf keinen Fall schaden, ihn (oder sie) zu der Festlichkeit einzuladen, die Sie der Öffentlichkeit über die Zeitung bekannt machen wollen.

Was Sie unbedingt beachten sollten: Jubiläen, Feste und Eröffnungen haben einen festen Termin! Denken Sie daran, dass Zeitungen und Zeitschriften einen (unterschiedlich langen) Vorlauf vor dem Abdruck haben. Erkundigen Sie sich, wann Sie die Presseinformation einreichen müssen, damit sie auch rechtzeitig erscheinen kann. Steht Ihr Text erst am Tag der Veranstaltung in der Zeitung, ist es für viele zu spät, sich diesen Termin freizuhalten.

(Absenderangaben)

BZZ
Herrn
Harro Klein
Heimatstr. 23

67890 Gaststatt

12.02.04

HammerBücher: Eröffnung der medizinischen Spezialabteilung „HammerMedico“ im „Zentrum Schwarzwaldhof“

Sehr geehrter Herr Klein,

HammerBücher werden noch größer und noch kundenfreundlicher! Am 1. April eröffnen wir im „Zentrum Schwarzwaldhof“ in den Räumen der ehemaligen „Backstube“ eine neue große Abteilung, die sich ganz auf medizinische und pharmazeutische Fachliteratur spezialisiert.

Wir wären Ihnen sehr dankbar, wenn Sie in Ihrer Zeitung über unsere Neueröffnung berichten könnten. Eine Information schicken wir Ihnen zusammen mit diesem Brief und bitten Sie um Verwendung, wie es Ihnen passt.

Dürfen wir Sie und Ihre Kollegen am 1. April gegen 10 Uhr zu einem kleinen Sektfrühstück in den neuen Räumen einladen? Es wäre schön, Sie bei uns begrüßen zu können.

Mit freundlichen Grüßen

Karl Hammer

Anlage: Presseinformation

Presseinformation

HammerBücher feiert am 1. April die Neueröffnung seiner medizinischen Spezialbuchhandlung **HammerMedico**.

Die medizinische Abteilung im **HammerCenter** ist schon seit Jahren zu klein. Dem hat **HammerBücher** jetzt Abhilfe geschaffen. In **HammerMedico** finden Sie eine große Auswahl Standard- und Spezialliteratur zu allen Bereichen der Medizin.

HammerMedico lädt Sie ein, am 1. April unser Gast zu sein: zum Schauen und Schmökern und zu einer kleinen Überraschung.

(Absenderangaben)

Kirchener Zeitung
Frau Karin Metzle
Hintere Straße 23

24578 Weitlingen

03.04.04

Firmenjubiläum in der Stadt

Sehr geehrte Frau Metzle,

unsere Firma „Weber und Söhne. Herrenbekleidung." begeht am 1. Mai ihr 125-jähriges Firmenjubiläum.

Das ist ganz sicher ein Anlass zum Feiern. Wir werden feiern und wollen all unseren Kunden, die unser Unternehmen so lange mitgetragen haben, die Gelegenheit geben mitzufeiern.

Über einen Hinweis in Ihrer Zeitung oder die Veröffentlichung des mitgeschickten Pressetextes wären wir Ihnen sehr dankbar.

Mit freundlichen Grüßen
Max Weber

Der Werbebrief (Mailing)

Ein Werbebrief unterscheidet sich von der Presseinformation zunächst nur dadurch, dass er den Empfänger durch ein anderes Medium erreicht. Ob man die Mitteilung einer Einladung zum Firmenjubiläum in der Zeitung oder in einem Werbebrief liest, macht keinen großen Unterschied. Flächendeckend verteilte Werbebriefe unterscheiden sich deshalb in der Formulierung nicht unbedingt von Pressemitteilungen. Sie sind höchstens mit einer direkteren Ansprache an den Empfänger verbunden. Der Werbebrief erlaubt aber zwei Spezifikationen:

- Man kann in einem Werbebrief auch für spezielle Produkte werben.
- Man kann den Empfängerkreis einschränken. Werbebriefe müssen nicht flächendeckend verteilt werden. Sie können Werbebriefe nur an Kunden schicken, die schon in Ihrer Kundendatei sind, oder andere Auswahlkriterien verwenden.

Je gezielter Sie Ihre Werbebriefe abfassen, desto schwieriger ist es, Regeln für die Formulierung anzugeben, denn Empfängerorientiertheit steht bei Werbebriefen im Vordergrund.

Ein flächendeckend verteilter Werbebrief könnte etwa so aussehen:

HammerBücher, der nette Laden mit den meisten Büchern in der Region, erweitert noch einmal sein Angebot!

Sie sind herzlich eingeladen am 1. April 2004 an der Neueröffnung unserer medizinischen Fachabteilung **HammerMedico** im „Zentrum Schwarzwaldhof" in der Kaiserstraße 3–30 teilzunehmen.

Eine Universitätsstadt ohne eigene medizinische Fachbuchhandlung war auf die Dauer kein haltbarer Zustand! Seit Jahren haben wir uns bemüht, ein geeignetes Ladengeschäft zu finden. Und als sich die Gelegenheit bot, haben wir sie wahrgenommen!

Herzlich Willkommen zu **HammerMedico!**

Ihr

Karl Hammer

Wenn Sie für ein bestimmtes Produkt werben, dessen potenzieller Nachfragerkreis überschaubar ist, werden Sie einen Werbebrief nur an diesen Nachfragerkreis schicken. Dann sollten Sie sich die Mühe machen, den Werbebrief persönlicher zu gestalten. Sie sollten also zum Beispiel den Empfänger mit Namen ansprechen. Ein solcher Werbebrief kann schon wie ein unverlangtes Angebot gestaltet sein.

(Absenderangaben)

Papierweg GmbH
Herrn Dr. Walter Wegener
Dorfstr. 12

89765 Obertal

12.03.04

Sehr geehrter Herr Dr. Wegener,

die Papierindustrie leidet, wie Sie wissen, zunehmend unter den Kosten für den Wasserverbrauch, die in den letzten Jahren kontinuierlich gestiegen sind.

Uns ist es nun nach jahrelanger Forschungsarbeit gelungen, ein Produkt zur Marktreife zu bringen, das den Wasserverbrauch auf ganze 40% senkt: **Wastopa.**

Wastopa erhöht die Durchdringungsfähigkeit des Wassers!
Es wird der Grundmasse als Pulver beigemischt. Sie können sofort die Wasserzufuhr zurücknehmen!

Wastopa erspart Ihnen ca. 30% der Herstellungskosten!

Je eher Sie **Wastopa** einsetzen, desto früher können Sie Ihr Geld für andere Zwecke verwenden.

Darf unsere Mitarbeiterin Frau Schnabel Sie in den nächsten Tagen anrufen, um mit Ihnen einen Vorführungstermin zu vereinbaren?

Mit freundlichen Grüßen

Dr. Karin Karlsson

Eine dritte Form des Werbebriefes ist der Brief an die Kunden, die Sie bereits in Ihrer Kundenkartei haben. Wer schon einmal bei Ihnen gekauft hat, soll Ihnen schließlich treu bleiben. Zur Kundenpflege gehört dann, dass Sie Ihre Kunden über neue Angebote informieren und hie und da mit speziellen Sonderangeboten verwöhnen.

(Absenderangaben)

Frau Herta Ponst
Gabenanger 13

76234 Karlsbad

06.07.04

Sonderangebot für Stammkunden

Sehr geehrte Frau Ponst,

Sie gehören seit Jahren zu unseren guten und treuen Stammkunden. Und Stammkunden sind uns natürlich die liebsten Kunden. Sie zeigen uns durch Ihre Treue, dass wir mit unseren Bemühungen auf dem rechten Weg sind. Und manchmal, denken wir, ist es an uns, uns bei Ihnen speziell zu bedanken. Aus diesem Grund haben wir heute ein ganz besonderes Angebot für Sie.

Die Video-Fernseheinheit AIE (Alles In Einem), Modell 77/2/VHS des Herstellers Kondik, ein 77-cm-Bildschirm mit zwei eingebauten VHS-Videorecordern, preisgekrönt auf der letzten Messe, bieten wir Ihnen zum sensationell günstigen Preis von € 1099,– an (vom Hersteller empfohlener Verkaufspreis € 1599,–).

Ein Prospekt liegt dem Brief bei.

Wir können Ihnen dieses Spitzenangebot leider nur so lange machen, wie unser Vorrat reicht. Überlegen Sie es sich also schnell.

Es würde uns freuen, wenn Ihnen auch dieses Angebot gefiele.

Mit freundlichen Grüßen

Moritz Mengel

Neue Konzepte für eine moderne Korrespondenzsprache

Viele Unternehmen bemühen sich heute darum, ein einheitliches und unverwechselbares Gesicht zu zeigen. Sie wollen sich von ihren Mitbewerbern deutlich abgrenzen und beim Kunden eine hohe Wiedererkennungsquote erreichen. Denn: Was bringt es, wenn der Kunde ein Produkt bei der einen Firma kauft, damit zufrieden ist, beim nächsten Mal aber das Produkt eines Konkurrenten erwirbt, weil er die Unternehmen und ihre Produkte nicht auseinanderhalten kann?

Zu den Bemühungen, einem Unternehmen eine eigenständige, unverwechselbare Identität (oder „Persönlichkeit") zu geben, gehören:

- die Entwicklung einer Firmenphilosophie
- der Entwurf eines Firmenlogos

Es können dazu gehören:

- die Entwicklung einer Kleider- und Benimmordnung für alle Mitarbeiter (vor allem, wenn sie im Außendienst tätig sind);
- die Verwendung bestimmter Farben im Firmenlogo, im Briefkopf, in der Werbung;
- der Entwurf eines Firmenslogans.

Firmenlogo, Firmenslogan und Firmenfarben erscheinen im Briefkopf jedes Schreibens, aber auch in jeder Produktwerbung und auf jeder Produktverpackung (Beipackzettel usw.). Sie prägen vor allem den individuellen **optischen** Eindruck, den Sie von einem Unternehmen bekommen.

Dass aber auch die **Sprache** Teil der Individualität eines Unternehmens sein kann, ist bis vor kurzem wenig beachtet worden. Besondere Aufmerksamkeit wurde bisher nur dem Entwurf des knappen, eingängigen Firmenslogans gewidmet.

Nicht beachtet hat man, was wir in dem Kapitel „Der Brief" deutlich zu machen versucht haben, dass nämlich jeder einzelne Brief eine Visitenkarte desjenigen ist, der ihn abschickt. Das gilt nicht nur für Privatpersonen, sondern eben auch für Unternehmen.

Moderne Überlegungen zur Entwicklung von Unternehmensidentitäten beziehen deshalb die Sprache mit ein.

So wie jeder Mensch eine andere Sprache spricht, der eine offen und unverschämt, der andere schüchtern und scheu, so sollte auch jedes Unternehmen bemüht sein, seine eigene unverwechselbare Sprache zu verwenden. Das ist der Ausgangspunkt für neuere Überlegungen zur Korrespondenzsprache.

Der Grundgedanke ist, dass in der gesamten schriftlichen Korrespondenz eines Unternehmens eine Sprache verwendet werden soll, die – in Form und Stil – zur Unternehmensidentität passt. Ein Unternehmen, das durch seinen Slogan Jugendlichkeit suggeriert, sollte im Text der Briefe kein Großväterdeutsch verwenden. Wenn ein Unternehmen eine „Persönlichkeit" hat, die sich auch sprachlich äußern soll, dann kann es nicht in der Werbung völlig anders sprechen als in einer Mahnung oder Rechnung. Einem Unternehmen ein sprachliches Gesicht zu geben, heißt, die Unterschiede zwischen den Briefsorten, die wir in diesem Kapitel „Geschäftskorrespondenz" oben dargelegt haben, weitgehend aufzugeben, zugunsten eines einheitlichen Stils, der jede einzelne sprachliche Äußerung eines Unternehmens nach außen unübersehbar bestimmt.

Jede Neuerung muss sich gerade in Geschäftsangelegenheiten gegenüber dem Althergebrachten rechnen. Ob das bei der Entwicklung und Einführung eines eigenen Firmenstils immer der Fall ist, lässt sich zur Zeit noch nicht sagen. Denn, was auf den ersten Blick einleuchtend erscheint, bringt einige praktische Probleme mit sich:

- Jede Neuerung ist ein Traditionsbruch. Und Traditionsbrüche werden häufig – gerade in konservativeren Branchen – nicht gern gesehen.

- Man bekommt einen eigenen Firmenstil nicht umsonst, seine Entwicklung ist teuer.

- Die Einführung eines Firmenstils ist ebenfalls teuer und auch sehr schwierig.

Die Entwicklung eines Firmenstils ist ausgesprochen schwierig. Es soll ja nicht irgendein Stil sein, sondern einer, der für das Unternehmen maßgeschneidert ist. Ein Stil also, der sowohl zur Firmenphilosophie wie zu den hergestellten Produkten (Dienstleistungen) passt und der zudem verkaufsfördernd sein soll. Wie dieses unverwechselbare sprachliche Gesicht auszusehen hat, muss jedes Unternehmen für sich erkunden.

Der Entwicklung eines eigenen Firmenstils muss deshalb eine genaue Analyse des Unternehmens vorausgehen. Welches Bild will das Unternehmen der Welt bieten? Wen will man ansprechen? Was will man verkaufen? Und wie kann man das am besten sprachlich umsetzen?

Ähnlich wie bei Rationalisierungsfragen ist es gewöhnlich nötig, externe Fachleute zu engagieren, die eine gründliche Analyse erstellen und den Firmenstil daraus entwickeln. Es gibt inzwischen einige Unternehmen auf dem Markt, die diese Dienstleistung anbieten. Dabei arbeiten gewöhnlich Sprachwissenschaftler, Kommunikationswissenschaftler und Psychologen mit.

Die Analysen können sehr kompliziert sein. Einige wichtige Fragen sind beispielsweise:

- Welche Empfänger sollen besonders angesprochen werden? (Empfängerorientiertheit)
- Was wollen Sie an wen verkaufen?
- Brauchen Sie eine mehr sinnliche oder eine mehr abstrakte Sprache?
- Welche psychologischen Typen wollen Sie bevorzugt ansprechen? Den Emotionalen oder mehr den Intellektuellen?
  usw.

Eine weitere große Schwierigkeit ist die praktische Einführung des Firmenstils. Wenn ein großes Unternehmen mit hunderten von Mitarbeitern einen Firmenstil einführt, muss dafür gesorgt werden, dass jeder einzelne Mitarbeiter, wenn er Werbung entwirft, eine Rechnung schreibt, ein Angebot formuliert, ein Zeugnis schreibt oder eine Mahnung verschickt, nicht seinen Schreibstil (oder den allgemeinen Geschäftsstil, den er in der Berufsschule gelernt hat) verwendet, sondern den Stil des Unternehmens. Die Individualität der Mitarbeiter muss sich den einmal festgelegten Regeln der Unternehmenssprache unterordnen.

Das heißt, die Mitarbeiter müssen speziell geschult werden. Die Fachleute, die den Unternehmensstil entwickelt haben, werden Wörterbücher und Stilanweisungen erstellt haben. Die Mitarbeiter müssen auf den Einsatz dieser Hilfsmittel trainiert werden. Nur dann kann es gelingen, einem Unternehmen wirklich das sprachliche Gesicht zu geben, das die Fachleute erarbeitet haben.

Ob sich die Einführung eines eigenen Unternehmensstils für Ihr Unternehmen lohnt, müssen Sie selber entscheiden. Der Trend geht jedenfalls dahin, vor allem bei größeren Unternehmen.

MODERNE KOMMUNIKATIONS-TECHNOLOGIEN

Die neuen Medien (der Personalcomputer, das Internet, die Onlinedienste usw.) beeinflussen unsere Kommunikationsformen. Wer sich heute eine Visitenkarte machen lässt oder einen Briefkopf entwirft, wird kaum noch um die Angabe einer E-Mail-Adresse (oder einer Internetseite) herumkommen. Es kommt sogar schon vor, dass man auf die Angabe der Postadresse, manchmal sogar der Telefonnummer, verzichtet und nur noch E-Mail- oder Internetadresse angibt.

Im Geschäftsleben kommt man schon seit Jahren nicht mehr ohne Computer aus und auch in Privathaushalten ist er längst etabliert. Es gibt nicht mehr viele Haushalte, in denen kein Computer steht. Und der hat inzwischen meistens einen Onlineanschluss (d. h. er kann mithilfe eines Modems an das Telefon- oder das ISDN-Netz angeschlossen werden).

Während junge Menschen meist problemlos mit den neuen kommunikativen Möglichkeiten umgehen, haben diejenigen, die nicht bereits als Jugendliche den Zugang zu Computern gefunden haben, oft große Schwierigkeiten, sich diesem neuen Arbeitsgerät zu widmen. Auch viele Handbücher, die in die Benutzung von Hard- und Software einführen sollen, sind nicht dazu geeignet, solche Hemmschwellen abzubauen. Gerade auf dem Gebiet der Korrespondenz bietet der Computer aber viele praktische Möglichkeiten, auf die wir im Folgenden eingehen:

Wie schreibt man Briefe mit dem Computer?

Wann und für welche Korrespondenzformen benutzt man die neuen Medien?

Welche Regeln gelten für die Korrespondenz mit den neuen Medien?

Was muss man dabei beachten?

Obwohl das Faxgerät nicht mehr zu den neuesten Kommunikationsmitteln zählt, werden wir uns in diesem Kapitel auch mit dem Faxbrief als Korrespondenzform beschäftigen.

Briefe schreiben mit dem PC – Der Computer als Schreibgerät

Der Computer ist zunächst nichts anderes als ein Hilfsmittel. Er hilft dabei, Arbeiten schnell und einfach zu erledigen.

Seinen großen Erfolg verdankt er nicht zuletzt den Erleichterungen, die er den **Schreibenden** gibt. Die Textverarbeitung war – und ist noch immer – der wichtigste Einsatzbereich des Computers. Das liegt vor allem an den nahezu unbegrenzten Korrekturmöglichkeiten, die schon die simpelsten Textverarbeitungsprogramme dem Benutzer zur Verfügung stellen. Sie können an Ihren Texten herumkorrigieren, aber auch herumspielen, experimentieren, feilen, formulieren, ohne dass Sie sie jedes Mal ganz neu abschreiben müssen.

Moderne Textverarbeitungsprogramme geben dem Benutzer (immer auch mitgemeint: die Benutzerin!) zudem komfortable Hilfen an die Hand: Eine (mehr oder weniger gute) Rechtschreibkorrektur, die Möglichkeit der Anlage eigener für die Rechtschreibkorrektur zu verwendender Spezialwörterbücher (Benutzerwörterbücher) und automatische Silbentrennung sind inzwischen Standard. Sogar eine Grammatikkorrektur wird schon bei einigen Programmen angeboten. (Die ist für das Deutsche allerdings bislang wenig überzeugend. Man sollte sie nicht benutzen und sich auf gar keinen Fall auf sie verlassen!)

Textverarbeitungsprogramme stellen Ihnen viele „Werkzeuge“ zur Verfügung, mit denen Sie, wenn Sie sie einzusetzen verstehen, so ziemlich alles mit einem Text machen können, was Sie sich vorstellen können. Leider, und das Stöhnen darüber ist unüberhörbar, gibt es kaum noch jemanden, der in der Lage ist, alle Möglichkeiten seines Textverarbeitungsprogramms auch nur zu kennen. Wer will schon ein 800 Seiten starkes Handbuch lesen, ehe er einen Text schreibt?

Moderne Textverarbeitungsprogramme stellen deshalb zwar dem Benutzer ein umfassendes Instrumentarium zur Verfügung, versuchen aber gleichzeitig, ihm die Arbeit mit dem Programm und damit an seinem Text möglichst zu **erleichtern.**

Wer sich in den Bahnen von einfachen Standardanwendungen bewegt, kommt in den Genuss von **vordefinierten Formatvorlagen,** von interaktiven Dialogen mit dem Programm und dergleichen. Damit kann man die Bemühungen der Hersteller um Benutzerfreundlichkeit voll ausschöpfen.

Für das **Briefeschreiben** am Computer gilt die ganze Spannbreite des oben Gesagten. Moderne Textverarbeitungsprogramme stellen Ihnen Hilfen zur Verfügung, nehmen Ihnen jede Überlegung zur Form eines Briefes ab und machen das Schreiben sehr einfach.

Formulieren müssen Sie Ihre Briefe aber immer noch selbst.

Es hindert Sie aber auch niemand daran, die vorgegebenen Wege zu verlassen und aus Ihren Briefen individuelle Kunstwerke zu machen.

Welche Briefe schreibt man überhaupt am Computer?

Am Computer erstellte Briefe werden von einem Drucker, der mit dem Computer verbunden ist, ausgedruckt. Was der Empfänger in die Hand bekommt, ist also ein Ausdruck, der einem mit der Schreibmaschine erstellten Brief am ehesten gleicht.

Die Einsatzbereiche sind also vor allem:

- die Privatkorrespondenz (geschäftliche Briefe im privaten Bereich)

- die Geschäftskorrespondenz

Wenn Sie Ihrer Kreativität freien Lauf lassen, dann können Sie aber auch ganz persönliche Einladungen, Glückwunschbriefe oder Mitteilungen am PC kreieren.

Zu diesem Zweck bietet der Computer unter anderem die Möglichkeit, verschiedene Schrifttypen zu verwenden, die Schriftgröße und -farbe zu variieren, Tabellen zu entwerfen oder grafische Elemente einzufügen.

All diese Fähigkeiten hat die herkömmliche Schreibmaschine nicht und dies ist auch der Grund dafür, warum heute der Computer mehr und mehr die Typenschreibmaschine verdrängt.

Geschäftsbriefe und geschäftliche Briefe im privaten Bereich

Geschäftsleute denken kostenorientiert. Deshalb haben der Computer und die Textverarbeitung schon seit Beginn des Computerzeitalters Anfang der 80er-Jahre in Unternehmen Einzug gehalten. Die Geschäftskorrespondenz wurde mithilfe des Computers rationalisiert.

> Es hat sich z. B. erst im Rahmen der rechnergestützten Textverarbeitung das heute weit verbreitete und wohl bekannte Verfahren der **Textbausteinbriefe** herausgebildet. Textbausteine sind vorformulierte Sätze oder Abschnitte, die immer wieder gebraucht werden. In jedem Unternehmen mit umfangreicherer Korrespondenz werden heute Listen erstellt, in denen Sätzen und ganzen Abschnitten Nummern zugeordnet werden. Diktiert werden nur die Nummern: z. B: 1, 34, 45 ...876, 4. Wobei „1" für die Anrede stehen könnte, also „Sehr geehrte ...". Der Vorteil des Computereinsatzes zeigt sich aber erst, wenn der entsprechende Sachbearbeiter den Brief nach Diktat schreibt. Er oder sie muss dann nicht die Liste auswendig kennen, sondern kann am Computer die Nummern eingeben und der Text generiert sich daraus selbst.

Der Computer hat das Schreiben deutlich vereinfacht. Und was in den letzten Jahren an modernen Textverarbeitungsprogrammen auf den Markt gekommen ist, erfüllt höchste Ansprüche.

Für die Korrespondenz stehen drei wichtige Funktionen zur Verfügung:

- ein Formatvorlagenkatalog, in dem sich auch Briefvorlagen befinden,
- eine Seriendruckfunktion,
- Möglichkeiten der Programmierung.

Jedes moderne Textverarbeitungssystem bietet heute diese Funktionen. Die Unterschiede zwischen den einzelnen Programmen liegen in der Handhabung (in jedem Programm muss man die Dinge ein wenig anders machen).

Sobald Sie Ihr Programm geladen haben und auf dem Bildschirm das leere Feld (das leere Blatt Papier) erscheint, können Sie Ihren Brief wie gewohnt schreiben. Jede Formatierung, die Sie mit der Schreibmaschine vornehmen würden, können Sie auch am Computer machen. Der Vorteil des Computers beginnt eigentlich erst, wenn der Brief fertig ist. Sie können ihn mehrfach ausdrucken, Sie können ihn abspeichern. Und wenn Sie einen Brief entworfen haben, der Ihnen gefällt, können Sie ihn immer wieder benutzen, und ihn, je nachdem wie Sie ihn brauchen, leicht verändern (z. B. Empfängeradresse ändern, Zahlenangaben ändern usw.).

Auf den folgenden Seiten sehen Sie als Beispiel einen mehrfach verwendeten Brieftext, bei dem nur die Empfängeradresse geändert worden ist **(fett hervorgehoben)**.

Pfister und Annaberg AG
Domweg 57

97453 Dreistätten

23.04.04

Voranfrage – Lieferant für Keramikfliesen gesucht

Sehr geehrte Damen und Herren,

Ihre Firma wurde uns als Lieferant für Keramikfliesen empfohlen.

Unser Unternehmen ist seit mehr als 50 Jahren der führende Badezimmereinrichter im süddeutschen Raum. Durch einige Großaufträge übersteigt die Nachfrage nach Keramikfliesen kurzfristig die Produktionskapazität unseres normalen Lieferanten. Deshalb suchen wir einen zuverlässigen Lieferanten, der in der Lage ist, bis zum 31.10.04 100 m^2 Keramikkacheln nach Muster frei der Baustelle Hotel Seeblick in Oberwiesen zu liefern.

Wenn Sie interessiert sind, ein ausführliches Angebot abzugeben, so schreiben Sie bitte bis zum 20.02.04 unserem Mitarbeiter, Herrn Carstens.

Mit freundlichen Grüßen

Karl Poborski

Meister GmbH
Herrhausenstraße 3

12458 Lünhofen

23.04.04

Voranfrage – Lieferant für Keramikfliesen gesucht

Sehr geehrte Damen und Herren,

Ihre Firma wurde uns als Lieferant für Keramikfliesen empfohlen.

Unser Unternehmen ist seit mehr als 50 Jahren der führende Badezimmereinrichter im süddeutschen Raum. Durch einige Großaufträge übersteigt die Nachfrage nach Keramikfliesen kurzfristig die Produktionskapazität unseres normalen Lieferanten. Deshalb suchen wir einen zuverlässigen Lieferanten, der in der Lage ist, bis zum 31.10.04 100 m^2 Keramikkacheln nach Muster frei der Baustelle Hotel Seeblick in Oberwiesen zu liefern.

Wenn Sie interessiert sind, ein ausführliches Angebot abzugeben, so schreiben Sie bitte bis zum 20.05.04 unserem Mitarbeiter, Herrn Carstens.

Mit freundlichen Grüßen

Karl Poborski

Briefformatvorlagen – die Verwendung der Hilfsmittel der Textverarbeitungsprogramme

Wenn Sie am Computer einen Brief schreiben wollen und ein modernes Textverarbeitungsprogramm zur Verfügung haben, dann können Sie auf alle Hilfsmittel zurückgreifen, die Ihnen Ihr Programm anbietet. Wenn Sie dem Programm „sagen", dass Sie einen **Brief** schreiben wollen (und keinen Roman oder Aufsatz), wird es Ihnen helfen, einen Brief so zu schreiben, dass er formal korrekt ist und schön aussieht. Sie greifen auf die **Formatvorlagen** zurück, die Ihnen das Programm anbietet.

Formatvorlagen sind Vorschläge, wie man einen Text am besten (oder schönsten) formatieren kann. Es gibt Formatvorlagen nicht nur für Briefe, sondern für viele Textsorten (z. B. den Lebenslauf, die Dissertation, Berichte, Präsentationen).

Um die Formatvorlagen der Programme zu nutzen, gibt es zwei Möglichkeiten:

- den Briefassistenten
- die Briefformatvorlagen

Der Briefassistent

Der Briefassistent ist eine Funktion, bei der Ihnen das Programm durch **Nachfragen** hilft, einen Brief zu kreieren. Wie Sie in Ihrem Programm den Briefassistenten aufrufen, müssen Sie im Handbuch nachlesen.

Wenn Sie den Briefassistenten aufgerufen haben, erscheint ein so genanntes **Dialogfenster** auf dem Bildschirm. Im Dialogfenster steht eine Frage, die Sie beantworten müssen. Entweder müssen Sie eine Entscheidung treffen oder einen Text eingeben.

Das Feld, in das Sie den Text eingeben, oder die Liste der Möglichkeiten, aus der Sie auswählen müssen, erscheint ebenfalls in diesem Fenster. Wenn Sie die Frage beantwortet haben, geben Sie dem Briefassistenten das bekannt – meistens gibt es ein Feld „OK“ oder „Fertig“, das Sie mit der Maus anklicken müssen.

Der Briefassistent fragt Sie nacheinander in verschiedenen aufeinander folgenden Dialogfenstern etwa (auch das ist von Programm zu Programm verschieden):

- Was wollen Sie schreiben?
  (Einen vorgefertigten Geschäftsbrief? Einen neuen Geschäftsbrief? Einen persönlichen Brief?)
- Welches Papier werden Sie verwenden?
  (Mit Briefkopf? Standardpapier?)

- Wie lautet die korrekte Empfängeradresse?
- Wie lautet die Absenderadresse?
- Wie lautet der Betreff?
- In welcher Stilart soll der Brief formatiert sein? (Klassisch? Aktuell? Schreibmaschine?)
- Wollen Sie gleich einen Umschlag/ein Etikett mit denselben Angaben erstellen?

Wenn Sie alle Fragen beantwortet haben, erstellt der Briefassistent den Brief. Auf dem Bildschirm vor Ihnen ist dann keine leere Fläche mehr, sondern Absender- und Empfängeradresse stehen ebenso schon an ihrem Platz wie die Anrede, die Grußformel, das Datum oder der Betreff, wenn Sie einen angegeben haben. Das Einzige, was Sie dann noch eingeben müssen, ist der eigentliche Brieftext. Die Platzierung aller anderen Elemente nimmt Ihnen der Briefassistent ab.

Die Formatvorlage „Brief“

Statt den Briefassistenten zu benutzen, können Sie auch direkt auf **Briefformatvorlagen** zugreifen. Wie Sie die Formatvorlagen aufrufen, sagt Ihnen wieder das Handbuch des Textverarbeitungsprogramms.

Es erscheint dann ein Bildschirm, der alle Elemente der von Ihnen ausgewählten Briefvorlage an den **richtigen Stellen platziert** hat:

Die Absenderadresse wird wahrscheinlich rechts oben in der Ecke erscheinen. Wenn Sie einen Geschäftsbrief entwerfen wollen, wird die Empfängeradresse an der Stelle erscheinen, die sie für die Verwendung eines Fensterumschlages brauchbar macht. Die Formatvorlage für einen Geschäftsbrief sieht etwa so aus:

[Firmenname (Absender)]
[Straße]
[PLZ Ort]
[Telefon/Fax]

[Empfänger(in)]
[Straße (Postfach)]

[PLZ Ort]

[Datum]

[Betreff]

Sehr geehrte(r) [Empfänger(in)],

[Brieftext]

Mit freundlichen Grüßen

[Unterzeichner(in)]
[Titel der Unterzeichnerin/des Unterzeichners]

Kopie an: [Name]

Anlagen: [Anzahl]

Sie müssen nun nur noch die einzelnen Felder, die hier in der Formatvorlage in eckige Klammern gesetzt sind, ausfüllen und durch Text ersetzen.

Peter Peschel GmbH
Traunsteinweg 12
87456 Wasserdorf
Tel: 0986/54323 Fax: 0986/87654

Dominus Haus AG
Postfach 345]

[PLZ Ort]

[Datum]

[Betreff]

Sehr geehrte(r) [Empfänger(in)],

[Brieftext]

Mit freundlichen Grüßen

[Unterzeichner(in)]
[Titel der Unterzeichnerin/des Unterzeichners]

Kopie an: [Name]
Anlagen: [Anzahl]

In unserem Beispiel ist der Verfasser des Briefes gerade bis zur Eingabe der Postfachnummer des Empfängers vorgedrungen. Deshalb hat er die schließende eckige Klammer (]) der Formatvorlage noch nicht gelöscht.

Schreiben müssen Sie Ihren eigenen Text natürlich immer noch. Sie können auch, wenn Sie sich mit dem Computer und dem Programm ein wenig angefreundet haben, die Formatvorlage verändern, auf Ihre Ansprüche zuschneiden und unter einem neuen Namen abspeichern.

Ein Problem gibt es allerdings mit den Formatvorlagen: Computerprogramme werden, auch wenn sie länderspezifisch angepasst sind, für den Weltmarkt geschrieben. Deshalb passen die Formatvorlagen nicht immer genau. Sie müssen überprüfen, ob der Formatvorschlag, den Sie gern benutzen möchten, wirklich in allen Punkten den spezifischen Regeln und Gepflogenheiten Ihrer Korrespondenz entspricht. Wenn nicht, müssen Sie eigenhändige Anpassungen vornehmen.

Die Serienbrieffunktion

Mit einem Serienbrief verschicken Sie den gleichen Text an verschiedene Personen.

Er ist vor allem im Geschäftsbereich wichtig, wenn Werbung oder andere Mitteilungen an viele Kunden verschickt werden müssen. Die

Serienbrieffunktion kann aber auch für Privatleute interessant sein, die beispielsweise häufiger große Feste feiern und 50 oder 100 Einladungen verschicken wollen.

Dass Sie mit dem Computer den eigentlichen Brief unbegrenzt häufig ausdrucken können, haben Sie oben schon gesehen. Die **Serienbrieffunktion** nimmt Ihnen nun die Arbeit ab, in jeden einzelnen Brief eigenhändig die Adresse eingeben zu müssen.

Das funktioniert im Prinzip so, dass Sie dem Programm zwei Dateien angeben, die es dann beim Ausdrucken miteinander verbindet:

- den Brieftext
- die Adressendatei

Das eine ist der **Text.** An der Stelle des Briefes, an der die Empfängeradresse steht, müssen Sie ein spezielles Feld eingeben. Wie das zu machen ist, wird im Handbuch Ihres Programms unter dem Stichwort „Serienbrief" beschrieben.

Das zweite ist die Adressendatei. Natürlich müssen Sie die Adressen **einmal** eingeben. Aber dann können Sie diese Adressen immer wieder in Serienbriefen verwenden. Die Serienbrieffunktion Ihres Programms sagt Ihnen, wie und wo Sie die Adressen eingeben müssen.

Anschließend müssen Sie in der Serienbrieffunktion nur noch angeben, welcher für den Seriendruck vorbereitete Brief mit welcher Adressendatei im Druck verbunden werden soll, und der Computer verbindet eigenständig die Adressen mit dem Brief.

Die Serienbrieffunktion ist für Unternehmen enorm hilfreich und Zeit und Kosten sparend. Allein deshalb lohnt sich die Anschaffung eines Textverarbeitungsprogramms.

Die Programmierung

Bei der Programmierung geht es um Abkürzung, d. h. darum, häufig gebrauchte, längere Texte oder auch Formatierungsverfahren schneller aufrufen zu können. Das Verfahren besteht darin, diesen langen Elementen Kürzel zuzuweisen (Zahlen, Buchstaben, Kombinationen). Die Möglichkeiten sind hier nahezu unbeschränkt.

Es ist aber zu warnen! Je mehr Kürzel Sie programmieren, desto schwerer sind die Kürzel zu handhaben. Es kommt darauf an, die richtige Mischung aus Abkürzung und Handhabbarkeit zu finden. Wenn Sie bei jedem Kürzel erst in ein Handbuch schauen müssen, wofür es steht, können Sie auch gleich den Text neu schreiben.

Kreative Briefe

Über den kreativen Brief muss man nicht viel sagen. Er ist eine Spielwiese für den privaten Bereich. Und da können Sie machen, was Sie wollen. Sie können Bilder oder Grafiken in Ihren Text platzieren. Sie können mit verschiedenen Schriften, Schriftgrößen, -formen und -farben experimentieren. Mit anderen Worten: Ihrer Phantasie sind keine Grenzen gesetzt.

Der Faxbrief

Telefaxgeräte oder Fernkopierer sind inzwischen weit verbreitet. Auch viele Privathaushalte verfügen über ein eigenes Telefaxgerät. Es gibt auch Kombinationsgeräte, die Telefon, Anrufbeantworter und Telefax vereinen. PC-Benutzer können zudem Zusatzgeräte, Modems, verwenden und vom PC Faxnachrichten senden und empfangen. Zahlreiche öffentliche Telefone (auch in Fernreisezügen) sind inzwischen mit zusätzlicher Faxsendemöglichkeit ausgestattet.

Die Bedienung eines Faxgeräts ist kinderleicht. Das Fax ist die schnellste und direkteste Art, eine schriftliche Nachricht zu versenden. Über die Telefonleitung ist der Text in Sekundenschnelle übertragbar. Bei der Faxübertragung bleibt das Original in den Händen des Absenders, der Empfänger erhält eine exakte Kopie. Dies ist besonders dann von Vorteil, wenn Skizzen, Zeichnungen und andere Dokumente verschickt werden.

Der Empfänger kann sofort antworten und beispielsweise Ergänzungen, Streichungen oder Korrekturen eines Textes unmittelbar zurücksenden.

Jedes Faxgerät (nicht Modems!) verfügt über eine gespeicherte Absenderkennung. Sie wird auf jede gesendete Seite aufgedruckt und enthält die Fax-Nummer des Absenders, eine Kurzbezeichnung seines Namens sowie Datum und Uhrzeit. Damit ist der Absender des Fax hinreichend identifizierbar. Ein wegen einer falschen Nummer fehlgeleitetes Fax kann auf diese Weise an die versendende Nummer zurückgeschickt werden.

Die Angaben der Faxkennung sind allerdings nur das äußerste Minimum an Absenderangabe. Nur wenn Sie mit wirklich guten Freunden Faxnachrichten austauschen, können Sie sich damit begnügen.

Wer häufig Faxnachrichten an unterschiedliche Empfänger schickt, wird sich ein Deckblatt entwerfen, auf dem die wichtigsten Absenderangaben und vielleicht noch andere Informationen oder Hinweise enthalten sind.

Im privaten Bereich können Sie ein solches Deckblatt gestalten, wie Sie wollen. Es sollte jedoch auf jeden Fall enthalten:

- Ihren Namen
- Ihre Fax-Nummer
- das Datum
- den Namen des Adressaten
- seine Fax-Nummer
- einen Betreff
- die Angabe der Seitenzahl

Sinnvoll sind zusätzliche Angaben wie

- Postadresse
- Telefonnummer
- Hinweise für den Empfänger wie z. B. „Bitte um Rückruf", „Zur Kenntnisnahme", „Bitte um Antwort" usw.

Beispiel für Fax-Deckblatt (Formular) (geschäftlicher Bereich)

Faxbrief

Betrifft:	Datum:
An:	Von:
Zu Händen von:	Ihr Gesprächspartner:
Fax-Nr.:	Fax-Nr.:
Seitenzahl (inkl. Deckblatt):	Telefon-Nr.:

mit der Bitte um Erledigung Kenntnisnahme Antwort

Es gibt drei wichtige Unterschiede zwischen der Versendung eines Faxbriefes und eines normalen Briefes im Postverkehr:

- Ein Fax ist schnell.

Wenn Sie ein Fax abschicken, kommt es sofort beim Empfänger an. Es gibt keine Zeitverzögerung durch den Transport. Sie wissen natürlich nicht, ob der Empfänger es auch sofort liest.

- Ein Fax hat keinen Umschlag.

Vertrauliche oder geheime Unterlagen sollte man deshalb besser nicht faxen, außer man ist sich ganz sicher, dass der richtige Empfänger neben dem Empfangsgerät steht oder das Empfangsgerät für Dritte unzugänglich ist.

- Ein Fax ist kein Original.

Natürlich kann man Angebotsanforderungen, Angebotslisten, sogar Bestellungen und Auftragsbestätigungen per Fax schicken. Aber Verträge, die man eigenhändig unterschreiben muss, kann man nicht faxen.

Ein Faxbrief ist also vergleichsweise ungesichert, dafür aber schnell. Die Frage ist nun, in welchen Fällen der Faxbrief die angemessene **Korrespondenzform** ist.

Es hat sich z. B. das Faxen von – handgeschriebenen – Privatbriefen durchgesetzt. Ob man eine kleine Mitteilung oder einen Liebesbrief faxt, der Empfänger wird erfreut sein, denn dem Faxen von Privatmitteilungen haftet der Hauch von Spontaneität an: Da hat jemand an mich gedacht und gleich eine kleine Nachricht geschickt. In diesem Fall kommt es auch überhaupt nicht auf die Form an. Drei Kringel auf dem Papier können völlig ausreichen.

Kondolenzbriefe per Fax werden dagegen eher als pietätlos angesehen.

Der Faxbrief ist immer dann angemessen, wenn es um Schnelligkeit geht: der spontane Gruß, die eilige Bestellung, die schnelle Entscheidung.

Er sollte nicht zum Einsatz kommen, wenn es um heikle Daten oder zu unterschreibende Verträge geht, wenn es um die Einhaltung von Konventionen und Formen geht.

Das Faxgerät ist heute in jeder Firma ein Teil der Grundausstattung und auch viele Privatleute verfügen über eine entsprechende Ausrüstung. Ebenfalls sehr weit verbreitet sind die Korrespondenzwege Internet und World Wide Web, und ohne Frage gehört ihnen auch die Zukunft.

Internet und World Wide Web

Das weltumspannende Computernetz wird seit einigen Jahren heiß diskutiert als **das** Kommunikationsmedium der Zukunft. Datenautobahn, Internet und World Wide Web sind Stichworte. Man spricht von einem regelrechten Internet-Boom. Es gibt nicht mehr viele Institutionen oder Unternehmen ohne Internetanschluss. Und auch bei Privatpersonen wird das Internet immer beliebter, seit es einfach zu bedienende Programme gibt, die das Blättern und Suchen in den Informationsseiten – fast – zu einem Kinderspiel machen. Wer sich heute einen neuen Computer kauft, erwirbt zumeist auch eine Internetausrüstung.

Was ist das Internet?

Ganz grob gesprochen handelt es sich beim Internet um ein weltumspannendes offenes Computernetz, in dem ein Benutzer von einem angeschlossenen Computer aus Zugriff auf sämtliche Informationen auf allen angeschlossenen Computern hat. Wenn man tiefer eindringt, stellt es sich zwar etwas komplizierter dar, aber für unsere Zwecke reicht diese Definition aus.
Das Wort „Internet“ suggeriert dabei eine Einheitlichkeit, die nicht gegeben ist. Das Internet besteht aus einer Reihe von Angeboten und Unternetzen (Telnet, Usenet, FTP usw.), die zum Teil verschieden bedient werden müssen und für die es verschiedene Werkzeuge (Programme, um sie zu nutzen oder zu bedienen) gibt. Zudem existieren Netze außerhalb des Internets, von denen aus es aber Wege ins Internet gibt. All diese Unterteilungen interessieren uns in unserem Zusammenhang aber nicht weiter. Wir verwenden das Wort „Internet“ umfassend für den gesamten so genannten „Cyberspace“, auf den Sie von Ihrem Computer aus mit einem Online-Anschluss Zugang haben.

Das Internet ist zunächst ein **Informationsmedium.** Seine besondere Attraktivität liegt aber darin, dass es gleichzeitig **Kommunikationsmedium** ist. Sie sind als Benutzer nicht darauf beschränkt, Informationen zu suchen und zu lesen. Sie können auch selbst im Netz publizieren oder einfach Briefe an andere Benutzer schicken.

Mit anderen Worten: Das Internet ist ein Medium, in dem Sie auch schreiben können!

Auf drei Arten können Sie im Internet korrespondieren:

- E-Mail (elektronische Post) an bestimmte Empfänger schicken.
- Sich an Diskussionen in den so genannten Newsgroups im Usenet beteiligen. (Das sind Gespräche oder Diskussionen über beliebige Themen.)
- Sich oder Ihr Unternehmen mit einer eigenen Homepage (vielleicht sogar einem eigenen Web) im Netz sichtbar machen. Das heißt, Sie können eine Art Visitenkarte (oder einen Katalog) entwerfen und als Datei im Netz ablegen, sodass jeder Internetbenutzer sie finden und ansehen kann.

Die Adresse

Wie im normalen Briefverkehr brauchen Sie auch im Computernetz eine eindeutige Adresse. Die E-Mail- oder Internetadresse unterscheidet sich dabei von Ihrer Postadresse. Es ist die Adresse Ihres Computers im Computernetz, die Sie bekommen, wenn Sie sich bei einem Anbieter anmelden. Das kann beispielsweise ein Internet-Anbieter oder ein Onlinedienst sein. Je nachdem, bei wem Sie sich anmelden und welche Dienste Sie in Anspruch nehmen wollen, kann Ihre Adresse sehr unterschiedlich aussehen. Eine typische Internetadresse wäre:

Ralph@Krause.Moppel.uni-fr.de

Sie bedeutet, dass Ihr Anschluss in Deutschland (de) an der Universität Freiburg (uni-fr) am Rechner Moppel (Moppel) ist, dass Sie Ihr eigenes System dort unter dem Namen Krause (Krause) angemeldet haben, und dass Sie dort unter dem Namen Ralph Ihren Briefkasten (Ihre Mailbox) haben.

Die größte Besonderheit einer E-Mail- oder Internetadresse, die immer vorkommt, ist das Zeichen @. Es hat etwa die Bedeutung, die im normalen Briefverkehr das Zeichen c/o („bei“) hat. Es steht für at (englisch). Die Kombination „Ralph@Krause“ steht also für „Ralph at

Krause“ und bedeutet: „Ralph bei Krause“ oder „Ralph, angemeldet bei Krause“ oder „Ralph zu erreichen bei Krause“.

Diese Adresse ist die so genannte Domain-Adresse. Für den Computer besteht Ihre Adresse ausschließlich aus Zahlen, eine Internetadresse beispielsweise aus vier durch Punkte abgetrennten Zahlen:

234.873.126.295

Eine solche Ziffernfolge kann sich ein Mensch nur schwer merken. Deshalb weist Ihr Systemadministrator, der Ihren Anschluss einrichtet oder betreut, dieser Zahlenadresse die Domain-Adresse willkürlich, aber eindeutig zu.

Es spielt im Grunde keine Rolle, wo Sie sich anmelden und ob Ihre Adresse so oder ein wenig anders aussieht. Wichtig ist nur, dass Sie sie und auch die Adresse des Empfängers Ihres Briefes kennen, wenn Sie an jemand Bestimmten schreiben wollen.

Das ist eigentlich nicht anders als beim normalen Postverkehr. Wenn Sie einen Brief von Europa nach Asien schicken, werden Sie feststellen, dass die Adressen in Asien anders aufgebaut sind. (Dort steht die größte Einheit oben und erst in der letzten Zeile wird das Haus spezifiziert.) Trotzdem macht es keine Probleme, sofern Sie die Adresse kennen und korrekt auf den Brief schreiben. Ähnlich ist es mit den verschiedenen Computernetzen. Die können Sie sich als unterschiedliche Kontinente mit je eigenen Konventionen vorstellen, die Sie als Benutzer aber nicht zu interessieren brauchen, sofern Sie die richtige Adresse kennen.

Es gibt aber leider keine **umfassenden** Kataloge, in denen man – wie z. B. in Telefonbüchern – die E-Mail- oder Internetadressen von bestimmten Personen nachschlagen kann. Es existiert auch keine zentrale Auskunftsstelle, bei der Sie nachfragen könnten. Zwar gibt es diverse kleinere Adressenlisten und auch Firmen, die Auskunftsdienste anbieten, aber es gibt niemanden, der wirklich vollständigen Überblick über alle angemeldeten Netzbenutzer und deren Adressen hätte. Das liegt daran, dass das Internet ein so genanntes „offenes“ Netz ist. Das heißt, es gibt keine Zentrale, von der aus alles gelenkt wird. Wenn Sie also die E-Mail- oder Internetadresse von jemandem erfahren wollen, ist es das Beste, sich gleich an ihn persönlich zu wenden – Sie werden ihn also erst anrufen oder ihm einen „Papierbrief“ schicken müssen!

Die Briefgestaltung – der Empfänger entscheidet

Es gibt einen grundlegenden Unterschied zwischen der Korrespondenz im Computernetz und dem normalen Briefverkehr:

Wie ein Brief aussieht, entscheidet am Computer in erster Linie der Empfänger!

Das hat seinen Grund darin, dass Informationen als reine Textdateien auf die Reise geschickt werden. Sie schreiben und verschicken den Brief mit Ihrem Programm. Aber der Empfänger braucht auch ein Programm um Ihren Brief überhaupt empfangen zu können. Möglicherweise hat der Empfänger ein anderes Programm als Sie (es sind Dutzende auf dem Markt), das vielleicht auch andere Standardformate vorgegeben hat. Und dieses Programm interpretiert und liest den eingegangenen Datenstrom auf seine Weise.

Dass der Empfänger über das Aussehen entscheidet, gilt sogar noch für die (multimedialen) Homepages im World Wide Web!

Im Gegensatz zur ‚handfesten' Papierkorrespondenz macht es also im Computernetz wenig Sinn, viel Mühe auf die äußere Gestalt eines Briefes zu verwenden. Achten Sie vielmehr darauf, so zu schreiben, dass auch das simpelste und älteste Leseprogramm den wesentlichen Teil, den Text, lesen kann.

> Man kann inzwischen auch Grafiken, Tabellen, Videos, Audiosequenzen per E-Mail verschicken. Allerdings müssen Sie diese Daten kodieren. Doch wenn der Empfänger kein passendes Dekodierungsprogramm hat, wird er nichts als sinnlose Zeichenkombinationen auf seinen Bildschirm bekommen.

Die Sprache des Netzes

Die Sprache des Netzes ist noch immer Englisch.

Das heißt nicht, dass Sie unbedingt jeden Brief auf Englisch schreiben müssen. Es kommt darauf an, welche Empfänger bzw. Nutzergruppen Sie ansprechen wollen.

Schreiben Sie zum Beispiel einen Beitrag zu einer internationalen Newsgroup und sind sich nicht sicher, ob alle Teilnehmer dieser Newsgroup Deutsch können, sollten Sie englisch schreiben.

Und keine Angst, falls Ihr Englisch nicht perfekt ist! Das geht vielen Nutzern so. Schließlich treffen sich im Netz nicht nur Amerikaner und Briten, sondern auch Japaner, Bulgaren, Russen usw.

Die korrekte Form spielt zurzeit in der Computerkorrespondenz ganz allgemein eine geringere Rolle als im normalen Briefverkehr. Dass man sich überhaupt mitteilt und was man zu übermitteln hat, ist wichtiger als die korrekte Form der Mitteilung.

Wenn Sie als Deutsche oder Deutscher einem anderen Deutschen eine E-Mail schicken wollen oder sich an einer rein deutschsprachigen Newsgroup beteiligen, können Sie das natürlich auch auf Deutsch tun.

Beachten Sie hierbei die Regeln der deutschen Rechtschreibung und Grammatik und achten Sie auf guten Stil. Das gilt insbesondere dann, wenn Sie an Ihnen unbekannte Personen schreiben.

Sie erkennen eine deutsche E-Mail-Adresse häufig an dem Schlusskürzel „de“. Eine E-Mail-Adresse in Deutschland würde also z. B. so aussehen:

Meyer@Gaia.de

Wenn Sie in Deutsch schreiben, gibt es allerdings ein technisches Problem, das Sie beachten sollten. Die deutschen Buchstabenzeichen „ä“, „ö“, „ü“, „ß“ sind für den Computer Sonderzeichen. Sie gehören nicht zur normalen Standardtastatur (die vom Englischen abgeleitet ist) und müssen deshalb, genauso wie Bilddateien oder Tabellen, beim Versenden kodiert werden. Wenn das Leseprogramm des Empfängers nicht in der Lage ist, diese Zeichen zu dekodieren, wird er auf seinem Bildschirm nur Buchstabensalat zu sehen bekommen. Es hilft ihm dann herzlich wenig, dass er Deutsch kann.

Wenn Sie also deutsch schreiben, verwenden Sie keine Umlaute und kein „ß“, sondern schreiben Sie: „ae“, „oe“, „ue“, „sz“ (oder „ss“).

Das mag bei Wörtern wie „groeszer“ (oder „groesser“) zwar eigenartig aussehen, vermeidet aber Verständigungsprobleme.

Bei neueren Programmen gibt es diese Probleme übrigens kaum noch. Und in wenigen Jahren wird dieses Kapitel wahrscheinlich überflüssig sein. Da Sie aber im Netz, außer Sie schicken eine E-Mail an einen bestimmten Benutzer, nie wissen, mit welchem Programm auf Ihren Text zugegriffen wird, sollten Sie stets auch an die Benutzer denken, die alte Leseprogramme verwenden, die nur mit einfachem Standardtext etwas anfangen können.

Sicherheitsfragen

Sicherheitsfragen gehören zu den am heißesten diskutierten Problemen der Onlinekommunikation. Eine E-Mail, die Sie auf die Reise schicken, sucht sich ihren Weg über andere Computer bis zum Ziel. Sie hinterlässt dabei Spuren. Und möglicherweise liegt sie stundenlang in der Mailbox des Empfängers, ehe sie gelesen wird.

Die Möglichkeiten für Fremde hier zuzugreifen, einfach mal neugierig hineinzuschauen, sind wesentlich größer als bei der Briefpost. Natürlich kann auch der Postbote Ihre Briefe öffnen. Gegen kriminelle Handlungen ist man nirgendwo gefeit.

Aber Sie sollten bedenken:

Die Korrespondenz im Computernetz ist prinzipiell wesentlich öffentlicher als die mit der Briefpost.

Es gibt allerdings inzwischen eine ganze Reihe guter bis sehr guter Verschlüsselungsprogramme. Einige sind sogar so gut, dass sie gesetzlich verboten werden sollen, weil sonst kein Geheimdienst der Welt mehr in der Lage ist, die Verschlüsselung zu knacken.

Die Regel lautet deshalb:

Wichtige Daten nur verschlüsselt senden!

Unverschlüsselt sollten Sie nur weiterschicken, was Sie auch öffentlich sagen würden!

Am besten versenden Sie Nachrichten, die wirklich niemanden etwas angehen, noch immer mit der herkömmlichen Post. Wenn Sie ein, zwei Tage Zeit haben, sollten Sie diesen Weg gehen.

E-Mail

Die elektronische Post (Electronic Mail) ist eines der meistgenutzten Angebote der Onlinekommunikation.

Sie ist wirklich eine Post. Ein Absender schickt einen Brief an einen Empfänger.

Der Vorteil der E-Mail gegenüber der Briefpost ist:

- Schnelligkeit (Eine E-Mail nach Australien braucht höchstens ein paar Stunden, ein Luftpostbrief mindestens eine Woche. Damit ist auch ein deutlich höheres Kommunikationstempo möglich. Sie können eine Antwort schon innerhalb weniger Stunden haben.)

Die Vorteile der E-Mail gegenüber dem Telefon sind:

- die Kosten (Eine E-Mail zu verschicken ist wesentlich billiger als ein Ferngespräch zu führen.)

- die ständige Erreichbarkeit (Wenn Sie mit jemandem in Amerika, Asien oder Australien telefonieren wollen, müssen Sie auf die **Zeitverschiebung** achten. Bei Ihnen ist es Nachmittag, aber in Asien mitten in der Nacht. Sie haben gerade Geschäftsstunden, aber Ihre Filiale in Amerika noch nicht. Wenn Sie nun dringend Informationen weitergeben, werden Sie mit einem Telefonat warten müssen, bis die Geschäftszeiten in Ihrer Filiale beginnen oder die Nacht in Asien vorüber ist. In diesem Fall hat eine E-Mail den großen Vorteil, dass Sie die Informationen sofort abschicken können. Sie können sich sicher sein, dass Ihr Text schnell ankommt, und dass der Empfänger sie, sobald er morgens seinen Computer einschaltet, sofort zur Verfügung hat.)

Eine E-Mail ist also schneller als die normale Post und billiger und (in vielen Fällen) praktischer als das Telefon.

Beim Verschicken einer E-Mail gilt es einige formale Regeln zu beachten. Eine E-Mail besteht grundsätzlich aus zwei Teilen:

- einem Kopfteil
- der eigentlichen Nachricht.

Der Kopfteil einer E-Mail

Bei einer E-Mail fällt – wie beim Fax – der Umschlag um die Nachricht weg. Er wird durch einen Kopfteil, der der eigentlichen Nachricht vorangestellt wird, ersetzt. Dieser Kopfteil enthält das, was bei einem normalen Brief auf dem Umschlag steht, also Absender- und Empfängeradresse, zusätzlich aber noch einige andere Elemente, die man sonst auf das Briefpapier schreibt: den Betreff („subject") und den Verteiler (Wer soll den Brief noch bekommen?).

Mailprogramme stellen für den Kopfteil gewöhnlich verschiedene Formulare zur Verfügung, die sich in Aufbau und Umfang leicht unterscheiden können.

Die wichtigsten Elemente sind:

- Absender („From"): die E-Mail-Adresse des Absenders
- Empfänger („To"): die E-Mail-Adresse des Empfängers
- Betreff („Subject"): das Thema der Nachricht

Bei der Antwort auf eine Nachricht schreibt man:
„Subject: **Re**: ‚Betreff der Nachricht, auf die man antwortet'."
„Re" steht für „response" („Antwort").

- Datum („Date"): Datum und Absendezeit

Optionale, nicht von allen Programmen zur Verfügung gestellte Felder sind:

- Verteiler („Cc"): An dieser Stelle können Sie eine oder mehrere E-Mail-Adressen angeben, an die eine Kopie der von Ihnen geschriebenen Nachricht geschickt werden soll. („Cc" steht für „Carbon copy" = „Durchschlag")
- Hinzufügungen („Attachments"): An dieser Stelle werden die Namen von Dateien aufgeführt, die der Nachricht hinzugefügt wurden.
- Bezug („In-Reply-to"): Wenn man auf eine ganz bestimmte Mitteilung antworten will, kann man hier die eindeutige Nachrichtennummer (Message-ID) der Nachricht angeben, die man erhalten hat. Diese Nachrichtennummer vergibt das Versendeprogramm automatisch, um alle Datentransporte zu protokollieren. Man kann sie sich als Empfänger anzeigen lassen.

Im Folgenden werden einige Beispiele aufgeführt, wie der Kopfteil einer E-Mail aussehen kann:

From: heinz@muller.kline.pts.edu
To: Linke@apfel.hagen.de
Subject: meeting next week
Date: Mo, 18 Nov 04 11:48:34 GMT
Cc: Henry@klaus.mangel.fimo.de
Attachments: memorial.doc

From: Linke@apfel.hagen.de
To: heinz@muller.kline.pts.edu
Subject: Re: meeting next week
Date: Mo, 18 Nov 04 12:34:56 GMT

Absender: Karin@home.copu.muen-uni.de
Empfänger: Peter@krause.de
Betreff: Habe dein Buch gelesen
Datum: Di, 23 Dez 04 11:34:34 GMT

Die Nachricht

Wenn Sie den Kopfteil vollständig ausgefüllt haben, schreiben Sie den eigentlichen Brief, den Nachrichtenkörper.

Dabei ist eigentlich nur eine spezielle E-Mail-Regel zu beachten. Es gibt eine von den üblichen, im Schreibverkehr gültigen Regeln abweichende Art zu zitieren. Wenn Sie auf eine Nachricht antworten wollen, übernehmen Sie wichtige Teile oder auch die ganze Nachricht des Absenders. Diese Funktion stellt Ihnen gewöhnlich Ihr Mailprogramm zur Verfügung. Sie lesen eine Nachricht und geben an, dass Sie sie beantworten wollen. Das Programm erzeugt ein E-Mail-Formular, in dem sowohl die Absender- als auch die Empfängeradresse bereits ausgefüllt sind.

Auch die **erhaltene** Nachricht, die Sie beantworten wollen, steht auf dem Bildschirm. Sie müssen diese Nachricht nun nicht in voller Länge zitieren. Sie können Sie bis auf den Bestandteil kürzen, auf den Sie sich in Ihrer Antwort beziehen. Für den zitierten Teil gelten nun folgende Regeln:

Zunächst muss genau angegeben werden, was man eigentlich zitiert, also Name (und Adresse) des Zitierten sowie das Datum der zitierten Nachricht. Vor jede Zeile des Zitats fügt man das Zeichen „>“ ein. Und hinter dem Zitat lässt man eine Leerzeile ehe man mit seinem Text beginnt.

Die meisten Programme machen das heutzutage automatisch.

Nehmen Sie also an, Sie wollen folgenden Brief beantworten:

Absender: Karin@home.copu.muen-uni.de
Empfänger: Peter@krause.de
Betreff: Habe dein Buch gelesen
Datum: Di, 23 Dez 04 11:34:34 GMT

Hallo Peter,

ich habe dein Buch zufällig in die Hand bekommen, habe es in einem Zug gelesen und finde es ganz toll.

Gibt es einen zweiten Teil?

Karin Hieme

Dann müssen Sie in der Antwort so zitieren:

Absender: Peter@krause.de
Empfänger: Karin@home.copu.muen-uni.de
Betreff: Re: Habe dein Buch gelesen
Datum: Di, 23 Dez 04 18:37:03 GMT

Karin@home.copu.muen-uni.de (Karin Hieme) schreibt Di, 23 Dez 04 18:37:03 GMT:
>ich habe dein Buch zufällig in die Hand bekommen, finde es
>ganz toll.
>Gibt es einen zweiten Teil?

Aber sicher Karin. Er ist fast fertig. Willst du schon mal in die Datei reinschauen?

Peter Krause

Die Unterschrift

Unter jeden Brief gehört eine Unterschrift. Natürlich kann man E-Mail-Briefe nicht per Hand unterschreiben, stattdessen wird unter jede Nachricht ein Abschlussfeld gesetzt. Es handelt sich dabei um eine etwa vier Zeilen lange Nachricht, in der Sie sich – wie Sie wollen – darstellen können. Meistens wird hier die Absenderadresse in ihrer vollständigen Form (Postadresse, Telefonnummer, Faxnummer) aufgenommen. Sie können aber auch noch weitere Informationen, z. B. Berufsbezeichnungen o. Ä., unterbringen.

Peter Krause
Autor aus Leidenschaft!
Potsdamer Weg 34; 56433 Lünnen
Tel: 05432/6754 Fax: 05432/453

Da die eigenhändige Unterschrift fehlt, hat eine E-Mail nicht wie ein Brief die Beweiskraft einer Urkunde. Die E-Mail gehört vielmehr in die Gruppe der so genannten „Freibeweise“. Ein Richter kann, aber muss sie nicht berücksichtigen. Das hängt davon ab, ob er überzeugt ist, dass die E-Mail tatsächlich von dem behaupteten Absender stammt und der Inhalt nicht gefälscht ist. Um genau diese zwei Punkte abzusichern, kann man eine digitale Signatur an sein Dokument anhängen. Für ihre Generierung gibt es spezielle Zertifizierungsstellen (Trust Center).

Newsgroups

Neben der Korrespondenz per E-Mail mit bestimmten Empfängern gibt es in der Onlinekommunikation die Möglichkeit, gleich mit einer ganzen Gruppe zu korrespondieren. Es gibt zwei Möglichkeiten:

- Mailinglisten
- Newsgroups

Eine Mailingliste ist nichts anderes als ein Verteiler. Ein Thema interessiert Sie und Sie melden sich (mit einer E-Mail) beim Verwalter einer Liste zu diesem Thema an. Wenn der Verwalter Sie annimmt, also in die Liste einträgt, bekommen Sie eine Kopie von jeder Nachricht, die an die Liste gesandt wird. Sie können natürlich auch selber schreiben. Die Liste hat eine eigene E-Mail-Adresse. Wenn Sie eine E-Mail dorthin schicken, erhalten alle anderen auf der Liste Ihre Nachricht.

Newsgroups sind im Grunde nur etwas größere Mailinglisten. Es sind Diskussionsforen zu beliebigen Themen: Man kann Newsgroups zu Computerthemen ebenso finden wie über den Radsport, die Wetterentwicklung in Japan und ... und ... und ... Vom Prinzip her funktionieren die unzähligen Newsgroups genauso wie die Mailinglisten. Sie melden sich bei einer Newsgroup an und erhalten dann täglich alle Nachrichten, die dort eingegangen sind. Und wenn Sie eine Nachricht in die Newsgroup stellen, geht diese an alle anderen Mitglieder.

Technisch funktionieren Newsgroups allerdings ein wenig anders als Mailinglisten. Man braucht spezielle „Newsreader", also Empfangs- und Sendeprogramme, die sich von Gruppe zu Gruppe unterscheiden können. Der Unterschied zu einer E-Mail besteht im Wesentlichen darin, dass man im Kopfteil der Nachricht statt der E-Mail-Adresse des Empfängers die Newsgroup angibt, in die die Nachricht gestellt werden soll:

```
From: Peter@krause.de
Newsgroups: literatur.german, oberndorf.local
Subject: Neues Buch ist fertig!
Date: Di, 23 Dez 04 18:37:03 GMT
```

Bei Beiträgen für Newsgroups ist es entscheidend, einen guten und treffenden Betreff (Subject) zu schreiben! Jeder Empfänger der Beiträge bekommt nämlich nicht sofort die Nachrichten auf den Bildschirm, sondern eine Kurzanzeige, eine Subjectliste. Dort steht neben dem Namen des Autors, und eventuell dem Abfassungsdatum oder der Länge, nur der Betreff. Anhand des Betreffs entscheidet der Empfänger, welche Beiträge er tatsächlich lesen will. Alles liest gewöhnlich keiner!

From: H.Reiner@enter.sub.cl.de
Newsgroups: sports.german, nord.regional
Subject: Volley-Ball-Turnier für Int. Freizeitmannschaften in Hannover, 26./27.5.
Date: Sa, 18.4. 17:42:28 GMT

Netiquette

Es geht locker zu in den Newsgroups. Alles ist sehr persönlich und unkompliziert. Man merkt es den Beiträgen, die in die Newsgroups gestellt werden, meist noch an, dass diese Form der Kommunikation weniger eine briefliche als eine nur zufällig schriftlich geführte mündliche ist. Da tauschen sich gleich Gesinnte über eine Thema aus, das sie interessiert. In den Newsgroups (auch nicht in deutschsprachigen!) verwendet man niemals die Höflichkeitsanrede „Sie“.

Trotzdem haben sich, besonders für das Usenet, wo man für eine unbekannte, wenn auch an einem speziellen Thema interessierte Öffentlichkeit schreibt, gewisse Benimmregeln herausgebildet, die man unter dem etwas flapsigen Ausdruck „Netiquette“ zusammenfasst. „Netiquette“ setzt sich zusammen aus „net“, dem englischen Wort für „(Computer)Netz“, und „Etikette“. Es handelt sich also um Benimmregeln für die Kommunikation im Computernetz.

Die wichtigsten Regeln sind:

- Keine kommerzielle Werbung!
- Keine persönliche Abwertung anderer.

- Eigene Beiträge nur in Gruppen abstellen, in die sie auch gehören.
- Nie fremde Texte (wie empfangene E-Mails) ohne Erlaubnis des Absenders in eine Gruppe stellen.
- Immer richtig zitieren.
- Niemals eine häufig gestellte Frage (FAQ) stellen.

Während sich die erstgenannten Empfehlungen von selbst verstehen, bedarf die letzte der näheren Erläuterung.

Normalerweise haben gerade Anfänger viele Probleme und eine Menge Fragen, die sie natürlich – wozu ist man in einer Newsgroup? – den anderen Mitgliedern der Newsgroup stellen wollen. Da sich aber gewisse Fragen wiederholen und es schlicht lästig ist, immer wieder dieselbe Frage lesen und beantworten zu müssen, gibt es in jeder Newsgroup eine Datei, in der die häufig gestellten Fragen (FAQ = frequently asked questions) und ihre Antworten zusammengestellt sind.

Es hat sich eingebürgert, bestimmte, häufig wiederkehrende Floskeln oder Kommentare durch Buchstabenkombinationen abzukürzen. In der Regel werden dabei die Anfangsbuchstaben der jeweiligen englischsprachigen Phrasen verwendet.

Häufig verwendete Abkürzungen sind:

BTW	By The Way (Im Übrigen...)
FYI	For Your Information (Zu deiner Information)
IMHO	In My Honest Opinion (Nach meiner ehrlichen Meinung)
ROTFL	Rolling On The Floor Laughing (Ich lache mich kaputt)

Eine der witzigeren Spezialitäten in der Netzkommunikation, nicht nur im Usenet, sind die so genannten „Smileys". Auch sie sind ein Ausdruck dafür, dass die Onlinekorrespondenz weit näher an der direkten mündlichen Kommunikation liegt als der normale Briefverkehr. Da man sein Gegenüber nicht sehen kann und deshalb nichts von seinen Gefühlen oder Stimmungen mitbekommt, hat man im Netz für den Autor eine Möglichkeit geschaffen, seine Stimmungen mitzuteilen:

:-)	Der Autor lacht.
:-(	Er ist traurig.
;-(	Er weint.
8-)	Er ist Brillenträger.
:-I	Er ist verstimmt.

Um die kleinen Gesichter besser sehen zu können, drehen Sie das Buch um 90 Grad nach rechts. Dann lacht Ihnen der Autor entgegen. Der Phantasie sind bei der Kreation von Smileys keine Grenzen gesetzt.

Geschäftskorrespondenz im Netz

E-Mail und WANs

Es gibt vielfältige Möglichkeiten, die Netzkommunikation geschäftlich zu nutzen. Zwei Bereiche sind hier besonders interessant:

Der erste ist die Benutzung des öffentlichen Netzes als Firmennetz, als so genanntes **Wide Area Net (WAN)**. Große Firmen haben ihre eigenen, vom öffentlichen Netz abgeschotteten Computernetze, in denen die zum Teil auf mehrere Kontinente verteilten Mitarbeiter schnell Informationen austauschen können. Und das ist wesentlich billiger als wenn Sie miteinander telefonieren würden. Die **Errichtung** eines solchen unabhängigen Netzes ist aber zunächst sehr teuer. Wenn Sie sich das nicht leisten können oder wollen, hindert Sie niemand daran, das Internet als WAN zu nutzen. Sie müssen dann nur an die Sicherheitsprobleme denken, die die Kommunikation im öffentlichen Netz mit sich bringt.

Der zweite wichtige Bereich ist die Nutzung des Netzes im **Kundendienst (Kundensupport)**. Sie haben an dieser Stelle zwei Möglichkeiten:

- Sie geben eine E-Mail-Adresse an, an die Kunden ihre Fragen richten können. Eine schriftliche Antwort ist immer genauer als eine telefonische und ein E-Mail schneller als ein Brief. Der Kunde fühlt sich gut betreut.

- Sie geben eine Mailbox (einen Briefkasten mit eigener Adresse) an, in die Sie wichtige Dateien hineinstellen, die sich die Kunden selber abholen können. Das können ganze Bedienungshandbücher sein oder auch Listen von häufig gestellten Fragen und ihre Antworten. Die meisten Probleme können so gelöst werden, ohne dass ein Mitarbeiter am Telefon zum hundersten Mal dieselbe Frage beantworten muss. Allerdings müssen diese Supportdateien gut gemacht sein!

Es tun sich hier ganz neue Felder (Textsorten) der Korrespondenz auf, die es vor der Netzkommunikation gar nicht gegeben hat:

- Eine Produktanfrage per E-Mail ersetzt den Telefonanruf oder, je nachdem, die schriftliche Reklamation.

Aber wie schreibt man so etwas?

Es gibt zwar keine festen Regeln. Auch formvollendete Höflichkeit muss nicht sein. Aber Sie sollten an Anrede und Gruß denken und einen guten Stil pflegen. Schreiben Sie kurz und aussagekräftig und vergessen Sie nicht, die Betreffzeile auszufüllen, damit der Empfänger sofort weiß, worum es geht.

- Die Mailboxdateien der Unternehmen.

Im Grunde sind die Texte, die man dort finden kann, Ergänzungen, Erweiterungen, Verbesserungen der Handbücher. (Bei Computerprogrammen manchmal auch verbesserte, von Fehlern gereinigte Programme.) Der Trend geht dahin, dass es wohl demnächst kaum noch gedruckte Handbücher geben wird, sondern sich jeder seine Informationen aus einer Mailbox abholen kann. Wir werden ständig verbesserte Handbücher bekommen und per Onlinekommunikation immer die neueste und beste Variante vor uns haben.

Präsenz im World Wide Web

Man muss den Begriff der Korrespondenz schon sehr weit fassen, um all das darunter zusammenzufassen, was im Netz gemacht wird. Und doch findet dort die Ablösung und Ergänzung gängiger Korrespondenzformen statt. Ein Kunde hat ein Problem und fragt telefonisch bei Ihnen nach. Sie klären die Sache am Telefon oder schicken, mit einem kurzen Begleitbrief, Unterlagen. Genau dies machen Sie auch im Netz. Nur der Begleitbrief entfällt oder, was wahrscheinlicher ist, wird durch eine kurze allgemeine Begrüßung oder Einleitung ersetzt.
Der Bereich der Netzkommunikation, der zur Zeit stark anwächst und bereits unentbehrlich ist, ist die Kommunikation und Präsentation im World Wide Web (www). Das www ist nicht das Internet. Ob man es als Teil des Internet betrachtet oder nicht, spielt hier keine Rolle. Das www hat in den letzten Jahren den so genannten Internetboom ausgelöst.

Das hat mehrere Gründe:

- Das www ist sehr einfach zu bedienen. Es gibt eine ganze Reihe brauchbarer Leseprogramme (Browser), die das Blättern in den Seiten des www zu einem Kinderspiel machen.

- Das www ist multimediatauglich. Man kann also Bilder, Grafiken, Video- und Audiosequenzen in seine Texte einbauen. Mit anderen Worten, die im www erstellten Dateien sehen, im Gegensatz zu vielen anderen Internetseiten, gut aus.

- Es hat eingebaute Verweismöglichkeiten. Diese Funktion, das so genannte „Hyperlinking", ist die eigentliche Besonderheit des www. Man schreibt einen Text und baut Verweise auf andere Texte ein. Dies ist insbesondere für wissenschaftliche Publikationen von außerordentlichem Interesse.

Wer jemals mit einer modernen Textverarbeitung gearbeitet hat, weiß wie das „Hyperlinking" funktioniert. Sie rufen die Hilfe zu einem Thema auf und in dem Text, der dann erscheint, sind einige Wörter farbig oder unterstrichen. Auf diese Wörter können Sie dann mit der Maus klicken und ein neuer Text erscheint, in dem möglicherweise weitere solcher Verweiswörter („links") stehen. Klickt man sie an, wird der nächste Text geöffnet. So funktioniert das „Hyperlinking" auch im www. Mit dem Unterschied, dass man kein geschlossenes, sondern ein offenes System vor sich hat. Mit anderen Worten: Ein Hyperlink in einem Text verweist auf einen Text, den ein anderer geschrieben hat und der vielleicht auf einem ganz anderen Computer gelagert ist als der erste Text, den Sie aufgerufen haben. Über die Hyperlinks können Sie sich durch das Netz bewegen und Dateien aus allen Ecken der Welt hintereinander auf den Bildschirm holen, ohne dass Sie sich dabei groß bemühen müssten. Sich mithilfe der Hyperlinks durchs Netz zu klicken, nennt man „Surfen".

Jeder mit einem Anschluss ans Netz hat nun die Möglichkeit, sich selbst mit einer Seite oder gleich einem ganzen Dateienkonvolut im www darzustellen. Wenn man nur eine Seite erstellt, spricht man von einer „Homepage", wenn man mehrere (mit Hyperlinks verbundene) Texte und/oder Dateien zusammenstellt, von einem „Web" (in diesem Fall ist damit ein Netz von Texten gemeint). Auch diese Webs haben eine erste Seite (Homepage, Frontpage), sozusagen der Eingang in die Welt dieses speziellen Webs.

Die meisten Unternehmen sind dazu übergegangen, eigene Webs zu erstellen. Das eigene Web im www ist wiederum eine neue Textsorte: Sie steht zwischen Werbebrief und Katalog, zwischen Angebot und Beratungsgespräch.

Im Idealfall findet der Nachfrager eines Produktes die entsprechende Homepage, klickt sich per Hyperlink durch den Katalog oder das Angebot und bestellt sofort. Wahrscheinlich dann per E-Mail.

Wir können hier leider keinen Ratschlag geben, wie man Homepages oder ganze Webs erstellen kann. Es gibt kaum einen Bereich, in dem sich so viel so schnell verändert wie bei der Programmierung im www. Programmiersprachen (HTML oder Java) und Browserversionen entwickeln sich und wechseln einander in rasendem Tempo ab. Für die Erstellung eines eigenen Webs sollten Sie deshalb besser die Hilfe von richtigen Internetkönnern in Anspruch nehmen.

ANHANG

Spezielle Anreden und Grußformeln

Im Normalfall stellt die Anrede in einem Brief kein Problem dar. Wenn Sie jemanden anschreiben, mit dem Sie nicht auf du-und-du stehen, schreiben Sie: „Sehr geehrte/r Frau/Herr ...".
Wenn Sie eine öffentliche Stelle (ein Amt beispielsweise) anschreiben, ohne dabei den genauen Adressaten (z. B. den Namen des Sachbearbeiters, der für Sie zuständig ist) zu kennen, also gar nicht wissen, in welche Hände Ihr Brief schließlich gelangen wird, beginnen Sie Ihren Brief mit: „Sehr geehrte Damen und Herren."

Denken Sie daran, dass die Anrede „Fräulein" auch im Brief veraltet und unüblich ist. Statt dessen schreibe man auch bei jüngeren unverheirateten weiblichen Adressaten „Frau". Und bei Jugendlichen besteht die Möglichkeit, sie mit dem Vornamen und der Höflichkeitsanrede „Sie" anzureden:

„Lieber Sascha, zum Gesellenbrief gratulieren wir Ihnen ganz herzlich!"

Was ist aber, wenn Sie Personen schreiben wollen, die hohe öffentliche Stellungen bekleiden? Wie redet man einen Bundesminister an? Wie einen Professor? Oder gar den Papst?

Repräsentanten und höhere Beamte des Bundes

Bundespräsident/in

Wenn Sie den Bundespräsidenten (oder die Bundespräsidentin) anschreiben wollen, dann setzen Sie an den Anfang der Anschrift:

„Herrn Bundespräsident/Frau Bundespräsidentin
(Vor- und Zuname)"

Darunter setzen Sie die Adresse.

Die Anrede im Brief lautet:

„Sehr geehrte/r Herr Bundespräsident/Frau Bundespräsidentin"
Und Sie verabschieden sich mit der Grußformel:
„Mit freundlichen Grüßen"

Präsident/in des Bundestags oder des Bundesrats

Die Anschrift beginnt:
„Präsident/in des Deutschen Bundestags (Bundesrats)
Herrn/Frau (Vor- und Zuname)"

Sie reden an mit:
„Sehr geehrte/r Herr Präsident/Frau Präsidentin"

Sie schließen mit:
„Mit freundlichen Grüßen"

Bundeskanzler

Anschrift:
„Herrn/Frau Bundeskanzler/in der Bundesrepublik Deutschland
(Vor- und Zuname)"

Anrede:
„Sehr geehrte/r Herr Bundeskanzler/Frau Bundeskanzlerin"

Grußformel:
„Mit freundlichen Grüßen"

Bundesminister

Anschrift:
„Herrn/Frau Bundesminister/in Finanzen (Soziales; Inneres ...)
(Vor- und Zuname)"

Anrede:
„Sehr geehrte Frau Ministerin (Bundesministerin)" oder „Sehr geehrter Herr Minister (Bundesminister)"

Grußformel:
„Mit freundlichen Grüßen"

Repräsentanten und höhere Beamte der Länder

Länderregierungschefs – Ministerpräsident/in

Die Anschrift lautet:
„Herrn/Frau (Vor- und Zuname)
Ministerpräsident/in des Landes Nordrhein-Westfalen (Hessen; Bayern; Thüringen ...)“

Anrede:
„Sehr geehrter Herr Ministerpräsident“ oder „Sehr geehrte Frau Ministerpräsidentin“

Grußformel:
„Mit freundlichen Grüßen“

Der Ministerpräsident ist der Regierungschef eines Bundeslandes. In einigen Bundesländern – den Stadtstaaten Bremen, Berlin und Hamburg – heißen die Regierungschefs jedoch anders.

Dort gibt es keine Länderparlamente sondern Senate. Und die Stadtstaaten werden von einem „Präsidenten des Senats“ oder auch einem „Ersten Bürgermeister“ regiert.

Berlin:

Anschrift:
„Herrn/Frau (Vor- und Zuname)
Regierende/r Bürgermeister/in von Berlin“

Anrede:
„Sehr geehrte/r Herr/Frau Bürgermeister/in“

Grußformel:
„Mit freundlichen Grüßen“

Hamburg:

Anschrift:
„Herrn/Frau (Vor- und Zuname)
Erste/r Bürgermeister/in der Freien Hansestadt Hamburg"

Anrede:
„Sehr geehrte/r Herr/Frau Bürgermeister/in"

Grußformel:
„Mit freundlichen Grüßen"

Bremen:

Anschrift:
„Herrn/Frau (Vor- und Zuname)
Präsident/in des Senats der Freien Hansestadt Bremen"

Anrede:
„Sehr geehrte/r Herr/Frau Präsident/in"

Grußformel:
„Mit freundlichen Grüßen"

Landesminister

Anschrift:
„Herrn/Frau Landesminister/in Wirtschaft (Finanzen ...)
(Vor- und Zuname)"

Anrede:
„Sehr geehrte Frau Ministerin (Landesministerin)" oder „Sehr geehrter Herr Minister (Landesminister)"

Grußformel:
„Mit freundlichen Grüßen"

In den Stadtsenaten spricht man nicht von Landesministern, sondern von Senatoren.

Die Anschrift ist dann:
„Herrn/Frau Senator/in Wirtschaft
(Vor und Zuname)“

Anrede:
„Sehr geehrte Frau Senatorin“ oder „Sehr geehrter Herr Senator“

Grußformel:
„Mit freundlichen Grüßen“

Wenn Sie ein Ministerium und nicht den Minister direkt anschreiben, adressieren Sie:
„Bayrisches Staatsministerium für Finanzen“ oder „Landesministerium des Innern des Landes Hessen“.

Die so genannten „Freistaaten“ Bayern und Sachsen haben zwar faktisch Länderregierungen – und deshalb Landesministerien. Sie werden dort jedoch formell als Staatsministerien angesprochen und daher auch angeschrieben.

Repräsentanten und höhere Beamte der Städte

Bürgermeister/in – Stadtdirektor/in

Anschrift:
„Oberbürgermeister der Stadt Freiburg
Herrn (Vor- und Zuname)“

oder

„Oberbürgermeisterin der Stadt Hannover
Frau (Vor- und Zuname)“

Anrede:
„Sehr geehrte Frau Oberbürgermeisterin“ oder „Sehr geehrter Herr Stadtdirektor“

Grußformel:
„Mit freundlichen Grüßen“

Hat eine Stadt eine Regierung aus mehreren Bürgermeistern, so können Sie die einzelnen Bürgermeister so anschreiben:

Anschrift:
„Herrn/Frau Bürgermeister/in Kultur (Umwelt ...)
(Vor- und Zuname)“

Anrede:
„Sehr geehrte Frau Bürgermeisterin“ oder „Sehr geehrter Herr Bürgermeister“

Grußformel:
„Mit freundlichen Grüßen“

Diplomatische Vertretungen

Deutsche diplomatische Vertretungen im Ausland sind Botschaften, Gesandtschaften und Konsulate. Sie schreiben die Botschafter, Gesandten und Konsuln so an:

„Herrn/Frau (Vor- und Zuname)
Botschafter/in (Gesandte/r, (General)Konsul/in) der Bundesrepublik Deutschland“

Anrede:
„Sehr geehrte/r Herr/Frau Botschafter/in (Gesandte/r; Konsul/in)“

Grußformel:
„Mit freundlichen Grüßen“

Wenn Sie an ausländische diplomatische Vertretungen in Deutschland schreiben, können Sie es genauso machen. Wenn Sie aber besonders höflich sein wollen, titulieren Sie ausländische Diplomaten mit dem Titel „Exzellenz“. Also in der Anschrift:

„Seiner Exzellenz Herrn/Frau (Vor und Zuname)
Generalkonsul (Staatsname)“

Im Brief bezeichnen Sie ihn oder sie dann mit: „Euer Exzellenz“.

Titelträger

Bei Titeln und akademischen Graden gilt es gewisse feine Unterschiede zu beachten. **Adelstitel** (Freiherr zu ..., Freifrau von ..., Baron von ..., Baronin von ...) gehören zum Namen ebenso dazu wie der Doktortitel. Beim Doktortitel und anderen akademischen Graden handelt es sich um einen „Ehrentitel“, der grundsätzlich nicht vererbbar ist.

Während die niederen akademischen Titel wie „M. A.“ oder „Dipl.-Ing.“ nicht fester Namensbestandteil sind und in der persönlichen Anrede nicht erwähnt werden müssen, ist der Doktortitel obligatorischer Namensbestandteil und muss immer genannt werden; er muss sogar im Personalausweis eingetragen werden. Guten Gewissens weglassen darf man ihn, wenn die betreffende Person den Titel nicht „führt“, ihn also beispielsweise in der Absenderangabe weglässt.

Adelige

Mit den Adelstiteln hat es seine eigene Bewandtnis. Als Bestandteil des Namens müssen sie genannt werden, es sei denn der Träger verzichtet ausdrücklich darauf und nennt sich auf seinen Visitenkarten statt „Johann Freiherr zu Mirbach, Baron von Scheffelstein und Atlasterhausen“ schlicht „Johann zu Mirbach“.

Beachten Sie bitte, dass mit dem Adelstitel heute keine besonderen Privilegien mehr verbunden sind. Der Adelstitel ist eine historische Namensbezeichnung, der alleine keine besondere Stellung oder Funktion ausdrückt, auch kein Amt, das sein Träger innehat. Sie sollten jemanden also nicht **nur** mit seinem Titel anreden, wenn Sie korrekt sein wollen. Andernfalls machen Sie deutlich, dass Sie sich selbst eine Stufe niedriger stellen als den Angeredeten – und dies wird heute von den meisten als peinlich empfunden. Da der Adel kein selbstständiger Stand mehr ist, haben die meisten seiner Vertreter auch keinen Standesdünkel.

Anschrift:
„Herrn/Frau
(Name)(Adelstitel: Baron/Baronin, Freifrau/Freiherr usw.) (Ort: von ...; zu ...)“

Sie müssten also z. B. schreiben:

„Herrn
Rüdiger Baron von Heuburg“

Anrede:
„Sehr geehrte/r Herr/Frau (Adelstitel mit Ortsangabe)“

Also:
„Sehr geehrter Herr Baron von Heuburg“

Grußformel:
„Mit freundlichen Grüßen“

Nur wenn Sie den Adressaten sehr gut kennen, vielleicht per du mit ihm sind und dies Ihrem vertraulichen Umgang miteinander entspricht, dürfen Sie schreiben „Lieber Baron ...“ oder sogar eine humorvoll-ironische Anrede à la „Euer Hochwohlgeboren ...“ verwenden.

Träger akademischer Titel – Professoren, Doktoren, Magister usw.

Professoren

Der „Professor“ bezeichnet ein verliehenes Leserecht und gehört nicht zum Namen. Man schreibt ihn also in der Adresse vom Namen getrennt, den „Dr.“ dagegen in der gleichen Zeile wie den Namen:

Herrn Professor
Dr. Max Müller

In der Briefanrede wird nur der jeweils höchste Titel genannt, also nicht

„Sehr geehrter Herr Professor Dr. Max Müller“

sondern:

„Sehr geehrter Herr Professor Müller“

Sie können den Namen in der Anrede auch ganz weglassen:

„Sehr geehrter Herr Professor"

Es gilt also bei Professoren:

Anschrift:
„Herrn/Frau Professor/in
Dr. (Vor- und Zuname)"

Anrede:
„Sehr geehrter Herr/Frau Professor/in (eventuell Nachname)"

Grußformel:
„Mit freundlichen Grüßen"

Doktoren

Neben dem „Professor" ist es der Titel „Doktor", der in Anschrift und Anrede gebraucht wird.

Vorsicht: Auch bei Frauen verwendet man die männliche Form „Doktor" – also z. B.: „Frau Doktor Peters".

Es gibt verschiedene Doktortitel, abhängig davon in welchem Fachgebiet jemand seinen Doktor gemacht hat. Die gängigsten Doktortitel und ihre Abkürzungen sind:

Dr. agr.	Doktor der Landwirtschaft
Dr. forest.	Doktor der Forstwissenschaften
Dr. h. c.	Ehrendoktor
Dr. jur.	Doktor der Rechte
Dr. med.	Doktor der Medizin
Dr. med. dent.	Doktor der Zahnmedizin
Dr. med. vet.	Doktor der Tiermedizin
Dr. oec.	Doktor der Wirtschaftswissenschaften
Dr. oec. publ.	Doktor der Staatswissenschaft, der Volkswirtschaft
Dr. paed.	Doktor der Pädagogik
Dr. phil.	Doktor der Philosophie (zahlreiche Geisteswissenschaften)
Dr. rer. agr.	Doktor der Landwirtschaft und der Bodenkultur

Dr. rer. nat.	Doktor der Naturwissenschaften
Dr. rer. hort.	Doktor der Gartenbauwissenschaften
Dr. rer. mont.	Doktor der Bergbauwissenschaften
Dr. rer. pol.	Doktor der Staatswissenschaft, der Volkswirtschaft
Dr. rer. oec.	Doktor der Wirtschaftswissenschaften
Dr. rer. techn.	Doktor der technischen Wissenschaften
Dr. sc. pol.	Doktor der Sozialwissenschaft, der Staatswissenschaft, der Volkswirtschaft
Dr. sc. techn.	Doktor der technischen Wissenschaften
Dr. theol.	Doktor der Theologie

Während Sie in der Anschrift auch berufsbezeichnende akademische Grade nennen dürfen, sollten Sie in der Anrede gänzlich darauf verzichten.

Anschriften:

„Herrn
Dr. med. Christoph Rubens“

„Herrn
Dipl. Ing. Andreas Zapf“

„Frau
Dr. rer. nat. Sibille Schönfeld“

Briefanreden:

„Sehr geehrter Herr Dr. Rubens“

„Sehr geehrter Herr Zapf“

Also:
Anschrift:
„Herrn/Frau
Dr. (eventuell genaue Angabe des Fachbereichs) (Vor- und Zuname)“

Anrede:
„Sehr geehrte/r Herr/Frau Dr. (Name)“

Grußformel:
„Mit freundlichen Grüßen“

Andere akademische Grade

Akademische Titel wie „Dozent", „Dr. habil." oder „Privatdozent", aber auch den „Dipl.-Ing." (Diplom-Ingenieur) verwendet man nur in der Anschrift:

Anschrift:
„Herrn/Frau Privatdozent
Dr. phil. (Vor- und Zuname)"

Anrede:
„Sehr geehrte/r Herr/Frau Doktor (Zuname)"

Grußformel:
„Mit freundlichen Grüßen"

Niedere akademische Grade

Auch auf niedere akademische Grade, die Sie aus Höflichkeitsgründen in der Anschrift nennen, sollten Sie in der Anrede verzichten, z. B. den M. A. (= Magister Artium)

Anschrift:
„Herrn
Walter Bär, M.A."

Anrede:
„Sehr geehrter Herr Bär"

Hohe Repräsentanten der Universität

Rektoren

Rektoren sind Leiter der Universitäten. Da die Universitäten selbstverwaltet sind, handelt es sich dabei gewöhnlich um einen Professor oder eine Professorin.

Anschrift:
„Herrn/Frau Professor/in

Dr. (Vor- und Zuname)
Rektor/in der (Name der Universität)“

Anrede:
„Sehr geehrte Frau Rektorin“ oder „Sehr geehrter Herr Rektor“

Grußformel:
„Mit freundlichen Grüßen“

Dekane

Ein Dekan ist ein an die Verwaltungsspitze einer Fakultät gewählter Professor.

Anschrift:
„Herrn/Frau Professor/in
Dr. (Vor- und Zuname)
Dekan der (Name der Fakultät)“

Anrede:
„Sehr geehrte Frau Dekan/in“ oder „Sehr geehrter Herr Dekan“

Grußformel:
„Mit freundlichen Grüßen“

Die Anreden „Euer Magnifizenz“ und „Euer Magnifika“ für den Rektor und „Euer Spektabilität“ für einen Dekan sind an vielen deutschen Universitäten nicht mehr gebräuchlich.

Schule und Schulverwaltung

Wenn Sie die Lehrer oder Lehrerinnen Ihrer Kinder anschreiben wollen, sollten Sie sich vorher informieren, welchen beruflichen Rang der Lehrer einnimmt. Einem jungen Lehrer schreiben Sie einfach:

„Herrn/Frau (Vor- und Zuname)
Lehrer/in der (Schulname)“

Anrede:
„Sehr geehrte/r Herr/Frau (Zuname)“

Grußformel:
„Mit freundlichen Grüßen“

Lehrer, die schon länger tätig sind und befördert wurden, also z. B. Oberstudienrat sind, schreibt man mit ihrem Berufstitel an. Manche Lehrer tragen auch zwei Titel: einen aus ihrer akademischen Ausbildung und den zweiten als Berufsbezeichnung. In diesem Fall erwähnt man in der **Anschrift** beide Titel. In der **Anrede** verwendet man dann nur noch einen.

Anschrift:
„Herrn/Frau Oberstudiendirektor/in
Dr. phil. (Vor- und Zuname)“

Anrede:
„Sehr geehrte/r Herr/Frau Oberstudiendirektor/in (Zuname)“ oder „Sehr geehrte/r Herr/Frau Doktor (Zuname)“

Grußformel:
„Mit freundlichen Grüßen“

Auch bei höheren Beamten der Schulverwaltung sollte man die Amtsbezeichnung in der Anschrift hinzusetzen.

„Herrn/Frau Regierungsschuldirektor/in
(Vor- und Zuname)“

Anrede:
„Sehr geehrte/r Herr/Frau Regierungsschuldirektor/in“.

Grußformel:
„Mit freundlichen Grüßen“

Kirchliche Amtsträger

Katholisch

Papst

Man kann das Oberhaupt der katholischen Kirche direkt anschreiben. Ein an ihn persönlich gerichtetes Schreiben adressiert man:

Anschrift:
„Seiner Heiligkeit
Papst (Name)"

Anrede:
Der Papst wird mit „Euer Heiligkeit" angeredet, auch „Heiliger Vater" ist korrekt.

Grußformel:
„Um den Segen Euer Heiligkeit bittet (Vor- und Zuname)"

Hohe kirchliche Würdenträger

Kardinäle werden als „Eminenzen" oder „Hochwürdige Eminenzen" angesprochen, **Erzbischöfe** als „Exzellenzen" oder „Eminenzen".

Anschrift:
„Seiner Eminenz (Exzellenz)
dem Hochwürdigsten Herrn Erzbischof/Kardinal (Vor- und Zuname)"

Für **Bischöfe** lautet die Anrede „Bischöfliche Gnaden" oder „Bischöfliche Hochwürden".

Der **Nuntius** ist der Botschafter des Vatikan. Es gibt Nuntii in allen Ländern, man redet sie mit „Exzellenz" an.

Die Anschrift lautet:
„Seiner Exzellenz dem Päpstlichen Nuntius
(Vor und Zuname)"

Anrede:
„Euer Exzellenz"

Pfarrer, Kapläne, Vikare und Patres

Pfarrer, Kapläne, Vikare und Patres werden mit ihrem Titel angesprochen.
Der Adresse wird der Name hinzugefügt, nicht aber in der Anrede.

Anschrift:
„Herrn Pfarrer (Zuname)
(Name der Pfarrei)“

Anrede:
„Sehr geehrter Herr Pfarrer“

Grußformel:
„Mit freundlichen Grüßen“

Evangelisch

In der evangelischen Kirche wird immer die Amtsbezeichnung (Bischof, Superintendent, Pastor) vor den Namen gesetzt:

Anschrift:
„Herrn/Frau Landesbischof/Landesbischöfin (Name)“

Anrede:
„Sehr geehrter Herr Bischof“ oder „Sehr geehrte Frau Bischöfin“

Grußformel:
„Mit freundlichen Grüßen“

Anschrift:
„Herrn/Frau Pastor/in (Zuname)“

Anrede:
„Sehr geehrte/r Herr/Frau Pastor/in“

Grußformel:
„Mit freundlichen Grüßen“

Anreden und Grußformeln – Deutsch, Englisch, Spanisch, Französisch, Italienisch

Deutsch

Anreden:

Sehr geehrter Herr ...
Sehr geehrte Herren
Sehr geehrte Frau
Sehr geehrte Damen
Sehr geehrte Damen und Herren
Sehr verehrte ...
Mein Lieber ...
Liebe ...
Lieber ...

Grußformeln:

Mit freundlichen Grüßen
Mit freundlichem Gruß
Dein
Deine

Englisch

Anreden:

Dear Sir, Dear Sirs
Dear Mr. ...
Dear Madam
Dear Miss
Dear Mrs. ...

Grußformeln:

Yours sincerely
Yours faithfully
Kind regards

Spanisch

Anreden:

Muy senor nuestro
Muy senores nuestros
Estimado Sr. ...
Estimada Sra ...
Estimada Srta. ...

Grußformeln:

Les saluda cordialmente
Les saluda atentamente

Französisch

Anreden:

Monsieur/ Messieurs
Madame
Mademoiselle

Grußformeln:

nous vous prions d'agréer, Monsieur, l'expression de nos sentiments distingués/respectueux/amicaux

Italienisch

Anreden:

Egregio Signore/ Egregi Signori
Egregio Signor ...
Gentilissima/Gentile Signora (Gent.ma Sig.ra)
Gentilissima/Gentile Signorina

Grußformeln:

Distinti saluti

SIEBEN „GOLDENE REGELN“ FÜR DIE ERFOLGREICHE KORRESPONDENZ

1. Der erste Eindruck ist entscheidend.

Sorgfältige Auswahl des Umschlags, der Briefmarken und des Briefpapiers, eine saubere Handschrift und ein schönes Schriftbild sind ein Garant dafür, dass Ihr Brief „gut ankommt“.

2. Machen Sie sich ein Konzept.

Schreiben Sie erst, wenn Sie sich sicher sind, was Sie mit dem Brief erreichen und sagen wollen. Machen Sie zuerst einen Entwurf – in Gedanken oder auf dem Papier – und schreiben Sie dann ins Reine.

3. Mit einem guten Anfang ist viel gewonnen.

Mit den ersten Worten und Sätzen gewinnen Sie die Aufmerksamkeit und Sympathie des Lesers. Verwenden Sie deshalb besondere Sorgfalt auf die Formulierung des Briefanfangs.

4. Treffen Sie den richtigen Ton.

Sie wollen mit Ihren Briefen etwas erreichen. Sie wollen, dass der Empfänger des Briefes auf Ihren Brief so reagiert, wie Sie es wollen. Deshalb: Schreiben Sie empfängerorientiert!

Bei Geschäftsbriefen und der Privatkorrespondenz schreiben Sie so klar und präzise wie nötig und so freundlich wie möglich. Pflegen Sie einen sachlich-nüchternen Stil! Bei persönlichen Briefen schreiben Sie einen ausdrucksstarken, natürlichen, lebendigen Stil.

5. Halten Sie sich an Konventionen, wenn es angebracht ist.

Angemessene Korrektheit ist die Grundlage für einen erfolgreichen Brief. Es ist nie falsch, sich an bestehende Regeln zu halten.

6. Schreiben Sie einfach und natürlich.

Schreiben Sie wie Sie reden würden – nur ein bisschen verbessert. Schreiben Sie einfach, gut geordnet, kurz, prägnant und variabel! Schreiben Sie natürlich und nicht gekünstelt. Ein Brief ist gut und überzeugend, wenn er Ausdruck Ihrer Persönlichkeit ist. Nutzen Sie bestehende Freiräume.

7. Schreiben Sie überhaupt!

Lassen Sie sich nicht einschüchtern, legen Sie die eigene Messlatte nicht zu hoch. Nur ein Brief, den Sie auch wirklich abschicken, erreicht den Empfänger und kann erfolgreich sein.

Register